河北大学数字时代财务与会计系列教材

# 中级财务会计

孟永峰　王佳丽 ◎ 主　编
刘玉婷　王莉莉 ◎ 副主编

INTERMEDIATE
FINANCIAL
ACCOUNTING

中国财经出版传媒集团
经济科学出版社
Economic Science Press

# 引言

会计既是一种经济管理活动,也是一个经济信息系统。财务会计作为现代会计两大分支之一,主要向外部信息使用者提供对决策有用的会计信息,以解除受托责任。随着我国经济的日益发展并与国际接轨,会计标准变得越来越重要。财政部近年来陆续发布或修订企业会计准则及其解释公告,为企业会计信息质量提升和企业健康发展提供了保障。为了适应新环境下会计教学的需要,我们对中级财务会计教材的内容进行了系统地梳理,以财政部最新颁布的企业会计准则及其解释公告为依据,及时更新了教材内容,较为全面地阐述了会计要素的确认、计量、记录和报告,方便广大学生学习会计理论与实务。

会计是一门操作性很强的技术,学生使用最新版本的会计教材,不仅能了解当前会计基本的理论,也能掌握正确的实务操作,为将来的职业发展打下良好基础。本书的特点体现在三个方面:(1)每一章都以一个案例作为切入点,将本章的知识点及其逻辑关系呈现出来,让学生带着问题进入每章的学习,并结合每一章的具体内容指明学习方法,引导学生学习;(2)对重点及难点问题的阐述,相对于一般的高校教材,本书更加注重通俗性;(3)对于重要的知识点,通过提出"思考"的形式予以强化,引导学生关注,并在每章安排了思考题,引导学生回顾和复习每一章知识点的逻辑关系及重点、难点问题,提高专业能力,为后续学习高级财务会计课程打下坚实基础。

本书由河北大学孟永峰老师、新疆科技学院王佳丽老师担任主编,河北大学刘玉婷老师、王莉莉老师担任副主编。主编负责拟定大纲、结构和全书的总纂定稿。具体分工如下:孟永峰编写第一章、第五章、第六章、第十二章和第十三章;王莉莉编写第二章、第三章、第四章和第十一章;王佳丽编写第七章、第八章、第九章、第十章和各章的案例导读;刘玉婷编写第十四章和第十五章。本书在写作的过程中,得到了河北大学管理学院的支持，在此表示感谢。

因作者水平有限、出版时间紧迫，书中有不当之处，敬请广大读者和同行批评指正，以待今后进一步修订和完善。

作者

2021 年 12 月 20 日

# 目录

**第一章　总论 / 1**

第一节　财务会计目标、会计基本假设和会计基础 / 2

第二节　会计信息质量要求 / 7

第三节　会计要素 / 12

第四节　会计计量属性及其应用 / 21

第五节　企业会计准则体系 / 23

思考题 / 26

**第二章　货币资金 / 28**

第一节　货币资金概述 / 29

第二节　现金 / 31

第三节　银行存款 / 34

第四节　其他货币资金 / 42

思考题 / 44

**第三章　存货 / 45**

第一节　存货概述 / 46

第二节　原材料 / 53

第三节　其他存货 / 63

第四节　存货的期末计量 / 70

第五节　存货清查 / 77

思考题 / 80

## 第四章 金融资产 / 82

第一节　金融资产及其分类 / 83

第二节　交易性金融资产 / 85

第三节　债权投资 / 89

第四节　应收款项 / 96

第五节　其他金融工具投资 / 105

第六节　金融工具重分类 / 112

第七节　金融资产减值 / 116

思考题 / 122

## 第五章 长期股权投资 / 123

第一节　长期股权投资的初始计量 / 124

第二节　长期股权投资的后续计量 / 131

第三节　长期股权投资核算方法的转换 / 141

第四节　长期股权投资的处置与减值 / 149

思考题 / 151

## 第六章 固定资产 / 152

第一节　固定资产概述 / 153

第二节　固定资产取得 / 156

第三节　固定资产折旧 / 167

第四节　固定资产后续支出 / 174

第五节　固定资产处置 / 178

第六节　固定资产减值 / 184

思考题 / 187

## 第七章 无形资产 / 188

第一节　无形资产概述 / 189

第二节　无形资产的初始计量 / 192

第三节　无形资产的后续计量 / 199

第四节　无形资产的处置 / 203

思考题 / 205

## 第八章 投资性房地产 / 206

第一节　投资性房地产概述 / 207

第二节　投资性房地产的初始计量 / 210

第三节　投资性房地产的后续计量 / 212

第四节　投资性房地产的后续支出 / 215

第五节　投资性房地产与非投资性房地产的转换 / 216

第六节　投资性房地产的处置 / 221

思考题 / 223

## 第九章 流动负债 / 224

第一节　流动负债概述 / 225

第二节　短期借款 / 226

第三节　应付及预收款项 / 227

第四节　应付职工薪酬 / 234

第五节　应交税费 / 242

第六节　其他应付款项 / 256

思考题 / 257

## 第十章 非流动负债 / 258

第一节　非流动负债概述 / 259

第二节　借款费用 / 260

第三节　长期借款 / 268

第四节　应付债券 / 270

第五节　长期应付款 / 278

思考题 / 278

## 第十一章 所有者权益 / 279

第一节　所有者权益概述 / 280

第二节　实收资本（股本）与其他权益工具 / 283

第三节　资本公积和其他综合收益 / 288

第四节　留存收益 / 292

思考题 / 296

## 第十二章　收入、费用和利润 / 297

第一节　收入 / 298

第二节　费用 / 345

第三节　利润 / 349

第四节　利润的分配 / 372

思考题 / 374

## 第十三章　财务报告 / 375

第一节　财务报告概述 / 376

第二节　资产负债表 / 379

第三节　利润表 / 390

第四节　资产负债表与利润表编制举例 / 397

第五节　现金流量表 / 406

第六节　所有者权益变动表 / 425

第七节　附注 / 430

思考题 / 437

## 第十四章　或有事项 / 439

第一节　或有事项概述 / 440

第二节　预计负债的确认和计量 / 443

第三节　或有事项的信息披露 / 450

思考题 / 451

## 第十五章　会计政策、会计估计变更、会计差错更正及资产负债表日后事项 / 452

第一节　会计政策及其变更 / 453

第二节　会计估计及其变更 / 460

第三节　会计差错更正 / 465

第四节　资产负债表日后事项 / 468

思考题 / 475

# 第一章

# 总　论

**学习目标：**
1. 了解财务会计的目标。
2. 掌握财务会计的基本假设。
3. 掌握会计信息的质量要求。
4. 掌握会计要素的确认和计量。
5. 掌握会计计量属性的应用。

**案例导读：**

2020年全国普通高校毕业生人数达到874万，同比增加40万人。加之经济下行压力和新冠肺炎疫情的影响，高校毕业生将面临更加严峻的就业形势。新冠肺炎疫情让更多的人开始重视健康，毕业生王磊决定自主创业，他于2020年7月1日与志同道合的三位同学商议，四人各自出资200 000元注册成立一家健身会所。租赁场地每年支付租金20 000元；装修场地支出30 000元（分3年平均摊销）；购买健身器材设备花费100 000元（分5年直线法摊销）；聘请健身教练3人，月工资5 000元/人；当年发生办公费等其他费用支出10 000元。到年底共计取得收入250 000元，王磊他们核算了一下，扣除房租等各项开支共获利125 000元。通过创业，他们增长了企业管理经验，也认识到财务知识的重要性。

请同学们思考：

（1）会计核算在企业经营活动中的作用是什么？

（2）从案例中学习到哪些会计知识？

通过本章的学习，你将会找到答案。

# 第一节　财务会计目标、会计基本假设和会计基础

## 一、财务会计目标

人类的实践活动都有一定的目标，会计工作也不例外。会计工作的目标，简称会计目标，它是指在一定历史条件下，人们通过会计实践活动所期望达到的结果。在会计实践中，会计目标决定了会计工作的具体程序与方法；在会计理论研究中，会计目标常常被当作会计理论的逻辑起点。因此，学习会计，首先要弄清会计目标。

会计目标受客观条件的影响与制约。在不同的时空范围内，会计目标也往往不一样。对现代企业来说，会计工作是一项重要的管理工作，它必然要为实现企业的经营目标服务。因此，我们可以认为，实现企业的经营目标是企业会计的根本目标。然而，要真正发挥企业会计的作用，还必须明确会计的具体目标或直接目标。人们通常所说的会计目标，也就是指会计的具体目标或直接目标。

按照我国《企业会计准则——基本准则》的规定，企业财务会计报告的目标是：向财务报告使用者提供与企业财务状况、经营成果和现金流量等有关的会计信息，反映企业管理层受托责任的履行情况，有助于财务会计报告使用者做出经济决策。

财务会计报告使用者包括投资者、债权人、政府及其有关部门、职工与工会、顾客、社会公众等。

**1. 企业的投资者**

在经营权与所有权相分离的情况下，企业投资者需要利用会计信息进行重要的决策：

（1）是否应该对企业投入更多的资金。

（2）是否应该转让在企业中的投资（如出售股份）。

（3）企业管理当局是否实现了企业的目标。

（4）企业的经营成果怎样。

（5）企业的利润分配政策（如股利政策）如何。

对于潜在的投资者来说，主要依赖会计信息做出是否参加企业投资的决策，如决定是否购买某家公司的股票。

**2. 企业的债权人**

贷给企业资金者，即成为企业的债权人。债权人主要关心企业是否能够按期还本付息，即要了解企业的偿债能力，以便做出有关的决策。具体而言，债权人需要的信息是：

（1）企业的财力是否充裕，是否足以偿还其债务。

（2）企业的获利情况怎样。

（3）是否应该贷给企业更多的资金。

（4）是否应该继续保持对企业的债权（如是否转让公司的债券）。

对于潜在的债权人来说，需要依靠会计信息，做出是否贷给企业资金的决策。

**3. 政府部门**

有关政府部门（如税务机关），要通过会计信息了解企业所承担的义务情况。政府部门主要关注以下信息：

（1）企业缴纳所得税和其他税费的情况。

（2）企业是否遵守有关的法律规定。

（3）企业向各级政府的法定机构提供的各种报告是否正确。

对我国的国有企业来说，企业还有义务向有关政府管理部门提供进行宏观调控所需要的会计信息。

**4. 企业的职工与工会**

企业的职工与工会主要关心下列问题：

（1）企业是否按正确的方向从事经营，为其职工提供稳定而持久的工作职位。

（2）企业的福利待遇有何变动。

（3）企业的获利情况怎样；利润增加时，企业是否能支付较高的工资与奖金。

**5. 企业的顾客**

企业的顾客虽然不参与企业资源的配置，但在许多方面与企业存在着利益关系。顾客主要关心下列问题：

（1）企业的财力是否充裕，是否足以保证长期供应顾客所需要的产品。

（2）是否应该从该企业增加产品购买量。

（3）企业的经营行为和政策是否与顾客的目标相矛盾。

**思考**：财务会计报告使用者有哪些？他们需要哪些方面的信息？

## 二、会计基本假设

会计基本假设是企业会计确认、计量和报告的前提，是对会计核算所处时间、空间环境等所作的合理设定。

会计假设不是毫无根据的虚构设想，而是在长期的会计实践中，人们逐步认识和总结形成的，是对客观情况合乎事理的推断。会计假设规定了会计核算工作赖以存在的一些基本前提条件，是企业设计和选择会计方法的重要依据。只有规定了这些会计假设，会计核算才能得以正常进行下去。所以，会计假设既是会计核算的基本依据，又是制定会计准则和会计核算制度的重要指导思想。

会计基本假设包括会计主体、持续经营、会计分期和货币计量。

### （一）会计主体

会计主体，又称为会计实体、会计个体，是指会计信息所反映的特定单位或者组织，它规范了会计核算的空间范围。

会计核算的目的是反映一个单位的财务状况、经营成果和现金流量，为包括投资者在内的各方做出决策提供信息。会计所要反映的总是特定的对象，只有明确规定会计核算的对象，将会计所要反映的对象与包括所有者在内的其他经济实体区别开来，才能保证会计核算工作的正常开展，实现会计的目标。

在会计主体假设下，会计核算应当以企业发生的各项交易或事项为对象，记录和反映企业本身的各项生产经营活动。会计主体基本前提，为会计人员在日常的会计核算中对各项交易或事项做出正确判断、对会计处理方法和会计处理程序做出正确选择提供了依据。

首先，明确会计主体，才能划定会计所要处理的各项交易或事项的范围。在会计核算工作中，只有那些影响企业本身经济利益的各项交易或事项才可能加以确认和计量，那些不影响企业本身经济利益的各项交易或事项则不能加以确认和计量。会计核算工作中通常所讲的资产、负债的确认，收入的取得，费用的发生，都是针对特定会计主体而言的。

其次，明确会计主体，才能把握会计处理的立场。企业作为一个会计主体，对外销售商品时，一方面形成一笔收入，另一方面增加一笔资产或者减少一笔负债；采购材料时，一方面导致资产减少或者债务增加，另一方面导致存货增加。

最后，明确会计主体，才能将会计主体的经济活动与会计主体所有者的经济活动区分开来。例如，由自然人所创办的独资企业或合伙企业，不具有法人资格，企业的资产和负债在法律上被视为业主或合伙人的资产和负债，但在会计核算上必须将企业作为一个会计主体。无论是会计主体的经济活动，还是会计主体所有者的经济活动，最终都影响所有者的经济利益，但是，会计核算工作只涉及会计主体范围内的经济活动。为了真实地反映会计主体的财务状况、经营成果和现金流量，必须将会计主体的经济活动与会计主体所有者的经济活动区别开来。

会计主体不同于法律主体。一般来说，法律主体往往是一个会计主体。例如，一个企业作为一个法律主体，应当建立会计核算体系，独立地反映其财务状况、经营成果和现金流量。但是，会计主体不一定是法律主体。例如，在企业成立集团的情况下，一个母公司拥有若干个子公司，各子公司在母公司的统一领导下开展生产经营活动。母子公司虽然是不同的法律主体，但是，为了全面反映企业集团的财务状况、经营成果和现金流量，就有必要将这个企业集团作为一个会计主体，编制合并财务报表。

**思考**：会计主体的范围如何确定？

### （二）持续经营

持续经营，是指在可以预见的将来，企业将会按当前的规模和状态继续经营下去，而且不会停业，也不会大规模削减业务。在持续经营假设下，企业进行会计确认、计量和报告应当以企业持续、正常的生产经营活动为前提。

企业是否持续经营，在会计原则、会计方法的选择上有很大的差别。一般情况下，应当假定企业将会按当前的规模和状态继续经营下去，不会停业，也不会大规模削减业务。明确这个基本前提，就意味着会计主体将按照既定用途使用资产，按照既定的合约条件清偿债务，会计人员就可以在此基础上选择会计原则和会计方法。例如，一般情况下，企业的固定资产可以在一个较长的时期内发挥作用，如果可以判断企业会持续经营，就可以假定企业的固定资产会在持续生产经营活动中长期发挥作用，并服务于生产经营过程，固定资产就可以根据历史成本进行记录，并采用折旧的方法，将历史成本分摊到各个会计期间的费用或相关产品的成本中。如果判断企业不会持续经营，固定资产就不应采用历史成本进行记录并按期计提折旧。

由于持续经营是根据企业发展的一般情况所作的设定，而任何企业都存在破产、清算的风险，也就是说，企业不能持续经营的可能性总是存在的。为此，需要企业定期对其持续经营基本前提做出分析和判断。如果可以判断企业不会持续经营，就应当改变会计核算的原则和方法，并在企业财务会计报告中进行相应披露。

### （三）会计分期

会计分期，又称会计期间，是指将一个企业持续经营的生产经营活动划分为一个个持续的、长短相同的期间。

会计分期下，会计核算应当划分会计期间，分期结算账目和编制财务报告。会计期间分为年度、半年度、季度和月度。年度、半年度、季度和月度均按公历起讫日期确定。半年度、季度和月度均称为会计中期。

根据持续经营假设，一个企业将要按当前的规模和状态持续经营下去。要最终确定企业的生产经营成果，只能等到一个企业在若干年后歇业的时候核算一次盈亏。但是，企业的生产经营活动和投资决策要求获得及时的信息，不能等到歇业时才一次性地核算盈亏。因此，就需要将企业持续经营的生产经营活动划分为一个个持续的、长短相同的期间，分期核算和反映。明确会计分期假设对会计核算有着重要影响。

最常见的会计期间是一年，以一年确定的会计期间称为会计年度，按年度编制的财务会计报告也称为年报。在我国，会计年度自公历每年的1月1日起至12月31日止。为满足人们对会计信息的需要，也要求企业按短于一个完整的会计年度的期间编制财务报告，如要求上市公司每个季度和半年度提供财务会计报告。

 思考：为什么要进行会计分期？

### （四）货币计量

货币计量，是指会计主体在会计核算过程中采用货币作为主要计量单位，计量、记录和报告会计主体的生产经营活动。

在货币计量假设下，企业的会计核算以人民币为记账本位币。业务活动以人民币以外的货币为主的企业，可以选定其中一种货币作为记账本位币，但是编报的财务报告应当折算为人民币。在境外设立的中国企业向国内报送的财务报告，应当折算为人民币。

在会计核算过程中之所以选择货币作为计量单位，是由货币的本身属性决定的。货币是商品的一般等价物，是衡量一般商品价值的共同尺度，具有价值尺度、流通手段、储藏手段和支付手段等特点。其他的计量单位，如重量、长度、容积、台、件等，只能从一个侧面反映企业的生产经营情况，无法在量上进行汇总和比较，不便于管理和会计计量。所以，为全面反映企业的生产经营、业务收支等情况，会计核算就选择了货币作为主要计量单位。当然，统一采用货币尺度也有不利之处，影响企业财务状况和经营成果的因素，并不是都能用货币来计量的，如企业经营战略、在消费者当中的信誉度、企业的地理位置、企业的技术开发能力等。为了弥补货币计量的局限性，企业应采用一些非货币指标作为财务报告的补充。

## 三、会计基础

实务中,企业交易或者事项的发生时间与相关货币收支时间有时并不完全一致。例如,款项已经收到,但销售并未实现;或者款项已经支付,但并不是为本期生产经营活动而发生的。为了更加真实、公允地反映特定会计期间的财务状况和经营成果,我国《企业会计准则——基本准则》明确规定,企业在会计确认、计量和报告中应当以权责发生制为基础。

权责发生制要求:凡是当期已经实现的收入和已经发生或应当负担的费用,无论款项是否收付,都应当作为当期的收入和费用,计入利润表;凡是不属于当期的收入和费用,即使款项已在当期收付,也不应当作为当期的收入和费用。

收付实现制是与权责发生制相对应的一种会计基础,它是以收到或支付的现金作为确认收入和费用等的依据。

**思考:** 收付实现制与权责发生制有何区别?

# 第二节 会计信息质量要求

会计信息质量要求是对企业财务报告中所提供会计信息质量的基本要求,是使财务报告中所提供会计信息对投资者等使用者决策有用应具备的基本特征,根据我国《企业会计准则——基本准则》规定,它包括可靠性、相关性、可理解性、可比性、实质重于形式、重要性、谨慎性和及时性等。其中,可靠性、相关性、可理解性和可比性是会计信息的首要质量要求,是企业财务报告中所提供会计信息应具备的基本质量特征;实质重于形式、重要性、谨慎性和及时性是会计信息的次级质量要求,是对可靠性、相关性、可理解性及可比性等首要质量要求的补充和完善,尤其是在对某些特殊交易或者事项进行处理时,需要根据这些质量要求来把握其会计处理原则,另外,及时性还是会计信息相关性和可靠性的制约因素,企业需要在相关性和可靠性之间寻求一种平衡,以确定信息及时披露的时间。

## 一、可靠性

可靠性要求企业应当以实际发生的交易或者事项为依据进行确认、计量和报告,如实反映符合确认和计量要求的各项会计要素及其他相关信息，保证会计信息真实可靠、内容完整。为了贯彻可靠性要求，企业应当做到以下两点。

第一，以实际发生的交易或者事项为依据进行确认、计量，将符合会计要素定义及其确认条件的资产、负债、所有者权益、收入、费用和利润等如实反映在财务报表中，不得根据虚构的、没有发生的或者尚未发生的交易或者事项进行确认、计量和报告。

第二，在符合重要性和成本效益原则的前提下，保证会计信息的完整性，其中包括应当编报的报表及其附注内容等应当保持完整，不能随意遗漏或者减少应予披露的信息，与使用者决策相关的有用信息都应当充分披露。

例如，某企业于2019年末发现公司销售萎缩，无法实现年初确定的销售收入目标。但考虑到在2020年春节前后，公司销售可能会出现较大幅度的增长，公司为此提前预计库存商品销售。在2019年末制作了若干存货出库凭证，并确认销售收入实现。公司这种处理不是以其实际发生的交易事项为依据的，而是虚构的交易事项，违背了会计信息质量要求的可靠性原则，也违背了我国《会计法》的规定。

## 二、相关性

相关性要求企业提供的会计信息应当与投资者等财务报告使用者的经济决策需要相关，有助于投资者等财务报告使用者对企业过去、现在或者未来的情况做出评价或者预测。

会计信息是否有用、是否具有价值，关键是看其与使用者的决策需要是否相关，是否有助于决策或者提高决策水平。相关的会计信息应当能够有助于使用者评价企业过去的决策，证实或者修正过去的有关预测，因而具有反馈价值。相关的会计信息还应当具有预测价值，有助于使用者根据财务报告所提供的会计信息预测企业未来的财务状况、经营成果和现金流量。

会计信息质量的相关性要求，需要企业在确认、计量和报告会计信息的过程中，充分考虑使用者的决策模式和信息需要。但是，相关性是以可靠性为基础的，两者之间并不矛盾，不应将两者对立起来。也就是说，会计信息在可靠性前提下，应尽可能地做到相关性，以满足投资者等财务报告使用者的决策需要。

 思考：可靠性和相关性的关系。

## 三、可理解性

可理解性要求企业提供的会计信息应当清晰明了，便于投资者等财务报告使用者理解和使用。

企业编制财务报告、提供会计信息的目的在于使用，而要让使用者有效使用会计信息，应当能让其了解会计信息的内涵，弄懂会计信息的内容，这就要求财务报告所提供的会计信息应当清晰明了、易于理解。只有这样，才能提高会计信息的有用性，实现财务报告的目标，满足向投资者等财务报告使用者提供决策有用信息的要求。

会计信息毕竟是一种专业性较强的信息产品，在强调会计信息的可理解性要求的同时，还应假定使用者具有一定的企业经营活动和会计方面的知识，并且愿意付出努力去研究这些信息。对于某些复杂的信息，如交易本身较为复杂或者会计处理较为复杂，但其与使用者的经济决策相关的，企业就应当在财务报告中予以充分披露。

## 四、可比性

可比性要求企业提供的会计信息应当相互可比，这主要包括以下两层含义。

### （一）同一企业不同时期可比

为了便于投资者等财务报告使用者了解企业财务状况、经营成果和现金流量的变化趋势，需要比较企业在不同时期的财务报告信息，全面、客观地评价过去、预测未来，从而做出决策。会计信息质量的可比性要求同一企业不同时期发生的相同或者相似的交易或者事项，应当采用一致的会计政策，不得随意变更。但是，满足会计信息可比性要求，并非表明企业不得变更会计政策，如果按照规定或者在会计政策变更后可以提供更可靠、更相关的会计信息，就可以变更会计政策。有关会计政策变更的情况，应当在附注中予以说明。

### （二）不同企业相同会计期间可比

为了便于投资者等财务报告使用者评价不同企业的财务状况、经营成果和现金流量及其变动情况，会计信息质量的可比性要求不同企业同一会计期间发生的相同或者相似的交易或者事项，应当采用一致的会计政策，确保会计信息口径一致、相互可比，以使不同企业按照一致的确认、计量和报告要求提供有关会计信息。

 **思考**：企业如何做到会计信息可比？

## 五、实质重于形式

实质重于形式要求企业应当按照交易或者事项的经济实质进行会计确认、计量和报告，而不仅仅以交易或者事项的法律形式为依据。

企业发生的交易或事项在多数情况下，其经济实质和法律形式是一致的。但在有些情况下也会出现不一致。例如，对企业租入的资产（短期租赁和低值资产租赁除外），虽然从法律形式来讲企业并不拥有其所有权，但是由于租赁合同中规定的租赁期相当长，接近于该资产的使用寿命；租赁期结束时承租企业有优先购买该资产的选择权；在租赁期内承租企业有权支配资产并从中受益等，因此，从其经济实质来看，企业能够控制融资租入资产所创造的未来经济利益，在会计确认、计量和报告上就应当将以融资租赁方式租入的资产视为企业自有资产，列入企业的资产负债表。

又如，企业按照销售合同销售商品但又签订了售后回购协议，虽然从法律形式上看实现了收入，但如果企业没有将商品所有权上的主要风险和报酬转移给购货方，没有满足收入确认的各项条件，即使签订了商品销售合同或者已将商品交付给购货方，也不应当确认销售收入。

思考：实质重于形式的应用有哪些？请结合后面各章加以理解。

## 六、重要性

重要性要求企业提供的会计信息应当反映与企业财务状况、经营成果和现金流量有关的所有重要交易或者事项。

如果财务报告中提供的会计信息的省略或者错报会影响投资者等使用者据此做出决策的，该信息就具有重要性。重要性的应用需要依赖职业判断，企业应当根据其所处环境和实际情况，从项目的性质和金额大小两方面加以判断。

例如，我国上市公司要求对外提供季度财务报告，考虑季度财务报告披露的时间较短，从成本效益原则考虑，季度财务报告没有必要像年度财务报告那样披露详细的附注信息。因此，中期财务报告准则规定，公司季度财务报告附注应当以年初至本中期末为基础编制，披露自上年度资产负债表日之后发生的、有助于理解企业财务状况、经营成果和现金流量变化情况的重要交易或者事项。这种附注披露就体现了会计信息质量的重要性要求。

## 七、谨慎性

谨慎性要求企业对交易或者事项进行会计确认、计量和报告时应当保持应有的谨慎，不应高估资产或者收益、低估负债或者费用。

在市场经济环境下，企业的生产经营活动面临着许多风险和不确定性，如应收款项的可收回性、固定资产的使用寿命、无形资产的使用寿命、售出存货可能发生的退货或者返修等。会计信息质量的谨慎性要求企业在面临不确定性因素的情况下，做出职业判断时应当保持应有的谨慎，充分估计各种风险和损失，既不高估资产或者收益，也不低估负债或者费用。例如，对于企业发生的或有事项，通常不能确认或有资产，只有当相关经济利益基本确定能够流入企业时，才能作为资产予以确认；相反，相关的经济利益很可能流出企业而且构成现时义务时，应当及时确认为预计负债，这就体现了会计信息质量的谨慎性要求。

谨慎性的应用也不允许企业设置秘密准备，如果企业故意低估资产或者收入，或者故意高估负债或者费用，将不符合会计信息的可靠性和相关性要求，损害会计信息质量，扭曲企业实际的财务状况和经营成果，从而对使用者的决策产生误导，这是会计准则所不允许的。

**思考**：谨慎性的应用有哪些？请结合后面各章加以理解。

## 八、及时性

及时性要求企业对于已经发生的交易或者事项，应当及时进行确认、计量和报告，不得提前或者延后。

会计信息的价值在于帮助投资者或者其他方面做出经济决策，具有时效性。即使是可靠的、相关的会计信息，如果不及时提供，就失去了时效性，对于使用者的效用也会大大降低，甚至不再具有实际意义。在会计确认、计量和报告过程中贯彻及时性，一是要求及时收集会计信息，即在经济交易或者事项发生后，及时收集整理各种原始单据或者凭证；二是要求及时处理会计信息，即按照会计准则的规定，及时对经济交易或者事项进行确认或者计量，并编制财务报告；三是要求及时传递会计信息，即按照国家规定的有关时限，及时将编制的财务报告传递给财务报告使用者，便于其及时使用和决策。

在实务中，为了及时提供会计信息，可能需要在有关交易或者事项的信息全部获得之前即进行会计处理，这样就满足了会计信息的及时性要求，但可能会影响会计信息的可靠性；反之，如果企业等到与交易或者事项有关的全部信息获得之后再进行会计处理，这样的信息披露可能会由于时效性问题，对于投资者等财务报告使用者决策的有用性大大降低。这就需要在及时性和可靠性之间作相应权衡,以最好地满足投资者等财务报告使用者的经济决策需要作为判断标准。

# 第三节　会计要素

会计要素是根据交易或者事项的经济特征所确定的财务会计对象的基本分类,是设定财务报表结构和内容的依据,也是进行确认和计量的依据。对会计要素加以严格的定义,能为会计核算奠定坚实的基础。会计要素主要包括资产、负债、所有者权益、收入、费用和利润,其中,资产、负债和所有者权益要素侧重于反映企业的财务状况,收入、费用和利润要素侧重于反映企业的经营成果。会计要素的界定和分类可以使财务会计系统更加科学严密,为投资者、债权人等财务报告使用者提供更加有用的信息。

## 一、资产

### (一) 资产的定义及特征

资产是指企业过去的交易或者事项形成的、由企业拥有或者控制的、预期会给企业带来经济利益的资源。根据资产的定义,资产具有以下特征:

**1. 资产应为企业拥有或者控制的资源**

资产作为一项资源,应当由企业拥有或者控制,具体是指企业享有某项资源的所有权,或者虽然不享有某项资源的所有权,但该资源能被企业所控制。

企业享有资产的所有权,通常表明企业能够排他性地从资产中获取经济利益。

通常在判断资产是否存在时,所有权是考虑的首要因素。有些情况下,资产虽然不为企业所拥有,即企业并不享有其所有权,但企业控制了这些资产,同样表明企业能够从资产中获取经济利益,符合会计上对资产的定义。

例如,某企业租入一项固定资产,尽管企业并不拥有其所有权,但是如果租赁合同规定的租赁期相当长,接近于该资产的使用寿命,表明企业控制了该资产的使用及其所能带来的经济利益,应当将其作为企业资产予以确认、计量和报告。

**2. 资产预期会给企业带来经济利益**

资产预期会给企业带来经济利益,是指资产直接或者间接导致现金和现金等价物流入企业的潜力。这种潜力可以来自企业日常的生产经营活动,也可以是非日常活动;带来经济利益可以是现金或者现金等价物形式,也可以是能转化为现金或者现金等价物的形式，或者是可以减少现金或者现金等价物流出的形式。

资产预期能否为企业带来经济利益是资产的重要特征。例如，企业采购的原材料、购置的固定资产等可以用于生产经营过程，制造商品或者提供劳务，对外出售后收回货款，货款即为企业所获得的经济利益。如果某一项目预期不能给企业带来经济利益，那么就不能将其确认为企业的资产。前期已经确认为资产的项目，如果不能再为企业带来经济利益，也不能再确认为企业的资产。例如，某企业在年末盘点存货时，发现存货毁损 100 万元，企业以该存货管理责任不清为由，将毁损的存货继续挂账，并在资产负债表中作为流动资产予以反映。但由于该存货已经毁损，预期不能为企业带来经济利益，不符合资产的定义，不应再在资产负债表中确认为一项资产。

**3. 资产是由企业过去的交易或者事项形成的**

资产应当由企业过去的交易或者事项所形成，过去的交易或者事项包括购买、生产、建造行为或者其他交易或事项。换句话说，只有过去的交易或者事项才能产生资产，企业预期在未来发生的交易或者事项不形成资产。

例如，某企业有购买资产的意愿或者计划，但是购买行为尚未发生，就不符合资产的定义，不能因此而确认存货资产。

 思考：资产的特征有哪些？

## （二）资产的确认条件

将一项资源确认为资产，需要符合资产的定义，还应同时满足以下两个条件。

**1. 与该资源有关的经济利益很可能流入企业**

从资产的定义来看，能否带来经济利益是资产的一个本质特征，但在现实生活中，由于经济环境瞬息万变，与资源有关的经济利益能否流入企业或者能够流入多少实际上带有不确定性。因此，资产的确认还应与经济利益流入的不确定性程度的判断结合起来。如果根据编制财务报表时所取得的证据，与资源有关的经济利益很可能流入企业，那么就应当将其作为资产予以确认；反之，不能确认为资产。

**2. 该资源的成本或者价值能够可靠地计量**

财务会计系统是一个确认、计量和报告的系统，其中计量起着枢纽作用，可计量性是所有会计要素确认的重要前提，资产的确认也是如此。只有当有关资源的成本或者价值能够可靠地计量时，资产才能予以确认。在实务中，企业取得的许多资产都是发生了实际成本的，如企业购买或者生产的存货、企业购置的厂房或者设备等。对于这些资产，只要实际发生的购买成本或者生产成本能够可靠计量，就视为符合了资产确认的可计量条件。在某些情况下，企业取得的资产没有发生实际成本或者发生的实际成本很小，如企业持有的某些衍生金融工具形成的资产，对于这些资产，尽管它们没有实际成本或者发生的实际成本很小，但是如果其公允价值能够可靠计量的话，也被认为符合资产可计量性的确认条件。

### （三）资产的分类

资产可以按照不同的标准进行分类，比较常见的是按照流动性和按照有无实物形态进行分类。

按照流动性对资产进行分类，可以分为流动资产和非流动资产。流动资产是指可以在一年或者超过一年的一个营业周期内变现或耗用的资产，主要包括货币资金、交易性金融资产、应收及预付款、存货等。有些企业经营活动比较特殊，经营周期可能长于一年，如造船企业、大型机械制造企业等，其从购买原材料至建造完工，从销售实现到收回货款，周期比较长，往往超过一年，此时，就不能以一年内变现作为流动资产的划分标准，而是将经营周期作为流动资产的划分标准。除流动资产以外的所有其他资产被统称为非流动资产，主要包括可供出售金融资产、持有至到期投资、长期股权投资、固定资产、无形资产等。

按照有无实物形态对资产进行分类，可以分为有形资产和无形资产。例如，存货、固定资产等属于有形资产，因为它们具有物质实体；货币资金、应收款项、金融资产、长期股权投资、专利权、商标权等属于无形资产，因为它们没有物质实体，而是表现为某种法定权利和技术。一般来说，通常将无形资产作为狭义的理解，仅将专利权、商标权等不具有物质形态，能够为企业带来超额利润的资产称为无形资产。

## 二、负 债

### （一）负债的定义及特征

负债是指企业过去的交易或者事项形成的，预期会导致经济利益流出企业的现时义务。根据负债的定义，负债具有以下3个特征。

**1. 负债是企业承担的现时义务**

负债必须是企业承担的现时义务，这是负债的一个基本特征。其中，现时义务是指企业在现行条件下已承担的义务。未来发生的交易或者事项形成的义务，不属于现时义务，不应当确认为负债。这里所指的义务可以是法定义务，也可以是推定义务。其中法定义务是指具有约束力的合同或者法律法规规定的义务，通常必须依法执行。例如，企业购买原材料形成应付账款、企业向银行借入款项形成借款、企业按照税法规定应当缴纳的税款等，均属于企业承担的法定义务，需要依法予以偿还。推定义务是指根据企业多年来的习惯做法、公开的承诺或者公开宣布的政策而导致企业将承担的责任，这些责任也使有关各方形成了企业将履行义务解脱责任的合理预期。例如，某企业为扩大销售制定产品质量保证，对于售出商品提供一定期限内的售后保修服务，预期将为售出商品提供的保修服务就属于推定义务，应当将其确认为一项负债。

**2. 负债预期会导致经济利益流出企业**

预期会导致经济利益流出企业也是负债的一个本质特征，只有企业在履行义务时会导致经济利益流出企业的，才符合负债的定义，如果不会导致企业经济利益流出，就不符合负债的定义。在履行现时义务清偿负债时，导致经济利益流出企业的形式多种多样，例如，用现金偿还或以实物资产形式偿还；以提供劳务形式偿还；以部分转移资产、部分提供劳务形式偿还；将负债转为资本，等等。

**3. 负债是由企业过去的交易或者事项形成的**

负债应当由企业过去的交易或者事项所形成。换句话说，只有过去的交易或者事项才会形成负债，企业在未来发生的承诺、签订的合同等交易或者事项，不形成负债。

思考：负债的特征有哪些？

### （二）负债的确认条件

将一项现时义务确认为负债，需要符合负债的定义，还应当同时满足以下两个条件。

**1. 与该义务有关的经济利益很可能流出企业**

从负债的定义可以看到，预期会导致经济利益流出企业是负债的一个本质特征。

在实务中，履行义务所需流出的经济利益带有不确定性，尤其是与推定义务相关的经济利益通常需要依赖于大量的估计。因此，负债的确认应当与经济利益流出的不确定性程度的判断结合起来。如果有确凿证据表明，与现时义务有关的经济利益很可能流出企业，就应当将其作为负债予以确认；反之，如果企业承担了现时义务，导致经济利益流出企业的可能性不复存在，就不符合负债的确认条件，不应将其作为负债予以确认。

**2. 未来流出的经济利益的金额能够可靠地计量**

负债的确认在考虑经济利益流出企业的同时，对于未来流出的经济利益的金额应当能够可靠计量。对于与法定义务有关的经济利益流出金额,通常可以根据合同或者法律规定的金额予以确定,考虑经济利益流出的金额通常在未来期间,有时未来期间较长,有关金额的计量需要考虑货币时间价值等因素的影响。对于与推定义务有关的经济利益流出金额,企业应当根据履行相关义务所需支出的最佳估计数进行估计,并综合考虑有关货币时间价值、风险等因素的影响。

### (三) 负债的分类

按照流动性对负债进行分类,可以分为流动负债和非流动负债。流动负债是指将在一年(含一年)或者超过一年的一个营业周期内偿还的债务,包括短期借款、交易性金融负债、应付票据、应付账款、预收账款、应付职工薪酬、应付股利、应交税费、其他应付款和一年内到期的非流动负债。非流动负债是指偿还期在一年或者超过一年的一个营业周期以上的负债,包括长期借款、应付债券、长期应付款等。

## 三、所有者权益

### (一) 所有者权益的定义

所有者权益是指企业资产扣除负债后,由所有者享有的剩余权益。公司的所有者权益又称为股东权益。所有者权益是所有者对企业资产的剩余索取权,它是企业资产中扣除债权人权益后应由所有者享有的部分,既可反映所有者投入资本的保值增值情况,又体现了保护债权人权益的理念。

### (二) 所有者权益的来源构成

所有者权益的来源包括所有者投入的资本、直接计入所有者权益的利得和损失、留存收益等,通常由实收资本(或股本)、资本公积、其他综合收益、盈余公积和未分配利润构成,商业银行等金融企业在税后利润中提取的一般风险准备,也构成所有者权益。

所有者投入的资本是指所有者投入企业的资本部分,它既包括构成企业注册资本或者股本部分的金额,也包括投入资本超过注册资本或者股本部分的金额,即资本溢价或者股本溢价,这部分投入资本在我国企业会计准则体系中被计入了资本公积,并在资产负债表中的资本公积项目下反映。

直接计入所有者权益的利得和损失,而不计入当期损益,它是指企业非日常活动中形成的、会导致所有者权益发生增减变动的、与所有者投入资本或者向所有者分配利润无关的利得或者损失。

其中，利得是指由企业非日常活动所形成的、会导致所有者权益增加的、与所有者投入资本无关的经济利益的流入，利得包括直接计入所有者权益的利得和直接计入当期利润的利得。损失是指由企业非日常活动所发生的、会导致所有者权益减少的、与向所有者分配利润无关的经济利益的流出，损失包括直接计入所有者权益的损失和直接计入当期利润的损失。直接计入所有者权益的利得和损失主要包括可供出售金融资产的公允价值变动额、长期股权投资权益法下被投资方其他综合收益变动时投资方其他综合收益的变动额、持有至到期投资重分类为可供出售金融资产时公允价值与账面价值的差额和发行可转换债券转换权益成分的公允价值等。

留存收益是企业历年实现的净利润留存于企业的部分，主要包括累计计提的盈余公积和未分配利润。

**（三）所有者权益的确认条件**

所有者权益体现的是所有者在企业中的剩余权益，因此，所有者权益的确认主要依赖于其他会计要素，尤其是资产和负债的确认；所有者权益金额的确定也主要取决于资产和负债的计量。例如，企业接受投资者投入的资产，在该资产符合企业资产确认条件时，就相应地符合了所有者权益的确认条件；当该资产的价值能够被可靠计量时，所有者权益的金额也就可以确定。

所有者权益反映的是企业所有者对企业资产的索取权，负债反映的是企业债权人对企业资产的索取权，两者在性质上有本质区别，因此企业在会计确认、计量和报告中应当严格区分负债和所有者权益，以如实反映企业的财务状况，尤其是企业的偿债能力和产权比率等。在实务中，企业某些交易或者事项可能同时具有负债和所有者权益的特征，在这种情况下，企业应当将属于负债和所有者权益的部分分开核算和列报。例如，企业发行的可转换公司债券，企业应当将其中的负债部分和权益性工具部分进行分拆，分别确认负债和所有者权益。

# 四、收入

**（一）收入的定义及特征**

收入是指企业在日常活动中形成的、会导致所有者权益的增加、与所有者投入资本无关的经济利益的总流入。根据收入的定义，收入具有以下 3 个特征。

**1. 收入是企业在日常活动中形成的**

日常活动是指企业为完成其经营目标所从事的经常性活动以及与之相关的活动。例如，工业企业制造并销售产品、商业企业销售商品、保险公司签发保单、咨询公司提供咨询服务、软件企业为客户开发软件、安装公司提供安装服务、商业银行对外贷款、租赁公司出租资产等，均属于企业的日常活动。明确界定日常活动是为了将收入与利得相区分，因为企业非日常活动所形成的经济利益的流入不能确认为收入，而应当计入利得。

**2. 收入会导致所有者权益的增加**

与收入相关的经济利益的流入应当会导致所有者权益的增加，不会导致所有者权益增加的经济利益的流入不符合收入的定义，不应确认为收入。例如，企业向银行借入款项，尽管也导致了企业经济利益的流入，但该流入并不导致所有者权益的增加，反而使企业承担了一项现时义务。企业对于因借入款项所导致的经济利益的增加，不应将其确认为收入，应当确认一项负债。

**3. 收入是与所有者投入资本无关的经济利益的总流入**

收入应当会导致经济利益的流入，从而导致资产的增加。例如，企业销售商品，应当收到现金或者在未来有权收到现金，才表明该交易符合收入的定义。但是，经济利益的流入有时是所有者投入资本的增加所导致的，所有者投入资本的增加不应当确认为收入，应当将其直接确认为所有者权益。

**（二）收入的确认条件**

企业收入的来源渠道多种多样，不同收入来源的特征有所不同，其收入确认条件也往往存在差别，如销售商品、提供劳务、让渡资产使用权等。一般而言，收入只有在经济利益很可能流入从而导致企业资产增加或者负债减少、经济利益的流入额能够可靠计量时才能予以确认。即收入的确认至少应当符合以下条件：一是与收入相关的经济利益应当很可能流入企业；二是经济利益流入企业的结果会导致资产的增加或者负债的减少；三是经济利益的流入额能够被可靠计量。

**（三）收入的分类**

按照企业所从事日常活动的性质，收入分为四种：销售商品收入、提供劳务收入、让渡资产使用权收入和建造合同收入。

按照日常活动在企业所处的地位，收入可分为主营业务收入和其他业务收入。其中，主营业务收入是企业为完成其经营目标而从事的日常活动中的主要项目所取得的，如工商企业销售商品、银行的贷款和办理结算等。其他业务收入是主营业务以外的其他日常活动所取得的，如工业企业销售材料、提供非工业性劳务等。

 **思考**：收入和利得有何联系和区别？

## 五、费用

### (一) 费用的定义及特征

费用是指企业在日常活动中发生的、会导致所有者权益减少的、与向所有者分配利润无关的经济利益的总流出。根据费用的定义，费用具有以下3个特征。

**1. 费用是企业在日常活动中形成的**

费用必须是企业在其日常活动中所形成的，这些日常活动的界定与收入定义中涉及的日常活动的界定相一致。因日常活动所产生的费用通常包括销售成本（营业成本）、管理费用等。将费用界定为日常活动所形成的，目的是将其与损失相区分，企业非日常活动所形成的经济利益的流出不能确认为费用，而应当计入损失。

**2. 费用会导致所有者权益的减少**

与费用相关的经济利益的流出应当会导致所有者权益的减少，不会导致所有者权益减少的经济利益的流出不符合费用的定义，不应确认为费用。

**3. 费用是与向所有者分配利润无关的经济利益的总流出**

费用的发生应当会导致经济利益的流出，从而导致资产的减少或者负债的增加（最终也会导致资产的减少）。其表现形式包括现金或者现金等价物的流出，存货、固定资产和无形资产等的流出或者消耗等。鉴于企业向所有者分配利润也会导致经济利益的流出，而该经济利益的流出显然属于所有者权益的抵减项目，不应确认为费用，应当将其排除在费用的定义之外。

### (二) 费用的确认条件

费用的确认除了应当符合定义外，也应当满足严格的条件，即费用只有在经济利益很可能流出从而导致企业资产减少或者负债增加、经济利益的流出额能够可靠计量时才能予以确认。因此，费用的确认至少应当符合以下条件：一是与费用相关的经济利益应当很可能流出企业；二是经济利益流出企业的结果会导致资产的减少或者负债的增加；

三是经济利益的流出额能够被可靠计量。

### （三）费用的分类

费用可以分为营业成本和期间费用。其中，营业成本是指所销售商品或提供劳务的成本。营业成本按照其所销售商品或提供劳务在企业日常活动中所处的地位分为主营业务成本和其他业务成本。期间费用包括管理费用、销售费用和财务费用。管理费用是企业行政管理部门为组织和管理生产经营活动而发生的各种费用；销售费用是企业在销售商品、提供劳务等日常活动中发生的除营业成本以外的各项费用以及专设销售机构的各项经费；财务费用是企业筹集生产经营所需要资金而发生的费用。

**思考：** 费用和损失有何联系和区别？

## 六、利润

### （一）利润的定义

利润是指企业在一定会计期间的经营成果。通常情况下，如果企业实现了利润，表明企业的所有者权益将增加，业绩得到了提升；反之，如果企业发生了亏损（即利润为负数），表明企业的所有者权益将减少，业绩下滑了。利润往往是评价企业管理层业绩的一项重要指标，也是投资者等财务报告使用者进行决策时的重要参考。

### （二）利润的来源构成

利润包括收入减去费用后的净额、直接计入当期利润的利得和损失等。其中收入减去费用后的净额反映的是企业日常活动的经营业绩，直接计入当期利润的利得和损失反映的是企业非日常活动的业绩。直接计入当期利润的利得和损失，是指应当计入当期损益、最终会引起所有者权益发生增减变动的、与所有者投入资本或者向所有者分配利润无关的利得或者损失。企业应当严格区分收入和利得、费用和损失之间的区别，以更加全面地反映企业的经营业绩。

### （三）利润的确认条件

利润反映的是收入减去费用、直接计入当期利润的利得减去直接计入当期利润的损失的净额。因此，利润的确认主要依赖于收入和费用以及利得与损失的确认，其金额的确定也主要取决于收入、费用、利得、损失金额的计量。

## 第四节 会计计量属性及其应用

### 一、会计计量属性

会计计量是为了将符合确认条件的会计要素登记入账并列报于财务报表而确定其金额的过程。企业应当按照规定的会计计量属性进行计量，确定相关金额。计量属性是指所计量的某一要素的特性方面，如桌子的长度、铁矿的重量、楼房的面积等。从会计角度来说，计量属性反映的是会计要素金额的确定基础，主要包括历史成本、重置成本、可变现净值、现值和公允价值等。

#### （一）历史成本

历史成本又称为实际成本，是指取得或制造某项财产物资时所实际支付的现金或其他等价物。在历史成本计量下，资产按照其购置时支付的现金或者现金等价物的金额，或者按照购置资产时所付出的对价的公允价值计量。负债按照其因承担现时义务而实际收到的款项或者资产的金额，或者承担现时义务的合同金额，或者按照日常活动中为偿还负债预期需要支付的现金或者现金等价物的金额计量。

#### （二）重置成本

重置成本又称现行成本，是指按照当前市场条件，重新取得相同或相似的资产所需支付的现金或现金等价物金额。在重置成本计量下，资产按照现在购买相同或者相似资产所需支付的现金或者现金等价物的金额计量。负债按照现在偿付该项债务所需支付的现金或者现金等价物的金额计量。在实务中，重置成本多应用于盘盈固定资产的计量等。

#### （三）可变现净值

可变现净值是指在正常生产经营过程中，以资产预计售价减去进一步加工成本和预计销售费用以及相关税费后的净值。在可变现净值计量下，资产按照其正常对外销售所能收到的现金或者现金等价物的金额扣减该资产至完工时估计将要发生的成本、估计的销售费用以及相关税费后的金额计量。可变现净值通常应用于存货资产减值情况下的后续计量。

### （四）现值

现值是指对未来现金流量以恰当的折现率进行折现后的价值，是考虑货币时间价值的一种计量属性。在现值计量下，资产按照预计从其持续使用和最终处置中所取得的未来净现金流入量的折现金额计量。负债按照预计期限内需要偿还的未来净现金流出量的折现金额计量。

### （五）公允价值

公允价值是指市场参与者在计量日发生的有序交易中，出售一项资产所能收到或者转移一项负债所需支付的价格。它是在公平交易中，熟悉情况的交易双方自愿进行资产交换或者债务清偿的金额。企业应当以主要市场的价格计量相关资产或负债的公允价值。不存在主要市场的，企业应当以最有利市场的价格计量相关资产或负债的公允价值。

## 二、各种会计计量属性之间的关系

在各种会计计量属性中，历史成本通常反映的是资产或者负债过去的价值，而重置成本、可变现净值、现值以及公允价值通常反映的是资产或者负债的现时成本或者现时价值，是与历史成本相对应的计量属性。

但是，各种计量属性也是有交叉的。公允价值相对于历史成本而言，具有很强的时间概念，也就是说，当前环境下某项资产或负债的历史成本可能是过去环境下该项资产或负债的公允价值，而当前环境下某项资产或负债的公允价值也许就是未来环境下该项资产或负债的历史成本。一项交易在交易时点通常是按公允价值交易的，随后就变成了历史成本，资产或者负债的历史成本许多就是根据交易时有关资产或者负债的公允价值确定的。例如，在非货币性资产交换中，如果交换具有商业实质，且换入、换出资产的公允价值能够可靠计量，换入资产入账成本的确定应当以换出资产的公允价值为基础，除非有确凿证据表明换入资产的公允价值更加可靠。在非同一控制下的企业合并交易中，合并成本也是以购买方在购买日为取得对被购买方的控制权而付出的资产、发生或承担的负债等的公允价值确定的。在应用公允价值时，当相关资产或者负债不存在活跃市场的报价或者不存在同类或者类似资产的活跃市场报价时，需要采用估值技术来确定相关资产或者负债的公允价值，而在采用估值技术估计相关资产或者负债的公允价值时，现值往往是比较普遍的一种估值方法，在这种情况下，公允价值就是以现值为基础确定的。

### 三、会计计量属性的应用原则

我国《企业会计准则——基本准则》规定，企业在对会计要素进行计量时，一般应当采用历史成本。采用重置成本、可变现净值、现值和公允价值计量的，应当保证所确定的会计要素金额能够取得并可靠计量。

企业会计准则体系适度、谨慎地引入公允价值这一计量属性，是因为随着我国资本市场的发展，越来越多的股票、债券、基金等金融产品在交易所挂牌上市，使这类金融资产的交易已经形成了较为活跃的市场，因此，我国已经具备了引入公允价值的条件。在这种情况下，引入公允价值，更能反映企业的实际情况，对投资者等财务报告使用者的决策更具有相关性。

## 第五节 企业会计准则体系

我国企业会计准则体系由基本准则、具体准则、会计准则应用指南和解释公告等组成。其中，基本准则在整个企业会计准则体系中扮演着概念框架的角色，起着统驭作用；具体准则是在基本准则的基础上，对具体交易或者事项会计处理的规范；应用指南是对具体准则的一些重点难点问题作出的操作性规定；解释公告是随着企业会计准则的贯彻实施，就实务中遇到的实施问题而对准则作出的具体解释。

在我国现行企业会计准则体系中，基本准则类似于国际会计准则理事会的《编报财务报表的框架》和美国财务会计准则委员会的《财务会计概念公告》，它规范了包括财务报告目标、会计基本假设、会计信息质量要求、会计要素的定义及其确认、计量原则、财务报告等在内的基本问题，是会计准则制定的出发点，是制定具体准则的基础。其作用主要表现为以下两个方面。

一是统驭具体准则的制定。随着我国经济迅速发展，会计实务问题层出不穷，会计准则需要规范的内容日益增多，体系日趋庞杂，在这样的背景下，为了确保各项准则的制定建立在统一的理念基础之上，基本准则就需要在其中发挥核心作用。我国基本准则规范了会计确认、计量和报告等一般要求，是准则的准则，可以确保各具体准则的内在一致性。为此，我国基本准则第三条明确规定："企业会计准则包括基本准则和具体准则,具体准则的制定应当遵循本准则(即基本准则)。"在企业会计准则体系的建设中,各项具体准则也都严格按照基本准则的要求加以制定和完善,并且在各具体准则的第一条中作了明确规定。

二是为会计实务中出现的、具体准则尚未规范的新问题提供会计处理依据。在会计实务中,由于经济交易事项的不断发展、创新,具体准则的制定有时会出现滞后的情况,会出现一些新的交易或者事项在具体准则中尚未规范但又急需处理,这时,企业不仅应当对这些新的交易或者事项及时进行会计处理,而且在处理时应当严格遵循基本准则的要求,尤其是基本准则关于会计要素的定义及其确认与计量等方面的规定。因此,基本准则不仅扮演着具体准则制定依据的角色,也为会计实务中出现的、具体准则尚未作出规范的新问题提供了会计处理依据,从而确保了企业会计准则体系对所有会计实务问题的规范作用。

基本准则的制定吸收了当代财务会计理论研究的最新成果,反映了当前会计实务发展的内在需要,体现了国际上财务会计概念框架的发展动态,构建起了完整、统一的财务会计概念体系,从不同角度明确了整个会计准则需要解决的基本问题,内容包括以下六个方面:

一是关于财务报告目标。基本准则明确了我国财务报告的目标是向财务报告使用者提供决策有用的信息,并反映企业管理层受托责任的履行情况。

二是关于会计基本假设。基本准则强调了企业会计确认、计量和报告应当以会计主体、持续经营、会计分期和货币计量为会计基本假设。

三是关于会计基础。基本准则坚持了企业会计确认、计量和报告应当以权责发生制为基础。

四是关于会计信息质量要求。基本准则建立了企业会计信息质量要求体系,规定企业财务报告中提供的会计信息应当满足会计信息质量要求。

五是关于会计要素分类及其确认、计量原则。基本准则将会计要素分为资产、负债、所有者权益、收入、费用和利润六个要素,同时对各要素进行严格定义。会计要素在计量时以历史成本为基础,可供选择的计量属性包括历史成本、重置成本、可变现净值、现值和公允价值等。

六是关于财务报告。基本准则为了实现财务报告目标,明确了财务报告的基本概念、应当包括的主要内容和应反映信息的基本要求等。

2006年2月15日,财政部发布了《企业会计准则第1号——存货》等38项具体会计准则,标志着我国已基本建立起与国际财务报告准则趋同的企业会计准则体系。2014

年上半年财政部又先后发布了《企业会计准则第 39 号——公允价值计量》等 3 项企业会计准则，并对部分会计准则进行了修订，以实现与国际财务报告准则的持续趋同。2017 年 4 月财政部发布《企业会计准则第 42 号——持有待售的非流动资产、处置组和终止经营》会计准则，并对《企业会计准则第 22 号——金融工具确认和计量》等 4 项会计准则进行了修订。2017 年 5 月和 7 月分别对《企业会计准则第 16 号——政府补助》和《企业会计准则第 14 号——收入》进行了修订。2018 年 12 月对《企业会计准则第 21 号——租赁》进行了修订。2019 年 5 月对《企业会计准则第 7 号——非货币性资产交换》和《企业会计准则第 12 号——债务重组》进行了修订。我国现行企业会计具体准则体系（2006 年、2014 年、2017 年、2018 年和 2019 年）具体内容如表 1-1 所示。

表 1-1　　　　　　　　　我国企业会计准则体系

| 具体会计准则名称 | 发布或修订时间 |
| --- | --- |
| 基本准则 | 2006 年发布，2014 年修订 |
| CAS1——存货 | 2006 年发布 |
| CAS2——长期股权投资 | 2006 年发布，2014 年修订 |
| CAS3——投资性房地产 | 2006 年发布 |
| CAS4——固定资产 | 2006 年发布 |
| CAS5——生物资产 | 2006 年发布 |
| CAS6——无形资产 | 2006 年发布 |
| CAS7——非货币性资产交换 | 2006 年发布，2019 年修订 |
| CAS8——资产减值 | 2006 年发布 |
| CAS9——职工薪酬 | 2006 年发布，2014 年修订 |
| CAS10——企业年金基金 | 2006 年发布 |
| CAS11——股份支付 | 2006 年发布 |
| CAS12——债务重组 | 2006 年发布，2019 年修订 |
| CAS13——或有事项 | 2006 年发布 |
| CAS14——收入 | 2006 年发布，2017 年修订 |
| CAS15——建造合同 | 2006 年发布，2017 年与 CAS14 合并 |
| CAS16——政府补助 | 2006 年发布，2017 年修订 |
| CAS17——借款费用 | 2006 年发布 |
| CAS18——所得税 | 2006 年发布 |
| CAS19——外币折算 | 2006 年发布 |

续表

| 具体会计准则名称 | 发布或修订时间 |
|---|---|
| CAS20——企业合并 | 2006 年发布 |
| CAS21——租赁 | 2006 年发布，2018 年修订 |
| CAS22——金融工具确认和计量 | 2006 年发布，2017 年修订 |
| CAS23——金融资产转移 | 2006 年发布，2017 年修订 |
| CAS24——套期保值 | 2006 年发布，2017 年修订 |
| CAS25——原保险合同 | 2006 年发布，2020 年新 CAS25（保险合同）发布 |
| CAS26——再保险合同 | 2006 年发布，2020 年新 CAS25（保险合同）发布 |
| CAS27——石油天然气开采 | 2006 年发布 |
| CAS28——会计政策、会计估计变更和差错更正 | 2006 年发布 |
| CAS29——资产负债表日后事项 | 2006 年发布 |
| CAS30——财务报表列报 | 2006 年发布，2014 年修订 |
| CAS31——现金流量表 | 2006 年发布 |
| CAS32——中期财务报告 | 2006 年发布 |
| CAS33——合并财务报表 | 2006 年发布，2014 年修订 |
| CAS34——每股收益 | 2006 年发布 |
| CAS35——分部报告 | 2006 年发布 |
| CAS36——关联方披露 | 2006 年发布 |
| CAS37——金融工具列报 | 2006 年发布，2017 年修订 |
| CAS38——首次执行企业会计准则 | 2006 年发布 |
| CAS39——公允价值计量 | 2014 年发布 |
| CAS40——合营安排 | 2014 年发布 |
| CAS41——在其他主体中权益的披露 | 2014 年发布 |
| CAS42——持有待售的非流动资产、处置组和终止经营 | 2017 年发布 |

 思考题

1. 什么是财务会计的目标？
2. 财务会计的信息使用者来自哪些方面？

3. 会计的基本假设有哪些?
4. 会计信息质量要求有哪些?
5. 反映企业财务状况的会计要素有哪些?
6. 反映企业经营成果的会计要素有哪些?
7. 会计要素计量属性主要包括哪几个?

# 第二章

# 货币资金

**学习目标：**
1. 了解现金的含义及其结算范围。
2. 熟悉银行支付结算办法的主要内容。
3. 掌握库存现金日常收付的核算。
4. 掌握银行存款日常收付的核算和银行存款的核对。
5. 掌握其他货币资金的核算。

 **案例导读：**

2016 年 4 月，Q 市公安局 H 分局派出所成功破获一起涉案逾 2 000 万元的特大职务侵占案。当时，辖区内 JD 汽车公司 4S 店负责人报案，称其公司名下的分公司 CQ 汽车 4S 店出现 2 000 余万元不明亏空，财务主管赵某存在职务侵占重大嫌疑。经过警方调查，最终掌握了嫌疑人赵某自 2014 年 3 月至 2016 年初先后 197 次侵占或挪用公司财务款项 2 020 余万元的违法犯罪事实证据。经审讯，赵某交代 2013 年底其迷上网络赌博，在入不敷出的情况下，发现网络银行交易具有延迟显示的特点，自 2014 年担任财务主管起，便利用职务之便侵占挪用实收现金，并在账上记录为刷卡消费以侵占或挪用公司款项。

请同学们思考：

（1）货币资金日常管理和核算的要求是什么？

（2）如何对货币资金进行有效的内部控制？

通过本章的学习，你将会找到答案。

## 第一节　货币资金概述

### 一、货币资金的特点与范围

货币资金是指企业生产经营过程中停留于货币形态的那部分资产，它具有可立即作为支付手段并被普遍接受的特性，是企业资产的重要组成部分，是企业资产中流动性较强的资产，可以立即投入流通用以购买商品或劳务，或用以偿还债务。在流动资产中，货币资金的流动性最强，并且是唯一能够直接转化为其他任何资产状态的流动性资产，也是唯一能够代表企业现实购买力水平的资产。为了确保生产经营活动的正常进行，企业必须拥有一定数量的货币资金，以便购买材料、缴纳税金、发放工资、支付利息及股利或进行投资等。企业所拥有的货币资金量是分析判断企业偿债能力与支付能力的重要指标。

根据货币资金的存放地点及其用途的不同，货币资金包括库存现金、银行存款和其他货币资金。

### 二、货币资金管理和控制的原则

货币资金是企业资产中流动性较强的资产，加强对其管理和控制，对于保障企业资产安全完整，提高货币资金周转速度和使用效益，具有重要的意义。加强对货币资金的控制，应当结合企业生产经营特点，制定相应的控制制度，并监督实施。一般来说，货币资金的管理与控制应当遵循如下原则。

#### （一）严格职责分工

将涉及货币资金不相容的职责分由不同的人员担任，形成严密的内部牵制制度，以减少和降低货币资金管理上舞弊的可能性。

#### （二）实行交易分开

将现金支出业务和现金收入业务分开进行处理，防止出现将现金收入直接用于现金支出的坐支行为。

#### （三）实施内部稽核

设置内部稽核单位和人员，建立内部稽核制度，以加强对货币资金管理的监督，及时发现货币资金管理中存在的问题，以及时改进对货币资金管理控制。

**（四）实施定期轮岗制度**

对涉及货币资金管理和控制的业务人员实行定期轮换岗位。通过轮换岗位，减少对货币资金管理和控制中产生舞弊的可能性，并及时发现有关人员的舞弊行为。

## 三、货币资金内部控制的内容

内部控制制度是企业重要的内部管理制度，是指企业在处理各种业务活动时，依照分工负责的原则在有关人员之间建立的相互联系、相互制约的管理体系。货币资金的内部控制制度是企业最重要的内部控制制度。单位负责人对本单位货币资金内部控制的建立健全和有效实施以及货币资金的安全完整负责。货币资金内部控制的内容有以下几点。

第一，单位应当建立货币资金业务的岗位责任制，明确相关部门和岗位职责的权限，确保办理货币资金业务的不相容岗位相互分离、制约和监督。出纳人员不得兼任稽核、会计档案保管和收入、支出、费用、债权债务账目的登记工作，单位不得由一人办理货币资金业务的全过程。

第二，办理货币资金业务，应当配备合格的人员，并根据单位具体情况进行岗位轮换。办理货币资金业务的人员应当具备良好的职业道德，忠于职守，廉洁奉公，遵纪守法，客观公正，不断提升会计业务素质和职业道德水平。

第三，单位应当对货币资金业务建立严密的授权批准制度，明确审批人对货币资金业务的授权批准方式、权限、程序、责任和相关控制措施，规定经办人办理货币资金业务的职责范围和工作要求。审批人应当根据货币资金授权批准制度的规定，在授权范围内进行审批，不得超越审批权限。经办人应当在职责范围内，按照审批人的批准意见办理货币资金业务。对于审批人超越授权范围审批的货币资金业务，经办人有权拒绝办理，并及时向审批人的上级授权部门报告。单位对重要的货币资金支付业务，应当实行集体决策和审批，并建立责任追究制度，防范贪污、侵占、挪用货币资金等行为。严禁未经授权的机构或人员办理货币资金业务或直接接触货币资金。

第四，单位应当加强与货币资金相关的票据管理，明确各种票据的购买、保管、领用、背书转让、注销等环节的职责权限和程序，并专设登记簿进行记录，防止空白票据的遗失和被盗用。

第五，单位应当加强对银行预留印鉴的管理。财务专用章应有专人保管，个人名章必须由本人或其授权人员保管。严禁一人保管支付款项所需的全部印章。按规定需要有关负责人签字或盖章的经济业务，必须严格履行签字或盖章手续。

第六，单位应当建立对货币资金业务的监督检查制度，明确监督检查机构或人员的职责权限，定期或不定期地进行检查。货币资金监督检查的内容主要包括：货币资金业务相关岗位和人员的设置情况；货币资金授权批准制度的执行情况；支付款项印章的保管情况；票据的保管情况。对监督检查过程中发现的货币资金内部控制中的薄弱环节，应当及时采取措施，加以纠正和完善。

## 第二节　现　　金

### 一、现金管理的主要内容

本章所说的现金指的是库存现金。库存现金是指通常存放于企业财会部门、由出纳人员经管的货币，包括人民币现金和外币现金。库存现金是流动性最强的货币性资产，企业必须加强对现金的管理，国务院颁布的《现金管理暂行条例》规定了现金管理的内容，主要包括以下四个方面。

#### （一）现金的使用范围

企业可以使用现金的范围主要包括：

（1）职工工资、津贴。
（2）个人劳动报酬。
（3）根据国家规定颁发给个人的科学技术、文化艺术、体育等各种奖金。
（4）各种劳保、福利费用以及国家规定的对个人的其他支出。
（5）向个人收购农副产品和其他物资的价款。
（6）出差人员必须随身携带的差旅费。
（7）结算起点（1 000元）以下的零星支出。
（8）中国人民银行确定需要支付现金的其他支出。

凡是不属于现金结算范围的，应通过银行进行转账结算。

#### （二）库存现金的限额

企业库存现金的限额是指为保护各单位日常零星支出按规定允许留存现金的最高数

额，由其开户银行根据实际需要核定，一般为3~5天的零星开支需要量。边远地区和交通不便地区的企业，库存现金限额可以多于5天，但不能超过15天的日常零星开支量，正常开支需要量不包括企业每月发放工资和不定期差旅费等大额现金支出。企业必须严格按规定的限额控制现金结余量，超过限额的部分必须及时送存银行，库存现金低于限额时，可以签发现金支票从银行提取现金，补足限额。

### （三）现金日常收支管理

现金日常收支管理的内容主要有：

（1）现金收入应于当日送存开户银行，如当日送存银行确有困难，由开户银行确定送存时间。

（2）企业可以在现金使用范围内支付现金，但不得从本单位的现金收入中直接支付（坐支）。因特殊情况需要坐支现金的，应当事先报经开户银行审查批准，由开户银行核定坐支范围和限额。企业应定期向开户银行报送坐支金额和使用情况。

（3）企业从银行提取现金时，应当在取款凭证上写明具体用途，并由本单位财会部门负责人签字盖章后，交开户银行审核后方可支取。

（4）因采购地点不固定，交通不便，生产或者市场急需，抢险救灾以及其他情况必须使用现金的，企业应当提出申请，经开户银行审核批准后，予以支付现金。

（5）不准用不符合制度的凭证顶替库存现金，即不准"白条顶库"；不准谎报用途套取现金；不准用银行存款账户代其他单位和个人存入或支取现金；不准将单位收入的现金以个人名义存储，不准保留账外公款，不得设置小金库等。

### （四）现金账目管理

为了加强现金的管理，随时掌握现金收付的动态和库存余额，保证现金的安全，企业必须设置"现金日记账"，按照现金业务发生的先后顺序逐笔序时登记。每日终了，应根据登记的"现金日记账"结余数与实际库存数进行核对，做到账实相符。月份终了，"现金日记账"的余额必须与总账科目"库存现金"的余额核对相符。

**思考**：现金管理的规范性对企业有何影响？

## 二、现金收付的核算

企业的现金收入主要包括：从银行提取现金、收取不足转账起点的小额销货款、职工交回的多余出差借款等。企业收到现金时，应根据审核无误的会计凭证，借记"库存现金"科目，贷记有关科目。

企业的现金支出包括现金开支范围以内的各项支出。企业实际支付现金时，应根据审核无误的会计凭证，借记有关科目，贷记"库存现金"科目。

【例 2-1】2020 年 12 月，大河公司根据发生的有关业务，编制会计分录如下：

① 零星销售产品取得现金收入 678 元，开出的增值税专用发票上注明售价为 600 元，增值税税额为 78 元。

借：库存现金　　　　　　　　　　　　　　　　　　678
　　贷：主营业务收入　　　　　　　　　　　　　　　600
　　　　应交税费——应交增值税（销项税额）　　　　 78

② 以现金支付临时工工资 2 000 元。

借：应付职工薪酬　　　　　　　　　　　　　　　2 000
　　贷：库存现金　　　　　　　　　　　　　　　　2 000

## 三、现金的清查

为了确保账实相符，应对现金进行清查。现金清查包括两部分内容：一是出纳人员每日营业终了进行账款核对；二是清查小组进行定期或不定期的盘点和核对，现金清查的方法采用账实核对法。对现金实存额进行盘点，必须以现金管理的有关规定为依据，不得以白条抵库，不得超限额保管现金。对现金进行账实核对，如发现账实不符，应立即查明原因，及时更正，对发生的长款或短款，应查找原因，并按规定进行处理，不得以今日长款弥补它日短款。现金清查和核对后，应及时编制"现金盘点报告表"，列明现金账存额、现金实存额、差异额及其原因，对无法确定原因的差异，应及时报告有关负责人。

现金清查中发现的长款或短款，应根据"现金盘点报告表"进行处理，以确保账实相符，并对长款、短款做出处理。现金长款、短款一般通过"待处理财产损溢——待处理流动资产损溢"科目进行核算，待查明原因后，再根据不同原因及处理结果，将其转入有关科目。

如为现金短缺，属于责任人赔偿的部分，借记"其他应收款——应收现金短缺款（××个人）"或"库存现金"等科目，属于应由保险公司赔偿的部分，借记"其他应收款——应收保险赔偿"科目，贷记"待处理财产损溢——待处理流动资产损溢"科目；属于无法查明的其他原因，根据管理权限，经批准处理后，借记"管理费用——现金短缺"科目，贷记"待处理财产损溢——待处理流动资产损溢"科目。

如为现金溢余，属于应支付给有关人员和单位的，应借记"待处理财产损溢——待处理流动资产损溢"科目，贷记"其他应付款——应付现金溢余（××个人或单位）"科目；属于无法查明原因的现金溢余，经批准后，借记"待处理资产损溢——待处理流动资产损溢"科目，贷记"营业外收入——现金溢余"科目。

【例2-2】2020年12月，大河公司根据发生的有关现金清查业务，编制会计分录如下：

① 大河公司进行现金清查，发现长款45.2元，原因待查。

借：库存现金　　　　　　　　　　　　　　　　　　　　　45.2
　　贷：待处理财产损溢——待处理流动资产损溢　　　　　　45.2

经反复核查，仍无法查明长款45.2元的具体原因，经单位领导批准，将其转为公司的营业外收入，编制会计分录如下：

借：待处理财产损溢——待处理流动资产损溢　　　　　　　45.2
　　贷：营业外收入　　　　　　　　　　　　　　　　　　　45.2

② 现金清查中发现有无法查明具体原因的现金短款105.8元，编制会计分录如下：

借：待处理财产损溢——待处理流动资产损溢　　　　　　　105.8
　　贷：库存现金　　　　　　　　　　　　　　　　　　　　105.8

经核查，上述现金短款系出纳人员责任造成，应由出纳赔偿，向出纳人员发出赔偿通知书，编制会计分录如下：

借：其他应收款——出纳员　　　　　　　　　　　　　　　105.8
　　贷：待处理财产损溢——待处理流动资产损溢　　　　　　105.8

# 第三节　银行存款

## 一、银行存款的管理

银行存款是指存在银行或其他金融机构的货币资金。企业的支出，凡是不属于现金结算范围的，应通过银行办理转账结算。

银行是全国的结算中心，按照国家有关规定，凡是独立核算的单位都必须在当地银行开设账户。银行存款账户可以分为基本存款账户、一般存款账户、临时存款账户和专用存款账户。

基本存款账户是企业处理日常结算及现金支取的账户，企业职工薪酬等现金的支取只能通过本账户办理。企业只能在银行开立一个基本存款账户。

一般存款账户是企业为了业务方便在银行或金融机构开立的基本存款账户以外的账户，企业可以通过本账户办理转账结算和现金缴存，但不能支取现金。企业不得在同一家银行的几个分支机构开立一般存款账户。

临时存款账户是因企业的临时开展业务活动需要而开立的暂时性账户，企业可以通过本账户办理转账结算和根据国家现金管理规定办理现金收付。

专用存款账户是根据企业的特定需要开立的具有特定用途的账户。

## 二、银行结算方式

银行结算方式是指不使用现金，通过银行将款项从付款单位或个人的银行账户直接划转到收款单位或个人的银行账户的货币资金结算方式。在我国，用于转账结算的方式主要有以下九种。

### （一）银行汇票结算方式

银行汇票是汇款人将款项交存当地银行，由出票银行签发的，由其在见票时，按照实际结算金额无条件支付给收款人的票据。银行汇票具有方便灵活、票随人到、兑现性强等特点，使用范围广泛，使用量大，更适用于异地采购。单位和个人各种款项结算，均可使用银行汇票。

银行汇票可以用于转账，填明"现金"字样的银行汇票也可以用于支取现金。银行汇票的提示付款期限为出票日起1个月内。超过付款期限提示不获付款的，持票人须在票据权利时效内向出票银行做出说明，并提供本人身份证或单位证明，持银行汇票和解讫通知向出票银行请求付款。

企业支付购货款等款项时，应向出票银行填写"银行汇票申请书"，填明收款人名称、支付金额、申请人、申请日期等事项并签章，签章为其预留银行的印鉴。银行受理银行汇票申请书，收妥款项后签发银行汇票，并用压数机压印出票金额，然后将银行汇票和解讫通知一并交给汇款人。

申请人取得银行汇票后即可持银行汇票向填明的收款单位办理结算。银行汇票的收款人可以将银行汇票背书转让给他人。背书转让以不得超过出票金额的实际结算金额为限，未填写实际金额或实际结算金额超过出票金额的银行汇票不得背书转让。

收款企业在收到付款单位送来的银行汇票时,应在出票金额以内,根据实际需要的款项办理结算,并将实际结算金额和多余金额准确、清晰地填入银行汇票和解讫通知的有关栏内,银行汇票的实际结算金额低于出票金额的,其多余金额由出票银行退还申请人。收款企业还应填写进账单并在汇票背面"持票人向银行提示付款签章"处签章,签章应与预留银行的印鉴相同,然后,将银行汇票和解讫通知、进账单一并交开户银行办理结算,银行审核无误后,办理转账。

### (二)银行本票结算方式

银行本票是申请人将款项交存银行,由银行签发给其凭以办理转账结算的票据。利用银行本票办理款项结算的方式称为银行本票结算方式。在同城范围内的商品交易和劳务供应以及其他款项的结算均可以使用银行本票。银行本票一律记名,允许背书转让。银行本票由银行签发,实行见票即付的付款方式,全额结算。银行本票按其金额记载方式不同,分为定额本票和不定额本票两种。不定额银行本票的金额起点为100元,定额银行本票面额分为1 000元、5 000元、10 000元和50 000元四种。银行本票提示付款期限自出票日起最长不得超过2个月,在付款期内银行本票见票即付。超过提示付款期限不获付款的,在票据权利时效内向出票银行作出说明,并提供本人身份证或单位证明,可持银行本票向银行请求付款。银行本票可以背书转让,不予挂失,对银行本票应视同现金,妥善保管。

### (三)商业汇票结算方式

商业汇票是出票人签发的,委托付款人在指定日期无条件支付确定金额给收款人或者持票人的票据。在银行开立存款账户的法人和其他组织之间须具有真实的交易关系或债权债务关系,才能使用商业汇票。商业汇票的承诺付款期限最长不得超过6个月。商业汇票的提示付款期限自汇票到期日起10日内。商业汇票可以背书转让。符合条件的商业汇票的持票人可持未到期的商业汇票连同贴现凭证,向银行申请贴现。

商业汇票按其承兑人不同,分为商业承兑汇票和银行承兑汇票。

**1. 商业承兑汇票**

商业承兑汇票是由银行以外的付款人承兑。商业承兑汇票按交易双方约定,由销售企业或购货企业签发,但由购货企业承兑。承兑时,购货企业应在汇票正面记载"承兑"字样、承兑日期并签章。承兑不得附有条件,否则视为拒绝承兑。汇票到期时,购货企业的开户银行凭票将票款划给销货企业或贴现银行。销货企业应在提示付款期限内通过开户银行委托收款或直接向付款人提示付款。对异地委托收款的，销货企业可匡算邮程，提前通过开户银行委托收款。汇票到期时，如果购货企业的存款不足支付票款，开户银行将汇票退还销货企业，银行不负责付款，由购销双方自行处理。

**2. 银行承兑汇票**

银行承兑汇票由银行承兑，由在承兑银行开立存款账户的存款人签发。承兑银行按票面金额向出票人收取万分之五的手续费。

购货企业应于汇票到期前将票款足额交存其开户银行，以备由承兑银行在汇票到期日或到期日后的见票当日支付票款。销货企业应在汇票到期时将汇票连同进账单送交开户银行以便转账收款。承兑银行凭汇票将承兑款项无条件转给销货企业，如果购货企业于汇票到期日未能足额交存票款时，承兑银行凭票向持票人无条件付款外，对出票人尚未支付的汇票按照每天万分之五计收罚息。

企业进行账务处理时，采用商业承兑汇票方式的，收款单位将到期的商业承兑汇票连同填制的邮划或电划委托收款凭证，一并送交银行办理转账，根据银行的收账通知，据以编制收款凭证；付款单位在收到银行的付款通知时，据以编制付款凭证。采用银行承兑汇票方式的，收款单位将要到期的银行承兑汇票连同填制的邮划或电划委托收款凭证，一并送交银行办理转账，根据银行的收账通知，据以编制收款凭证；付款单位在收到银行的付款通知时，据以编制付款凭证。收款单位将未到期的商业汇票向银行申请贴现时应按规定填制贴现凭证，连同汇票一并送交银行，根据银行的收账通知，据以编制收款凭证。

**思考：商业承兑汇票和银行承兑汇票在使用上有何不同？**

**（四）支票结算方式**

支票是单位或个人签发的，委托办理支票存款业务的银行在见票时无条件支付确定金额给收款人或持票人的票据。单位和个人在同一票据交换区域的各种款项结算，均可使用支票。

支票分为现金支票、转账支票和普通支票。支票上印有"现金"字样的为现金支票，现金支票只能用于支取现金。支票上印有"转账"字样的为转账支票，转账支票只能用于转账。普通支票可用于支取现金，也可用于转账。在普通支票左上角划两条平行线的，为划线支票，划线支票只能用于转账，不得支取现金。支票的出票人签发支票的金额不得超过付款时其在付款人处实有的存款金额，如果在付款人处实有的存款不足支付支票金额的，则属于签发空头支票行为，应承担法律责任。支票从签发之日起有效期为10天。

### （五）信用卡

信用卡是指商业银行向个人和单位发行的，凭以向特约单位购物、消费和向银行存取现金，且具有消费信用的特别载体卡片。信用卡按使用对象分为单位卡和个人卡；按信用等级分为金卡和普通卡。

信用卡在规定的期限和限额内允许善意透支，透支额金卡最高不得超过10 000元，普通卡最高不得超过5 000元，透支期限（即免息还款期）最长为60天。

### （六）汇兑结算方式

汇兑是汇款人委托银行将其款项支付给收款人的结算方式。单位和个人的各种款的结算，均可使用汇兑结算方式。

汇兑分为信汇和电汇两种。信汇是以邮寄方式将汇款凭证款转给外地收款人指定的汇入行，而电汇是以电报方式将汇款凭证款转给收款人指定的汇入行。信汇、电汇由汇款人选择使用。汇款人对汇出银行尚未汇出的款项可以申请撤销。汇入银行对收款人拒绝接受的汇款应立即办理退汇。汇兑结算方式适用于异地之间的各种款项结算。

### （七）委托收款结算方式

委托收款是收款人委托银行向付款人收取款项的结算方式。单位和个人凭已承兑商业汇票、债券、存单等付款人债务证明办理款项的结算，均可以使用委托收款结算方式。委托收款在同城、异地均可使用。

### （八）托收承付结算方式

托收承付是根据购销合同由收款单位发货后委托银行向异地付款单位收取款项，由付款单位向银行承认付款的结算方式。托收承付结算每笔的金额起点为10 000元。新华书店系统每笔的金额起点为1 000元。

办理托收承付结算方式的款项，要办理托收承付结算。收付双方使用托收承付结算必须签有符合《合同法》规定的购销合同，并在合同上说明使用托收承付结算方式。收款单位和付款单位的结算必须是商品交易，以及因商品交易而产生的劳务供应的款项。代销、寄销、赊销商品的款项，不得办理托收承付结算。收付双方使用托收承付结算，必须重合同、守信用。

### (九) 信用证结算方式

信用证结算方式是国际结算的一种主要方式。经中国人民银行批准经营结算业务的商业银行总行以及经商业银行总行批准开办信用证结算业务的分支机构，可以办理国内企业之间商品交易的信用证结算业务。

采用信用证结算方式的，收款单位收到信用证后，即备货装运，签发有关发票账单，连同运输单据和信用证，送交银行，根据付款的有关单据编制付款凭证。

上述各种结算方式的运用，需以加强结算纪律为保证。中国人民银行发布的《支付结算办法》中规定了银行结算纪律，即不准签发没有资金保证的票据或远期支票，套取银行信用；不准签发、取得和转让没有真实交易和债权债务的票据，套取银行和他人资金；不准无理拒绝付款，任意占用他人资金；不准违反规定开立和使用账户，等等。企业必须严格遵守银行支付结算办法规定的结算纪律，保证结算业务的正常进行。

 **思考**：通过网银结算属于哪种结算方式？

## 三、银行存款收付的核算

为了详细反映银行存款的收付及结存情况，企业除了设置"银行存款"科目进行总分类核算外，还必须设置"银行存款日记账"，按照银行存款收付业务发生的先后顺序逐笔序时登记，每日终了应结出余额。"银行存款日记账"应定期与"银行对账单"核对，至少每月核对一次，企业银行存款日记账余额与银行对账单余额之间如有差额，必须逐笔查明原因，并按月编制"银行存款余额调节表"调节相符。月份终了，"银行存款日记账"的余额必须与"银行存款"总账科目的余额核对相符。

**【例 2-3】** 2020 年 12 月，大河公司根据发生的有关银行存款收付业务，编制会计分录如下：

① 销售产品取得收入，开出的增值税专用发票上注明价款为 50 000 元，增值税税额为 6 500 元，共计 56 500 元，存入银行。

借：银行存款　　　　　　　　　　　　　　　　　　　　　　　56 500
　　贷：主营业务收入　　　　　　　　　　　　　　　　　　　50 000
　　　　应交税费——应交增值税（销项税额）　　　　　　　　 6 500

② 购进原材料一批，取得的增值税专用发票上注明的价款为 10 000 元、增值税税额为 1 300 元，货款共计 11 300 元，以转账支票付讫。

借：原材料　　　　　　　　　　　　　　　　　　　　　　　　10 000
　　应交税费——应交增值税（进项税额）　　　　　　　　　　 1 300
　　贷：银行存款　　　　　　　　　　　　　　　　　　　　　　11 300

## 四、银行存款的核对

企业每月至少应将银行存款日记账与银行对账单核对一次，以检查银行存款收付及结存情况。企业进行账单核对时，往往出现银行存款日记账余额与银行对账单同日余额不符的情况。究其原因主要有三种：一是计算错误；二是记账错漏；三是未达账项。计算错误是企业或银行对银行存款结存额的计算发生运算错误；记账错漏是指企业或银行对存款的收入、支出的错记或漏记；未达账项是指银行和企业对同一笔款项收付业务，因记账时间不同，而发生的一方已经入账，另一方尚未入账的款项，未达账项不外乎以下四种情况：

（1）企业已经收款入账，银行尚未收款入账的款项。如企业存入其他单位的转账支票。

（2）企业已经付款入账，银行尚未付款入账的款项。如企业已经开出的转账支票，对方尚未到银行办理转账手续。

（3）银行已经收款入账，企业尚未收款入账的款项。如托收货款和银行支付给企业的存款利息等。

（4）银行已经付款入账，企业尚未付款入账的款项。如银行代企业支付公用事业费用向企业收取的借款利息等。

银行存款日记账余额与银行对账单余额不符，必须查明原因。在会计实务中，通过编制银行存款余额调节表来检查调节后的余额是否存在平衡关系。如果调节后余额一致，表明账户内结存额计算无误；如果调节后余额仍不一致，表明账户内结存额计算一定有误，应立即查明错误所在。属于银行方面的原因，应及时通知银行更正；属于本单位的原因，应按错账更正办法进行更正。在编制银行存款余额调节表时，一般将所有未核对一致的项目均视为未达账项，但对于出现的各种未达账项，应进行认真审核，确属未达账项的，应督促有关人员办理结算手续或记账手续；属于记账错漏的，应予以及时更正。

下面介绍银行存款余额调节表的编制方法。银行存款余额调节表的编制方法主要是指补记式余额调节法,它是实际工作中常用的方法。补记式余额调节法是指编制余额调节表时,在开户行和企业现有银行存款余额的基础上,各自补记对方已入账而自己未入账的款项,然后检查经过调节后的账面价值是否相等。用公式表示如下:

$$\frac{企业银行存款}{日记账余额} + \frac{银行已收入账}{企业未收入账账项} - \frac{银行已付入账}{企业未付入账账项}$$

$$= \frac{银行对账}{单余额} + \frac{企业已收入账}{银行未收入账账项} - \frac{企业已付入账}{银行未付入账账项}$$

【例 2-4】2020 年 12 月 31 日,大河公司取得其开户行银行对账单,银行对账单余额为 945 125 元,企业银行存款日记账余额为 758 210 元。经核对找出如下未达账项:

① 企业已收入账,银行尚未入账:企业将销售收入的银行支票送开户行,金额为 210 000 元。

② 企业已付入账,银行尚未入账:企业因购买原材料、支付工资、办公费用签发银行支票,其金额分别为:50 400 元、24 540 元、3 500 元。

③ 银行已收入账,企业尚未入账:银行代企业收到一笔应收款 680 000 元。

④ 银行已付入账,企业尚未入账:银行收取企业办理一项支付的结算为 361 525 元。

根据上述资料采用余额调节法编制调节表,如表 2-1 所示。

表 2-1  银行存款余额调节表

2020 年 12 月 31 日    单位:元

| 项 目 | 金额 | 项 目 | 金额 |
| --- | --- | --- | --- |
| 企业银行存款日记账余额 | 758 210 | 银行对账单余额 | 945 125 |
| 加:银行已收入账 | 680 000 | 加:企业已收入账 | 210 000 |
| 　　企业尚未入账 |  | 　　银行尚未入账 |  |
| 减:银行已付入账 | 361 525 | 减:企业已付入账 | 50 400 |
| 　　企业尚未入账 |  | 　　银行尚未入账 | 24 540 |
|  |  |  | 3 500 |
| 调节后余额 | 1 076 685 | 调节后余额 | 1 076 685 |

需要注意的是,编制银行存款余额调节表的目的,只是为了检查账簿记录的正确性,并不是要更改账簿记录,对于银行已经入账而本单位尚未入账的业务和本单位已经入账而银行尚未入账的业务,均不作账务处理,待以后业务凭证到达后,再作账务处理。对于长期搁置的未达账项,应及时查阅凭证和有关资料,及时和银行联系,查明原因,予以解决。

## 第四节　其他货币资金

### 一、其他货币资金的特点与范围

其他货币资金是指除现金、银行存款以外的其他各种货币资金。其他货币资金同现金和银行存款一样，是企业可以作为支付手段的货币。其他货币资金同现金和银行存款相比，有其特殊的存在形式和支付方式，在管理上有别于现金和银行存款，应单独进行会计核算。

除现金、银行存款以外的货币资金主要包括外埠存款、银行汇票存款、银行本票存款、信用卡存款、信用证保证金存款、存出投资款等。外埠存款是指到外地进行临时或零星采购时，汇往采购地银行并在采购地银行开立采购专户的款项；银行汇票存款是指企业为取得银行汇票，按规定用于银行汇票结算而存入银行的款项；银行本票存款是指企业为取得银行本票，按规定用于银行本票结算而存入银行的款项；信用卡存款是指企业为取得信用卡以办理信用卡结算而存入的款项；信用证保证金存款是指企业为取得信用证按规定存入银行的款项；存出投资款是指企业已存入证券公司但尚未进行短期投资的现金。

### 二、其他货币资金收付的核算

#### （一）外埠存款

外埠存款是指企业到外地进行临时或零星采购时，汇往采购地银行开立采购专户的款项。

企业将款项委托当地银行汇往采购地开立专户时，根据汇出款项凭证，编制付款凭证，进行财务处理，借记"其他货币资金——外埠存款"科目，贷记"银行存款"科目。外出采购人员报销用外埠存款支付材料的采购贷款等款项时，企业应根据供应单位发票账单等报销凭证，编制付款凭证，借记"材料采购"或"原材料""库存商品""应交税费——应交增值税（进项税额）"等科目，贷记"其他货币资金——外埠存款"科目。

采购员完成采购任务，将多余的外埠存款转回当地银行时，应根据银行的收款通知，编制收款凭证，借记"银行存款"科目，贷记"其他货币资金——外埠存款"科目。

### (二) 银行汇票存款

银行汇票存款是指企业为取得银行汇票按规定存入银行的款项。银行汇票是由企业单位或个人将款项交存开户银行，由银行签发给其持往异地采购商品时办理结算或支取现金的票据。

企业向银行填送"银行汇票委托书"并将款项交存开户银行，取得汇票后，根据银行盖章退回的申请书存根联，编制付款凭证，借记"其他货币资金——银行汇票存款"科目，贷记"银行存款"科目。

企业使用银行汇票支付款项后，应根据发票账单等有关凭证，经核对无误后编制会计分录，借记"材料采购"或"原材料""库存商品""应交税费——应交增值税（进项税额）"等科目，贷记"其他货币资金——银行汇票存款"科目。银行汇票使用完毕，应转销"其他货币资金——银行汇票存款"科目。如实际采购支付后银行汇票有多余款或因汇票超付款等原因而退回款项时，应根据开户行转来的银行汇票第四联（多余收账通知），借记"银行存款"科目，贷记"其他货币资金——银行汇票存款"科目。

### (三) 银行本票存款

银行本票存款是指企业为取得银行本票按规定存入银行的款项。银行本票是由银行签发的，承诺自己在见票时无条件支付确定的金额给收款人或者持票人的票据。

企业向银行提交"银行本票申请书"并将款项交存银行，取得银行本票后，应根据银行盖章退回的申请书存根联，编制付款凭证，借记"其他货币资金——银行本票存款"科目，贷记"银行存款"科目。企业使用银行本票支付购货款等款项后，应根据发票账单等有关凭证，借记"材料采购"或"原材料""库存商品""应交税费——应交增值税（进项税额）"等科目。如企业因本票超过付款期等原因而要求银行退款时，应填制进账单一式两联，连同本票一并送交银行，根据银行收回本票时盖章退回的进账单第一联，借记"银行存款"科目，贷记"其他货币资金——银行本票存款"科目。

### (四) 信用卡存款

信用卡存款是指企业为取得信用卡按照规定存入银行的款项，属于银行卡的一种。企业应按规定填制申请表，连同支票和有关资料一并送发卡银行，根据银行盖章退回的进账单第一联，借记"其他货币资金——信用卡存款"科目，贷记"银行存款"科目。企业用信用卡购物或支付有关费用，借记有关科目，贷记"其他货币资金——信用卡存款"科目。企业在信用卡使用过程中,需要向其账户结存资金的,按实际续存的金额,借记"其他货币资金——信用卡存款"科目,贷记"银行存款"科目。

### (五) 信用证保证金存款

信用证保证金存款是指企业为取得信用证按规定存入银行的保证金。信用证结算方式是国际结算的一种主要方式。信用证是指开证行依照申请人的申请开出的,凭符合信用证条款的单据支付的付款承诺,并明确规定该信用证为不可撤销、不可转让的跟单信用证。

企业向银行申请开立信用证,应按规定向银行提交开证申请书、信用证申请人承诺书和购销合同。企业向银行缴纳保证金,根据银行退回的进账单第一联,借记"其他货币资金——信用证保证金"科目,贷记"银行存款"科目。

### (六) 存出投资款

存出投资款是指企业已存入证券公司但尚未进行投资的现金。企业向证券公司划出资金时,应按实际划出的金额,借记"其他货币资金——存出投资款"科目,贷记"银行存款"科目。

 **思考:** 其他货币资金在使用上与现金、银行存款有何不同?

 思考题

1. 货币资金管理和控制的原则有哪些?
2. 货币资金的内部控制内容有哪些?
3. 简述现金的使用范围。
4. 银行结算方式有哪些?
5. 未达账项有哪几种情况?如何处理?
6. 其他货币资金包括哪些?其他货币资金的核算业务怎样处理?

# 第三章

# 存 货

**学习目标：**

1. 了解存货的概念，存货的分类，存货的确认标准，存货取得、发出和期末计价方法，原材料、周转材料和库存商品等存货的概念。

2. 熟悉存货数量的确定方法、存货入账价值的确定、存货发出的各种计价方法及特点、存货减值的判断标准、期末存货价值的确定方法。

3. 掌握原材料计划成本与实际成本的账务处理、委托加工物资收发的账务处理、周转材料领用和摊销的账务处理、库存商品收发的账务处理、存货清查的账务处理、成本与可变现净值孰低法的具体运用及账务处理。

**案例导读：**

QP 集团于 1990 年创立，发展至今已成为一家以服装为主业，兼营股权投资及房地产文旅项目的综合性公司。2004 年 QP 实业股份有限公司成为中国服装业上市公司。但由于 2020 年新冠肺炎疫情的暴发对纺织服装公司产生了巨大的影响，直接导致终端消费快速下滑、库存累积严重等问题。该公司 2020 年半年度财务报告显示，存货账面余额 14.87 亿元，其中库存商品及委托代销商品占有 95%，存货跌价准备计提 5.35 亿元。报告期内公司净利润 3 252 万元，同比下降 73.26%，因为"受疫情影响，公司库存消化缓慢，对应的存货跌价计提较多"。公司对 2020 年度经营业绩的预计称，预测累计净利润可能为亏损或者与上年同期相比发生大幅度变动。

库存积压，一直是服装企业需要面对的难题之一。一般来说，对于那些难以卖出的商品，服装企业往往会采取降价销售或退回生产厂商等方式来处理。不过，无论是降价促销，还是最终退回生产厂商，都意味着原有商品价值的下降。

请同学们思考：

企业如何计提存货跌价准备？存货跌价准备可以转回吗？

通过本章的学习，你将会找到答案。

# 第一节　存货概述

## 一、存货的概念及分类

### （一）存货的概念

存货是指企业在日常活动中持有以备出售的产成品或商品、处在生产过程中的在产品、在生产过程或提供劳务过程中耗用的材料、物料等。存货区别于固定资产等非流动资产最基本的特征是，企业持有存货的最终目的是出售，而不论是直接出售（如企业的产成品、商品等），还是需要进一步加工后才能出售（如原材料等）。存货通常在一年或超过一年的一个营业周期内被消耗或经出售转换为现金、银行存款或应收账款等，具有明显的流动性，属于流动资产。在大多数企业中，存货在流动资产中占有很大比重，是流动资产的重要组成部分。

企业存货通常包括以下内容：

（1）原材料，指企业在生产过程中经过加工改变其形态或性质并构成产品主要实体的各种原料及主要材料、辅助材料、外购半成品（外购件）、修理用备件（备品备件）、包装物、燃料等。

（2）在产品，指企业正在制造尚未完工的产品，包括正在各个生产工序加工的产品，和已经加工完毕但尚未检验或已检验但尚未办理入库手续的产品。

（3）半成品，指经过一定生产过程并已检验合格交付半成品仓库保管，但尚未制造完工成为产成品，仍需进一步加工的中间产品。

（4）产成品，指工业企业已经完成全部生产过程并验收入库，可以按照合同规定的条件送交订货单位，或者可以作为商品对外出售的产品。企业接受外来原材料加工制造的代制品和为外单位加工修理的代修品，制造和修理完成验收入库后应视同企业的产成品。

（5）商品，指商品流通企业外购或委托加工完成验收入库用于销售的各种产品。

（6）周转材料，指企业能够多次使用、逐渐转移其价值但仍保持原有形态不确认为固定资产的材料，如包装物和低值易耗品。其中，包装物是指为了包装本企业产品而储备的各种包装容器，如桶、箱、瓶、坛、袋等。其主要作用是盛装、装潢产品或商品。低值易耗品是指不符合固定资产确认条件的各种用具物品，如工具、管理用具、玻璃器皿、劳动保护用品，以及在经营过程中周转使用的容器等。

### （二）存货的分类

存货的构成内容很多，不同存货的具体特点和管理要求各不相同。一般来说，存货可以按照以下三种标准分类。

**1. 按经济用途分类**

存货按经济用途通常可分为销售用存货、生产用存货和其他存货三类。

（1）销售用存货。销售用存货是指企业以对外销售为目的而持有的已完工产品，或以销售为目的而持有的商品，主要包括工业企业的产成品和商业企业的库存商品等。产成品是指企业已经完成全部生产过程并已验收入库，合乎标准规格和技术条件，可以按照合同规定的条件送交订货单位，或者可以作为商品对外销售的制成品。库存商品是指企业为销售而持有的全部自有商品，包括存放在仓库、门市部和寄销在外的商品和委托其他单位代管、代销的商品，以及陈列展览的商品等。

（2）生产用存货。生产用存货是指企业为生产、加工产品而库存的各种存货，主要包括原材料和在产品等。原材料是指工业企业购入或从其他来源取得的、直接用于制造产品并构成产成品实体的物品，包括原料及主要材料、辅助材料、外购半成品（外购件）等。在产品是指企业尚未最后完工的产品，包括加工过程中的在产品、尚未完成全部生产过程但可以适量外销的自制半成品。

（3）其他存货。其他存货是指除了以上存货外，供企业一般耗用的物品和为生产经营服务的辅助性物品。供企业一般耗用的物品主要用于管理，其数额较小且经常发生。习惯上，在实际耗用中，按具体用途将其价值作为期间费用处理，计入当期损益。为了简化核算手续，对于购入后直接交付使用的部分，一般也于购入时直接作为期间费用或作为预付费用处理，不再构成企业的存货。为生产经营服务的辅助性物品是企业进行生产经营必不可少的部分，主要服务于生产经营，如包装物等。

**2. 按存放地点分类**

存货按存放地点通常可分为库存存货、在途存货、委托加工存货和委托代销存货四类。

（1）库存存货。库存存货是指已经运到企业，并已验收入库的各种材料、商品及已验收入库的自制半成品和产成品等。

（2）在途存货。在途存货包括运入在途存货和运出在途存货。运入在途存货是指货款已经支付（或已经办理结算手续）但尚未验收入库，正在运输途中的各种存货。运出在途存货是指按合同规定已经发出或送出但尚未确认销售收入的存货。

（3）委托加工存货。委托加工存货是指企业已经委托外单位加工，但尚未加工完成的各种存货。

（4）委托代销存货。委托代销存货是指企业已经委托外单位代销，但按合同规定尚未办理代销货款结算的存货。

**3. 按来源分类**

存货按来源通常可分为外购存货、自制存货和委托外单位加工存货三类。

（1）外购存货。外购存货是指从企业外部购入的存货，如商业企业的外购商品及工业企业的外购材料、外购零部件等。

（2）自制存货。自制存货是指由企业制造的存货，如工业企业的自制材料、在产品、产成品等。

（3）委托外单位加工存货。委托外单位加工存货是指企业将外购或自制的某些存货通过支付加工费的方式委托外单位进行加工生产的存货，如工业企业的委托加工材料、商业企业的委托加工商品等。

此外，企业的存货中还可能有投资者投入的存货、接受捐赠的存货、盘盈的存货等。

**思考：**存货包括哪些内容？

## 二、存货的确认

存货的确认，除应确定在性质上是否属于存货外，还应确定存货是否归属于企业。通常是以企业是否拥有其所有权为判断标准，凡所有权已属于企业，不论企业是否已验收或持有，均应作为本企业的存货；反之，若无所有权，即使存放于企业，也不能作为本企业的存货。

## 三、存货的计量

### （一）取得存货的计量

下面按照存货的来源不同分别计量。

**1. 外购存货**

企业外购的存货主要包括原材料和商品。外购存货的成本即存货的采购成本，即自从采购到入库前发生的全部支出，包括价款、相关税费、运输费、装卸费、保险费以及其他可归属于存货成本的费用。

其中，价款指发票上注明的金额，不包括可以抵扣的增值税进项税额。相关税费指不能够抵扣的增值税进项税额和关税等。其他可归属于存货成本的费用指中途仓储费、运输途中的合理损耗、入库前的挑选整理费等。

**2. 自制存货**

自制存货的成本，指自制过程中发生的各项支出，如直接材料、直接人工、制造费用等。

**3. 委托加工存货**

委托加工存货成本指耗用的原材料及支付的加工费、运输费等。

**4. 投资者投入存货**

投资者投入存货的成本应当按投资合同或协议约定的价值确定，但合同或协议约定不公允的除外。在合同或协议约定不公允的情况下，按照该存货的公允价值作为入账价值。

### （二）发出存货的计量

企业应当根据各类存货的实物流转方式、企业管理的要求、存货的性质等实际情况合理选择发出存货成本的计量方法，以合理确定发出存货的实际成本。企业可以选择的存货发出方法包括先进先出法、移动加权平均法、月末一次加权平均法和个别计价法四种方法。

**1. 先进先出法**

先进先出法是以先购入的存货先发出（销售或耗用）这样一种存货实物流转假设为前提，对发出存货进行计价的一种方法。采用这种方法，先购入的存货成本在后购入的存货成本之前转出，据此确定发出存货和期末存货的成本。

【例3-1】大河公司采用先进先出法计算其存货成本，2020年12月甲存货明细账如表3-1所示。

表3-1　　　　　　　　　　　存货明细账

品名：甲存货　　　　　　　　　　　　　计量单位：件/元

| 2020年 | | 凭证种类号数 | 摘要 | 收入 | | | 发出 | | | 结存 | | |
|---|---|---|---|---|---|---|---|---|---|---|---|---|
| 月 | 日 | | | 数量 | 单价 | 金额 | 数量 | 单价 | 金额 | 数量 | 单价 | 金额 |
| 12 | 1 | | 期初存货 | | | | | | | 3 000 | 1.00 | 3 000 |
| | 8 | （略） | 购入 | 2 000 | 1.10 | 2 200 | | | | | | |

续表

| 2020年 | | 凭证种类号数 | 摘要 | 收入 | | | 发出 | | | 结存 | | |
|---|---|---|---|---|---|---|---|---|---|---|---|---|
| 月 | 日 | | | 数量 | 单价 | 金额 | 数量 | 单价 | 金额 | 数量 | 单价 | 金额 |
| | 10 | | 发出 | | | | 3 000<br>1 000 | 1.00<br>1.10 | 3 000<br>1 100 | 1 000 | 1.10 | 1 100 |
| | 15 | | 购入 | 4 000 | 1.15 | 4 600 | | | | 1 000<br>4 000 | 1.10<br>1.15 | 1 100<br>4 600 |
| | 20 | | 发出 | | | | 1 000<br>3 000 | 1.10<br>1.15 | 1 100<br>3 450 | 1 000 | 1.15 | 1150 |
| | 28 | | 购入 | 1 000 | 1.20 | 1 200 | | | | 1 000<br>1 000 | 1.15<br>1.20 | 1 150<br>1 200 |
| | | | 本期发出及结存成本 | 7 000 | | 8 000 | 8 000 | | 8 650 | 1 000<br>1 000 | 1.15<br>1.20 | 1 150<br>1 200 |

采用先进先出法，发出存货成本是按最近购货确定的，期末存货成本比较接近现行的市场价值。其优点是使企业不能随意挑选存货计价以调整当期利润，缺点是工作比较烦琐，特别对于存货进出量频繁的企业更是如此。而且，当物价上涨时会高估企业当期利润和库存存货价值；反之，会低估企业存货价值和当期利润。

**2. 移动加权平均法**

移动加权平均法，指每次进货的成本加原有库存存货的成本，除以每次进货数量与原有存货数量之和，据以计算加权平均单价，作为下次进货前计算各次发出存货成本的依据。计算公式如下：

$$存货加权平均单位成本 = \frac{原有存货成本 + 本批收货的实际成本}{原有存货数量 + 本次收货数量}$$

本批发货成本 = 本批发货数量 × 存货加权平均单位成本

【例3-2】承〖例3-1〗假设采用移动加权平均法计算其存货成本，甲存货明细账如表3-2所示。

表3-2　　　　　　　　　　存货明细账
品名：甲存货　　　　　　　　　　计量单位：件/元

| 2020年 | | 凭证种类号数 | 摘要 | 收入 | | | 发出 | | | 结存 | | |
|---|---|---|---|---|---|---|---|---|---|---|---|---|
| 月 | 日 | | | 数量 | 单价 | 金额 | 数量 | 单价 | 金额 | 数量 | 单价 | 金额 |
| 12 | 1 | | 期初存货 | | | | | | | 3 000 | 1.00 | 3 000 |
| | 8 | （略） | 购入 | 2 000 | 1.10 | 2 200 | | | | 5 000 | 1.04 | 5 200 |

续表

| 2020年 | | 凭证种类号数 | 摘要 | 收入 | | | 发出 | | | 结存 | | |
|---|---|---|---|---|---|---|---|---|---|---|---|---|
| 月 | 日 | | | 数量 | 单价 | 金额 | 数量 | 单价 | 金额 | 数量 | 单价 | 金额 |
| | 10 | | 发出 | | | | 4 000 | 1.04 | 4 160 | 1 000 | 1.04 | 1 040 |
| | 15 | | 购入 | 4 000 | 1.15 | 4 600 | | | | 5 000 | 1.128 | 5 640 |
| | 20 | | 发出 | | | | 4 000 | 1.128 | 4 512 | 1 000 | 1.128 | 1 128 |
| | 28 | | 购入 | 1 000 | 1.20 | 1 200 | | | | 2 000 | 1.164 | 2 328 |
| | | | 本期发出及结存成本 | 7 000 | | 8 000 | 8 000 | | 8 672 | 2 000 | 1.164 | 2 328 |

第一批（12月8日）收货后的平均单位成本 =（3 000 + 2200）÷（3 000 + 2 000）= 1.04（元/件）

第一批（12月10日）发货的成本 = 4 000 × 1.04 = 4 160（元）

第一批（12月10日）发货后的结存存货成本 = 1 000 × 1.04 = 1 040（元）

第二批（12月15日）收货后的平均单位成本 =（1 040 + 4 600）÷（1 000 + 4 000）= 1.128（元/件）

第二批（12月20日）发货的成本 = 4 000 × 1.128 = 4 512（元）

第二批（12月20日）发货后的结存存货成本 = 1 000 × 1.128 = 1 128（元）

第三批（12月28日）收货后的平均单位成本 =（1 128 + 1 200）÷（1 000 + 1 000）= 1.164（元/件）

该种存货月末结存2 000件，成本为2 328元（2 000 × 1.164）；本月发出存货成本合计为8 672元（4 160 + 4 512）。

移动加权平均法的优点在于能使管理层及时了解存货的结存情况，而且计算的平均单位成本以及发出和结存的存货成本比较客观。但采用这种方法，每次收货都要计算一次平均单价，计算工作量大，对收发货较频繁的企业不适用。

**3. 月末一次加权平均法**

月末一次加权平均法也称全月一次加权平均法，指以本月全部收货成本加上月初结存存货成本，除以本月全部收货数量和月初结存存货数量之和，计算出存货的月末一次加权平均单位成本，从而确定存货的发出和库存成本。计算公式如下：

$$存货月末一次加权平均单位成本 = \frac{月初结存存货的实际成本 + 本月收入存货的实际成本}{月初结存存货数量 + 本月收入存货的数量}$$

本月发出存货成本 = 本月发出存货数量 × 存货加权平均单位成本

本月库存存货成本 = 月末库存存货数量 × 存货加权平均单位成本

【例3-3】承〖例3-1〗假设采用月末一次加权平均法计算其存货成本，甲存货明细账如表3-3所示。

表3-3 存货明细账

品名：甲存货　　　　　　　　　　计量单位：件/元

| 2020年 | | 凭证种类号数 | 摘要 | 收入 | | | 发出 | | | 结存 | | |
|---|---|---|---|---|---|---|---|---|---|---|---|---|
| 月 | 日 | | | 数量 | 单价 | 金额 | 数量 | 单价 | 金额 | 数量 | 单价 | 金额 |
| 12 | 1 | | 期初存货 | | | | | | | 3 000 | 1.00 | 3 000 |
| | 8 | （略） | 购入 | 2 000 | 1.10 | 2 200 | | | | 5 000 | | |
| | 10 | | 发出 | | | | 4 000 | | | 1 000 | | |
| | 15 | | 购入 | 4 000 | 1.15 | 4 600 | | | | 5 000 | | |
| | 20 | | 发出 | | | | 4 000 | | | 1 000 | | |
| | 28 | | 购入 | 1 000 | 1.20 | 1 200 | | | | 2 000 | | |
| | | | 本期发出及结存成本 | 7 000 | | 8 000 | 8 000 | 1.1 | 8 800 | 2 000 | 1.1 | 2 200 |

甲存货月末一次加权平均单位成本 = (3 000 + 8 000) ÷ (3 000 + 7 000) = 1.1（元/件）

本期发出存货成本 = 8 000 × 1.1 = 8 800（元）

期末存货成本 = 2 000 × 1.1 = 2 200（元）

采用月末一次加权平均法，旨在月末一次计算存货加权平均单价，比较简单，而且在市场价格上涨或下跌时所计算出来的单位成本平均化，对存货成本的分摊较为折中。但是，这种方法不能随时从账上提供发出和结存存货的单价及金额，不利于加强对存货的管理。

**4. 个别计价法**

个别计价法又称个别认定法、具体辨认法、分批实际法。采用这一方法是假设存货的成本流转与实物流转相一致，按照各种存货，逐一辨认各批发出存货和期末存货所属的购进批别或生产批别，分别按其购入或生产时所确定的单位成本作为计算各批发出存货和期末存货成本的方法。即把每一种存货的实际成本作为计算发出存货和期末存货成本的基础。对于不能替代使用的存货、为特定项目专门购入或制造的存货以及提供的劳务，通常采用个别计价法确定发出存货的成本。在实际工作中，越来越多的企业采用计算机信息系统进行账务处理，个别计价法可以广泛应用于发出存货的计价，并且个别计价法确定的存货成本最为准确。

**思考**：发出存货的不同计价方法对企业利润有何不同影响？

## 第二节 原 材 料

企业可以根据自身生产经营特点及管理要求,对原材料采用不同的方法进行核算。在我国的会计实务中,根据"原材料"科目记录的价格不同,原材料的计算方法可以分为两种:一是按实际成本计价;二是按计划成本计价。

### 一、原材料按实际成本计价的核算

"原材料"科目按实际成本计价时,原材料的收入、发出及结存都按其实际成本计价。会计核算上,一般需要设置"原材料""在途物资"等科目,并按材料种类进行明细核算。

#### (一)取得原材料的核算

**1. 外购原材料的核算**

企业外购材料时,由于结算方式和采购地点的不同,材料入库和货款支付在时间上不一致,其账务处理也有所不同。

(1)对于发票账单与材料同时到达的采购业务,企业在支付货款或开出承兑商业汇票,材料验收入库后,应根据发票账单等结算凭证确定的材料成本,借记"原材料"科目,根据取得的增值税专用发票上注明(不计入材料采购成本的)税额,借记"应交税费——应交增值税(进项税额)"(增值税一般纳税人,下同)科目,按照实际支付的款项或应付票据面值,贷记"银行存款"或"应付票据"等科目。

【例3-4】大河公司为一般纳税人,2020年5月15日,该公司购入原材料一批,取得的增值税专用发票上注明的原材料价款为20 000元,增值税税额为2 600元,发票等结算凭证已经收到,货款已通过银行支付。根据上述资料,大河公司的账务处理如下:

借:原材料                                  20 000
　　应交税费——应交增值税(进项税额)         2 600
　　贷:银行存款                                  22 600

(2)对于已经付款或已开出承兑商业汇票,但材料尚未到达或验收入库的采购业务,应根据发票账单等结算凭证,借记"在途物资""应交税费——应交增值税(进项税额)"科目,贷记"银行存款"或"应付票据"等科目;待材料到达、验收入库后,再根据收料单，借记"原材料"科目，贷记"在途物资"科目。

【例 3-5】承〖例 3-4〗假设购入材料业务的发票等结算凭证已到，货款已经支付，但材料尚未运到。则大河公司应于收到发票等结算凭证时作如下账务处理：

  借：在途物资                  20 000
    应交税费——应交增值税（进项税额）     2 600
    贷：银行存款               22 600

2020 年 6 月 5 日，上述材料到达入库时，再作如下账务处理：

  借：原材料                  20 000
    贷：在途物资               20 000

（3）对于材料已到达并已验收入库，但发票账单等结算凭证未到，货款尚未支付的采购业务，如果是平时，则不做账务处理。但到月末，按材料的暂估价值，借记"原材料"科目，贷记"应付账款"科目。下月初用红字作同样的记账凭证予以冲回，下月付款或开出商业承兑汇票后，按正常账务处理，借记"原材料""应交税费——应交增值税（进项税额）"科目，贷记"银行存款"或"应付票据"等科目。

【例 3-6】承〖例 3-4〗假设购入材料业务的材料已经运到，并验收入库，但发票账单等结算凭证至月末尚未收到，货款尚未支付。假设该批原材料的暂估价为 18 000 元，大河公司的账务处理如下：

  借：原材料                  18 000
    贷：应付账款               18 000

下月初用红字将上述分录原账冲回：

  借：原材料                  |18 000|
    贷：应付账款              |18 000|

2020 年 6 月 5 日，收到结算凭证并支付货款时：

  借：原材料                  20 000
    应交税费——应交增值税（进项税额）     2 600
    贷：银行存款               22 600

（4）采用预付货款的方式采购材料，企业在按购货合同的规定预付账款时，按预付金额借记"预付账款"科目，贷记"银行存款"科目。企业收到预付款的货物时，应根据增值税专用发票账单等列明的应计入购入货物成本的金额，借记"原材料""在途物资"等科目，按增值税专用发票上注明的增值税，借记"应交税费——应交增值税

(进项税额)"科目,按应冲销的预付金额,贷记"预付账款"科目,按补付的货款,贷记"银行存款"科目。退回多付的款项,借记"银行存款"科目,贷记"预付账款"科目。

预付账款是指企业按照购货合同或劳务合同规定,预先支付给销货方或提供劳务方的账款。为加强对预付账款的管理,一般应单独设置会计科目进行核算,该账户借方余额反映企业向供应单位预付的货款,贷方余额反映的是应付供应单位的款项,预付账款不多的企业,也可以将预付的货款记入"应付账款"的借方。但在编制会计报表时,仍然要将"预付账款"和"应付账款"的金额分开报告。

【例3-7】2020年6月25日,大河公司向大地公司采购材料10 000吨,单价10元,款项共计100 000元。按合同规定向大地公司预付货款的50%,验收货物后补付其余款项。大河公司账务处理如下:

① 预付50%货款时:

借:预付账款　　　　　　　　　　　　　　　　　　　　50 000
　　贷:银行存款　　　　　　　　　　　　　　　　　　　50 000

② 2020年7月15日,收到大地公司发来的10 000吨材料,验收无误,增值税专用发票注明的价款为100 000元,增值税税额13 000元。同时,大河公司以银行存款补付所欠款项63 000元。大河公司账务处理如下:

借:原材料　　　　　　　　　　　　　　　　　　　　 100 000
　　应交税费——应交增值税(进项税额)　　　　　　　 13 000
　　贷:预付账款　　　　　　　　　　　　　　　　　　　50 000
　　　　银行存款　　　　　　　　　　　　　　　　　　　63 000

(5)外购材料发生短缺或毁损的账务处理。企业购进原材料发生短缺或毁损,应根据不同的原因和结果分别入账核算。

① 定额内合理损耗,应计入材料采购成本。

② 属于供货单位或运输部门的责任造成的存货短缺或毁损,应由相关责任人补足材料或赔偿货款,不计入材料采购成本。

③ 属于自然灾害或意外事故造成的材料毁损,报经批准处理后,将扣除保险公司、过失人赔偿后净损失计入营业外支出。

④ 发生购进原材料短缺,尚未查明原因或做出处理之前,一般先按短缺原材料的实际成本记入"待处理财产损溢"科目;待查明原因做出处理后,再转入相关科目,借记"管理费用""营业外支出"等科目,贷记"待处理财产损溢"科目。

企业购进的原材料发生的短缺或毁损应于期末前查明原因,并根据企业的管理权限,经股东大会或股东会等类似机构批准后,在期末结账前处理完毕。

**2. 委托加工材料的核算**

委托加工业务在账务处理上主要包括拨付加工材料、支付加工费和税金、收回加工材料和剩余材料等几个环节。委托加工材料通过设置"委托加工物资"科目核算。

(1) 拨付委托加工材料。企业发给外单位加工的材料,应将材料的实际成本由"原材料""库存商品"等科目转入"委托加工物资"科目,借记"委托加工物资"科目,贷记"原材料"或"库存商品"科目。

(2) 支付加工费、增值税等。企业支付的加工费、应负担的运杂费、增值税等,借记"委托加工物资""应交税费——应交增值税(进项税额)"科目,贷记"银行存款"科目。

(3) 缴纳的消费税。需要缴纳消费税的委托加工材料,其由受托方代收代交的消费税,应分别按以下两种情况处理:

① 委托加工材料收回后直接用于销售的,委托方应将受托方代收代交的消费税计入委托加工材料的成本,借记"委托加工物资"科目,贷记"应付账款""银行存款"等科目。

② 委托加工的材料收回后用于连续生产应税消费品的,委托方应按准予抵扣的受托方代收代交的消费税额,借记"应交税费——应交消费税"科目,贷记"应付账款""银行存款"等科目。

(4) 加工完成收回加工材料。收回加工完成的材料和剩余材料,按加工收回材料的实际成本和剩余材料的实际成本,借记"库存商品""原材料"等科目,贷记"委托加工物资"科目。

**【例 3-8】** 2020 年 8 月 15 日,大河公司委托大地公司加工一批材料(属于应税消费品),原材料成本为 20 000 元,支付的加工费为 7 000 元(不含增值税),消费税税率为 10%,增值税税率为 13%,材料加工完成并已验收入库。大河公司按实际成本对原材料进行日常核算,有关账务处理如下:

① 发出委托加工物资时:

借:委托加工物资　　　　　　　　　　　　　　　　　　　　20 000
　　贷:原材料　　　　　　　　　　　　　　　　　　　　　　　　20 000

② 支付加工费用及税金时:

消费税组成计税价格 = (20 000 + 7 000) ÷ (1 - 10%) = 30 000(元)

受托方代收代交的消费税 = 30 000 × 10% = 3 000（元）

应交增值税 = 7 000 × 13% = 910（元）

A. 大河公司收回加工后的材料直接用于连续生产应税消费品：

| | |
|---|---|
| 借：委托加工物资 | 7 000 |
| 　　应交税费——应交增值税（进项税额） | 910 |
| 　　　　　　——应交消费税 | 3 000 |
| 　　贷：银行存款 | 10 910 |

B. 大河公司收回加工后的材料直接用于销售：

| | |
|---|---|
| 借：委托加工物资 | 10 000 |
| 　　应交税费——应交增值税（进项税额） | 910 |
| 　　贷：银行存款 | 10 910 |

③ 加工完成收回委托加工材料时：

A. 大河公司收回加工后的材料直接用于连续生产应税消费品：

| | |
|---|---|
| 借：原材料 | 27 000 |
| 　　贷：委托加工物资 | 27 000 |

B. 大河公司收回加工后的材料直接用于销售：

| | |
|---|---|
| 借：原材料 | 30 000 |
| 　　贷：委托加工物资 | 30 000 |

**3. 自制、投资者投入、接受捐赠原材料的核算**

自制并已验收入库的原材料，按实际成本，借记"原材料"科目，贷记"生产成本"科目。

投资者投入的原材料，按投资合同或协议约定的价值，借记"原材料"科目，按专用发票上注明的增值税税额，借记"应交税费——应交增值税（进项税额）"科目，按以上两项金额合计数，贷记"实收资本"（或"股本"）等科目。

企业接受捐赠的原材料，按确定的实际成本（捐赠的价值和捐赠过程中支付的相关税费）借记"原材料"科目，按接受捐赠原材料按税法规定确定的入账价值，贷记"营业外收入"。如果取得增值税专用发票，则按照专用发票的金额借记"应交税费——应交增值税（进项税额）"科目。

### （二）发出原材料的核算

发出原材料的成本应按前述的存货计价方法计算确定。核算时，应根据各种发料凭证按照发出材料的用途进行分类汇总,编制发出材料汇总表,作为账务处理的依据。

**【例 3-9】** 2020 年 12 月 31 日,大河公司根据当月发料凭证,按领用部门和材料用途,编制发出材料汇总表,如表 3-4 所示。

表 3-4　　　　　　　　　　发出材料汇总表　　　　　　　　　　单位:元

| 领用部门 | 原料及主要材料 | 燃料 | 修理用备件 | 辅助材料 | 合计 |
|---|---|---|---|---|---|
| 生产领用 | 400 000 | | | | 400 000 |
| 车间领用 | 30 000 | 20 000 | 20 000 | 15 000 | 85 000 |
| 管理部门领用 | 50 000 | 20 000 | 5 000 | 3 000 | 78 000 |
| 对外销售 | 20 000 | | | | 20 000 |
| 委托外单位加工 | 40 000 | | | | 40 000 |
| 基建部门领用 | 25 000 | | | 5 000 | 30 000 |
| 合计 | 565 000 | 40 000 | 25 000 | 23 000 | 653 000 |

根据发出材料汇总表,大河公司的账务处理如下:

借:生产成本　　　　　　　　　　　　　　　　　　　　400 000
　　制造费用　　　　　　　　　　　　　　　　　　　　 85 000
　　管理费用　　　　　　　　　　　　　　　　　　　　 78 000
　　其他业务成本　　　　　　　　　　　　　　　　　　 20 000
　　委托加工物资　　　　　　　　　　　　　　　　　　 40 000
　　在建工程　　　　　　　　　　　　　　　　　　　　 30 000
　　贷:原材料　　　　　　　　　　　　　　　　　　　　　　653 000

## 二、原材料按计划成本计价的核算

计划成本法是指企业存货的收入、发出和结余均按预先制订的计划成本计价,同时另设"材料成本差异"科目,登记实际成本与计划成本的差额;月末再对存货成本差异分摊,将发出存货和结存存货调整为实际成本进行反映的一种核算方法。

计划成本是指在市场经济条件下,企业取得存货应支付的合理成本,包括采购成本、加工成本和其他成本。计划成本一般由会计部门和采购部门共同制定,并尽可能接近实际,除特殊情况外,计划成本在年度内一般不作调整。企业通常会制订存货的计划成本目录，规定存货的分类及各类存货的名称、规格、编号、计量单位和单位计划成本。

**（一）计划成本法下会计科目的设置**

（1）"原材料"科目，用于核算库存各种材料的收发和结存情况。在计划成本法下，该科目借方登记入库材料的计划成本，贷方登记发出材料的计划成本，期末余额在借方，表示期末结存材料的计划成本。

（2）设置"材料成本差异"账户，登记计划成本与实际成本之间的差异，并按照类别或品种进行明细核算。取得存货并形成差异时，实际成本高于计划成本的超支差异，记在该科目的借方，反之，产生的节约差异记在该科目的贷方；发出存货并分摊差异时，超支差异在该科目的贷方用蓝字转出，节约差异在该科目的贷方用红字转出。

（3）设置"材料采购"账户，用于对购入存货的实际成本与计划成本进行计价对比。该科目的借方登记购入该存货的实际成本，贷方登记购入存货的计划成本，并将计算的实际成本与计划成本的差额，转入"材料成本差异"进行分类登记。

**（二）取得原材料的核算**

在计划成本下，无论取得的材料是否到达企业，原材料都先要通过"材料采购"科目归集材料实际成本。材料入库时，将该批材料从"材料采购"科目（实际成本）转入"原材料"科目（计划成本），若该批材料的实际成本大于计划成本，属于超支差异，应借记"材料成本差异"科目；若该批材料的实际成本小于计划成本，属于节约差异，应贷记"材料成本差异"科目。

【例3-10】大河公司为增值税一般纳税人，2020年4月其采购业务如下：

①4月8日，采购材料一批，收到的增值税专用发票上的价款10 000元，增值税税额为1 300元，款项已通过银行转账支付，材料已验收入库。该批材料的计划成本为9 500元。大河公司的账务处理如下：

借：材料采购　　　　　　　　　　　　　　　　　　　10 000
　　应交税费——应交增值税（进项税额）　　　　　　1 300
　　贷：银行存款　　　　　　　　　　　　　　　　　11 300
入库时：
借：原材料　　　　　　　　　　　　　　　　　　　　9 500

材料成本差异　　　　　　　　　　　　　　　　　　　　　　500

　　　贷：材料采购　　　　　　　　　　　　　　　　　　　　　　　　10 000

② 假如上述例题中，其他条件不变，材料的计划成本为 11 000 元，则大河公司的账务处理如下：

　　　借：材料采购　　　　　　　　　　　　　　　　　　　　　　10 000

　　　　　应交税费——应交增值税（进项税额）　　　　　　　　　1 300

　　　　　贷：银行存款　　　　　　　　　　　　　　　　　　　　　　11 300

入库时：

　　　借：原材料　　　　　　　　　　　　　　　　　　　　　　　11 000

　　　　　贷：材料采购　　　　　　　　　　　　　　　　　　　　　　10 000

　　　　　　　材料成本差异　　　　　　　　　　　　　　　　　　　　1 000

③ 4 月 27 日，购入原材料一批，材料已经运达企业并已验收入库，但发票等结算凭证尚未收到，货款尚未支付。4 月 30 日，该批材料的结算凭证仍未到达，按照该批材料的计划成本 90 000 元暂估入账。则大河公司的账务处理如下：

　　　借：原材料　　　　　　　　　　　　　　　　　　　　　　　90 000

　　　　　贷：应付账款　　　　　　　　　　　　　　　　　　　　　　90 000

下月初用红字将上述分录原账冲回：

　　　借：原材料　　　　　　　　　　　　　　　　　　　　　　　90 000

　　　　　贷：应付账款　　　　　　　　　　　　　　　　　　　　　　90 000

### （三）发出原材料的核算

采用计划成本法对原材料进行核算时，存货的日常收入与发出均用计划成本计价，月末，通过存货成本差异的分摊，将本月发出存货的计划成本与月末结存存货的计划成本调整为实际成本进行反映，调整公式为：

实际成本 = 计划成本 + 超支差异（或"－节约差异"）

材料成本差异随着材料的入库而形成，包括外购原材料、自制材料、委托加工完成材料入库等，同时也随着材料的出库而减少，如领用材料、出售材料、消耗材料等。期初和当期形成的材料成本差异，应在当期已发出材料和期末结存材料之间进行分配，属于已消耗材料应分配的材料成本差异，从"材料成本差异"科目转入有关科目。企业应当在月末终了时计算材料成本差异分配率，据以分配当月形成的材料成本差异。材料成

本差异的计算公式如下:

$$本月材料成本差异分配率 = \frac{月初结存材料的成本差异 + 本月收入材料的成本差异}{月初结存材料的计划成本 + 本月收入材料的计划成本} \times 100\%$$

$$或者月初材料成本差异率 = \frac{月初结存材料的成本差异}{月初结存材料的计划成本} \times 100\%$$

本月发出材料应负担的差异 = 发出材料的计划成本 × 材料成本差异率

经过材料成本差异的分配,本月发出材料应分配的成本差异从"材料成本差异"科目转出之后,属于月末库存材料应分配的成本差异仍保留在"材料成本差异"科目内,作为库存材料的调整项目,编制资产负债表时,存货项目中的材料存货,应当列示加(减)材料成本差异后的实际成本。

【例 3-11】大河公司对原材料采用计划成本法记账,2020 年 4 月"原材料"账户某种材料的期初余额为 60 000 元,"材料成本差异"账户期初借方余额为 5 000 元,原材料计划成本为 10 元/公斤。

4 月 8 日购进原材料 2 000 公斤,单价 9 元/公斤,4 月 10 日到达并验收入库;

4 月 12 日生产产品领用原材料 3 000 公斤;

4 月 14 日购进原材料 3 000 公斤,单价 11 元/公斤,4 月 15 日到达并验收入库;

4 月 21 日生产产品领用原材料 1 000 公斤。

根据上述资料,大河公司的账务处理如下:

① 4 月 8 日购进原材料 2 000 公斤,单价 9 元/公斤。材料货款 18 000 元,增值税进项税额 2 340 元,以银行存款支付。

| | |
|---|---|
| 借:材料采购 | 18 000 |
| 　　应交税费——应交增值税(进项税额) | 2 340 |
| 　　贷:银行存款 | 20 340 |

② 4 月 10 日,第一批购入材料到达并验收入库。

| | |
|---|---|
| 借:原材料 | 20 000 |
| 　　贷:材料采购 | 18 000 |
| 　　　　材料成本差异 | 2 000 |

③ 4 月 12 日生产产品领用材料 3 000 公斤。

| | |
|---|---|
| 借:生产成本 | 30 000 |
| 　　贷:原材料 | 30 000 |

④ 4 月 14 日购进原材料 3 000 公斤,单价 11 元/公斤。材料货款 33 000 元,增值税进项税额 4 290 元,以银行存款支付。

借：材料采购 33 000
　　应交税费——应交增值税（进项税额） 4 290
　　贷：银行存款 37 290

⑤ 4月15日，第二批材料到达并验收入库。

借：原材料 30 000
　　材料成本差异 3 000
　　贷：材料采购 33 000

⑥ 4月21日，生产产品领用材料1 000公斤。

借：生产成本 10 000
　　贷：原材料 10 000

⑦ 4月30日计算分摊本月领用材料的成本差异。

本月材料成本差异率＝(5 000＋3 000－2 000)÷(60 000＋20 000＋30 000)×100%＝5.45%

本月领用材料分担的差异＝(30 000＋10 000)×5.45%＝2 180（元）

借：生产成本 2 180
　　贷：材料成本差异 2 180

将上述会计分录过入"原材料"和"材料成本差异"账户，并计算出余额。

原材料

| 月初余额 | 60 000 | (3) | 30 000 |
| (2) | 20 000 | (6) | 10 000 |
| (5) | 30 000 | | |
| 月末余额 70 000 | | | |

材料成本差异

| 月初余额 5 000 | (2) | 2 000 |
| (5) | 3 000 | (7) | 2 180 |
| 月末余额 3 820 | | |

月末编制资产负债表时，存货项目中的原材料存货，应当根据"原材料"科目的余额70 000元（计划成本）加上"材料成本差异"科目的借方余额3 820元（超支差异），以73 820元列示。

 **思考**：原材料按计划成本计价和按实际成本计价的核算方法有何不同？

采用计划成本进行日常核算，主要有以下两作用。

（1）简化会计核算工作。在计划成本法下，材料明细账可以只记收入、发出和结存的数量，将数量乘以计划成本，随时求得材料收、发、存的金额，通过"材料成本差异"科目计算、调整发出和结存材料的实际成本，简便易行。

（2）有利于考核采购部门的业绩。有了合理的计划成本之后，将实际成本和计划成本对比，可以对采购部门进行考核，促使其降低采购成本，节约支出。

因此，计划成本法一般适用于存货品种繁多、收发业务频繁的企业，如大中型企业中的各种原材料、低值易耗品等。如果企业的自制半成品、产成品品种繁多，或者在管理上需要分别核算其计划成本和成本差异的，也可采用计划成本核算。

## 第三节　其他存货

### 一、周转材料

周转材料，指企业能够多次使用、逐渐转移其价值但仍保持原有形态，不确认为固定资产的材料，如包装物和低值易耗品。为了反映和监督周转材料的增减变动及其价值损耗、结存等情况，企业可以设置"周转材料——包装物"科目和"周转材料——低值易耗品"科目，或单独设置"包装物"科目和"低值易耗品"科目。

#### （一）包装物

**1. 包装物的概念和内容**

包装物是指企业为了包装本企业的商品、产品而储备的各种包装容器，如桶、箱、瓶、坛、袋等。企业的包装物包括：

（1）生产经营过程中用于包装商品、产品的包装物；

（2）随同商品、产品出售但不单独计价的包装物；

（3）随同商品、产品出售并单独计价的包装物；

（4）出租、出借的包装物。

一般来说，企业需要设置"包装物"科目对包装物进行核算并按包装物的品种进行核算。如果企业的包装物数量不多，可以将包装物并入"原材料"科目进行核算。

**2. 取得包装物的核算**

企业取得包装物的核算方法和原材料的核算方法相同，这里不再重复。

**3. 发出包装物的核算**

（1）生产领用包装物，作为产品组成部分，应借记"生产成本"等总账科目，贷记"包装物"科目。

（2）随同商品、产品出售但不单独计价的包装物，属于产品销售费用，应借记"销售费用"科目，贷记"包装物"科目。

（3）随同商品、产品出售并单独计价的包装物，属于企业的其他经营业务费用，应借记"其他业务成本"科目，贷记"包装物"科目。

【例3-12】2020年5月15日，大河公司销售产品领用单独计价的包装物，该包装物计划成本为20 000元，售价为24 000元，增值税税额为3 120元，全部款项存入银行。该包装物的材料成本差异率为5%。根据以上资料，大河公司的账务处理如下：

① 销售包装物时：

借：银行存款　　　　　　　　　　　　　　　　　　　　　27 120
　　贷：其他业务收入　　　　　　　　　　　　　　　　　　24 000
　　　　应交税费——应交增值税（销项税额）　　　　　　　 3 120

② 结转销售包装物的成本时：

借：其他业务成本　　　　　　　　　　　　　　　　　　　21 000
　　贷：包装物　　　　　　　　　　　　　　　　　　　　　20 000
　　　　材料成本差异　　　　　　　　　　　　　　　　　　 1 000

（4）出租、出借的包装物。为了确保周转使用包装物的安全完好，对于企业可以周转使用的包装物，一般采用出租或出借方式向客户提供必要的配套服务。以出租方式提供包装物时，要求客户支付包装物的租金；以出借方式提供包装物时，只要求客户将完好的包装物按期归还，实际上是无偿使用。企业不论以出租方式还是以出借方式发出包装物，均应向客户收取押金，作为客户按规定归还包装物的资金保证。企业应根据收到的押金，借记"银行存款"科目，贷记"其他应付款"科目。企业出租包装物，除了收取押金以外，还要收取租金，用以抵补出租包装物的摊销价值及相关支出。企业应根据收到的租金借记"银行存款"等科目，贷记"其他业务收入"等科目。

**4. 出租、出借包装物的摊销**

出租、出借包装物在使用过程中，价值逐渐减少直至消失，其价值的转移过程称为摊销。其损耗的价值同固定资产折旧一样，应采用适当的方法进行摊销，可以选择一次摊销法或者五五摊销法进行摊销。

（1）一次摊销法。一次摊销法即一次计入法或一次转销法。这种方法在第一次发出新的包装物时，就将其价值全部转销，计入当月有关的费用。

出租包装物可以取得租金收入，包装物的摊销价值可以由租金收入来补偿，因而摊销出租包装物成本时，应借记"其他业务成本"科目，贷记"包装物"科目。出借包装物的摊销价值应由销售收入来补偿，因而摊销出借包装物成本时，应借记"销售费用"科目，贷记"包装物"科目。

采用这种方法，会计核算手续简单，但容易造成包装物的实际价值与其账面价值不符的情况，而且当各期领用或报废包装物在价值上不均衡时，会对各期损益产生影响。因此这种方法一般适用于价值量较小、使用期限较短且各期领用较均衡的包装物。

（2）五五摊销法。五五摊销法又称五成摊销法，就是在领用包装物时摊销其成本的50%，在包装物报废时再摊销其成本的另外50%的方法。采用这种方法，如果报废包装物的残值较小，可以不预计残值，将包装物的全部成本在领用和报废时各摊销50%；如果残值较大，应按包装物成本减除其残值后的余额在领用和报废时各摊销50%。为了简化会计核算，一般情况下不预计残值。

采用这种方法，应在"包装物"科目下设置"库存未用包装物""库存已用包装物""出租包装物""出借包装物""包装物摊销"等明细科目。出租、出借全新包装物时，应借记"包装物——出租（借）包装物"科目，贷记"包装物——库存未用包装物"科目；同时，按出租、出借包装物成本的50%，借记"其他业务成本"（出租）、"销售费用"（出借）等科目，贷记"包装物——包装物摊销"科目。包装物报废时，摊销其成本的另外50%，借记"其他业务成本""销售费用"等科目，贷记"包装物——包装物摊销"科目。同时，注销包装物成本及其已摊销价值，借记"包装物——包装物摊销"科目，贷记"包装物——出租（借）包装物（或库存已用包装物）"科目。期末时，"包装物"科目的借方余额表示期末库存未用包装物的实际成本（按实际成本核算包装物时）或计划成本（按计划成本核算包装物时）和出租、出借以及库存已用包装物的摊余价值。

企业出租、出借的包装物收回时，应退还押金，借记"其他应付款"科目，贷记"银行存款"科目。收回的包装物入库时，如果采用一次摊销法和分期摊销法进行包装物价值摊销的核算，只在备查簿中进行登记，不做账务处理。如果采用五五摊销法进行包装物价值摊销的核算，则应按包装物成本，借记"包装物——库存已用包装物"科目,贷记"包装物——出租(借)包装物"科目。

对于超过退还期限而购货单位仍未退回的包装物,企业可按合同规定没收押金。没收押金时,应根据没收的押金数额,借记"其他应付款"科目,根据其中所含的增值税税额,贷记"应交税费——应交增值税(销项税额)"科目,根据全部押金扣除增值税后的余额,贷记"其他业务收入"科目。如果没收的押金应交消费税,还应将应交的税费计入其他业务成本,即"其他业务成本"科目,贷记"应交税费——应交消费税"等科目。

【例3-13】大河公司出租新包装物200个,包装物的实际总成本为20 000元,共收取押金10 000元,每月收取租金904元(其中增值税为104元)。包装物摊销采用五五摊销法。根据以上资料,大河公司账务处理如下:

① 收到押金时:

| | |
|---|---|
| 借:银行存款 | 10 000 |
|     贷:其他应付款 | 10 000 |

② 发出包装物时:

| | |
|---|---|
| 借:包装物——出租包装物 | 20 000 |
|     贷:包装物——库存未用包装物 | 20 000 |

③ 收到租金收入时:

| | |
|---|---|
| 借:银行存款 | 904 |
|     贷:其他业务收入 | 800 |
|         应交税费——应交增值税(销项税额) | 104 |

④ 摊销新包装物成本的50%时:

| | |
|---|---|
| 借:其他业务成本 | 10 000 |
|     贷:包装物——包装物摊销 | 10 000 |

⑤ 承租单位退回包装物150个,退还押金7 500元(150×50),结转包装物入库成本15 000元(150×100),账务处理如下:

| | |
|---|---|
| 借:其他应付款 | 7 500 |
|     贷:银行存款 | 7 500 |
| 借:包装物——库存已用包装物 | 15 000 |
|     贷:包装物——出租包装物 | 15 000 |

⑥ 没收逾期未退回的50个包装物的押金共计2 500元(其中增值税287.61元),并摊销其成本的50%,共2 500元(50×100×50%),账务处理如下:

借：其他应付款 2 500
　　贷：其他业务收入 2 212.39
　　　　应交税费——应交增值税（销项税额） 287.61
借：其他业务成本 2 500
　　贷：包装物——包装物摊销 2 500
借：包装物——包装物摊销 5 000
　　贷：包装物——出租包装物 5 000

⑦ 因上述⑤中收回的 150 个包装物后又多次出租，已无法使用，经批准报废。收回残料 500 元。这时应摊销其价值的另外 50%，共 7 500 元，账务处理如下：

借：其他业务成本 7 500
　　贷：包装物——包装物摊销 7 500
借：原材料 500
　　贷：其他业务成本 500
借：包装物——包装物摊销 15 000
　　贷：包装物——库存已用包装物 15 000

采用五五摊销法既避免了领用包装物时全部摊销其成本的缺点，又避免了报废包装物时全部摊销其成本的不足，提高了各月费用负担的合理性，特别是在包装物报废之前，账面上一直保持其一半价值，有利于实行价值监督和实物管理。这种方法适用于每月发出和报废包装物的数量比较均衡，各月费用负担相差不多的包装物。

### （二）低值易耗品

**1. 低值易耗品的范围**

低值易耗品是指不符合固定资产确认条件的各种用具物品，如工具、管理用具、玻璃器皿、劳动保护用品，以及在经营过程中周转使用的容器等。低值易耗品的收入、发出、摊销和结存的核算，是通过设立"低值易耗品"总账科目及按其类别、品种、规格设置明细科目进行的。低值易耗品的日常核算一般按照实际成本进行，在按计划成本进行时，还应在"材料成本差异"总账科目下设置"低值易耗品成本差异"二级科目。

低值易耗品可分为在库阶段和在用阶段进行核算。在库阶段核算与原材料核算相同，低值易耗品出库、在用阶段的核算与出借、出租包装物核算有相似之处，这里主要讲述在用低值易耗品及摊销的核算。

在用低值易耗品是指车间、部门从仓库领用，直到报废以前整个使用过程中的低值易耗品。低值易耗品在使用中的实物形态基本不变，其价值应该采用适当的摊销方法计入产品成本和期间费用等。但是，低值易耗品摊销在产品成本中所占比重较小，又没有专设成本项目，因此，用于生产产品的低值易耗品，其摊销金额计入制造费用；用于组织和管理生产经营活动的低值易耗品摊销，应计入管理费用；用于其他经营业务的低值易耗品摊销，则应计入其他业务成本等。

**2. 低值易耗品摊销**

会计实务中，一般根据具体情况，对不同的低值易耗品采用不同的摊销方法，如一次摊销法或者五五摊销法。

（1）一次摊销法。一次摊销法即一次转销或一次计入法。采用这种方法，领用时，将其全部价值一次计入当月（领用月份）产品成本、期间费用等，即借记"制造费用""管理费用""其他业务成本"等科目，贷记"低值易耗品"科目。报废时，报废的残料价值冲减有关的成本、费用，作为当月摊销的减少，借记"原材料"等科目，贷记"制造费用""管理费用""其他业务成本"等科目。

一次摊销法的核算比较简便，但由于低值易耗品的使用期一般不止一个月，因而采用这种方法会使各月成本、费用负担不太合理，还会产生账外财产，不便于实行价值监督。这种方法一般适用于单位价值较低，使用期限较短，一次领用数量不多，以及容易破损的低值易耗品。

（2）五五摊销法。五五摊销法是指在领用低值易耗品时，摊销其价值的一半，报废时再摊销其价值的另一半。一般需在"低值易耗品"总账科目下分设"在库低值易耗品""在用低值易耗品""低值易耗品摊销"三个二级科目。从仓库领用发交使用部门时，根据低值易耗品的成本借记"低值易耗品——在用低值易耗品"科目，贷记"低值易耗品——在库低值易耗品"科目；同时，按其价值的50%，借记"制造费用""管理费用""其他业务成本"等科目，贷记"低值易耗品——低值易耗品摊销"科目。报废时应根据报废低值易耗品价值的另外50%，借记"制造费用""管理费用""其他业务成本"等科目，贷记"低值易耗品——低值易耗品摊销"科目。同时注销低值易耗品成本及其已摊销价值，借记"低值易耗品——低值易耗品摊销"科目，贷记"低值易耗品——在用低值易耗品"科目。如有残值，应计价入库，借记"原材料"等科目，贷记"制造费用""管理费用""其他业务成本"等科目。

采用低值易耗品五五摊销法的优缺点与出借、出租包装物五五摊销法的优缺点相似。能够对在用低值易耗品实行价值监督；各月成本、费用负担低值易耗品的摊销额比较合理，但核算工作量比较大。因此，该种方法适用于各月领用和报废低值易耗品的数量比较均衡,各月摊销额相差不多的低值易耗品。

## 二、库存商品

### (一) 库存商品的概念和内容

库存商品是指企业已完成全部生产过程并已验收入库、合乎标准规格和技术条件,可以按照合同规定的条件送交订货单位,或可以作为商品对外销售的产品以及外购或委托加工完成验收入库用于销售的各种商品。商品是商业企业存货的主要构成部分,也是商业企业的重要经营对象。商业企业购进商品的目的不是加工后再出售,而是以适当的方式销售给消费者,以谋取企业的经营收益。

库存商品具体包括:企业全部自有的库存商品,包括存放在仓库、门市部和寄销在外库的商品,委托其他单位代管、代销的商品,陈列展览的商品等;加工中的商品,包括企业自行加工的商品和委托其他单位加工的商品;出租的商品等;接受外来原材料加工制造的代制品和为外单位加工修理的代修品。

### (二) 库存商品的核算

为了反映和监督库存商品的增减变动及其结存情况,企业应当设置"库存商品"科目,借方登记验收入库的库存商品成本,贷方登记发出的库存商品成本,期末余额在借方,反映各种库存商品的实际成本或计划成本。

**1. 验收入库商品**

对于库存商品采用实际成本核算的企业,当库存商品生产完成并验收入库时,应按实际成本,借记"库存商品"科目,贷记"生产成本"科目。

【例3-14】2020年12月31日,大河公司生产的1 000件A产品全部完工并验收入库,该批产品的实际成本为500 000元。假设A产品没有期初期末在产品。大河公司的账务处理如下:

借:库存商品——A产品　　　　　　　　　　　　　　500 000
　　贷:生产成本——A产品　　　　　　　　　　　　　　　500 000

**2. 销售商品**

企业销售商品时,确认销售收入并结转销售成本,借记"主营业务成本"科目,贷记"库存商品"科目。

【例3-15】2020年12月15日,大河公司按合同规定向乙公司销售A产品800件,产品成本为 400 000 元。大河公司的账务处理如下：

借：主营业务成本　　　　　　　　　　　　　　　400 000
　　贷：库存商品——A 产品　　　　　　　　　　　　　400 000

商业流通企业的商品一般也以"库存商品"科目进行核算。商品流通企业购入的商品可以采用进价或售价核算。采用售价核算的，商品售价和进价的差额，可通过"商品进销差价"科目核算。月末，应分摊已销商品的进销差价，将已销商品的销售成本调整为实际成本，借记"商品进销差价"科目，贷记"主营业务成本"科目。

# 第四节　存货的期末计量

## 一、成本与可变现净值孰低法的含义

成本与可变现净值孰低法是指按照存货的成本与可变现净值两者之中的较低者对期末存货进行计量的一种方法。采用这种方法，当期末存货的成本低于可变现净值时，存货按成本计价；当期末存货的可变现净值低于成本时，存货按可变现净值计价，同时按照可变现净值低于成本的差额计提存货跌价准备，计入当期损益。

"成本"是指期末存货的实际成本，即以历史成本为基础，按发出存货计价方法计算的期末存货价值，或者是采用计划成本法、售价金额法等对存货调整后的实际成本。

"可变现净值"是指在正常生产经营过程中，以存货的估计售价减去至完工估计将要发生的成本、估计的销售费用以及相关税费后的金额。具体主要有以下两种情况。

（1）对于持有以备出售的存货：

可变现净值＝估计售价－估计的销售费用以及相关税费

（2）需要经过加工的存货（如材料、半成品等）：

可变现净值＝估计售价－至完工估计将要发生的成本－估计的销售费用以及相关税费

## 二、可变现净值的确定

### （一）确定可变现净值应考虑的主要因素

当企业在确定存货的可变现净值时，应当以取得的可靠证据为基础，并且考虑持有存货的目的、资产负债表日后事项的影响等因素。

（1）在对可变现净值加以确定时，应以取得的可靠证据为基础。本书所讲的"可靠证据"是指对确定存货的可变现净值有直接影响的确凿证明,如产品的市场销售价格、与企业产品相同或类似商品的市场销售价格、供货方提供的有关资料、销售方提供的有关资料和生产成本资料等。

（2）应考虑持有存货的目的。由于企业持有存货的目的不同,确定存货可变现净值的计算方法也不同。例如,用于出售的存货和用于继续加工的存货,其可变现净值的计算就不相同,因此,企业在确定存货的可变现净值时,应考虑持有存货的目的。企业持有存货的目的,通常可以分为：一是持有以备出售,如商品、产成品,其中又分为有合同约定的存货和没有合同约定的存货；二是将在生产经营过程或提供劳务过程中耗用,如原材料等。

（3）应考虑资产负债表日后事项等的影响,这些事项应能够确定资产负债表日存货的存在状况。即在确定资产负债表日存货的可变现净值时,不仅要考虑资产负债表日与该存货相关的价格与成本波动,而且还应考虑未来的相关事项。也就是说,不仅限于财务会计报告批准报出日之前发生的相关价格与成本波动,还应考虑以后期间发生的相关事项。

### （二）存货估计售价的确定

在确定可变现净值时,最关键的问题是确定存货估计售价。企业应当按照以下原则确定存货的估计售价（见图3-1）。

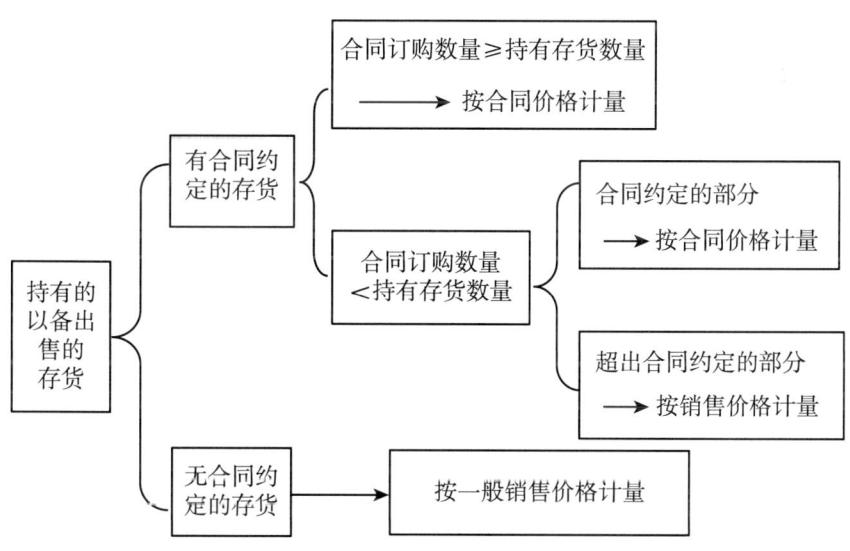

图3-1 持有的以备出售的存货估计售价确定

(1) 为执行销售合同或劳务合同而持有的存货，通常应当以产成品或商品的合同价格作为其可变现净值的计量基础。

如果企业与购买方签订了销售合同（或劳务合同，下同）并且销售合同定购的数量大于或等于企业持有的存货数量，在这种情况下，在确定与该项销售合同直接相关存货的可变现净值时，应当以销售合同价格作为其可变现净值的计量基础；如果企业销售合同所规定的标的物还没有生产出来，但持有专门用于该标的物生产用的原材料，其可变现净值也应当以合同价格作为计量基础。这里所讲的"销售合同"是指固定销售合同，如价格固定、数量固定、标的物的规格固定、交货地点固定等。

【例3-16】2020年9月1日，大河公司与大地公司签订了一份不可撤销的销售合同，双方约定，2021年1月20日，大河公司应按每台35万元的价格向大地公司提供W3型机器10台。

2020年12月31日，大河公司W3型机器的账面成本为300万元，数量为10台，单位成本为30万元/台。

2020年12月31日，W3型机器的市场销售价格为33万元/台。假定不考虑相关税费和销售费用。

根据大河公司与大地公司签订的销售合同规定，该批W3型机器的销售价格已由销售合同约定，并且其库存数量等于销售合同约定的数量，因此，在这种情况下，计算W3型机器的可变现净值应以销售合同约定的价格350万元（35万元/台×10台）作为计算基础。

(2) 如果企业持有存货的数量多于销售合同订购数量，超出部分的存货可变现净值应当以产成品或商品的一般销售价格作为计量基础。

在这种情况下，销售合同约定数量的存货，应以销售合同所规定的价格作为可变现净值的计量基础；超出部分的存货的可变现净值应以一般销售价格作为计量基础。

【例3-17】2020年11月1日，大河公司与大地公司签订了一份不可撤销的销售合同，双方约定，2021年4月20日，大河公司应按每台35万元的价格向大地公司提供W5型机器12台。

2020年12月31日，大河公司W5型机器的成本为392万元，数量为14台，单位成本为28万元/台。根据大河公司销售部门提供的资料表明，向大地公司销售的W5型机器的平均运杂费等销售费用为0.12万元/台；向其他客户销售W5型机器的平均运杂费等销售费用为0.1万元/台。2020年12月31日，W5型机器的市场销售价格为38万元/台。

在本例中，能够证明 W5 型机器的可变现净值的确凿证据是大河公司与大地公司签订的有关 W5 型机器的销售合同、市场销售价格资料、账簿记录和公司销售部门提供的有关销售费用的资料等。

根据该销售合同，库存的 W5 型机器中的 12 台的销售价格已由销售合同约定，其余 2 台并没有由销售合同约定。因此，在这种情况下，对于销售合同约定的数量（12 台）的 W5 型机器的可变现净值应以销售合同约定的价格 35 万元/台作为计算基础，而对于超出部分（2 台）的 W5 型机器的可变现净值应以市场销售价格 38 万元/台作为计算基础。

$$W5 \text{ 型机器的可变现净值} = (35 \times 12 - 0.12 \times 12) + (38 \times 2 - 0.1 \times 2)$$
$$= (420 - 1.44) + (76 - 0.2)$$
$$= 418.56 + 75.8$$
$$= 494.36 \text{（万元）}$$

（3）没有销售合同或劳务合同约定的存货，其可变现净值应以产成品或商品一般销售价格或原材料的市场价格作为计量基础。

**【例 3-18】** 2020 年 12 月 31 日，大河公司 W6 型机器的账面成本为 300 万元，数量为 10 台，单位成本为 30 万元/台。

2020 年 12 月 31 日，W6 型机器的市场销售价格为 32 万元/台。预计发生的相关税费和销售费用合计为 1 万元/台。

大河公司没有签订有关 W6 型机器的销售合同。由于大河公司没有就 W6 型机器签订销售合同，因此，在这种情况下，计算 W6 型机器的可变现净值应以一般销售价格总额 320 万元（32×10）作为计算基础。

**【例 3-19】** 2020 年 12 月 1 日，大河公司根据市场需求的变化，决定停止生产 D 设备。为减少不必要的损失，决定将原材料中专门用于生产 D 设备的外购原材料——E 材料全部出售，2020 年 12 月 31 日其账面成本为 300 万元，数量为 15 吨。

据市场调查，E 材料的市场销售价格为 10 万元/吨，同时可能发生的销售费用及相关税费共计 0.5 万元。

在本例中，由于企业已决定不再生产 D 设备，因此，该批 E 材料的可变现净值不能再以 D 设备的销售价格作为其计算基础，而应按其本身的市场销售价格作为计算基础。即：

该批 E 材料的可变现净值 = 15×10 - 0.5 = 149.5（万元）

## 三、材料存货的期末计量

企业持有的材料主要为生产产品，其是否计提准备，应该与产品的可变现净值结合起来。当产品的可变现净值低于成本的情况下，材料应该计提减值准备；当产品的可变现净值高于成本时，即使材料的市场价格低于材料成本，也不用计提准备。此时，原材料可变现净值等于该材料所生产的产成品的估计售价减去进一步加工的成本、估计的销售费用和相关税费（见图3-2）。

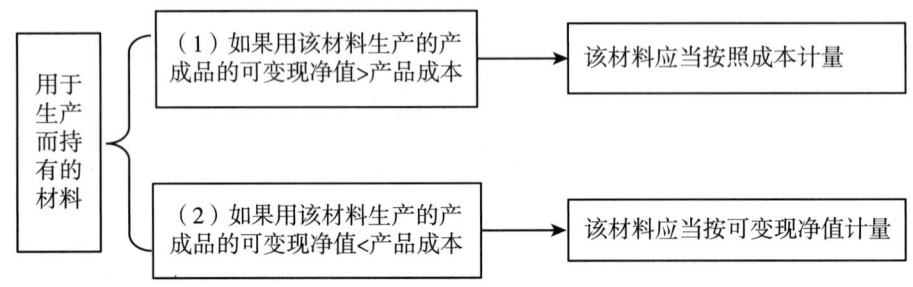

**图3-2 用于生产而持有的材料期末成本计量**

【例3-20】2020年12月31日，大河公司库存原材料——A材料的账面成本为350万元，市场销售价格总额为300万元（假定销售价格和成本均不含增值税），假定不发生其他销售费用。用A材料生产的产成品——W1型机器的可变现净值高于成本。

根据上述资料可知，2020年12月31日，A材料的账面成本高于其市场价格，但是由于用其生产的产成品——W1型机器的可变现净值高于成本，也就是用该原材料生产的最终产品此时并没有发生价值减损，因而，A材料即使其账面成本已高于市场价格，也不应计提存货跌价准备，仍应按350万元列示在2020年12月31日的资产负债表的存货项目之中。

【例3-21】2020年12月31日，大河公司库存原材料（钢材）的成本为65万元，用于生产C机器，相对应的材料的市场购买价格总额为60万元，假设不发生其他购买费用。由于材料的市场销售价格下降，用其生产的C型机器的市场销售价格总额由150万元下降为140万元，但其生产成本仍为145万元，即将该批钢材加工成C型机器尚需投入80万元，估计销售费用及税金为10万元。

要求：确定2020年12月31日钢材的价值。

分析：

第一步，计算用该原材料所生产的产成品的可变现净值。

C 型机器的可变现净值＝C 型机器估计售价－估计销售费用及税金＝140－10＝130（万元）

第二步，将用该原材料所生产的产成品的可变现净值与其成本进行比较。

C 型机器的可变现净值 130 万元小于其成本 145 万元，即材料价格的下降和 C 型机器销售价格的下降表明 C 型机器的可变现净值低于其成本，因此，该批钢材应当按可变现净值计量。

第三步，计算该原材料的可变现净值，并确定其期末价值。

该批钢材的可变现净值＝C 型机器的估计售价－将钢材加工成 C 型机器尚需投入的成本－估计销售费用及税金＝140－80－10＝50（万元）

该批钢材的可变现净值 50 万元小于其成本 65 万元，因此，该批钢材应计提的跌价准备为 15 万元，其期末价值应为其可变现净值 50 万元，即该批钢材应按 50 万元列示在 2020 年 12 月 31 日资产负债表的存货项目之中。

思考：不同存货可变现净值的确定有何不同？

## 四、存货跌价准备的账务处理

### （一）存货减值的判断依据

企业每期都应当重新确定存货的可变现净值，企业在定期检查时，如果发现了以下情形之一，应当考虑计提存货跌价准备：

（1）市价持续下跌，并且在可预见的未来无回升的希望；

（2）企业使用该项原材料生产的产品的成本大于产品的销售价格；

（3）企业因更新换代，原有库存原材料已不适应新产品的需要，而该原材料的市场价格又低于其账面成本；

（4）因企业所提供的商品或劳务过时或消费者偏好改变而使市场价格逐渐下跌；

（5）其他足以证明该项存货实质已经发生减值的情形。

《企业会计准则——存货》规定，"存货跌价准备应当按照单个存货项目计提"，即在一般情况下，企业应当按每个存货项目的成本与可变现净值逐一进行比较，取其低者计量存货，并且将成本高于可变现净值的差额作为计提的存货跌价准备。企业应该根据管理要求及存货的特点，具体规定存货项目的确定标准。例如，将某一型号和规格的材料作为一个存货项目，将某一品牌和规格的商品作为一个存货项目等。但是，在某些情况下，例如，与具有类似目的或最终用途相同并在同一地区生产和销售的产品系列相关，且难以将其与该产品系列的其他项目区别开来进行估价的存货，《企业会计准则——存货》规定可以合并计提存货跌价准备。因为在同一地区生产和销售的产品系列相关的，具有类似目的或最终用途的存货，所处的经济环境、法律环境、市场环境都相同，这就意味着它们具有相同的风险和报酬。因此，在这种情况下，可以对存货进行合并计提存货跌价准备。

另外，对于数量繁多、单价较低的存货，《企业会计准则——存货》也规定可以按存货类别计提存货跌价准备，即按存货类别的成本总额与可变现净值总额进行比较，每个存货类别均取其较低者确定存货价值。

### （二）存货跌价准备计提、转回账务处理

企业在根据成本与可变现净值孰低原则确定了期末存货的价值之后，应视具体情况进行有关的账务处理：如果期末存货的成本低于可变现净值时，则不需要作账务处理，资产负债表中的存货仍按期末价值列示；如果期末存货的可变现净值低于成本时，则必须在当期确认存货跌价损失，并进行有关的账务处理。每一会计期末，比较成本与可变现净值计算出应计提的准备，然后与"存货跌价准备"科目的余额进行比较，若应提数大于已提数，应予补提；反之，应冲销部分已提数。提取和补提存货跌价准备时，借记"资产减值损失"科目，贷记"存货跌价准备"科目；冲回或转销存货跌价损失，作相反的会计分录。但是，当已提跌价准备的存货的价值以后又得以恢复，其冲减的存货跌价准备金额，应以"存货跌价准备"科目的余额冲减至零为限。

【例 3-22】大河公司按照"成本与可变现净值孰低"对期末存货进行计价。该公司存货有关资料如下：2017 年末存货的账面成本为 60 000 元，可变现净值为 56 000 元；2018 年末存货的账面成本为 77 000 元，可变现净值为 67 000 元；2019 年末存货的账面成本为 100 000 元，可变现净值为 95 000 元；2020 年末存货的账面成本为 120 000 元，可变现净值为 130 000 元。

① 2017 年末，该企业应计提的存货跌价准备为 4 000 元，大河公司的账务处理如下：

借：资产减值损失　　　　　　　　　　　　　　　　4 000
　　贷：存货跌价准备　　　　　　　　　　　　　　　　　4 000

② 2018 年末，该企业存货应计提 10 000 元（77 000 - 67 000）跌价准备，但"存货跌价准备"科目的贷方已有 4 000 元，则应补提 6 000 元跌价准备，大河公司的账务处理如下：

借：资产减值损失 6 000
　　贷：存货跌价准备 6 000

③ 2019年末，该企业应计提的跌价准备为5 000元（100 000 - 95 000），但"存货跌价准备"科目的贷方已有10 000元余额，所以应冲回5 000元，大河公司的账务处理如下：

借：存货跌价准备 5 000
　　贷：资产减值损失 5 000

④ 2020年末，该存货的可变现净值恢复到存货成本以上，则应按存货的账面成本反映，因此将"存货跌价准备"科目的余额冲减为零，大河公司的账务处理如下：

借：存货跌价准备 5 000
　　贷：资产减值损失 5 000

## 五、存货跌价准备结转的账务处理

已计提跌价准备的存货在对外销售时，结转销售成本的同时，应结转相应的跌价准备，借记"存货跌价准备"科目，贷记"主营业务成本""其他业务成本"等科目。已计提跌价准备的存货用于非货币性资产交换、债务重组的，按相关会计准则规定执行。

【例3-23】2020年6月20日，大河公司将A商品按100 000元的价格售出，增值税销项税额13 000元。A商品账面余额为90 000元，已计提存货跌价准备20 000元。大河公司账务处理如下：

借：银行存款 113 000
　　贷：主营业务收入 100 000
　　　　应交税费——应交增值税（销项税额） 13 000
借：主营业务成本 70 000
　　存货跌价准备 20 000
　　贷：库存商品 90 000

# 第五节　存货清查

## 一、存货数量的确定方法

企业存货的数量需要通过盘存来确定，常用的存货数量盘存方法主要有实地盘存制和永续盘存制两种。

### （一）实地盘存制

实地盘存制也称定期盘存制，指会计期末通过对全部存货进行实地盘点，以确定期末存货的结存数量，然后分别乘以各项存货的盘存单价，计算出期末存货的总金额，计入各有关存货科目，倒轧出本期已耗用或已销售存货的成本。采用这种方法，平时对有关存货科目只记借方（购入成本），不记贷方（耗用或销货成本），每一期末通过实地盘点确定存货数量，据以计算期末存货成本，然后计算出当期耗用或销货成本。这一方法用于工业企业，称为"以存计耗"或"盘存计销"；用于商品流通企业，称为"以存计销"或"盘存计销"。

盘存制的基本公式如下：

期末结存数量＝期末实地盘点数量

期末存货成本＝期末实地盘点数量×单位成本

本期耗用或销货成本＝期初存货成本＋本期购货成本－期末存货成本

### （二）永续盘存制

永续盘存制也称账面盘存制，指对存货项目设置经常性的库存记录，即分别品名规格设置存货明细账，逐笔或逐日地登记收入、发出的存货，并随时计列结存数。通过会计账簿资料，就可以完整地反映存货的收入、发出和结存情况。在没有发生丢失和被盗的情况下，存货账户的余额应当与实际库存相符。采用永续盘存制，并不排除对存货的实物盘点，为了核对存货账面记录，加强对存货的管理，每年至少应对存货进行一次全面盘点，具体盘点次数视企业内部控制要求而定。

永续盘存制的基本公式如下：

期末存货成本＝期初存货成本＋本期购货成本－本期发出成本（耗用或销售）

### （三）实地盘存制与永续盘存制的比较

实地盘存制和永续盘存制作为确定存货数量的两种方法，各有其优缺点和实用性。实地盘存制的主要优点是简化存货的日常核算工作。实地盘存制的主要缺点是：第一，不能随时反映存货收入、发出和结存的动态情况，不便于管理人员掌握情况。第二，容易掩盖存货管理中存在的自然和人为的损失。由于"以存计销"和"以存计耗"倒挤成本，从而使非正常销售或耗用的存货损失、差错甚至偷盗等原因所引起的短缺，全部挤入耗用或销货成本之内,掩盖了仓库管理上存在的问题,削弱了对存货的控制。第三,采用这种方法只能到期末盘点时结转耗用或销货成本,而不能随时结转成本。所以,实地盘存制的实用性较差,仅适用于那些自然消耗大、数量不稳定的鲜活商品等。

永续盘存制的优点是有利于加强对存货的管理。在各种存货明细记录中,可以随时反映每一存货收入、发出和结存的状态。通过账簿记录中的账面结存数,结合不定期的实地盘点,将实际盘存数与账存数相核对,可以查明溢余或短缺的原因;通过账簿记录还可以随时反映出存货是否过多或不足,以便及时合理地组织货源,加速资金周转。永续盘存制的缺点是存货明细记录的工作量较大,存货品种规格繁多的企业更是如此。

企业可根据存货类别和管理要求,对有些存货实行永续盘存制,而对另一些存货实行实地盘存制,不论采用何种方法,前后各期应保持一致。

## 二、存货清查的账务处理

企业进行存货清查盘点,应当编制"存货盘存报告单",并将其作为存货清查的原始凭证。将存货盘存记录的实存数与存货的账面记录核对,若账面存货小于实际存货,为存货的盘盈;反之,为存货的盘亏。对于盘盈、盘亏的存货要记入"待处理财产损溢"科目,查明原因进行处理。

### (一)存货盘盈的账务处理

发生存货盘盈时,应按规定的程序报经有关部门批准后才能做出处理。在批准处理以前,根据盘盈的存货,借记"原材料""库存商品"等存货科目,贷记"待处理财产损溢——待处理流动资产损溢"科目。待盘盈的存货查明原因后,应按不同的原因及处理决定分别入账,借记"待处理财产损溢——待处理流动资产损溢"科目,贷记有关科目,其中,对于无法确定具体原因的,一般应冲减企业的管理费用。

### (二)存货盘亏的账务处理

发生盘亏和毁损的存货,在报经批准以前,应按其计划成本或实际成本转入"待处理财产损溢——待处理流动资产损溢"科目。根据《增值税暂行条例》规定,企业发生的非正常损失的购进货物以及非正常损失的在产品、产成品所耗用的购进货物或应税劳务的进项税不得从销项税中抵扣。因此,发生盘亏存货应按损失的价值借记"待处理财产损溢——待处理流动资产损溢"科目,按损失存货的实际成本贷记有关存货科目,按损失存货应负担的进项税贷记"应交税费——应交增值税(进项税额转出)"科目。经批准以后，再根据造成盘亏和毁损的原因，分别按下述情况处理：

（1）属于自然损耗产生的定额内损耗，经批准后转作管理费用；

（2）属于计量收发差错和管理不善等原因造成的存货短缺或毁损，应先扣除残料值、可以收回的保险和过失人的赔偿，然后将净损失计入管理费用；

（3）属于自然灾害或意外事故造成的存货毁损，应先扣除残料价值和可以收回的保险赔偿，然后将净损失转作营业外支出。

【例3－24】大河公司因管理不善造成乙材料毁损，其成本为5 000元，增值税进项税额为650元。责任人王凯赔偿损失3 000元，残料作价500元入库，其余作营业外支出处理。

发生损失时，作如下分录：

借：待处理财产损溢——待处理流动资产损溢　　　　　　5 650
　　贷：原材料——乙材料　　　　　　　　　　　　　　5 000
　　　　应交税费——应交增值税（进项税额转出）　　　　650

处理时，

借：原材料　　　　　　　　　　　　　　　　　　　　　500
　　其他应收款——王凯　　　　　　　　　　　　　　　3 000
　　营业外支出——非常损失　　　　　　　　　　　　　2 150
　　贷：待处理财产损溢——待处理流动资产损溢　　　　5 650

企业存货的盘盈、盘亏和毁损，应当于期末前查明原因，并根据企业的管理权限，经股东大会、董事会或类似机构批准后，在期末结账前处理完毕。如果盘盈、盘亏或毁损的存货在期末结账前尚未经过批准，在对外提供财务会计报告时先按上述方法进行处理，并在会计报表附注中给出说明；如果其后批准处理的金额与已处理的金额不一致，应当调整当期会计报表相关项目的年初数。

 思考题

1. 什么是存货？存货怎样分类？
2. 如何确定外购存货、自制存货和委托加工存货的入账价格？
3. 简述材料按实际成本计价核算的账务处理。
4. 简述材料按计划成本计价核算的账务处理。
5. 商品的采购成本怎样确定？

6. 什么是包装物？出租、出借包装物计提摊销的方法有哪几种？
7. 成本与可变现净值孰低法的含义是什么？
8. 确定可变现净值应考虑的主要因素有哪些？
9. 存货减值的判断依据有哪些？
10. 简述存货跌价准备计提、转回和结转的账务处理。

# 第四章

# 金融资产

**学习目标：**
1. 了解金融资产的概念及其分类。
2. 掌握交易性金融资产的账务处理。
3. 掌握债权股资的账务处理。
4. 掌握应收款项的账务处理。
5. 掌握其他金融工具的账务处理。

 **案例导读：**

2020年1月13日，《中国××报》刊登标题为"2019业绩预告：多家上市公司因金融资产助推业绩增长"的文章。如下：

截至2020年1月12日，两市共有706家A股上市公司披露了2019年业绩预告，其中394家预喜，预喜比例为55.81%。报告期内，不少公司由于按照新金融工具准则确认金融资产公允价值变动收益和取得股权转让收益，实现了业绩大幅增长。

金融资产助推业绩增长：

……

以TG医药为例，公司预计2019年全年实现归属于上市公司股东的净利润7.95亿元至9.02亿元，同比增长68.45%至91.13%。报告期内，公司主营业务持续增长。此外，公司2019年度非经常性损益金额为2.5亿元至3.5亿元，系公司按照新金融工具准则确认的金融资产公允价值变动收益和取得股权转让收益所致。

不少公司因持有的金融资产估值大幅提升，报告期内得以扭亏。以MD数字为例，公司预计2019年实现归属于上市公司股东的净利润1.2亿元至1.6亿元，同比扭亏。业绩增长的原因之一为，根据新金融工具会计准则的规定，公司将部分投资项目计入"以公允价值计量且其变动计入当期损益的金融资产"，由于公司前期布局投资的 MM 科技等公司在 2019 年度完成新一轮市场化的股权融资，估值大幅提升，因此产生大额公允价值变动收益和投资收益。

……

请同学们思考：

（1）企业持有金融资产对利润有何影响？

（2）各类金融资产的初始计量和后续计量有何差异？

通过本章的学习，你将会找到答案。

# 第一节　金融资产及其分类

## 一、金融资产的内容

金融是现代经济的核心，金融市场（包括资本市场）的健康、可持续发展离不开金融工具的广泛运用和不断创新。金融工具，是指形成一方的金融资产并形成其他方的金融负债或权益工具的合同。金融工具一般具有货币性、流通性、风险性、收益性等特征，其中，最显著的特征是能够在市场交易中为其持有者提供即期或远期的现金流量。金融工具具体包括金融资产、金融负债和权益工具。

金融资产是指企业持有的现金、其他方的权益工具以及符合下列条件之一的资产：

（1）从其他方收取现金或其他金融资产的合同权利。例如，企业的银行存款、应收账款、应收票据和贷款等均属于金融资产。

（2）在潜在有利条件下，与其他方交换金融资产或金融负债的合同权利。例如，企业持有的看涨期权或看跌期权等。

（3）将来须用或可用企业自身权益工具进行结算的非衍生工具合同，且企业根据该合同将收到可变数量的自身权益工具。

（4）将来须用或可用企业自身权益工具进行结算的衍生工具合同，但以固定数量的自身权益工具交换固定金额的现金或其他金融资产的衍生工具合同除外。

## 二、金融资产的分类

企业根据其管理金融资产的业务模式和金融资产的合同现金流量特征，将金融资产分类为以摊余成本计量的金融资产、以公允价值计量且其变动计入其他综合收益的金融资产以及以公允价值计量且其变动计入当期损益的金融资产这三类。

企业管理金融资产的业务模式，是指企业如何管理其金融资产以产生现金流量。业务模式决定企业所管理金融资产现金流量的来源是收取合同现金流量、出售金融资产还是两者兼有。金融资产的合同现金流量特征，是指金融资产合同约定的、反映相关金融资产经济特征的现金流量属性。

企业分类为以摊余成本计量的金融资产和以公允价值计量且其变动计入其他综合收益的金融资产（仅指其他债权投资），其合同现金流量特征应当与基本借贷安排相一致。即相关金融资产在特定日期产生的合同现金流量仅为对本金和以未偿付本金金额为基础的利息的支付。

金融资产一般分为以下三类：

第一类，金融资产同时符合下列条件的，应当分类为以摊余成本计量的金融资产。企业管理该金融资产的业务模式是以收取合同现金流量为目标。该金融资产的合同条款规定，在特定日期产生的现金流量，仅为对本金和以未偿付本金金额为基础的利息的支付，即"收本收息"。企业一般应当设置"银行存款""应收账款""债权投资"等科目核算此类金融资产。

第二类，金融资产同时符合下列条件的，应当分类为以公允价值计量且其变动计入其他综合收益的金融资产。企业管理该金融资产的业务模式既以收取合同现金流量为目标又以出售该金融资产为目标。该金融资产的合同条款规定，在特定日期产生的现金流量，仅为对本金和以未偿付本金金额为基础的利息的支付。企业持有的非交易性权益工具投资，在初始确认时可以指定为以公允价值计量且其变动计入其他综合收益的金融资产，该指定一经做出，不得撤销。企业应当设置"其他债权投资""其他权益工具投资"等科目核算此类金融资产。

第三类，按照上述分类为以摊余成本计量的金融资产和以公允价值计量且其变动计入其他综合收益的金融资产之外的金融资产，企业应当将其分类为以公允价值计量且其变动计入当期损益的金融资产。企业管理该金融资产的业务模式仅以出售该金融资产为目标。企业应当设置"交易性金融资产"科目核算以公允价值计量且其变动计入当期损益的金融资产。企业持有的直接指定为以公允价值计量且其变动计入当期损益的金融资产，也在本科目核算。

## 第二节 交易性金融资产

### 一、交易性金融资产的初始计量

交易性金融资产属于以公允价值计量且其变动计入当期损益的金融资产，以出售该金融资产为业务管理模式，如以出售为目的所持有的股票、债券和基金等。

企业应设置"交易性金融资产"科目，核算为出售而持有的债券投资、股票投资、基金投资等交易性金融资产的公允价值，并按交易性金融资产的种类，分别设置"成本"和"公允价值变动"等明细账进行明细核算。

取得交易性金融资产时，应当按照该金融资产取得时的公允价值作为其初始确认金额，记入"交易性金融资产——成本"科目。初始确认金额不包括取得的交易性金融资产所支付价款中所包含的已宣告但尚未发放的现金股利或已到付息期但尚未领取的债券利息，这部分现金股利或债券利息应当单独确认为应收项目，记入"应收股利"或"应收利息"科目。

取得交易性金融资产所发生的相关交易费用应当在发生时计入投资收益。交易费用是指可直接归属于购买、发行或处置金融工具新增的外部费用，包括支付给代理机构、咨询公司、券商等的手续费和佣金及其他必要支出。

企业取得交易性金融资产，按其公允价值，借记"交易性金融资产——成本"科目，按其发生的交易费用，借记"投资收益"科目，按已宣告但尚未发放的现金股利或已到付息期但尚未领取的债券利息，借记"应收股利"或"应收利息"科目，按实际支付的金额，贷记"银行存款"等科目。

【例4-1】2019年1月2日，大河公司从二级市场支付价款1 120 000元（含已到期但尚未领取的利息20 000元）购入大地公司发行的债券，另发生交易费用8 000元。该债券面值1 000 000元，剩余期限2年，票面年利率4%，每半年付息一次，大河公司将其划分为交易性金融资产。大河公司的账务处理如下：

① 2019年1月2日，购入债券时：

借：交易性金融资产——大地公司债券（成本）　　　　　1 100 000
　　应收利息　　　　　　　　　　　　　　　　　　　　　　20 000
　　投资收益　　　　　　　　　　　　　　　　　　　　　　 8 000
　　贷：银行存款　　　　　　　　　　　　　　　　　　　1 128 000

② 2019 年 1 月 5 日，收到该债券 2018 年下半年利息时：

借：银行存款　　　　　　　　　　　　　　20 000
　　贷：应收利息　　　　　　　　　　　　　　　　　20 000

【例 4 - 2】2019 年 3 月 29 日，大河公司以每股 10.5 元的价格购入东方公司股票 50 000 股作为交易性金融资产，另支付交易费用 15 000 元。由于东方公司于 3 月 16 日已宣告分红，因此，买价中包含每股 0.5 元已宣告但尚未发放的现金股利，该现金股利于 2019 年 4 月 25 日发放。大河公司的账务处理如下：

① 2019 年 3 月 29 日，购入股票时：

借：交易性金融资产——东方公司股票（成本）　500 000
　　应收股利　　　　　　　　　　　　　　 25 000
　　投资收益　　　　　　　　　　　　　　 15 000
　　贷：银行存款　　　　　　　　　　　　　　　　540 000

② 2019 年 4 月 25 日，收到现金股利时：

借：银行存款　　　　　　　　　　　　　　25 000
　　贷：应收股利　　　　　　　　　　　　　　　　25 000

## 二、交易性金融资产持有收益的确认

企业在持有交易性金融资产期间所获得的现金股利或债券利息，应当确认为投资收益。

交易性金融资产持有期间宣告发放的现金股利，或在资产负债表日按分期付息、一次还本债券投资的票面利率计算的利息，借记"应收股利"或"应收利息"科目，贷记"投资收益"科目。收到上述现金股利和债券利息时，借记"银行存款"科目，贷记"应收股利"或"应收利息"科目。

【例 4 - 3】承〖例 4 - 1〗2019 年 6 月 30 日，大河公司确认上半年的利息收入，其账务处理如下：

借：应收利息　　　　　　　　　　　　　　20 000
　　贷：投资收益　　　　　　　　　　　　　　　　20 000

2019 年 7 月 5 日，大河公司收到该债券半年利息，大河公司账务处理如下：

借：银行存款　　　　　　　　　　　　　　20 000
　　贷：应收利息　　　　　　　　　　　　　　　　20 000

【例 4 - 4】承〖例 4 - 2〗2019 年 8 月 2 日，东方公司宣告发放上半年现金股利，每

股 0.3 元, 并于 8 月 19 日发放, 大河公司账务处理如下:

借: 应收股利 15 000
　　贷: 投资收益 15 000

2019 年 8 月 19 日, 大河公司收到上半年现金股利时:

借: 银行存款 15 000
　　贷: 应收股利 15 000

## 三、交易性金融资产的期末计量

交易性金融资产在取得时, 是按公允价值入账的, 反映了企业取得交易性金融资产的实际成本, 但其公允价值是不断变化的, 会计期末的公允价值则代表了交易性金融资产的现时可变现价值。根据企业会计准则的规定, 交易性金融资产的价值应按资产负债表日的公允价值反映, 公允价值的变动记入当期损益"公允价值变动损益"科目。

资产负债表日, 交易性金融资产的公允价值高于其账面余额时, 应按两者之间的差额, 调增交易性金融资产的账面余额, 同时确认公允价值上升的收益, 借记"交易性金融资产——公允价值变动"科目, 贷记"公允价值变动损益"科目; 公允价值低于账面余额则做相反的会计分录。

**【例 4-5】** 承【例 4-1】2019 年 6 月 30 日, 大地公司债券的公允价值为 1 160 000 元, 大河公司账务处理如下:

借: 交易性金融资产——大地公司债券 (公允价值变动) 60 000
　　贷: 公允价值变动损益 60 000

2019 年 12 月 31 日, 该债券的公允价值为 1 130 000 元, 大河公司账务处理如下:

借: 公允价值变动损益 30 000
　　贷: 交易性金融资产——大地公司债券 (公允价值变动) 30 000

**【例 4-6】** 承【例 4-2】2019 年 6 月 30 日, 东方公司股票的公允价值为 460 000 元, 大河公司账务处理如下:

借: 公允价值变动损益 40 000
　　贷: 交易性金融资产——东方公司股票 (公允价值变动) 40 000

2019 年 12 月 31 日, 该股票的公允价值为 480 000 元, 大河公司账务处理如下:

借: 交易性金融资产——东方公司股票 (公允价值变动) 20 000
　　贷: 公允价值变动损益 20 000

### 四、交易性金融资产的处置

交易性金融资产处置所实现的损益由两部分构成：(1) 处置该交易性金融资产时的处置收入与其账面余额的差额；(2) 原来已经作为公允价值变动损益入账的金额。

处置交易性金融资产时，处置收入与其账面余额的差额，以及原来已经作为公允价值变动损益入账的金额，均应作为投资收益入账，通过"投资收益"科目以集中反映处置该交易性金融资产实际实现的损益。如果交易性金融资产是部分处置的，应按处置的交易性金融资产占该交易性金融资产总额的比例计算。

账务处理上，处置交易性金融资产时，应按实际收到的净售价金额，借记"银行存款"等科目，按该金融资产明细的账面余额，贷记或借记"交易性金融资产"科目，按其差额，贷记或借记"投资收益"科目。同时，将原计入该金融资产的公允价值变动转出，借记或贷记"公允价值变动损益"科目，贷记或借记"投资收益"科目。

【例4-7】承【例4-1】和【例4-5】2020年1月5日，大河公司将大地公司债券出售，取得价款1 190 000元（含2019年下半年利息20 000元），大河公司的账务处理如下：

借：银行存款　　　　　　　　　　　　　　　　　　　　　　1 190 000
　　贷：交易性金融资产——大地公司债券（成本）　　　　　　 1 100 000
　　　　　　　　　　——大地公司债券（公允价值变动）　　　　 30 000
　　　　应收利息　　　　　　　　　　　　　　　　　　　　　　 20 000
　　　　投资收益　　　　　　　　　　　　　　　　　　　　　　 40 000

同时：

借：公允价值变动损益　　　　　　　　　　　　　　　　　　　　30 000
　　贷：投资收益　　　　　　　　　　　　　　　　　　　　　　30 000

或者：

借：银行存款　　　　　　　　　　　　　　　　　　　　　　1 190 000
　　公允价值变动损益　　　　　　　　　　　　　　　　　　　　30 000
　　贷：交易性金融资产——大地公司债券（成本）　　　　　　 1 100 000
　　　　　　　　　　——大地公司债券（公允价值变动）　　　　 30 000
　　　　应收利息　　　　　　　　　　　　　　　　　　　　　　 20 000
　　　　投资收益　　　　　　　　　　　　　　　　　　　　　　 70 000

【例4-8】承【例4-2】和【例4-6】2020年3月2日，大河公司将东方公司股票出售，实际取得价款 450 000 元。大河公司的账务处理如下：

借：银行存款　　　　　　　　　　　　　　　　　　　　　450 000
　　交易性金融资产——东方公司股票（公允价值变动）　　20 000
　　投资收益　　　　　　　　　　　　　　　　　　　　　30 000
　　贷：交易性金融资产——东方公司股票（成本）　　　　500 000

同时：

借：投资收益　　　　　　　　　　　　　　　　　　　　　20 000
　　贷：公允价值变动损益　　　　　　　　　　　　　　　20 000

或者：

借：银行存款　　　　　　　　　　　　　　　　　　　　　450 000
　　交易性金融资产——东方公司股票（公允价值变动）　　20 000
　　投资收益　　　　　　　　　　　　　　　　　　　　　50 000
　　贷：交易性金融资产——东方公司股票（成本）　　　　500 000
　　　　公允价值变动损益　　　　　　　　　　　　　　　20 000

## 第三节　债权投资

### 一、债权投资的初始计量

债权投资属于以摊余成本计量的金融资产，按合同条款规定，在特定日期产生的现金流量，仅为对本金和以未偿付本金金额为基础的利息的支付，并以收取合同现金流量为目标作为业务管理模式。例如，企业购入的到期日固定、回收金额固定或可确定，且企业有明确意图和能力持有至到期的各种债券。

企业应当设置"债权投资"科目，核算债权投资的摊余成本，并按照债权投资的类别和内容，分别设置"成本""利息调整""应计利息"等明细科目进行核算。

债权投资应当按取得时的公允价值和相关交易费用之和作为初始确认金额。如果支付的价款中包含已到付息期但尚未领取的利息，应单独确认为应收项目。

企业取得债权投资，应按该投资的面值，借记"债权投资——成本"科目，按支付的价款中包含的已到付息期但尚未领取的利息，借记"应收利息"科目，按实际支付的金额，贷记"银行存款"等科目，按其差额，借记或贷记"债权投资——利息调整"科目。收到支付的价款中包含的已到付息期但尚未领取的利息，借记"银行存款"科目,贷记"应收利息"科目。

【例4-9】2018年1月1日,大河公司购入大地公司当日发行的面值600 000元、期限4年、票面利率5%、到期一次还本付息的债券作为债权投资,实际支付的购买价款为600 000元。其账务处理如下:

借:债权投资——大地公司债券(成本) 600 000
　　贷:银行存款 600 000

【例4-10】2016年1月1日,大河公司购入东方公司当日发行的面值500 000元、期限5年、票面利率6%、分期付息、到期还本的债券作为债权投资,每年1月1日付息,实际支付的购买价款为527 000元。大河公司还以银行存款支付了购买该债券发生的交易费用1 000元。其账务处理如下:

借:债权投资——东方公司债券(成本) 500 000
　　　　　　——东方公司债券(利息调整) 28 000
　　贷:银行存款 528 000

【例4-11】2017年1月1日,大河公司购入长江公司于2016年1月1日发行的面值800 000元、期限5年、票面利率5%、分期付息、到期还本的债券作为债权投资,每年1月1日付息。实际支付的购买价款为817 000元,该价款中包含已到付息期但尚未支付的利息40 000元。大河公司还以银行存款支付了购买该债券发生的交易费用1 500元。其账务处理如下:

① 2017年1月1日,购入债券时:

借:债权投资——长江公司债券(成本) 800 000
　　应收利息 40 000
　　贷:银行存款 818 500
　　　　债权投资——长江公司债券(利息调整) 21 500

② 2017年1月10日收到债券利息时:

借:银行存款 40 000
　　贷:应收利息 40 000

## 二、债权投资利息收入的确认

债权投资持有期间的利息收入是由票面利息和利息调整摊销构成,利息调整摊销方法采用实际利率法。

实际利率法是指在持有期间应当按照摊余成本和实际利率计算确认利息收入,计入投资收益，即以债权投资期初账面摊余成本乘以实际利率作为当期利息收入，以当期利息收入与当期按票面利率计算确定的票面利息的差额作为当期利息调整摊销额。

实际利率是指将金融资产或金融负债在预期存续期间或适用更短期间内的未来现金流量，折现为该金融资产或金融负债当前账面价值所使用的利率。实际利率应当在取得债权投资时确定，在该债权投资预期存续期间或适用的更短期间内保持不变。实际利率与票面利率差别较小的，也可按票面利率计算利息收入，计入投资收益。

摊余成本是指该金融资产的初始确认金额经下列调整后的结果：扣除已偿还的本金；加上或减去采用实际利率法将该初始确认金额与到期日金额之间的差额进行摊销形成的累计摊销额；扣除累计计提的损失准备。

债权投资为分期付息、一次还本债权投资的，应将于资产负债表日按票面利率计算确定的应收未收利息，借记"应收利息"科目，按债权投资摊余成本和实际利率计算确定的利息收入，贷记"投资收益"科目，按其差额，借记或贷记"债权投资——利息调整"科目。收到分期付息、一次还本债权投资持有期间应收的利息，借记"银行存款"科目，贷记"应收利息"科目。

债权投资为一次还本付息债权投资的，应将于资产负债表日按票面利率计算确定的应收未收利息，借记"债权投资——应计利息"科目，按债权投资摊余成本和实际利率计算确定的利息收入，贷记"投资收益"科目，按其差额，借记或贷记"债权投资——利息调整"科目。

【例4-12】承〖例4-10〗大河公司对债权投资采用实际利率法确认利息收入。在持有期间确认利息收入的账务处理如下：

① 计算实际利率。

由于大河公司取得东方公司债券的成本高于东方公司债券的面值，因此，该项债权投资的实际利率一定低于票面利率。先按5%作为折现率进行测算。查年金现值系数表和复利现值系数表可知，5期、5%的年金现值系数和复利现值系数分别为4.3295和0.7835。东方公司债券利息和本金按5%作为折现率计算的现值如下：

债券年利息额 = 500 000 × 6% = 30 000（元）

利息和本金的现值 = 30 000 × 4.3295 + 500 000 × 0.7835 = 521 635（元）

上式计算结果小于取得东方公司债券的成本，说明实际利率小于5%。再按4%作为折现率进行测算。查年金现值系数表和复利现值系数表可知，5期、4%的年金现值系数和复利现值系数分别为4.4518和0.8219。东方公司债券利息和本金按4%作为折现率计算的现值如下：

利息和本金的现值 = 30 000 × 4.4518 + 500 000 × 0.8219 = 544 504（元）

上式计算结果大于取得东方公司债券的成本，说明实际利率大于4%。因此，实际利率介于4%和5%之间。使用插值法估算实际利率如下：

实际利率 = 4% +（5% - 4%）×（544 504 - 528 000）÷（544 504 - 521 635）= 4.72%

② 采用实际利率法确认利息收入。

大河公司采用实际利率法确认的利息收入，如表4-1所示。

表4-1　　　　　　　　　利息收入确认表（一）　　　　　　　　单位：元

| 计息日期 | 应收利息 | 实际利率 | 利息收入 | 利息调整摊销 | 摊余成本 |
|---|---|---|---|---|---|
| 20160101 | | | | | 528 000 |
| 20161231 | 30 000 | 4.72% | 24 922 | 5 078 | 522 922 |
| 20171231 | 30 000 | 4.72% | 24 682 | 5 318 | 517 604 |
| 20181231 | 30 000 | 4.72% | 24 431 | 5 569 | 512 035 |
| 20191231 | 30 000 | 4.72% | 24 168 | 5 832 | 506 203 |
| 20201231 | 30 000 | 4.72% | 23 797* | 6 203 | 500 000 |
| 合计 | 150 000 | — | 122 000 | 28 000 | — |

注：*计算结果有尾差。

根据表4-1的计算结果，大河公司编制的各年确认利息收入的会计分录如下：

A. 2016年12月31日，确认利息收入：

借：应收利息　　　　　　　　　　　　　　　　　　　　　　　30 000
　　贷：投资收益　　　　　　　　　　　　　　　　　　　　　　24 922
　　　　债权投资——东方公司债券（利息调整）　　　　　　　　 5 078

2017年1月1日，收到利息时：

借：银行存款　　　　　　　　　　　　　　　　　　　　　　　30 000
　　贷：应收利息　　　　　　　　　　　　　　　　　　　　　　30 000

B. 2017年12月31日，确认利息收入：

借：应收利息　　　　　　　　　　　　　　　　　　　　　　　30 000
　　贷：投资收益　　　　　　　　　　　　　　　　　　　　　　24 682
　　　　债权投资——东方公司债券（利息调整）　　　　　　　　 5 318

2018年1月1日，收到利息时：

借：银行存款　　　　　　　　　　　　　　　　　　　　　　　30 000
　　贷：应收利息　　　　　　　　　　　　　　　　　　　　　　30 000

C. 2018 年 12 月 31 日，确认利息收入：

借：应收利息　　　　　　　　　　　　　　　　　　　　　　30 000
　　贷：投资收益　　　　　　　　　　　　　　　　　　　　　24 431
　　　　债权投资——东方公司债券（利息调整）　　　　　　　5 569

2019 年 1 月 1 日，收到利息时：

借：银行存款　　　　　　　　　　　　　　　　　　　　　　30 000
　　贷：应收利息　　　　　　　　　　　　　　　　　　　　　30 000

D. 2019 年 12 月 31 日，确认利息收入：

借：应收利息　　　　　　　　　　　　　　　　　　　　　　30 000
　　贷：投资收益　　　　　　　　　　　　　　　　　　　　　24 168
　　　　债权投资——东方公司债券（利息调整）　　　　　　　5 832

2020 年 1 月 1 日，收到利息时：

借：银行存款　　　　　　　　　　　　　　　　　　　　　　30 000
　　贷：应收利息　　　　　　　　　　　　　　　　　　　　　30 000

E. 2020 年 12 月 31 日，确认利息收入：

借：应收利息　　　　　　　　　　　　　　　　　　　　　　30 000
　　贷：投资收益　　　　　　　　　　　　　　　　　　　　　23 797
　　　　债权投资——东方公司债券（利息调整）　　　　　　　6 203

2021 年 1 月 1 日，收到利息时：

借：银行存款　　　　　　　　　　　　　　　　　　　　　　30 000
　　贷：应收利息　　　　　　　　　　　　　　　　　　　　　30 000

【例 4 – 13】承【例 4 – 11】大河公司在持有期间采用实际利率法确认利息收入的账务处理如下：

① 计算实际利率。

由于大河公司取得长江公司债券的成本低于长江公司债券的面值。因此，该项债权投资的实际利率一定高于票面利率。先按 6% 作为折现率进行测算。查年金现值系数表和复利现值系数表可知，4 期、6% 的年金现值系数和复利现值系数分别为 3.4651 和 0.7921。长江公司债券利息和本金按 6% 作为折现率计算的现值如下：

债券年利息额 = 800 000 × 5% = 40 000（元）

利息和本金的现值 = 40 000 × 3.4651 + 800 000 × 0.7921 = 772 284（元）

上式计算结果小于取得长江公司债券的成本，说明实际利率小于 6%，但高于票面利率5%。使用插值法估算实际利率如下：

实际利率 = 5% + (6% - 5%) × (800 000 - 778 500) ÷ (800 000 - 772 284) = 5.78%

② 采用实际利率法确认利息收入。

大河公司采用实际利率法确认的利息收入，如表4-2所示。

表4-2　　　　　　　　　　利息收入确认表（二）　　　　　　　　　单位：元

| 计息日期 | 应收利息 | 实际利率 | 利息收入 | 利息调整摊销 | 摊余成本 |
| --- | --- | --- | --- | --- | --- |
| 20170101 | | | | | 778 500 |
| 20171231 | 40 000 | 5.78% | 44 997 | 4 997 | 783 497 |
| 20181231 | 40 000 | 5.78% | 45 286 | 5 286 | 788 783 |
| 20191231 | 40 000 | 5.78% | 45 592 | 5 592 | 794 375 |
| 20201231 | 40 000 | 5.78% | 45 625* | 5 625 | 800 000 |
| 合计 | 160 000 | — | 181 500 | 21 500 | — |

注：*计算结果有尾差。

根据表4-2的计算结果，大河公司编制的各年确认利息收入的会计分录如下：

① 2017年12月31日，确认利息收入：

借：应收利息　　　　　　　　　　　　　　　　　　　　　　　40 000

　　债权投资——长江公司债券（利息调整）　　　　　　　　　 4 997

　　贷：投资收益　　　　　　　　　　　　　　　　　　　　　44 997

2018年1月1日，收到利息时：

借：银行存款　　　　　　　　　　　　　　　　　　　　　　　40 000

　　贷：应收利息　　　　　　　　　　　　　　　　　　　　　40 000

② 2018年12月31日，确认利息收入：

借：应收利息　　　　　　　　　　　　　　　　　　　　　　　40 000

　　债权投资——长江公司债券（利息调整）　　　　　　　　　 5 286

　　贷：投资收益　　　　　　　　　　　　　　　　　　　　　45 286

2019年1月1日，收到利息时：

借：银行存款　　　　　　　　　　　　　　　　　　　　　　　40 000

　　贷：应收利息　　　　　　　　　　　　　　　　　　　　　40 000

③ 2019年12月31日，确认利息收入：

借：应收利息　　　　　　　　　　　　　　　　　　　　　　　40 000

债权投资——长江公司债券（利息调整） 5 592
    贷：投资收益 45 592

2020 年 1 月 1 日，收到利息时：
借：银行存款 40 000
    贷：应收利息 40 000

④ 2020 年 12 月 31 日，确认利息收入：
借：应收利息 40 000
    债权投资——长江公司债券（利息调整） 5 625
    贷：投资收益 45 625

2021 年 1 月 1 日，收到利息时：
借：银行存款 40 000
    贷：应收利息 40 000

以上〖例 4-12〗和〖例 4-13〗中，由于购入的债券是分期付息，因此每年计算的票面利息记入借方"应收利息"科目，但如果是到期一次付息的，每年计算的票面利息则记入借方"债权投资——应计利息"科目。

**思考**：理解实际利率法的应用。

## 三、债权投资的处置

### （一）债权投资的处置

处置债权投资时，应将所取得的价款与该债权投资账面价值之间的差额计入投资收益。其中，投资的账面价值是指债权投资的账面余额减除已经计提的减值准备后的差额。处置债权投资时，应按实际收到的金额，借记"银行存款"科目，按债权投资账面余额，贷记"债权投资——成本""债权投资——应计利息"科目，贷记或借记"债权投资——利息调整"科目，按其差额，贷记或借记"投资收益"科目。已计提减值准备的，还应同时结转减值准备。

【例 4-14】承〖例 4-10〗和〖例 4-12〗2021 年 1 月 1 日，大河公司持有的东方公司债券到期，收回本金。大河公司账务处理如下：
借：银行存款 500 000
    贷：债权投资——东方公司债券（成本） 500 000

因债券到期时，利息调整已经全部分摊完毕，最后一期利息也已经收回，见〖例4-12〗，因此，债券到期只做收到本金的账务处理。

【例4-15】承〖例4-11〗和〖例4-13〗大河公司于2019年1月3日，将持有的长江公司债券提前出售，取得转让收入805 600元。转让日，债权投资账面摊余成本为788 783元，其中：成本800 000元、利息调整（贷方余额）11 217元。大河公司账务处理如下：

处置损益 = 805 600 - (800 000 - 11 217) = 16 817（元）

借：银行存款　　　　　　　　　　　　　　　　　　　805 600
　　债权投资——长江公司债券（利息调整）　　　　　　11 217
　　贷：债权投资——长江公司债券（成本）　　　　　　800 000
　　　　投资收益　　　　　　　　　　　　　　　　　　16 817

## 第四节　应收款项

应收款项属于以摊余成本计量的金融资产，按合同条款规定，在特定日期产生的现金流量，并以收取合同现金流量为目标作为业务管理模式。它是一项债权性质的资产，企业向客户赊销产品或其他业务产生应收款项。一般企业对外销售商品或提供劳务形成具有债权性质的应收款项，通常应按从购货方应收的合同或协议价款、税费等相关交易费用作为初始确认金额。一般企业的应收款项，通常应设置"应收票据""应收账款""其他应收款"等科目核算。

预付账款也属于债权性质的资产，以摊余成本计量，但其业务管理模式并不以收取合同现金流量为目标，因此不属于金融资产。

### 一、应收票据

应收票据广义上是指企业持有的、尚未到期或未兑现的汇票、本票和支票。但由于在我国会计实务中，支票、银行本票和银行汇票均为见票即付的票据，无须作为应收票据处理。因此在我国应收票据仅指企业因销售商品、产品、提供劳务而收到尚未到期或未兑现的商业汇票。

商业汇票按承兑人不同，分为商业承兑汇票和银行承兑汇票；承兑是汇票付款人承诺在汇票到期日无条件支付汇票金额的票据行为。商业承兑汇票的承兑人是付款人，银行承兑汇票的承兑人是承兑申请人的开户行。票据按是否计息分为带息票据和不带息票据。带息票据是指商业汇票到期时，承兑人必须按票面金额加上应计利息向收款人或被背书人支付票款；不带息商业汇票是指商业汇票到期时，承兑人只按票面金额（即面值）向收款人或被背书人支付票款。

### （一）应收票据的计价

应收票据可按其面值和现值两种方法确定入账价值。我国商业票据的期限一般较短（不超过6个月），用现值记账不但计算麻烦而且其折价还要逐期摊销，过于烦琐。因此，应收票据一般按其面值计价。即企业收到应收票据时，应按票据的面值入账，期末（指中期期末和年度终了）按应收票据的票面价值和确定的利率计提利息，计提的利息应增加应收票据的账面价值。

### （二）应收票据的核算

**1. 不带息应收票据的核算**

不带息应收票据的到期值为应收票据的面值。企业应设置"应收票据"科目核算应收票据的票面金额。当企业间发生交易并形成债权债务关系时，如双方未签发商业汇票，债权方应记入"应收账款"科目的借方；如果签发商业汇票，则记入"应收票据"科目的借方。在该项债权清偿前，如果双方签发商业汇票，则债权方应自"应收账款"科目转入"应收票据"科目的借方。在商品购销业务使用商业汇票时，汇票面额应包括货物价款、增值税款和代垫运杂费。

商业承兑汇票到期时，如果付款人无力偿还票款，则收款（债权）企业应将到期票据的票面金额转入"应收账款"科目的借方。

银行承兑汇票到期时，如果出票人未足额交存票款，承兑行应向持票人无条件付款，同时对出票人尚未支付的票款按每天万分之五收取罚息。

【例4-16】2020年5月10日，大河公司向大地公司销售货物一批，价款80 000元，货已发出并办妥委托收款手续，开出增值税专用发票上的增值税为10 400元。双方采用商业汇票结算方式，收到一张3个月到期的无息商业承兑汇票。大河公司编制会计分录如下：

① 2020年5月10日，销售实现时：

| | |
|---|---|
| 借：应收票据 | 90 400 |
|     贷：主营业务收入 | 80 000 |
|         应交税费——应交增值税（销项税额） | 10 400 |

② 2020 年 8 月 10 日，大河公司在票据到期时，通过银行划回票款时：

借：银行存款　　　　　　　　　　　　　　　　　　　　　　90 400
　　贷：应收票据　　　　　　　　　　　　　　　　　　　　　　　90 400

③ 2020 年 8 月 10 日，如果该票据到期，大地公司无力偿付票款，大河公司接到银行转来的未付票款通知书和商业汇票时：

借：应收账款　　　　　　　　　　　　　　　　　　　　　　90 400
　　贷：应收票据　　　　　　　　　　　　　　　　　　　　　　　90 400

**2. 带息应收票据的核算**

票据利息＝票面金额×票面利率×票据期限

上式中计算的利息为票据的全部利息，"票面利率"一般以年利率表示；"票据期限"为票据从签发日到到期日的时间间隔，可以用月或日表示。票据期限按月表示时，应以到期月份中与出票日相同的那一天为到期日，如 5 月 15 日签发的三个月到期的票据，则到期日为 8 月 15 日，同时要将票据年利率换算成月利率（年利率÷12）；票据期限按天数表示时，应从出票日起按实际经历天数计算。通常出票日和到期日只能计算其中的一天，即"算头不算尾"或"算尾不算头"，如 5 月 4 日签发的 90 天票据，其到期日为 8 月 2 日（5 月份剩余天数 27 天＋6 月天数 30 天＋7 月天数 31 天＋8 月天数 2 天＝90 天），同时，要将票据年利率，换算成日利率（年利率÷360）。

由于我国规定的票据期限较短，票据利息通常在票据到期时与票面面值一起收回，按照权责发生制原则，在票据到期前应该确认尚未收到的票据的利息收入，并将应收而未实际收到的利息作为应收票据的增加额予以记录，即借记"应收票据"科目，贷记"财务费用"科目。但是为了简化核算，在实际业务中，一般遵循以下惯例：如果应收票据的利息金额较大，对企业财务成果有较大影响的，应按月计提利息；如果应收票据的利息金额不大，对企业财务成果的影响也较小的，可以于季末或年末计提应收票据的利息。但不论何种情况，企业至少应于会计年末计提持有商业汇票的利息，以便正确计算企业的财务成果。

**【例 4-17】** 2020 年 9 月 1 日，大河公司销售一批产品给大地公司，货已发出，增值税专用发票上注明的销售收入为 100 000 元，增值税税额 13 000 元，收到大地公司交来的银行承兑汇票一张，期限 6 个月，票面利率为 10%。根据以上资料编制会计分录如下：

① 2020 年 9 月 1 日，收到票据时：

借：应收票据　　　　　　　　　　　　　　　　　　　　　　113 000

    贷：主营业务收入                                                                100 000
        应交税费——应交增值税（销项税额）                                          13 000

② 2020 年 12 月 31 日，计提票据利息：

票据利息 = 113 000 × 10% ÷ 12 × 4 = 3 767（元）

    借：应收票据                                                                  3 767
        贷：财务费用                                                              3 767

③ 2021 年 3 月 1 日，票据到期收回货款：

收款金额 = 113 000 × (1 + 10% ÷ 12 × 6) = 118 650（元）

    借：银行存款                                                                118 650
        贷：应收票据                                                            116 767
            财务费用                                                              1 883

如果到期大地公司无力偿付票款，则由于此票据是银行承兑汇票，则由承兑银行将足额票款支付给大河公司，对于大河公司的账务处理是没有影响的。

**3. 应收票据转让的核算**

应收票据转让是指持票人因偿还前欠货款等原因，将未到期的商业汇票背书后转让给其他单位或个人的业务活动。

企业可以将自己持有的商业汇票背书转让。背书是指持票人在票据背面签字，签字人称为背书人，背书人对票据的到期付款负连带责任。

企业将持有的应收票据背书转让，取得所需物资时，按应计入取得物资的成本价值，借记"材料采购""在途物资"或"原材料""库存商品"等科目，按增值税专用发票上注明的增值税税额，借记"应交税费——应交增值税（进项税额）"科目，按应收票据的账面余额贷记"应收票据"科目，如有差额，借记或贷记"银行存款"等科目。

如为带息应收票据，企业将持有的应收票据背书转让，取得所需物资时，按应计入取得物资的成本价值，借记"材料采购""在途物资"或"原材料""库存商品"等科目，按增值税专用发票上注明的增值税税额，借记"应交税费——应交增值税（进项税额）"科目，按应收票据的账面余额贷记"应收票据"科目，按尚未计提的利息，贷记"财务费用"科目，按应收或补付的金额，借记或贷记"银行存款"等科目。

**（三）应收票据的贴现**

企业持有的应收票据在到期前，如果出现资金短缺，在符合条件的情况下，可以持商业汇票向开户银行申请贴现。贴现是指票据持有人将未到期的票据在背书后送交银行，银行受理后从票据到期值中扣除按银行贴现率计算确定的贴现利息，然后将余额付给持票人。

票据贴现的有关公式计算如下：

贴现息 = 票据到期值 × 年贴现率 × 贴现天数 ÷ 360

贴现天数 = 贴现日至票据到期日实际天数 − 1

贴现所得 = 票据到期值 − 贴现息

企业持应收票据向银行申请贴现可以有两种形式，一种是不带追索权应收票据的贴现，一种是带追索权票据的贴现。

**1. 不带追索权应收票据的贴现**

企业在销售商品、提供劳务以后，以取得的应收票据向银行等金融机构申请贴现，如果企业与银行等金融机构签订的协议中规定，在贴现的应收票据到期，债务人未按期偿还，申请贴现的企业不负有任何偿还责任时，从实质上看，与所贴现应收票据有关的风险和报酬发生转移，申请贴现的企业将应收票据上的风险和未来经济利益全部转让给银行，应视同应收票据的出售。

企业持未到期的应收票据向银行贴现，应贴现所得金额，借记"银行存款"科目，按应收票据的账面价值，贷记"应收票据"科目，按其差额，借记或贷记"财务费用"科目。已贴现的无追索权商业汇票到期时，因贴现企业不承担连带偿付责任，不作任何账务处理。

【例 4 − 18】2020 年 4 月 18 日，大河公司将出票日为 2 月 10 日面值 50 000 元，出票后 6 个月到期的不带息商业汇票到银行办理贴现，企业与银行签订的协议中规定不带追索权。银行规定的贴现率为 10%。

票据到期值 = 50 000（元）

贴现息 = 50 000 × 10% × 114 ÷ 360 = 1 583.33（元）

贴现所得 = 50 000 − 1 583.33 = 48 416.67（元）

会计分录如下：

借：银行存款　　　　　　　　　　　　　　　　　48 416.67
　　财务费用　　　　　　　　　　　　　　　　　 1 583.33
　　贷：应收票据　　　　　　　　　　　　　　　　　　　50 000

【例 4 − 19】承〖例 4 − 18〗贴现的票据如为带息票据，票面利率为 9%，其他条件不变。

到期值 = 50 000 × (1 + 9% × 6 ÷ 12) = 52 250（元）

贴现息 = 52 250 × 10% × 114 ÷ 360 = 1 654.58（元）

贴现所得 = 52 250 – 1 654.58 = 50 595.42（元）

会计分录如下：

借：银行存款　　　　　　　　　　　　　　　　　　　　　　　50 595.42

　　贷：应收票据　　　　　　　　　　　　　　　　　　　　　　50 000

　　　　财务费用　　　　　　　　　　　　　　　　　　　　　　595.42

**2. 带追索权票据的贴现**

企业在销售商品、提供劳务以后，以取得的应收票据向银行等金融机构申请贴现，如企业与银行等金融机构签订的协议中规定，在贴现的应收票据到期，债务人未按期偿还时，申请贴现的企业负有向银行等金融机构还款的责任，根据实质重于形式的原则，该类协议从实质上看，与所贴现应收票据有关的风险和报酬并未转移，应收票据可能产生的风险仍由申请贴现的企业承担，属于以应收票据为质押取得的借款，申请贴现的企业应按照以应收票据为质押取得借款的规定进行账务处理。

企业以应收票据取得质押借款时，按照实际收到的款项，借记"银行存款"科目，按实际支付的手续费，借记"财务费用"科目，按银行贷款本金，贷记"短期借款"等科目。票据到期，承兑人按期付款，按银行贷款本金，借记"短期借款"等科目，按照应收票据账面价值，贷记"应收票据"科目，按照未结算入账的利息，贷记"财务费用"科目。若到期承兑人无力支付款项，银行将支款通知随同汇票、付款人未付票款通知书送交申请贴现的企业，贴现企业有义务将有关款项按票据的到期值支付给银行。按照面值与票据利息之和，借记"应收账款"科目，按照应收票据账面价值，贷记"应收票据"科目，按照未结算入账的利息，贷记"财务费用"科目。同时，按照银行扣款金额，借记"短期借款"等科目，贷记"银行存款"科目。

**【例 4 – 20】** 承〖例 4 – 18〗假如企业与银行签订的协议中规定带追索权。其他资料不变，则大河公司所作的账务处理为：

借：银行存款　　　　　　　　　　　　　　　　　　　　　　　48 416.67

　　财务费用　　　　　　　　　　　　　　　　　　　　　　　1 583.33

　　贷：短期借款　　　　　　　　　　　　　　　　　　　　　　50 000

**【例 4 – 21】** 承〖例 4 – 19〗假如企业与银行签订的协议中规定带追索权。其他资料不变，则大河公司所作的账务处理为：

借：银行存款　　　　　　　　　　　　　　　　　　　　　　　50 595.42

　　财务费用　　　　　　　　　　　　　　　　　　　　　　　1 654.58

| | |
|---|---|
| 贷：短期借款 | 52 250 |

## 二、应收账款

应收账款是指企业因赊销商品、产品或提供劳务等，应向购货单位或接受劳务单位收取的款项，它属于商业信用范畴。

会计上所指的应收账款有其特定的范围：第一，应收账款是指因销售活动形成的债权，不包括应收职工欠款、应收债务人利息等其他应收款；第二，应收账款是指流动资产性质的债权，不包括长期债权，如购买的长期债券等；第三，应收账款是指本企业应收客户的款项，不包括本企业付出的各类存出保证金和押金（如投标保证金和租入包装物保证金）、购货的预付定金等。

应收账款应于收入实现时予以确认。

### （一）应收账款的计价

应收账款应在销售收入实现时按实际发生额计价入账。如果在销售时存在商业折扣和现金折扣，还要考虑这两个因素。

**1. 商业折扣**

商业折扣是指企业根据市场供需情况，或针对不同的顾客，在商品标价上给予的扣除，是一种促销手段，即通常所说的"薄利多销"。

商业折扣一般在交易发生时即已确定，它仅仅是确定实际销售价格的一种手段，不需在买卖双方任何一方的账上反映，所以商业折扣对应收账款的入账价值没有实质性的影响。因此，在存在商业折扣的情况下，企业应收账款入账金额应按扣除商业折扣以后的实际售价确认。

【例 4 – 22】2020 年 6 月 25 日，大河公司赊销一批商品给大地公司，商品价目表中所列示的价格为每件 120 元，共销售 500 件，并给予大地公司 5% 的商业折扣，开出增值税专用发票上注明的增值税额为 7 410 元。大河公司编制会计分录如下：

① 由于不考虑商业折扣对售价的影响，实际售价 = 120 × 500 × (1 – 5%) = 57 000 元，销售实现时：

| | |
|---|---|
| 借：应收账款 | 64 410 |
| 贷：主营业务收入 | 57 000 |
| 　　应交税费——应交增值税（销项税额） | 7 410 |

② 收到货款时：

| 借：银行存款 | 64 410 | |
| --- | --- | --- |
| 　　贷：应收账款 | | 64 410 |

**2. 现金折扣**

现金折扣是指销货企业为了鼓励客户在一定期间内早日偿还货款，对销售价格所给予的一定比率的扣减。现金折扣对于销货企业来说，称为销货折扣，对于购货企业来说，则称为购货折扣。现金折扣一般用"折扣比率/付款期限"等表示。例如，购货方如果在10天之内付款，则销货方可按售价给予2%的折扣，用符号表示为"2/10"；在11~20天之内付款，则可按售价给予1%的折扣，用符号表示为"1/20"；在21~30天内付款，则不给予折扣，符号表示为"n/30"。

企业赊销商品如果附有现金折扣条件，则其对价为可变对价，企业应当根据最有可能收取的对价确认收入。资产负债表日，应重新估计可能收到的对价，按其差额调整营业收入。

**【例4-23】** 2020年5月8日，大河公司赊销产品一批给大地公司，售价为100 000元，增值税税额为13 000元。双方约定的付款条件为"2/10，1/20，n/30"。大河公司判断大地公司最有可能在10天内就会付款。当日，大河公司开具了增值税专用发票，并发出商品。

① 大河公司判断最有可能在10天内收回98 000元的货款。2020年5月8日，其会计分录如下：

| 借：应收账款——大地公司 | 111 000 | |
| --- | --- | --- |
| 　　贷：主营业务收入 | | 98 000 |
| 　　　　应交税费——应交增值税（销项税额） | | 13 000 |

大河公司收到款项时：

| 借：银行存款 | 111 000 | |
| --- | --- | --- |
| 　　贷：应收账款 | | 111 000 |

② 若大地公司并未在10天内付款，经协商大地公司承诺接下来的10天内必付款，大河公司应调整其收入确认金额：

| 借：应收账款 | 1 000 | |
| --- | --- | --- |
| 　　贷：主营业务收入 | | 1 000 |

大河公司收到款项时：

| 借：银行存款 | 112 000 | |
| --- | --- | --- |
| 　　贷：应收账款 | | 112 000 |

③ 若大地公司 20 天内都未付款，大河公司应调整其收入确认金额：

借：应收账款　　　　　　　　　　　　　　　　　2 000
　　贷：主营业务收入　　　　　　　　　　　　　　　2 000

大河公司收到款项时：

借：银行存款　　　　　　　　　　　　　　　　　113 000
　　贷：应收账款　　　　　　　　　　　　　　　　113 000

 **思考**：商业折扣和现金折扣有何区别？

## 三、其他应收款

其他应收款是指应收票据、应收账款和预付账款以外的各种应收、暂付款项，包括各种应收赔款、存出保证金、备用金、应收包装物租金、应收的各种罚款、应向职工收取的各种垫付款项等。

企业应设置"其他应收款"科目对其他应收款的收付业务进行核算，并应按其他应收款的项目分类以及债务人进行明细核算。"其他应收款"科目核算的其他应收及暂付款主要包括：

（1）应收的各种赔款、罚款；

（2）应收出租包装物租金；

（3）应向职工收取的各种垫付款项；

（4）备用金；

（5）存出保证金（如租入包装物支付的押金）；

（6）预付账款转入（已不符合预付账款性质而由预付款转入的部分）；

（7）其他各种应收、暂付款。

企业发生的拨出用于投资、购买物资的各种款项，在尚未进行投资或购买物资之前，属于企业的其他货币资金，该类款项应通过"其他货币资金"科目进行核算，不属于其他应收款的范围。

【例 4 - 24】大河公司在采购过程中发生材料毁损，按保险合同规定，应有保险公司赔偿经济损失 10 000 元，赔款尚未收到。大河公司账务处理如下：

借：其他应收款——保险公司　　　　　　　　　　10 000
　　贷：材料采购　　　　　　　　　　　　　　　　10 000

待收到保险公司赔款时：

借：银行存款　　　　　　　　　　　　　　　　　　　　　10 000
　　贷：其他应收款——保险公司　　　　　　　　　　　　　　　　10 000

【例4-25】大河公司租入包装物一批，以银行存款支付押金5 000元。大河公司账务处理如下：

借：其他应收款——包装物押金　　　　　　　　　　　　　　5 000
　　贷：银行存款　　　　　　　　　　　　　　　　　　　　　　　5 000

待租入包装物按期完好退回，该企业收到出租方退还的押金5 000元，并存入银行。

借：银行存款　　　　　　　　　　　　　　　　　　　　　　5 000
　　贷：其他应收款——包装物押金　　　　　　　　　　　　　　　5 000

## 第五节　其他金融工具投资

其他金融工具投资属于以公允价值计量且其变动计入其他综合收益的金融资产。企业管理该金融资产的业务模式既以收取合同现金流量为目标又以出售该金融资产为目标。该金融资产的合同条款规定，在特定日期产生的现金流量，仅为对本金和以未偿付本金金额为基础的利息的支付。企业应当设置"其他权益工具投资""其他债权投资"科目核算此类金融资产。

### 一、其他债权投资

#### （一）其他债权投资的初始计量

企业应当设置"其他债权投资"科目，核算持有的以公允价值计量且其变动计入其他综合收益的债权投资，并按照其他债权投资的类别和品种，分别设置"成本""利息调整""应计利息""公允价值变动"等明细科目进行明细核算。

其他债权投资应当按取得该金融资产的公允价值和相关交易费用之和作为初始入账金额。如果支付的价款中包含已到付息期但尚未领取的利息，应单独确认为应收利息项目，不构成其他债权投资的初始入账金额。

企业取得其他债权投资，应按债券的面值，借记"其他债权投资——成本"，按支付的价款中包含的已到付息期但尚未领取的利息，借记"应收利息"科目，按实际支付的金额，贷记"银行存款"等科目，按差额，借记或贷记"其他债权投资——利息调整"科目。

**【例4-26】** 2018年1月1日，大河公司购入大地公司当日发行的面值1 200 000元、期限3年、票面利率8%、每年1月1日付息、到期还本的债券作为其他债权投资，实际支付的购买价款为1 240 000元。

2018年1月1日，大河公司账务处理如下：

借：其他债权投资——大地公司债券（成本）　　　　　1 200 000
　　　　　　——大地公司债券（利息调整）　　　　　　40 000
　　贷：银行存款　　　　　　　　　　　　　　　　　　1 240 000

### （二）其他债权投资持有收益的确认

其他债权投资在持有期间取得的债券利息，应当计入投资收益。

资产负债表日，其他债权投资如为分期付息、一次还本债权投资，应按票面利率计算确定的应收未收利息，借记"应收利息"科目。按其他债权投资摊余成本和实际利率计算确定的利息收入，贷记"投资收益"科目，按其差额，借记或贷记"其他债权投资——利息调整"科目；其他债权投资如为一次还本付息债权投资，应于资产负债表日按票面利率计算确定的应收未收利息，借记"其他债权投资——应计利息"科目，按其他债权投资摊余成本和实际利率计算确定的利息收入，贷记"投资收益"科目，按其差额，借记或贷记"其他债权投资——利息调整"科目。收到其他债权投资持有期间支付的利息，借记"银行存款"科目，贷记"应收利息"科目。

**【例4-27】** 承【例4-26】大河公司对其他债权投资采用实际利率法确认利息收入。在持有期间确认利息收入的账务处理如下：

① 计算实际利率。由于大河公司取得大地公司债券的成本高于大地公司债券的面值，因此，该项其他债权投资的实际利率一定低于票面利率。先按7%作为折现率进行测算。查年金现值系数表和复利现值系数表可知，3期、7%的年金现值系数和复利现值系数分别为2.6243和0.8163。大地公司债券利息和本金按7%作为折现率计算的现值如下：

债券年利息额 = 1 200 000 × 8% = 96 000（元）

利息和本金的现值 = 96 000 × 2.6243 + 1 200 000 × 0.8163 = 1 231 492.8（元）

上式计算结果小于取得大地公司债券的成本，说明实际利率小于7%。再按6%作为折现率进行测算。查年金现值系数表和复利现值系数表可知，3期、6%的年金现值系数和复利现值系数分别为2.6730和0.8396。大地公司债券利息和本金按6%作为折现率计算的现值如下：

利息和本金的现值 = 96 000 × 2.6730 + 1 200 000 × 0.8396 = 1 264 128（元）

上式计算结果大于取得大地公司债券的成本，说明实际利率大于6%。因此，实际利率介于6%和7%之间。使用插值法估算实际利率如下：

实际利率 = 6% + (7% - 6%) × (1 264 128 - 1 240 000) ÷ (1 264 128 - 1 231 492.8)
= 6.74%

② 采用实际利率法确认利息收入。大河公司采用实际利率法确认的利息收入，如表4-3所示。

表4-3　　　　　　　　利息收入确认表（三）　　　　　　　单位：元

| 计息日期 | 应计利息 | 实际利率 | 利息收入 | 利息调整摊销 | 摊余成本 |
| --- | --- | --- | --- | --- | --- |
| 20180101 | | | | | 1 240 000 |
| 20181231 | 96 000 | 6.74% | 83 576 | 12 424 | 1 227 576 |
| 20191231 | 96 000 | 6.74% | 82 739 | 13 261 | 1 214 315 |
| 20201231 | 96 000 | 6.74% | 81 685* | 14 315 | 1 200 000 |
| 合计 | 288 000 | — | 248 000 | 40 000 | — |

注：*计算结果有尾差。

根据表4-3的计算结果：

① 2018年12月31日，大河公司确认利息收入的会计分录如下：

借：应收利息　　　　　　　　　　　　　　　　　　　　　　　96 000
　　贷：投资收益　　　　　　　　　　　　　　　　　　　　　　83 576
　　　　其他债权投资——大地公司债券（利息调整）　　　　　　12 424

2019年1月1日，收到利息的会计分录如下：

借：银行存款　　　　　　　　　　　　　　　　　　　　　　　96 000
　　贷：应收利息　　　　　　　　　　　　　　　　　　　　　　96 000

② 2019年12月31日，大河公司确认利息收入的会计分录如下：

借：应收利息　　　　　　　　　　　　　　　　　　　　　　　96 000
　　贷：投资收益　　　　　　　　　　　　　　　　　　　　　　82 739
　　　　其他债权投资——大地公司债券（利息调整）　　　　　　13 261

2020年1月1日，收到利息的会计分录如下：

借：银行存款　　　　　　　　　　　　　　　　　　　　　　　96 000
　　贷：应收利息　　　　　　　　　　　　　　　　　　　　　　96 000

③ 2020 年 12 月 31 日，大河公司确认利息收入的会计分录如下：

借：应收利息　　　　　　　　　　　　　　　　　　　　　96 000
　　贷：投资收益　　　　　　　　　　　　　　　　　　　　　81 685
　　　　其他债权投资——大地公司债券（利息调整）　　　　　14 315

2021 年 1 月 1 日，收到利息的会计分录如下：

借：银行存款　　　　　　　　　　　　　　　　　　　　　96 000
　　贷：应收利息　　　　　　　　　　　　　　　　　　　　　96 000

### （三）其他债权投资的期末计量

资产负债表日，其他债权投资应当以公允价值计量，且公允价值变动计入所有者权益（其他综合收益）。

资产负债表日，其他债权投资的公允价值高于其账面余额（如其他债权投资为债券，即为其摊余成本）的金额，借记"其他债权投资——公允价值变动"科目，贷记"其他综合收益"科目；公允价值低于其账面余额的金额，借记"其他综合收益"科目，贷记"其他债权投资——公允价值变动"科目。

【例 4–28】承〖例 4–26〗和〖例 4–27〗大河公司持有的大地公司债券，2018 年 12 月 31 日的公允价值为 1 236 000 元。2018 年 12 月 31 日，大地公司债券按公允价值调整前的账面余额为 1 227 576 元。其账务处理如下：

公允价值变动 = 1 236 000 – 1 227 576 = 8 424（元）

借：其他债权投资——大地公司债券（公允价值变动）　　　　8 424
　　贷：其他综合收益　　　　　　　　　　　　　　　　　　　8 424

调整后大地公司债券账面余额 = 1 227 576 + 8 424 = 1 236 000（元）

但是，当其他债权投资的公允价值出现持续的非暂时性下跌时，应该考虑其他债权投资的减值，以预期信用损失为基础计提金融资产损失准备。资产负债表日，企业应当对其他债权投资的信用风险自初始确认后是否已显著增加进行评估，并按照预期信用损失金额计量其损失准备，确认预期信用损失，借记"信用减值损失"科目，贷记"其他综合收益"科目。计提损失准备后，如果因债权投资信用风险有所降低，导致其预期信用损失减少，应按减少的预期信用损失金额转回已计提的损失准备和已确认的预期信用损失，借记"其他综合收益"科目，贷记"信用减值损失"科目。

### （四）其他债权投资的处置

处置其他债权投资时，应将取得的价款与该金融资产账面余额之间的差额，计入投资收益；同时，将原直接计入所有者权益（其他综合收益）的公允价值变动累计额对应处置部分的金额转出，计入投资收益。其中，其他债权投资的账面余额，是指其他债权投资的初始计量金额加上或减去资产负债表日公允价值变动后的金额。

处置其他债权投资时，应按实际收到的金额，借记"银行存款"科目，按其账面余额，贷记"其他债权投资——成本""其他债权投资——应计利息"科目，贷记或借记"其他债权投资——利息调整""其他债权投资——公允价值变动"科目，按应从所有者权益中转出的公允价值累计变动额，借记或贷记"其他综合收益"科目，按其差额，贷记或借记"投资收益"科目。

【例4-29】承〖例4-26〗、〖例4-27〗和〖例4-28〗若2019年6月1日，大河公司将持有的大地公司债券出售，实际收到出售价款1 274 000元。出售日，大地公司债券账面余额为1 236 000元，其中，成本1 200 000元，利息调整（借方）为27 576元，公允价值变动（借方）为8 424元。原计入所有者权益的公允价值累计变动额即其他综合收益（贷方）为8 424元。大河公司账务处理如下：

借：银行存款 1 274 000
　　其他综合收益 8 424
　贷：其他债权投资——大地公司债券（成本） 1 200 000
　　　　　　　　——大地公司债券（利息调整） 27 576
　　　　　　　　——大地公司债券（公允价值变动） 8 424
　　　投资收益 46 424

## 二、其他权益工具投资

### （一）其他权益工具投资的初始计量

企业应当设置"其他权益工具投资"科目，核算持有的以公允价值计量且其变动计入其他综合收益的债权投资，并按照其他债权投资的类别和品种，分别对"成本""公允价值变动"等进行明细核算。

其他权益工具投资应当按取得该金融资产的公允价值和相关交易费用之和作为初始入账金额。如果支付的价款中包含已宣告但尚未发放的现金股利，应单独确认为应收股利项目，不构成其他权益工具投资的初始入账金额。

企业取得其他债权投资，应按其公允价值与交易费用之和，借记"其他债权投资——成本"科目，按支付的价款中包含的已宣告但尚未发放的现金股利，借记"应收股利"科目，按实际支付的金额，贷记"银行存款"等科目。收到支付的价款中包含的已宣告但尚未发放的现金股利，借记"银行存款"科目，贷记"应收利息"或"应收股利"科目。

【例 4-30】2019 年 4 月 1 日，大河公司按每股 5.2 元的价格购入东方公司每股面值 1 元的股票 80 000 股作为其他权益工具投资，并支付交易费用 1 500 元。股票购买价格中包含每股 0.2 元已宣告但尚未发放的现金股利，该现金股利于 2019 年 5 月 10 日发放。大河公司账务处理如下：

① 2019 年 4 月 1 日，购入东方公司股票：

初始投资成本 = 80 000 × (5.2 - 0.2) + 1 500 = 401 500（元）

应收现金股利 = 80 000 × 0.2 = 16 000（元）

| | |
|---|---|
| 借：其他权益工具投资——东方公司股票（成本） | 401 500 |
| 　　应收股利 | 16 000 |
| 　贷：银行存款 | 417 500 |

② 2019 年 5 月 10 日，大河公司收到东方公司发放的现金股利：

| | |
|---|---|
| 借：银行存款 | 16 000 |
| 　贷：应收股利 | 16 000 |

## （二）其他权益工具投资持有收益的确认

其他权益工具投资在持有期间取得的现金股利，应当计入投资收益。其他权益工具投资持有期间被投资单位宣告发放现金股利，按应享有的份额，借记"应收股利"科目，贷记"投资收益"科目；收到可供出售权益工具投资发放的现金股利，借记"银行存款"科目，贷记"应收股利"科目。

【例 4-31】承〖例 4-30〗2020 年 3 月 20 日，东方公司宣告每股分派现金股利 0.3 元，该现金股利于 2020 年 4 月 15 日发放。大河公司持有东方公司股票 80 000 股。其账务处理如下：

① 2020 年 3 月 20 日，东方公司宣告分派现金股利：

应收现金股利：80 000 × 0.3 = 24 000（元）

| | |
|---|---|
| 借：应收股利 | 24 000 |
| 　贷：投资收益 | 24 000 |

② 2020 年 4 月 15 日，收到东方公司发放的现金股利：

| | |
|---|---|
| 借：银行存款 | 24 000 |
| 　贷：应收股利 | 24 000 |

### (三) 其他权益工具投资的期末计量

资产负债表日，其他权益工具投资以公允价值计量，且公允价值变动计入所有者权益（其他综合收益）。

资产负债表日，其他权益工具投资的公允价值高于其账面余额的金额，借记"其他权益工具投资——公允价值变动"科目，贷记"其他综合收益"科目；公允价值低于其账面余额的金额，借记"其他综合收益"科目，贷记"其他权益工具投资——公允价值变动"科目。

【例 4-32】承〖例 4-30〗大河公司持有的东方公司股票，2019 年 12 月 31 日的每股市价为 4.3 元，2020 年 12 月 31 日的每股市价为 4.7 元。大河公司账务处理如下：

① 2019 年 12 月 31 日，调整其他权益工具投资账面余额：

公允价值变动 = 80 000 × 4.3 − 401 500 = −57 500（元）

借：其他综合收益　　　　　　　　　　　　　　　　　　57 500
　　贷：其他权益工具投资——东方公司股票（公允价值变动）　　57 500

调整后东方公司股票账面余额 = 401 500 − 57 500 = 80 000 × 4.3 = 344 000（元）

② 2020 年 12 月 31 日，调整其他权益工具投资账面余额：

公允价值变动 = 80 000 × 4.7 − 344 000 = 32 000（元）

借：其他权益工具投资——东方公司股票（公允价值变动）　　32 000
　　贷：其他综合收益　　　　　　　　　　　　　　　　　　32 000

调整后东方公司股票账面余额 = 344 000 + 32 000 = 80 000 × 4.7 = 376 000（元）

### (四) 其他权益工具投资的处置

处置其他权益工具投资时，应将取得的价款与该金融资产账面余额之间的差额，计入留存收益；同时，将原直接计入所有者权益（其他综合收益）的公允价值变动累计额对应处置部分的金额转出，计入留存收益，即盈余公积和未分配利润。其中，其他权益工具投资的账面余额，是指其他权益工具投资的初始计量金额加上或减去资产负债表日公允价值变动后的金额。

处置其他权益工具投资时，应按实际收到的金额，借记"银行存款"科目，按其账面余额，贷记"其他权益工具投资——成本"，贷记或借记"其他权益工具投资——公允价值变动"科目，按其差额，贷记或借记"盈余公积"和"利润分配——未分配利润"科目。按应从所有者权益中转出的公允价值累计变动额，借记或贷记"盈余公积"

和"利润分配——未分配利润"科目,贷记或借记"其他综合收益"科目。

**【例 4-33】** 承〖例 4-30〗和〖例 4-32〗若 2021 年 2 月 2 日大河公司将持有的东方公司股票售出,实际收到价款 408 000 元。出售日,东方公司股票账面余额为 376 000 元,其中:成本 401 500 元,公允价值变动(贷方)为 25 500 元。原计入所有者权益的公允价值累计变动额(借方)为 25 500 元。大河公司的账务处理如下:

借:银行存款　　　　　　　　　　　　　　　　　　　　408 000
　　其他权益工具投资——东方公司股票(公允价值变动)　25 500
　　贷:其他权益工具投资——东方公司股票(成本)　　　401 500
　　　　盈余公积　　　　　　　　　　　　　　　　　　　3 200
　　　　利润分配——未分配利润　　　　　　　　　　　　28 800
借:盈余公积　　　　　　　　　　　　　　　　　　　　　2 550
　　利润分配——未分配利润　　　　　　　　　　　　　　22 950
　　贷:其他综合收益　　　　　　　　　　　　　　　　　25 500

## 第六节　金融工具重分类

### 一、金融资产重分类的原则

企业改变其管理金融资产的业务模式时,应当按照规定对所有受影响的相关金融资产进行重分类。金融资产可以在以摊余成本计量、以公允价值计量且其变动计入其他综合收益和以公允价值计量且其变动计入当期损益之间进行重分类。

重分类日是指导致企业对金融资产进行重分类的业务模式发生变更后的首个报告期间的第一天,如月度、季度、半年度或年度的第一天。

企业对金融资产进行重分类,应当自重分类日起采用未来适用法进行相关会计处理,不得对以前已经确认的利得、损失(包括减值损失或利得)或利息进行追溯调整。

### 二、金融资产重分类的计量

**(一)以摊余成本计量的金融资产的重分类**

(1)企业将一项以摊余成本计量的金融资产重分类为以公允价值计量且其变动计入当期损益的金融资产的,应当按照该资产在重分类日的公允价值进行计量。原账面价值与公允价值之间的差额计入当期损益（公允价值变动损益）。

以债权投资为例，若业务管理模式发生变化，不再以收取合同现金流量为目标，而是打算将其出售，因此，可以将债权投资重分类为交易性金融资产。在重分类日，根据所持有债券的公允价值，借记"交易性金融资产——成本"科目，按其摊余成本，贷记"债权投资"等科目，摊余成本与公允价值之间的差额，借记或贷记"公允价值变动损益"科目。

**【例4－34】** 大河公司于2020年12月3日，决定改变管理长江公司债券的业务模式，将该项债权投资重分类为交易性金融资产。2020年12月31日，长江公司债券账面摊余成本为788 783元，其中：成本800 000元，利息调整（贷方余额）11 217元。重分类日为2021年1月1日，该债券当日公允价值为805 000元。大河公司的账务处理如下：

借：交易性金融资产——长江公司债券（成本）　　　　　　　　805 000
　　债权投资——长江公司债券（利息调整）　　　　　　　　　 11 217
　　贷：债权投资——长江公司债券（成本）　　　　　　　　　800 000
　　　　公允价值变动损益　　　　　　　　　　　　　　　　　 16 217

（2）企业将一项以摊余成本计量的金融资产重分类为以公允价值计量且其变动计入其他综合收益的金融资产的，应当按照该金融资产在重分类日的公允价值进行计量。原账面价值与公允价值之间的差额计入其他综合收益。该金融资产重分类不影响其实际利率和预期信用损失的计量。

以债权投资为例，若业务管理模式发生变化，不再仅仅以收取合同现金流量为目标，还可能打算将其出售，因此，可以将债权投资重分类为其他债权投资。在重分类日，根据所持有债券的面值，借记"其他债权投资——成本"科目，按债券的公允价值与面值差额，借记或贷记"其他债权投资——利息调整"科目。按其摊余成本，贷记"债权投资"等科目，摊余成本与公允价值之间的差额，借记或贷记"其他综合收益"科目，贷记或借记"其他债权投资——公允价值变动"科目。

**【例4－35】** 大河公司于2020年12月3日决定改变管理长江公司债券的业务模式，将该项债权投资重分类为其他债权投资。2020年12月31日，长江公司债券账面摊余成本为788 783元，其中：成本800 000元，利息调整（贷方余额）11 217元。重分类日为2021年1月1日，该债券当日公允价值为805 000元。大河公司的账务处理如下：

借：其他债权投资——长江公司债券（成本）　　　　　　　　　800 000
　　　　　　　——长江公司债券（公允价值变动）　　　　　　 16 217
　　债权投资——长江公司债券（利息调整）　　　　　　　　　 11 217

| | |
|---|---|
| 贷：债权投资——长江公司债券（成本） | 800 000 |
| 　　其他债权投资——长江公司债券（利息调整） | 11 217 |
| 　　其他综合收益 | 16 217 |

### （二）以公允价值计量且其变动计入其他综合收益的金融资产的重分类

（1）企业将一项以公允价值计量且其变动计入其他综合收益的金融资产重分类为以摊余成本计量的金融资产的，应当将之前计入其他综合收益的累计利得或损失转出，调整该金融资产在重分类日的公允价值，并以调整后的金额作为新的账面价值，即视同该金融资产一直以摊余成本计量。该金融资产重分类不影响其实际利率和预期信用损失的计量。

以其他债权投资为例，若业务管理模式发生变化，拟以收取合同现金流量为目标，因此，可以将其他债权投资重分类为债权投资。在重分类日，根据所持有债券的摊余成本，借记"债权投资"科目，贷记"其他债权投资"科目。将公允价值变动累计额，借记或贷记"其他综合收益"科目，贷记或借记"其他债权投资——公允价值变动"科目。

**【例 4-36】** 大河公司于 2020 年 11 月 1 日决定改变管理大地公司债券的业务模式，将该项其他债权投资重分类为债权投资。2020 年 12 月 31 日，长江公司债券账面余额为 1 236 000 元，其中：成本 1 200 000 元，利息调整（借方）为 27 576 元，公允价值变动（借方）为 8 424 元。原计入所有者权益的公允价值累计变动额即其他综合收益（贷方）为 8 424 元。重分类日为 2021 年 1 月 1 日，大河公司的账务处理如下：

| | |
|---|---|
| 借：债权投资——大地公司债券（成本） | 1 200 000 |
| 　　　　——大地公司债券（利息调整） | 27 576 |
| 　　其他综合收益 | 8 424 |
| 贷：其他债权投资——大地公司债券（成本） | 1 200 000 |
| 　　　　——大地公司债券（利息调整） | 27 576 |
| 　　　　——大地公司债券（公允价值变动） | 8 424 |

（2）企业将一项以公允价值计量且其变动计入其他综合收益的金融资产重分类为以公允价值计量且其变动计入当期损益的金融资产的，应当继续以公允价值计量该金融资产。同时，企业应当将之前计入其他综合收益的累计利得或损失从其他综合收益转入当期损益。

以其他债权投资为例，若业务管理模式发生变化，拟打算出售，因此，可以将其他债权投资重分类为交易性金融资产。在重分类日，根据所持有债券的摊余成本，借记"交易性金融资产——成本"科目，贷记"其他债权投资"科目。

【例4-37】大河公司于2020年11月1日决定改变管理大地公司债券的业务模式，将该项其他债权投资重分类为交易性金融资产。2020年12月31日，长江公司债券账面余额为1 236 000元，其中：成本1 200 000元，利息调整（借方）为27 576元，公允价值变动（借方）为8 424元。原计入所有者权益的公允价值累计变动额即其他综合收益（贷方）为8 424元。重分类日为2021年1月1日，大河公司的账务处理如下：

借：交易性金融资产——大地公司债券（成本）　　　　　1 236 000
　　贷：其他债权投资——大地公司债券（成本）　　　　　1 200 000
　　　　　　　　　　——大地公司债券（利息调整）　　　　27 576
　　　　　　　　　　——大地公司债券（公允价值变动）　　8 424

### （三）以公允价值计量且其变动计入当期损益的金融资产的重分类

（1）企业将一项以公允价值计量且其变动计入当期损益的金融资产重分类为以摊余成本计量的金融资产的，应当以其在重分类日的公允价值作为新的账面余额。

以交易性金融资产为例，若业务管理模式发生变化，拟以收取合同现金流量为目标，因此，可以将交易性金融资产重分类为债权投资。在重分类日，根据所持有债券的公允价值，借记"债权投资"科目，贷记"交易性金融资产"科目。

【例4-38】2020年1月1日，大河公司决定改变管理东方公司债券的业务模式，将该项交易性金融资产重分类为债权投资。东方公司债券面值1 000 000元。2020年12月31日，东方公司债券的账面余额为1 100 000元，其中：成本1 000 000元，公允价值变动（借方）100 000元。重分类日为2021年1月1日，大河公司的账务处理如下：

借：债权投资——东方公司债券（成本）　　　　　　　　1 000 000
　　　　　　——东方公司债券（利息调整）　　　　　　　100 000
　　贷：交易性金融资产——东方公司债券（成本）　　　　1 000 000
　　　　　　　　　　　——东方公司债券（公允价值变动）　100 000

（2）企业将一项以公允价值计量且其变动计入当期损益的金融资产重分类为以公允价值计量且其变动计入其他综合收益的金融资产的，应当继续以公允价值计量该金融资产。

以交易性金融资产为例，若业务管理模式发生变化，不再仅仅以出售为目的，还拟以收取合同现金流量为目标，因此，可以将交易性金融资产重分类为其他债权投资。在重分类日，根据所持有债券的公允价值，借记"其他债权投资"科目，贷记"交易性金融资产"科目。

**【例4-39】** 2020年1月1日,大河公司决定改变管理东方公司债券的业务模式,将该项交易性金融资产重分类为其他债权投资。2020年12月31日,东方公司债券的账面余额为1 100 000元,其中:成本1 000 000元,公允价值变动(借方)100 000元。重分类日为2021年1月1日,大河公司的账务处理如下:

借:其他债权投资——东方公司债券(成本)　　　　　　1 000 000
　　　　　　　　——东方公司债券(利息调整)　　　　　　100 000
　　贷:交易性金融资产——东方公司债券(成本)　　　　　　1 000 000
　　　　　　　　　　——东方公司债券(公允价值变动)　　100 000

对以公允价值计量且其变动计入当期损益的金融资产进行重分类的,企业应当根据该金融资产在重分类日的公允价值确定其实际利率。同时,企业应当自重分类日起对该金融资产适用金融资产减值的相关规定,并将重分类日视为初始确认日。

## 第七节　金融资产减值

### 一、金融资产减值损失的确认

#### (一)预期信用损失

资产负债表日,企业应当对以公允价值计量且其变动计入当期损益的金融资产以外的金融资产(含单项金融资产或一组金融资产)的价值进行检查,当对金融资产预期未来现金流量具有不利影响的一项或多项事件发生时,该金融资产成为已发生信用减值的金融资产,应以预期信用损失为基础计提金融资产损失准备。

预期信用损失是指以发生违约的风险为权重的金融资产信用损失的加权平均值。信用损失是指企业将根据合同应收的所有合同现金流量与预期收取的所有现金流量之间的差额,按照原实际利率折算的现值,即全部现金短缺的现值。

金融资产已发生信用减值的证据包括下列可观察信息:

(1)发行方或债务人发生重大财务困难。

(2)债务人违反合同,如偿付利息或本金违约或逾期等。

(3)债权人出于与债务人财务困难有关的经济或合同考虑,给予债务人在任何其他情况下都不会做出的让步。

(4)债务人很可能破产或进行其他财务重组。

(5) 发行方或债务人财务困难导致该金融资产的活跃市场消失。

(6) 以大幅折扣购买或源生一项金融资产,该折扣反映了发生信用损失的事实。

### (二) 确定预期信用损失的三阶段模型

按照下列情形分别计量其损失准备、确认预期信用损失及其变动:

(1) 初始确认后信用风险并未显著增加的金融资产。

(2) 初始确认后信用风险已显著增加但并未发生信用减值的金融资产。

(3) 初始确认后信用风险已显著增加且已发生信用减值的金融资产。

### (三) 信用风险的评估

企业在评估金融资产的信用风险自初始确认后是否已显著增加时,应当考虑所有合理且有依据的信息,包括前瞻性信息。为确保自金融资产初始确认后信用风险显著增加即确认整个存续期预期信用损失,企业在一些情况下应当以组合为基础考虑评估信用风险是否显著增加。

企业在评估金融资产的信用风险自初始确认后是否已显著增加时,应当考虑金融资产预计存续期内发生违约风险的变化,而不是预期信用损失金额的变化。

### (四) 预期信用损失的计量

企业计量金融资产预期信用损失的方法应当反映下列各项要素:

(1) 通过评价一系列可能的结果而确定的无偏概率加权平均金额。

(2) 货币时间价值。

(3) 在资产负债表日无须付出不必要的额外成本或努力即可获得的有关过去事项、当前状况以及未来经济状况预测的合理且有依据的信息。

金融资产的信用损失,应当按照应收取的合同现金流量与预期收取的现金流量二者之间的差额以实际利率折算的现值计量。

## 二、金融资产减值损失的计量

### (一) 金融资产减值的账务处理

**1. 金融资产减值的确定**

现行企业会计准则要求以预期信用损失为基础计提金融资产损失准备。当对债权投资预期未来现金流量具有不利影响的一项或多项事件发生时，该金融资产成为已发生信用减值的金融资产。

对于购买或源生的已发生信用减值的金融资产，企业应当在资产负债表日仅将自初始确认后整个存续期内预期信用损失的累计变动确认为损失准备。在每个资产负债表日，企业应当将整个存续期内预期信用损失的变动金额作为减值损失或利得计入当期损益。即使该资产负债表日确定的整个存续期内预期信用损失小于初始确认时估计现金流量所反映的预期信用损失的金额，企业也应当将预期信用损失的有利变动确认为减值利得。

**2. 金融资产减值的转回**

企业在前一会计期间已经按照相当于金融工具整个存续期内预期信用损失的金额计量了损失准备，但在当期资产负债表日，该金融工具已不再属于自初始确认后信用风险显著增加的情形的，企业应当在当期资产负债表日按照相当于未来 12 个月内预期信用损失的金额计量该金融工具的损失准备，由此形成的损失准备的转回金额应当作为减值利得计入当期损益。

## （二）债权投资减值的会计处理

资产负债表日，企业应当对债权投资的信用风险自初始确认后是否已显著增加进行评估，并按照预期信用损失金额计量其损失准备，确认预期信用损失，借记"信用减值损失"科目，贷记"债权投资减值准备"科目。

计提损失准备后，如果因债权投资信用风险有所降低，导致其预期信用损失减少，应按减少的预期信用损失金额转回已计提的损失准备和已确认的预期信用损失，借记"债权投资减值准备"科目，贷记"信用减值损失"科目。

## （三）应收款项减值损失的计量

坏账是指企业无法收回或收回的可能性较小的应收账款。由于发生坏账而产生的损失称为坏账损失。企业应当定期或至少于每年末，对应收账款进行全面检查，预计各项应收账款可能发生的坏账并提取坏账准备。

在我国，企业应采用备抵法核算坏账损失。备抵法是按期估计坏账损失，并列为当期费用（信用减值损失），同时形成坏账准备，在实际发生坏账时，再冲销坏账准备。

采用备抵法核算坏账，每期估计的坏账损失直接计入当期损益，既体现了稳健性原则，又符合配比原则。在资产负债表上可以真实反映应收账款净额这项资产，同时在利润表上也避免了因虚列应收账款而造成的利润虚增。

在备抵法下,企业应设置"坏账准备"科目。该科目是应收账款的抵减调整科目。按期估计坏账损失时,借记"信用减值损失"科目,贷记"坏账准备"科目;实际发生坏账时,借记"坏账准备"科目,贷记"应收账款"科目。在资产负债表上,应收账款项目是按期末应收账款账面余额减去期末提取的坏账准备后的净额反映的。

备抵法首先要按期估计坏账损失,估计坏账损失的方法有三种,即应收账款余额百分比法、账龄分析法和赊销百分比法。

**1. 应收账款余额百分比法**

该方法是根据会计期末应收账款的余额乘以估计坏账率即为当期估计的坏账损失(也是当期"坏账准备"科目的最终贷方余额),据此提取坏账准备。在提取坏账准备时应遵循以下原则:

当按当期期末应收款项乘以坏账率计算的坏账准备大于"坏账准备"科目的贷方余额时,应按其差额提取,即借记"信用减值损失"科目,贷记"坏账准备"科目。

当按当期期末应收款项乘以坏账率计算的坏账准备小于"坏账准备"科目的贷方余额时,应按其差额冲减已计提的坏账准备,即借记"坏账准备",贷记"信用减值损失"科目。

当按当期期末应收款项乘以坏账率计算的坏账准备为零时,应将"坏账准备"科目的余额全部冲回。

估计坏账率可以根据企业具体情况及以往经验资料加以确定。

当发生或确认坏账时,应冲减"坏账准备"科目,即借记"坏账准备"科目,贷记"应收账款"科目;当已冲销的坏账又收回时,首先应按收回的应收账款金额借记"应收账款"科目,贷记"坏账准备"科目,其次按收回的金额借记"银行存款"科目,贷记"应收账款"科目。

【例4-40】大河公司发生如下业务:

① 2017年末应收账款的余额为2 000 000元,提取坏账准备的比例为3‰,该公司是首次提取坏账准备,则2017年末时,该公司应提取坏账准备=年末应收账款余额2 000 000×坏账准备提取率3‰=6 000元,编制的会计分录为:

借:信用减值损失　　　　　　　　　　　　　　　6 000
　　贷:坏账准备　　　　　　　　　　　　　　　　　　6 000

② 2018年,该公司共发生坏账4 000元,则确认坏账的会计分录为:

借：坏账准备 4 000
　　贷：应收账款 4 000

③ 2018 年末应收账款余额为 1 000 000 元，则本年提取坏账准备 = 年末应收账款余额 1 000 000 × 坏账准备提取率 3‰ – 坏账准备贷方余额 2 000 = 1 000 元，编制的会计分录为：

借：信用减值损失 1 000
　　贷：坏账准备 1 000

④ 2019 年，该公司共确认坏账 1 000 元，则确认坏账的会计分录为：

借：坏账准备 1 000
　　贷：应收账款 1 000

⑤ 2019 年末应收账款余额为 500 000 元，则本年冲减的坏账准备 = 年末应收账款余额 500 000 × 坏账准备提取率 3‰ – 坏账准备贷方余额 2 000 = – 500 元，编制的会计分录为：

借：坏账准备 500
　　贷：信用减值损失 500

⑥ 2020 年又收回 2018 年已注销的坏账 3 000 元，则编制的会计分录为：

借：应收账款 3 000
　　贷：坏账准备 3 000

同时：

借：银行存款 3 000
　　贷：应收账款 3 000

⑦ 2020 年末，应收账款余额为零，则该公司不需要估计坏账损失，应将现"坏账准备"账户贷方余额 4 500 元冲平，编制的会计分录为：

借：坏账准备 4 500
　　贷：信用减值损失 4 500

**2. 账龄分析法**

账龄分析法是根据应收账款入账时间的长短来估计坏账损失的方法。一般而言，账款拖欠的时间越长，发生坏账的可能性越大。采用账龄分析法，企业应将应收账款按账龄长短分档，并为各档设计估计损失率，用以计算坏账准备应有的余额。

**【例 4 – 41】** 大河公司 2020 年末估计坏账损失如表 4 – 4 所示。

表4-4　　　　　　　　　2020年末估计坏账损失计算表

| 应收账款账龄 | 应收账款余额（元） | 估计损失（%） | 估计损失额（元） |
| --- | --- | --- | --- |
| 未到期 | 45 000 | 0.5 | 225 |
| 过期一个月 | 30 000 | 1 | 300 |
| 过期两个月 | 22 500 | 2 | 450 |
| 过期三个月 | 15 000 | 3 | 450 |
| 过期三个月以上 | 7 500 | 5 | 375 |
| 合计 | 120 000 | — | 1 800 |

表中的估计额为1 800元，即当年"坏账准备"科目的贷方余额应为1 800元，大河公司还需要根据前期"坏账准备"科目的账面余额，计算本期应入账（提取）的金额。其账务处理方法同前面的应收账款余额百分比法。

假如之前"坏账准备"科目的账面余额为贷方500元，则本期应提取的坏账准备额为1 300元（1 800 - 500），编制的会计分录为：

借：信用减值损失　　　　　　　　　　　　　　　　　　　1 300
　　贷：坏账准备　　　　　　　　　　　　　　　　　　　　　　　1 300

假如之前"坏账准备"科目的账面余额为借方500元，则本期应提取的坏账准备额为2 300元（1 800 + 500），编制的会计分录为：

借：信用减值损失　　　　　　　　　　　　　　　　　　　2 300
　　贷：坏账准备　　　　　　　　　　　　　　　　　　　　　　　2 300

**3. 赊销百分比法**

赊销百分比法是根据赊销金额的一定百分比估计坏账损失的方法。坏账损失率估计方法可根据以往的资料和经验估计确定，确定后，还应根据生产经营情况的变化及时调整。采用该方法，本期应计提的坏账准备数等于本期赊销额乘以估计坏账损失率。

思考：备抵法有何优点？

**（四）其他债权投资减值损失的账务处理**

企业对于持有的以公允价值计量且其变动计入其他综合收益的其他债权投资，应在其他综合收益中确认其损失准备，并将减值损失或利得计入当期损益，且不应减少该金融资产在资产负债表中列示的账面价值。资产负债表日,企业应当对其他债权投资的信用风险自初始确认后是否已显著增加进行评估,并按照预期信用损失金额计量其损失准备,确认预期信用损失,借记"信用减值损失"科目,贷记"其他综合收益——信用减值准备"科目。

计提损失准备后,如果因其他债权投资信用风险有所降低,导致其预期信用损失减少,应按减少的预期信用损失金额转回已计提的损失准备和已确认的预期信用损失,借记"其他综合收益——信用减值准备"科目,贷记"信用减值损失"科目。

思考题

1. 什么是金融资产?金融资产分为哪几类?
2. 交易性金融资产、债权投资与其他金融工具投资的账务处理有何不同?
3. 什么是实际利率法?如何确定实际利率?
4. 金融资产是如何进行重分类的?
5. 估计坏账损失的方法有哪几种?
6. 如何理解金融资产的减值?

# 第五章

# 长期股权投资

**学习目标：**
1. 熟悉长期股权投资的含义和内容。
2. 掌握长期股权投资的初始计量。
3. 掌握长期股权投资后续计量成本法的账务处理。
4. 掌握长期股权投资后续计量权益法的账务处理。
5. 掌握长期股权投资核算方法转换的账务处理。
6. 熟悉长期股权投资减值情形的判断，掌握长期股权投资减值的账务处理。

 **案例导读：**

DW 电影股份有限公司是一家主要从事影院投资建设以及运营管理的电影院线公司，所属行业为电影行业。公司采取资产连结、连锁经营的经营模式开展业务，影院所在物业全部采用租赁方式取得。公司的主要产品或服务为：院线电影放映、发布广告、电视剧制作及发行等业务。2019 年 DW 电影股份有限公司向北京 DW 投资有限公司、马某等 20 名交易方发行股份购买其持有的 DW 影视传媒有限公司 95.7683% 的股权，经各方协商确定标的资产交易价格为 105.24 亿元。另外，DW 电影股份有限公司向北京 DW 投资有限公司等发行 316 985 827 股股份购买相关资产。本次重大资产重组完成后，DW 电影将直接持有 DW 影视 95.7683% 的股权。

请同学们思考：

（1）上述投资业务应如何进行初始计量？

（2）上述投资业务应如何进行后续计量？

通过本章的学习，你将会找到答案。

# 第一节　长期股权投资的初始计量

## 一、长期股权投资的含义和内容

长期股权投资，是指投资方能够对被投资方实施控制或具有重大影响的权益性投资，以及对其合营企业的权益性投资。

**1. 能够实施控制的权益性投资**

控制，是指投资方拥有对被投资方的权力，通过参与被投资方的相关活动而享有可变回报，并且有能力运用对被投资方的权力影响其回报金额。因此，控制必须具备以下三个基本要素：

（1）拥有对被投资方的权力。

（2）通过参与被投资方的相关活动而享有可变回报。

（3）有能力运用对被投资方的权力影响其回报金额。

投资方应当在综合考虑所有相关事实和情况的基础上对是否控制被投资方进行判断。一旦相关事实和情况的变化导致对控制定义所涉及的相关要素发生变化的，投资方应当进行重新评估。

除非有确凿证据表明其不能主导被投资方相关活动，下列情况，表明投资方对被投资方拥有权力：

（1）投资方持有被投资方半数以上的表决权的。

（2）投资方持有被投资方半数或以下的表决权，但通过与其他表决权持有人之间的协议能够控制半数以上表决权的。

投资方持有被投资方半数或以下的表决权，但综合考虑下列事实和情况后，判断投资方持有的表决权足以使其目前有能力主导被投资方相关活动的，视为投资方对被投资方拥有权力：

（1）投资方持有的表决权相对于其他投资方持有的表决权份额的大小，以及其他投资方持有表决权的分散程度。

（2）投资方和其他投资方持有的被投资方的潜在表决权，如可转换公司债券、可执行认股权证等。

（3）其他合同安排产生的权力。

（4）被投资方以往的表决权行使情况等其他相关事实和情况。

投资方能够对被投资方实施控制的,被投资方为其子公司,投资方应当将其子公司纳入合并财务报表的合并范围。

**2. 具有重大影响的权益性投资**

重大影响,是指对一个企业的财务和经营政策有参与决策的权力,但并不能够控制或者与其他方一起共同控制这些政策的制定。

在通常情况下,当投资方拥有被投资方20%或以上表决权资本,但尚未形成控制或共同控制时,可以认为对被投资方具有重大影响。但在有些情况下,虽然投资方拥有被投资方的表决权资本不足20%,但如果存在对被投资方权力机构或经营管理机构派有人员、参与被投资方经营政策的制定、互相交换管理人员、技术资料为被投资方所依赖等情况时,也可以认为对被投资方具有重大影响。在确定能否对被投资方施加重大影响时,应当考虑投资方和其他方持有的被投资方当期可转换公司债券、当期可执行认股权证等潜在表决权因素。

投资方能够对被投资方施加重大影响的,被投资方为其联营企业。

**3. 对合营企业的权益性投资**

合营安排,是指一项由两个或两个以上的参与方共同控制的安排。共同控制,是指按照相关约定对某项安排所共有的控制,并且该安排的相关活动必须经过分享控制权的参与方一致同意后才能决策。合营安排具有下列特征:

(1)各参与方均受到该安排的约束。

(2)两个或两个以上的参与方对该安排实施共同控制。任何一个参与方都不能够单独控制该安排,对该安排具有共同控制的任何一个参与方均能够阻止其他参与方或参与方组合单独控制该安排。

在判断是否存在共同控制时,应当首先判断所有参与方或参与方组合是否集体控制该安排,其次再判断该安排相关活动的决策是否必须经过这些集体控制该安排的参与方一致同意。

合营安排分为共同经营和合营企业。共同经营,是指合营方享有该安排相关资产且承担该安排相关负债的合营安排。合营企业,是指合营方仅对该安排的净资产享有权利的合营安排。

长期股权投资仅指对合营安排享有共同控制的参与方(及合营方)对其合营企业的权益性投资,不包括对合营安排不享有共同控制的参与方的权益性投资,也不包括共同经营。

除上述情况以外,企业的其他权益性投资不作为长期股权投资进行核算,应当按照金融工具确认和计量准则的规定，在初始确认时分类为以公允价值计量且其变动计入当期损益的金融资产或指定为以公允价值计量且其变动计入其他综合收益的金融资产。

长期股权投资可以通过控股合并形成，也可以通过支付现金、发行权益证券、投资者投入、非货币性资产交换、债务重组等企业合并以外的其他方式取得。长期股权投资在取得时，按照初始投资成本入账。在不同的取得方式下，长期股权投资初始投资成本的确定方法有所不同。但是，无论企业以何种方式取得长期股权投资，实际支付的价款或对价中包含的已宣告发放但尚未领取的现金股利或利润，都应作为应收项目单独入账，不构成取得长期股权投资的成本。

思考：长期股权投资包括哪些内容？

## 二、企业合并形成的长期股权投资

企业合并，是指将两个或者两个以上单独的企业合并形成一个报告主体的交易或事项。企业合并通常包括吸收合并、新设合并和控股合并三种形式。其中，吸收合并和新设合并不形成投资关系，只有控股合并形成投资关系。因此，企业合并形成的长期股权投资是指控股合并所形成的投资方（即合并后的母公司）对被投资方（即合并后的子公司）的股权投资。企业合并形成的长期股权投资，应当区分同一控制下的企业合并和非同一控制下的企业合并分别确定初始投资成本。

### （一）同一控制下企业控股合并形成的长期股权投资

参与合并的企业在合并前后均受同一方或相同的多方最终控制且该控制并非暂时性的，为同一控制下的企业合并。同一控制下的企业合并，在合并日取得对其他参与合并企业控制权的一方为合并方，参与合并的其他企业为被合并方。

同一控制下的企业合并，合并方以支付现金、转让非现金资产或承担债务方式作为合并对价的，应当在合并日按照取得被合并方所有者权益账面价值的份额作为长期股权投资的初始投资成本。长期股权投资初始投资成本与支付的现金、转让的非现金资产以及所承担债务账面价值之间的差额，应当调整资本公积，资本公积不足冲减的，调整留存收益。

同一控制下的企业合并，合并方以发行权益性证券作为合并对价的，应当在合并日按照取得被合并方所有者权益账面价值的份额作为长期股权投资的初始投资成本，按照发行股份的面值总额作为股本。长期股权投资初始投资成本与所发行股份面值总额之间的差额,应当调整资本公积,资本公积不足冲减的,调整留存收益。

应予注意的是被合并方所有者权益账面价值不是被合并方个别财务报表的账面价值,而是被合并方所有者权益在最终控制方合并财务报表中的账面价值。

合并方为企业合并发生的审计、法律服务费、评估咨询费以及其他相关费用,应当于发生时计入当期损益(管理费用)。但合并方为进行企业合并发行的权益性证券发生的手续费、佣金等费用,应当抵减权益性证券溢价收入,溢价收入不足冲减的,冲减留存收益。合并方为企业合并发行的债券或承担其他债务支付的手续费、佣金等,应当计入所发行债券及其他债务的初始计量金额。

合并方应在合并日按取得被合并方所有者权益账面价值的份额,借记"长期股权投资"科目,按享有被投资方已宣告发放但尚未领取的现金股利或利润,借记"应收股利"科目,按支付的合并对价的账面价值,贷记有关资产等科目,按其贷方差额,贷记"资本公积——资本溢价或股本溢价"科目。如为借方差额,应借记"资本公积——资本溢价或股本溢价"科目,资本公积(资本溢价或股本溢价)不足冲减的,应依次借记"盈余公积""利润分配——未分配利润"科目。

【例 5-1】大河公司和大地公司为同一母公司所控制的两个子公司。2020 年 6 月 30 日,大河公司和大地公司达成合并协议,约定大河公司以一项固定资产和银行存款 1 200 万元作为合并对价,取得大地公司 60% 的股权。大河公司固定资产的账面原价为 4 500 万元,已计提折旧 1 000 万元,未计提固定资产减值准备。2020 年 6 月 30 日,大河公司实际取得对大地公司的控制权。当日,大地公司所有者权益账面价值为 8 000 万元。假设不考虑其他费用。

在上例中,大河公司和大地公司在合并前后均受同一母公司控制,通过合并,大河公司取得了对大地公司的控制权。因此,该合并为同一控制下的企业合并,大河公司为合并方,大地公司为被合并方,合并日为 2020 年 6 月 30 日。

大河公司在合并日的账务处理如下:

① 转销参与合并的固定资产账面价值:

借:固定资产清理　　　　　　　　　　　　　　　35 000 000
　　累计折旧　　　　　　　　　　　　　　　　　10 000 000
　　贷:固定资产　　　　　　　　　　　　　　　　　　　45 000 000

② 确认取得的长期股权投资:

初始投资成本 = 8 000 × 60% = 4 800(万元)

| 借：长期股权投资——大地公司 | 48 000 000 |  |
|---|---|---|
| 　　贷：固定资产清理 |  | 35 000 000 |
| 　　　　银行存款 |  | 12 000 000 |
| 　　　　资本公积——股本溢价 |  | 1 000 000 |

【例5-2】承〖例5-1〗，假设大河公司以增发的权益性证券作为合并对价，取得大地公司60%的股权。增发的权益性证券为每股面值1元的普通股股票，共增发4 000万股。不考虑其他费用。

大河公司账务处理如下：

| 借：长期股权投资——大地公司 | 48 000 000 |  |
|---|---|---|
| 　　贷：股本 |  | 40 000 000 |
| 　　　　资本公积——股本溢价 |  | 8 000 000 |

### （二）非同一控制下企业控股合并形成的长期股权投资

参与合并的各方在合并前后不受同一方或相同的多方最终控制的，为非同一控制下的企业合并。非同一控制下的企业合并，在购买日取得对其他参与合并企业控制权的一方为购买方，参与合并的其他企业为被购买方。

非同一控制下的企业合并，购买方应将企业合并作为一项购买交易，合理确定合并成本，作为长期股权投资的初始投资成本。企业合并成本包括购买方付出的资产、发生或承担的负债、发行的权益性证券的公允价值。其中，支付非货币性资产为对价的，所支付非货币性资产在购买日的公允价值与其账面价值的差额应作为资产处置损益，计入企业合并当期的利润表。如购买方作为合并对价付出的资产为固定资产、无形资产的，付出资产公允价值与其账面价值的差额，记入"资产处置损益"科目。付出的资产为存货的，应当作为视同销售处理，以其公允价值确认收入，同时结转相应的成本，涉及增值税的，还应进行相应的处理。

合并方为企业合并发生的审计、法律服务费、评估咨询费以及其他相关费用，应当于发生时计入当期损益（管理费用）。但合并方为进行企业合并发行的权益性证券而发生的手续费、佣金等费用，应当抵减权益性证券溢价收入，溢价收入不足冲减的，冲减留存收益。合并方为企业合并发行的债券或承担其他债务支付的手续费、佣金等，应当计入所发行债券及其他债务的初始计量金额（与同一控制下企业合并的处理相同）。

购买方应在购买日按确定的企业合并成本（不含应自被投资方收取的现金股利或利润），借记"长期股权投资"科目，按享有被投资方已宣告发放但尚未领取的现金股利或利润,借记"应收股利"科目,按支付合并对价的账面价值,贷记有关资产科目,按发生的直接相关费用,贷记"银行存款"等科目,按其差额,借记或贷记"资产处置损益""投资收益"等科目。

**【例 5 – 3】** 大河公司和东方公司为两个互不关联的独立企业,合并之前不存在任何投资关系。2020 年 9 月 10 日,大河公司和东方公司达成合并协议,约定大河公司以自产的产品和银行存款 800 万元作为合并对价,取得东方公司 60% 的股权。大河公司产品成本为 700 万元,公允价值为 1 000 万元,增值税税率为 13%。2020 年 9 月 15 日,大河公司实际取得对东方公司的控制权。不考虑其他费用。

在上例中,大河公司和东方公司为两个独立企业,在合并前后均不受同一方或相同的多方最终控制,通过合并,大河公司取得了对东方公司的控制权。因此,该合并为非同一控制下的合并,大河公司为购买方,东方公司为被购买方,购买日为 2020 年 9 月 15 日。

大河公司在购买日的账务处理如下:

企业合并成本 = 800 + 1 000 = 1 800(万元)

| | |
|---|---|
| 借:长期股权投资——东方公司 | 19 300 000 |
|   贷:主营业务收入 | 10 000 000 |
|     应交税费——应交增值税(销项税额) | 1 300 000 |
|     银行存款 | 8 000 000 |
| 借:主营业务成本 | 7 000 000 |
|   贷:库存商品 | 7 000 000 |

**【例 5 – 4】** 承〖例 5 – 3〗,假设大河公司以增发的权益性证券 2 000 万股作为合并对价,取得东方公司 60% 的股权。增发的权益性证券为每股面值 1 元的普通股股票,每股公允价值 3 元,不考虑其他费用。

大河公司账务处理如下:

| | |
|---|---|
| 借:长期股权投资——东方公司 | 60 000 000 |
|   贷:股本 | 20 000 000 |
|     资本公积——股本溢价 | 40 000 000 |

思考:同一控制下控股合并形成的长期股权投资入账价值与非同一控制下控股合并形成的长期股权投资入账价值有何不同?

### 三、非企业合并方式取得的长期股权投资

企业通过支付现金、发行权益性证券、投资者投入、非货币性资产交换、债务重组

等非企业合并方式取得长期股权投资的,企业应当根据不同的取得方式,分别确定长期股权投资的初始成本,作为入账的依据。

### (一) 以支付现金取得的长期股权投资

以支付现金取得的长期股权投资,应当按照实际支付的购买价款作为初始投资成本。初始投资成本包括与取得长期股权投资直接相关的费用、税金及其他必要支出。

企业支付现金取得长期股权投资时,按照确定的初始投资成本,借记"长期股权投资"科目,按享有被投资方已宣告但尚未发放的现金股利或利润,借记"应收股利"科目,按照实际支付的买价及手续费、税金等,贷记"银行存款"等科目。

【例 5-5】2020 年 3 月 1 日,大河公司以支付现金的方式取得长江公司 25% 的股权作为长期股权投资,实际支付的购买价款(包括相关税费)为 450 万元。大河公司账务处理如下:

借:长期股权投资——长江公司　　　　　　　　　　4 500 000
　　贷:银行存款　　　　　　　　　　　　　　　　　　4 500 000

### (二) 以发行权益性证券取得的长期股权投资

以发行权益性证券取得的长期股权投资,应当按照发行权益性证券的公允价值作为初始投资成本。与发行权益性证券有关的税费及其他直接相关支出,应当抵减权益性证券的溢价收入。

企业发行权益性证券取得长期股权投资时,按照确定的初始投资成本,借记"长期股权投资"科目,按享有被投资方已宣告但尚未发放的现金股利或利润,借记"应收股利"科目,按照权益性证券的面值,贷记"股本"科目,按照权益性证券的公允价值与其面值之间的差额,贷记"资本公积——股本溢价"科目。发行权益性证券所支付的税费及其他直接相关支出,借记"资本公积——股本溢价"科目,贷记"银行存款"等科目。

【例 5-6】2020 年 4 月 20 日,大河公司和黄河公司达成协议,约定大河公司以增发的权益性证券作为对价向黄河公司投资,取得黄河公司 20% 的股权。大河公司增发的权益性证券为每股面值 1 元的普通股股票,共增发 1 000 万股,每股发行价格 3.5 元,发生手续费及佣金等直接相关费用 60 万元。大河公司账务处理如下:

① 2020 年 4 月 20 日,确认长期股权投资初始成本:

初始投资成本 = 1 000 × 3.5 = 3 500(万元)

借：长期股权投资——黄河公司　　　　　　　　　　　　　35 000 000
　　贷：股本　　　　　　　　　　　　　　　　　　　　　10 000 000
　　　　资本公积——股本溢价　　　　　　　　　　　　　25 000 000
② 支付手续费及佣金等发行费用：
借：资本公积——股本溢价　　　　　　　　　　　　　　　　600 000
　　贷：银行存款　　　　　　　　　　　　　　　　　　　　　600 000

## 第二节　长期股权投资的后续计量

企业取得的长期股权投资在持有期间，要根据所持股份的性质、占被投资方股份总额比例的大小以及对被投资方财务和经营政策的影响程度，选择适当的方法进行账务处理。

### 一、长期股权投资的成本法

成本法，是指长期股权投资的价值通常按初始投资成本计量，除追加或收回投资外，一般不对长期股权投资的账面价值进行调整的一种账务处理方法。投资方能够对被投资方实施控制的长期股权投资，应当采用成本法核算。

采用成本法核算的长期股权投资，初始投资成本或追加投资时，按照初始投资或追加投资时的成本增加长期股权投资的账面价值。除取得投资时实际支付的价款中包含的已宣告但尚未发放的现金股利或利润外，被投资方宣告分派的现金股利或利润中，投资方按应享有的部分，应确认为当期投资收益。

【例 5-7】大河公司于 2020 年 9 月 15 日取得大地公司 70% 的股权，实际支付价款 5 800 万元，投资后能够对大地公司实施控制。2021 年 5 月 8 日，大地公司宣告分派现金股利 200 万元，大河公司按照持股比例可获得现金股利 140 万元。假定大河公司与大地公司不存在关联关系。大地公司于 2021 年 5 月 25 日实际分派现金股利。

大河公司的账务处理如下：

① 2020 年 9 月 15 日投资时：
借：长期股权投资——大地公司　　　　　　　　　　　　58 000 000
　　贷：银行存款　　　　　　　　　　　　　　　　　　　58 000 000
② 2021 年 5 月 8 日大地公司宣告分派现金股利时：

借：应收股利　　　　　　　　　　　　　　　　1 400 000
　　贷：投资收益——大地公司　　　　　　　　　　　　1 400 000

③ 2021 年 5 月 25 日大地公司实际分派现金股利时：

借：银行存款　　　　　　　　　　　　　　　　1 400 000
　　贷：应收股利　　　　　　　　　　　　　　　　　　1 400 000

## 二、长期股权投资的权益法

权益法，是指长期股权投资最初以投资成本计量，以后则要根据投资方应享有被投资方所有者权益份额的变动，对长期股权投资的账面价值进行相应调整的一种账务处理方法。投资方对被投资方具有共同控制或重大影响的长期股权投资，应当采用权益法核算。

### （一）会计科目的设置

采用权益法核算，在"长期股权投资"科目下应当设置"投资成本""损益调整""其他综合收益""其他权益变动"明细科目，分别反映长期股权投资的初始投资成本以及因被投资方所有者权益发生增减变动而对长期股权投资账面价值进行调整的金额。其中：

（1）投资成本，反映长期股权投资的初始投资成本，以及在长期股权投资的初始投资成本小于投资时应享有被投资方可辨认净资产公允价值份额的情况下，按其差额调整初始投资成本后形成的新的投资成本。

（2）损益调整，反映投资方应享有或应分担的被投资方实现的净损益的份额，以及被投资方分派的现金股利或利润中投资方应获得的份额。

（3）其他综合收益，反映投资方应享有或应分担的被投资方确认其他综合收益引起所有者权益变动的份额。

（4）其他权益变动，反映被投资方除净损益、其他综合收益以及利润分配以外所有者权益的其他变动中，投资方应享有或承担的份额。

### （二）初始投资成本的调整

企业在取得长期股权投资时，按照确定的初始投资成本入账。如果长期股权投资的初始投资成本大于投资时应享有被投资方可辨认净资产公允价值的份额，二者之间的差额是通过投资作价所体现的商誉部分，不调整已确认的初始投资成本；如果长期股权投资的初始投资成本小于投资时应享有被投资方可辨认净资产公允价值的份额，则其差额应当计入当期损益（营业外收入），同时调整长期股权投资的初始投资成本。可辨认净资产的公允价值，是指被投资方可辨认资产的公允价值减去负债及或有负债公允价值后的余额。投资方应享有被投资方可辨认净资产公允价值的份额，可用下列公式计算：

应享有被投资方可辨认净资产公允价值份额 = 投资时被投资方可辨认净资产公允价值总额 × 投资方持股比例

【例 5-8】2015 年 7 月 1 日，大河公司以每股 4 元的价格购入大地公司股票 1 200 万股作为长期股权投资，并支付交易税费 20 万元。该股份占大地公司普通股股份的 30%，大河公司采用权益法核算。

① 假定投资当时，大地公司可辨认净资产公允价值为 15 000 万元。

初始投资成本 = 1 200 × 4 + 20 = 4 820（万元）

应享有大地公司可辨认净资产公允价值份额 = 15 000 × 30% = 4 500（万元）

由于长期股权投资的初始投资成本大于投资时应享有大地公司可辨认净资产公允价值的份额，因此，不调整长期股权投资的初始投资成本。大河公司应作如下账务处理：

借：长期股权投资——大地公司（投资成本） 48 200 000
　　贷：银行存款 48 200 000

② 假定投资当时，大地公司可辨认净资产公允价值为 17 000 万元。

初始投资成本 = 1 200 × 4 + 20 = 4 820（万元）

应享有大地公司可辨认净资产公允价值的份额 = 17 000 × 30% = 5 100（万元）

由于长期股权投资的初始投资成本小于投资时应享有大地公司可辨认净资产公允价值的份额，因此，<u>应按其差额调整长期股权投资的初始投资成本，同时计入当期营业外收入</u>。大河公司应作如下账务处理：

初始投资成本调整额 = 5 100 - 4 820 = 280（万元）

借：长期股权投资——大地公司（投资成本） 48 200 000
　　贷：银行存款 48 200 000
借：长期股权投资——大地公司（投资成本） 2 800 000
　　贷：营业外收入 2 800 000

调整后的投资成本 = 4 820 + 280 = 5 100（万元）

### （三）持有长期股权投资期间投资损益的确认

投资方取得长期股权投资后，应当按照被投资方实现的净利润或发生的净亏损中，投资方应享有或应分担的份额确认投资损益，同时相应调整长期股权投资的账面价值。

投资方在确认投资损益时，应当以取得投资时被投资方各项可辨认资产等的公允价值为基础，对被投资方的净利润进行调整后加以确定。原因在于投资方在取得投资时，是以被投资方有关资产、负债的公允价值为基础确定投资成本的，股权投资收益所代表的应当是被投资方的资产、负债以公允价值计量的情况下在未来期间通过经营产生的净损益中归属于投资方的部分，而被投资方个别利润表中的净损益是以其持有的资产、负债的账面价值为基础持续计算的。所以如果取得投资时被投资方有关资产、负债的公允价值与其账面价值不同，投资方应当以取得投资时被投资方各项可辨认资产等的公允价值为基础，对被投资方的账面净损益进行调整，并按调整后的净损益和持股比例计算确认投资损益。例如，以取得投资时被投资方固定资产、无形资产的公允价值为基础计提的折旧额或摊销额，相对于被投资方已计提的折旧额、摊销额之间存在差额的，应按其差额对被投资方净损益进行调整，并按调整后的净损益和持股比例计算确认投资损益。在进行有关调整时，应当考虑具有重要性的项目。

存在下列情况之一的，可以按照被投资单位的账面净损益与持股比例计算确认投资损益，但应当在会计报表附注中说明这一事实及其原因：

（1）无法可靠确定投资时被投资单位各项可辨认资产等的公允价值。

（2）投资时被投资单位可辨认资产等的公允价值与其账面价值之间的差额较小。

（3）其他原因导致无法对被投资单位净损益进行调整。

被投资方采用的会计政策及会计期间与投资方不一致的，应当按照投资方的会计政策及会计期间对被投资方的财务报表进行调整，并据以确认投资收益。

被投资方宣告分派现金股利或利润时，投资方按应分得的部分，相应减少长期股权投资的账面价值；被投资方分派股票股利时，投资方不进行账务处理，但应在备查簿中登记增加的股份。

【例5-9】承【例5-8】2015年7月1日，大河公司购入大地公司股票1 200万股作为长期股权投资，占大地公司普通股股份的30%，大河公司采用权益法核算。假定投资当时，大地公司可辨认净资产公允价值与其账面价值之间的差额较小，大河公司按照大地公司的账面净利润与持股比例计算确认投资损益。大地公司各年实现的净损益及利润分配情况如下：

① 2015年度，大地公司实现净利润1 000万元。

② 2016年4月10日，大地公司宣告2015年度利润分配方案，每股分派现金股利

0.1元；2016年度，大地公司实现净利润2 000万元。

③2017年4月5日，大地公司宣告2016年度利润分配方案，每股分派现金股利0.2元；2017年度，大地公司实现净利润1 500万元。

④2018年4月15日，大地公司宣告2017年度利润分配方案，每股派送股票股利0.3股；2018年度，大地公司实现净利润800万元。

⑤2019年4月10日，大地公司宣告2018年度利润分配方案，每股分派现金股利0.1元；2019年度，大地公司实现净利润1 000万元。

⑥2020年度，大地公司发生净亏损1 200万元，未进行利润分配。

大河公司账务处理如下：

①2015年度，大地公司实现净利润1 000万元。

大河公司确认的投资收益 = 1 000 × 30% × 6 ÷ 12 = 150（万元）

借：长期股权投资——大地公司（损益调整）     1 500 000
  贷：投资收益               1 500 000

②2016年4月10日，大地公司宣告2015年度利润分配方案，每股分派现金股利0.1元；2016年度，大地公司实现净利润2 000万元。

确认应收股利：

应收股利 = 1 200 × 0.1 = 120（万元）

借：应收股利                1 200 000
  贷：长期股权投资——大地公司（损益调整）     1 200 000

确认投资收益：

投资收益 = 2 000 × 30% = 600（万元）

借：长期股权投资——大地公司（损益调整）     6 000 000
  贷：投资收益               6 000 000

③2017年4月5日，大地公司宣告2016年度利润分配方案，每股分派现金股利0.2元；2017年度，大地公司实现净利润1 500万元。

确认应收股利：

应收股利 = 1 200 × 0.2 = 240（万元）

借：应收股利                2 400 000
  贷：长期股权投资——大地公司（损益调整）     2 400 000

确认投资收益：

投资收益 = 1 500 × 30% = 450（万元）

借：长期股权投资——大地公司（损益调整）　　　　　4 500 000
　　贷：投资收益　　　　　　　　　　　　　　　　　　　4 500 000

④ 2018年4月15日，大地公司宣告2017年度利润分配方案，每股派送股票股利0.3股；2018年度，大地公司实现净利润800万元。

在备查簿中登记增加的股份：

股票股利 = 1 200 × 0.3 = 360（万股）

持有股票总数 = 1 200 + 360 = 1 560（万股）

确认投资收益：

投资收益 = 800 × 30% = 240（万元）

借：长期股权投资——大地公司（损益调整）　　　　　2 400 000
　　贷：投资收益　　　　　　　　　　　　　　　　　　　2 400 000

⑤ 2019年4月10日，大地公司宣告2018年度利润分配方案，每股分派现金股利0.1元；2019年度，大地公司实现净利润1 000万元。

确认应收股利：

应收股利 = 1 560 × 0.1 = 156（万元）

借：应收股利　　　　　　　　　　　　　　　　　　　　1 560 000
　　贷：长期股权投资——大地公司（损益调整）　　　　　1 560 000

确认投资收益：

投资收益 = 1 000 × 30% = 300（万元）

借：长期股权投资——大地公司（损益调整）　　　　　3 000 000
　　贷：投资收益　　　　　　　　　　　　　　　　　　　3 000 000

⑥ 2020年度，大地公司发生净亏损1 200万元，未进行利润分配。

确认的投资损失 = 1 200 × 30% = 360（万元）

借：投资收益　　　　　　　　　　　　　　　　　　　　3 600 000
　　贷：长期股权投资——大地公司（损益调整）　　　　　3 600 000

### （四）超额亏损的确认

在被投资方发生亏损、投资方按持股比例确认应分担的亏损份额时，应当以长期股权投资的账面价值以及其他实质上构成对被投资方净投资的长期权益减记至零为限，投资方负有承担额外损失义务的除外。其中，实质上构成对被投资方净投资的长期权益，通常是指长期性的应收项目，例如，投资方对被投资方的某项长期债权，如果没有明确的清收计划,且在可预见的未来期间不准备收回,则实质上构成对被投资方的净投资。

在确认应分担被投资方发生的亏损时,应当按照以下顺序进行处理:

(1) 冲减长期股权投资的账面价值。

(2) 长期股权投资的账面价值不足以冲减的,应当以其他实质上构成对被投资方净投资的长期权益账面价值为限继续确认投资损失,冲减长期应收项目等的账面价值。

(3) 经过上述处理,如果按照投资合同或协议约定企业仍承担额外义务的,应按预计承担的义务确认预计负债,计入当期投资损失。

如果经过上列顺序确认应分担的亏损额后,仍有未确认的亏损分担额,投资方应先作备忘记录,待被投资方以后年度实现盈利时,再按应享有的收益份额,先扣除未确认亏损分担额,然后按与上述相反的顺序进行处理,减记已确认预计负债的账面余额、恢复其他实质上构成对被投资方净投资的长期权益及长期股权投资的账面价值,同时确认投资收益。

【例5-10】大河公司持有东方公司25%的股份,采用权益法核算,假定投资当时,东方公司可辨认净资产公允价值与其账面价值相等。由于东方公司持续亏损,大河公司在确认了2014年度的投资损失以后,该项股权投资的账面价值已减至600万元,其中,"长期股权投资——成本"科目借方余额1 600万元,"长期股权投资——损益调整"科目贷方余额1 000万元。大河公司未对该项股权投资计提减值准备。除了对东方公司的长期股权投资外,大河公司还有一笔金额为200万元的应收东方公司长期债权,该项债权没有明确的清收计划,且在可预见的未来期间不准备收回。2015年度东方公司继续亏损,当年亏损额为3 000万元;2016年度东方公司仍然亏损,当年亏损额为500万元;2017年度东方公司经过资产重组,经营情况好转,当年实现净利润200万元;2018年度东方公司经营情况进一步好转,当年实现净利润800万元;2019年度东方公司实现净利润1 400万元;2020年度东方公司实现净利润2 000万元。

① 确认应分担的2015年度亏损份额:

应分担的亏损份额 = 3 000 × 25% = 750(万元)

由于应分担的亏损份额大于该项长期股权投资的账面价值,因此,大河公司应以该项长期股权投资的账面价值减记至零为限确认投资损失,剩余应分担的亏损份额150万元,应继续冲减实质上构成对被投资方净投资的长期应收款,并确认投资损失。大河公司确认当年投资损失的账务处理如下:

借:投资收益　　　　　　　　　　　　　　　　　　　　　　　6 000 000
　　贷:长期股权投资——东方公司(损益调整)　　　　　　　　　6 000 000

借：投资收益　　　　　　　　　　　　　　　　　　1 500 000
　　贷：长期应收款——东方公司　　　　　　　　　　　　　1 500 000

② 确认应分担的 2016 年度亏损份额：

应分担的亏损份额 = 500 × 25% = 125（万元）

由于应分担的亏损份额大于尚未冲减的长期应收款账面余额，因此，大河公司不能再按应分担的亏损份额确认当年的投资损失，而只能以长期应收款账面余额 50 万元为限确认当年的投资损失，其余 75 万元未确认的亏损分担额应在备查登记簿中作备忘记录，留待以后年度东方公司实现净利润后抵销。大河公司确认当年投资损失的账务处理如下：

借：投资收益　　　　　　　　　　　　　　　　　　500 000
　　贷：长期应收款——东方公司　　　　　　　　　　　　　500 000

③ 确认应享有的 2017 年度净利润份额：

应享有的净利润份额 = 200 × 25% = 50（万元）

由于大河公司以前年度未确认的亏损分担额为 75 万元，而当年应享有的净利润份额不足以抵销该未确认的亏损分担额，因此，不能按当年应享有的净利润份额恢复长期应收款及长期股权投资的账面价值。大河公司当年不作正式的账务处理，但应在备查登记簿中记录已抵销的未确认亏损分担额 50 万元以及尚未抵销的未确认亏损分担额 25 万元。

④ 确认应享有的 2018 年度净利润份额：

应享有的利润份额 = 800 × 25% = 200（万元）

由于当年应享有的利润份额超过了以前年度尚未抵销的未确认亏损分担额，因此，应在备查登记簿中记录对以前年度尚未抵销的未确认亏损分担额 25 万元的抵销，并按超过部分首先恢复长期应收款的账面价值。

应恢复长期应收款账面价值 = 200 - 25 = 175（万元）

借：长期应收款——东方公司　　　　　　　　　　　1 750 000
　　贷：投资收益　　　　　　　　　　　　　　　　　　1 750 000

⑤ 确认应享有的 2019 年度净利润份额：

应享有的利润份额 = 1 400 × 25% = 350（万元）

由于当年应享有的利润份额超过了尚未恢复的长期应收款账面价值，因此，在完全恢复了长期应收款的账面价值后，应按超过部分继续恢复长期股权投资的账面价值。应恢复长期股权投资账面价值：350 - 25 = 325（万元）

借：长期应收款——东方公司　　　　　　　　　　　　250 000
　　　贷：投资收益　　　　　　　　　　　　　　　　　　　　250 000
借：长期股权投资——东方公司（损益调整）　　　　3 250 000
　　　贷：投资收益　　　　　　　　　　　　　　　　　　　　3 250 000

⑥ 确认应享有的2020年度净利润份额：

应享有的利润份额 = 2 000 × 25% = 500（万元）

借：长期股权投资——东方公司（损益调整）　　　　5 000 000
　　　贷：投资收益　　　　　　　　　　　　　　　　　　　　5 000 000

投资方在确认应享有或应分担的净利润份额时，应当以被投资方的年度财务会计报告为依据。如果投资方与被投资方对年度财务会计报告的编制时间有不同要求，或投资方与被投资方采用不同的会计年度，则投资方在编制年度财务报告时，可能无法及时取得被投资方当年的有关会计资料。在这种情况下，投资方应于下一年度取得有关会计资料时，将应享有或应分担的损益份额确认为下一年度的投资损益，但应遵循一贯性会计原则，并在会计报表附注中加以说明。

### （五）其他综合收益的处理

在权益法核算下，被投资方确认的其他综合收益及其变动，也会影响被投资方所有者权益总额，进而影响投资方应享有被投资方所有者权益的份额。因此，当被投资方其他综合收益发生变动时，投资方应当按照归属于本企业的部分，调整长期股权投资的账面价值，同时增加或减少其他综合收益。

【例5-11】2020年1月1日，大河公司购买长江公司30%的股份，作为长期股权投资，采用权益法核算。2020年12月31日，长江公司持有的一项以公允价值计量且其变动计入其他综合收益的金融资产的公允价值上升了600万元。故长江公司调增该金融资产的账面价值，同时计入其他综合收益。大河公司账务处理如下：

应确认其他综合收益份额 = 600 × 30% = 180（万元）

借：长期股权投资——长江公司（其他综合收益）　　1 800 000
　　　贷：其他综合收益　　　　　　　　　　　　　　　　　　1 800 000

### （六）被投资方所有者权益其他变动的账务处理

投资方对于被投资方除净损益以外所有者权益的其他变动，在持股比例不变的情况下，按照持股比例计算的应享有或承担的部分，调整长期股权投资的账面价值，同时增加或减少资本公积（其他资本公积）。

**【例 5-12】** 大河公司持有黄河公司 25% 的股份，采用权益法核算。黄河公司为上市公司，2020 年 10 月黄河公司接受其母公司给予的捐赠 4 000 万元，该捐赠实质上属于资本性投入，黄河公司将其计入资本公积。不考虑其他因素，大河公司账务处理如下：

应享有资本公积份额 = 4 000 × 25% = 1 000（万元）

借：长期股权投资——黄河公司（其他权益变动）　　　10 000 000
　　贷：资本公积——其他资本公积　　　　　　　　　　　　10 000 000

## 三、成本法和权益法的评价

### （一）成本法的评价

成本法的优点主要表现在以下三个方面：第一，成本法是将投资企业与被投资企业视为两个独立的法人、两个会计主体，这与法律上企业法人的概念相符，即投资企业与被投资企业是两个法人实体，被投资单位实现的净利润或发生的净亏损不会自动成为投资企业的利润或亏损。虽然投资企业拥有被投资单位的股份，是被投资单位的股东，但只有被投资单位宣告分派利润或股利时，其权利才得以实现，投资收益才能实现。第二，能反映企业实际获得的利润或现金股利的情况，而且获得的利润或现金股利与其流入的现金在时间上基本相符。第三，成本法确认的投资收益，与我国税法确认应纳税所得额时对投资收益的确认时间是一致的，不存在会计核算时间上与税法不一致的问题。

成本法的缺点表现在：第一，长期股权投资账户只停留在开始或追加投资时的投资成本上，不能反映投资企业在被投资企业的真正权益；第二，当投资企业能够控制被投资单位或对被投资单位施加重大影响的情况下，投资企业能够支配被投资单位的利润分配政策，或对被投资单位的利润分配政策施加重大影响，投资企业可以凭借其控制力和影响力，操纵被投资单位的利润或股利分配，为操纵利润提供了条件，其投资收益不能真正反映应当获得的投资收益。

### （二）权益法的评价

权益法的优点表现在：第一，投资账户能够反映投资企业在被投资单位中的权益，反映了投资企业拥有被投资单位所有者权益的实际份额这一经济现实。第二，投资收益反映了投资企业经济意义上的投资收益，无论被投资单位分配多少利润或现金股利、什么时间分配利润或现金股利,投资企业享有的被投资单位净利润的份额或应承担亏损的份额,才是真正实现的投资收益,而不受利润分配政策的影响,体现了实质重于形式的原则。

权益法的缺点表现在：第一,权益法与法律上的企业法人概念相悖。投资企业与被投资单位虽然从经济意义上看是一个整体,但从法律意义上看,仍是两个分别独立的法人实体。第二,在权益法下,投资收益的实现与现金流入的时间不相吻合,即确认投资收益在前,实际获得利润和现金股利在后。第三,权益法下会计核算也比较复杂。

**思考**：长期股权投资成本法和权益法有何区别？

## 第三节　长期股权投资核算方法的转换

长期股权投资在持有期间,因各方面情况的变化,可能导致其核算需要由一种方法转换为另一种方法,或者某些情况下因追加投资或处置投资导致持股比例发生变动而将长期股权投资转换为以公允价值计量的金融资产或者将以公允价值计量的金融资产转换为长期股权投资。

### 一、成本法转换为权益法

投资方原持有的对被投资方具有控制的长期股权投资,因处置投资导致持股比例下降,不再对被投资方具有控制但仍能施加重大影响或与其他投资方一起实施共同控制的,长期股权投资的核算方法应当由成本法转换为权益法。对于处置的长期股权投资,应当按照处置投资的比例转销应终止确认的长期股权投资账面价值,并与处置价款相比较,确认处置损益;对于剩余的长期股权投资,应当将其原采用成本法核算的账面价值按照权益法的核算要求进行追溯调整,具体步骤如下：

（1）将剩余的长期股权投资成本与按照剩余持股比例计算的取得原投资时应享有被投资方可辨认净资产公允价值的份额进行比较,二者之间存在差额的,如果属于剩余投资成本大于取得原投资时应享有被投资方可辨认净资产公允价值份额的差额,不调整长期股权投资的账面价值;如果属于剩余投资成本小于取得原投资时应享有被投资方可辨认净资产公允价值份额的差额,应按其差额调整长期股权投资的账面价值,同时调整留存收益。

（2）对于取得原投资后至处置交易日之间被投资方实现的净损益（扣除已发放及已宣告发放的现金股利或利润）中投资方按剩余持股比例计算的应享有份额，在调整长期股权投资账面价值的同时，对于在取得原投资时至处置投资当期期初被投资方实现的净损益中应享有的份额，应调整留存收益；对于在处置投资当期期初至处置交易日之间被投资方实现的净损益中应享有的份额，应调整当期损益。

（3）对于取得原投资后至处置投资交易日之间被投资方确认其他综合收益导致的所有者权益变动中投资方按剩余持股比例计算的应享有份额，在调整长期股权投资账面价值的同时，计入其他综合收益。

（4）对于取得原投资后至处置投资交易日之间被投资方除发生净损益、分配利润以及确认其他综合收益以外所有者权益的其他变动中投资方按剩余持股比例计算的应享有份额，在调整长期股权投资账面价值的同时，计入资本公积（其他资本公积）。

【例 5-13】大河公司原持有东方公司 60% 的股份，账面成本为 15 000 万元，对东方公司具有控制，采用成本法核算。2020 年 4 月 1 日，大河公司将持有的东方公司 20% 的股份转让给其他企业，收到转让价款 6 000 万元。由于大河公司对东方公司持股比例已降为 40%，不再对东方公司具有控制但仍能够施加重大影响，因此，将剩余股权投资改按权益法核算。自大河公司取得东方公司 60% 的股份后至转让东方公司 20% 的股份前，东方公司实现净利润 8 000 万元（其中，2020 年 1 月 1 日至 2020 年 3 月 31 日实现净利润 1 000 万元），未分配现金股利；东方公司因确认以公允价值计量且其变动计入其他综合收益的金融资产公允价值变动而计入其他综合收益的金额为 600 万元。大河公司取得东方公司 60% 的股份时，东方公司可辨认净资产的公允价值为 24 000 万元，各项可辨认资产、负债的公允价值与其账面价值相同；大河公司与东方公司的会计年度及采用的会计政策相同。大河公司按照净利润的 10% 提取盈余公积。

① 2020 年 4 月 1 日，转让东方公司 20% 的股份。

转让股份的账面价值 = 15 000 × 1 ÷ 3 = 5 000（万元）

借：银行存款　　　　　　　　　　　　　　　　　　　　　60 000 000
　　贷：长期股权投资——东方公司　　　　　　　　　　　　50 000 000
　　　　投资收益　　　　　　　　　　　　　　　　　　　　10 000 000

② 2020 年 4 月 1 日，调整剩余长期股权投资的账面价值。

剩余长期股权投资的成本为 10 000 万元（15 000 - 5 000），按照剩余持股比例计算的取得原投资时应享有东方公司可辨认净资产公允价值的份额为 9 600 万元（24 000 × 40%），二者之间的差额 400 万元属于剩余投资成本大于应享有被投资方可辨认净资产

公允价值份额的差额,不调整长期股权投资的账面价值。大河公司的账务处理如下:

借:长期股权投资——东方公司(投资成本)　　　　100 000 000
　　贷:长期股权投资——东方公司　　　　　　　　　　　100 000 000

大河公司自取得东方公司60%的股份后至转让东方公司20%的股份前,东方公司实现净利润8 000万元,未分配现金股利,大河公司按剩余持股比例计算的应享有份额为3 200万元(8 000×40%),一方面应调整长期股权投资的账面价值,另一方面对于取得东方公司60%的股份后至2019年12月31日期间东方公司实现的净利润中大河公司按剩余持股比例计算的应享有份额2 800万元[(8 000－1 000)×40%],应调整留存收益(其中,调整盈余公积280万元,调整未分配利润2 520万元),对于2020年1月1日至2020年3月31日期间东方公司实现的净利润中大河公司按剩余持股比例计算的应享有份额400万元(1 000×40%),应计入当期损益。大河公司的账务处理如下:

借:长期股权投资——东方公司(损益调整)　　　　32 000 000
　　贷:盈余公积　　　　　　　　　　　　　　　　　　　　2 800 000
　　　　利润分配——未分配利润　　　　　　　　　　　　25 200 000
　　　　投资收益　　　　　　　　　　　　　　　　　　　　4 000 000

大河公司自取得东方公司60%的股份后转让东方公司20%的股份前,东方公司因确认公允价值计量且其变动计入其他综合收益的金融资产公允价值变动而计入其他综合收益的金额为600万元,大河公司按剩余持股比例计算的应享有份额为240万元(600×40%),在调整长期股权投资账面价值的同时,应当计入其他综合收益。大河公司的账务处理如下:

借:长期股权投资——东方公司(其他综合收益)　　2 400 000
　　贷:其他综合收益　　　　　　　　　　　　　　　　　　2 400 000

## 二、权益法转换为成本法

投资方因追加投资等原因使原持有的对联营企业或合营企业的投资转变为对子公司的投资时,长期股权投资的核算方法应当由权益法转换为成本法。转换核算方法时,应当根据追加投资所形成的企业合并类型,确定按照成本法核算的初始投资成本。

(1)追加投资形成同一控制下企业合并的,应当按照取得的被合并方所有者权益在最终控制方合并财务报表中的账面价值份额,作为改按成本法核算的初始投资成本。

(2)追加投资形成非同一控制下企业合并的,应当按照原持有的股权投资账面价值与新增投资成本之和,作为改按成本法核算的初始投资成本。

原采用权益法核算时确认的其他综合收益,暂不作会计处理,待将来处置该项长期股权投资时,采用与被投资方直接处置相关资产或负债相同的基础进行会计处理;原采用权益法核算时确认的其他权益变动,也不能自资本公积(其他资本公积)转为本期投资收益,而应待将来处置该项长期股权投资时,转为处置当期投资收益。

【例5-14】2019年1月3日,大河公司以6 200万元的价款取得长江公司30%的股份,能够对长江公司施加重大影响,采用权益法核算,当日,长江公司可辨认净资产公允价值为20 000万元。由于该项投资的初始成本大于投资时应享有长江公司可辨认净资产公允价值的份额6 000万元(20 000×30%),大河公司不调整该项股权投资的初始投资成本。2019年度,长江公司实现净利润1 200万元,未分配现金股利,大河公司已将应享有的利润份额360万元(1 200×30%)作为投资收益确认入账,并相应调整了长期股权投资账面价值;除实现净利润外,长江公司在此期间还确认了以公允价值计量且其变动计入其他综合收益的金融资产公允价值变动利得400万元,大河公司已将应享有的份额120万元(400×30%)作为其他综合收益确认入账,并相应调整了长期股权投资账面价值。2020年3月1日,大河公司又以5 000万元的价款取得长江公司25%的股份,当日,长江公司所有者权益在最终控制方合并财务报表中的账面价值为22 000万元。至此,大河公司对长江公司的持股比例已增至55%,对长江公司形成控制,长期股权投资的核算方法由权益法转换为成本法。

① 假定该项合并为同一控制下的企业合并。

原持有股份按权益法核算的账面价值 = 6 200 + 360 + 120 = 6 680(万元)

成本法下的初始投资成本 = 22 000×55% = 12 100(万元)

应计入资本公积的金额 = 12 100 − (6 680 + 5 000) = 420(万元)

大河公司的账务处理如下:

借:长期股权投资——长江公司　　　　　　　　　　　　121 000 000
　　贷:长期股权投资——长江公司(投资成本)　　　　　62 000 000
　　　　　　　　　　——长江公司(损益调整)　　　　　 3 600 000
　　　　　　　　　　——长江公司(其他综合收益)　　　 1 200 000
　　　　银行存款　　　　　　　　　　　　　　　　　　50 000 000
　　　　资本公积——股本溢价　　　　　　　　　　　　　4 200 000

② 假定该项合并为非同一控制下的企业合并。

成本法下的初始投资成本 = 6 680 + 5 000 = 11 680(万元)

大河公司的账务处理如下：

借：长期股权投资——长江公司　　　　　　　　　　　　　116 800 000
　　贷：长期股权投资——长江公司（投资成本）　　　　　　62 000 000
　　　　　　　　　　——长江公司（损益调整）　　　　　　 3 600 000
　　　　　　　　　　——长江公司（其他综合收益）　　　　 1 200 000
　　　　银行存款　　　　　　　　　　　　　　　　　　　　50 000 000

大河公司采用权益法核算期间确认的在长江公司以公允价值计量且其变动计入其他综合收益的金融资产公允价值变动中应享有份额120万元，不能自其他综合收益转为本期投资收益，而应待将来处置该项长期股权投资时，转为处置当期投资收益。

## 三、以公允价值计量的金融资产转换为成本法核算的长期股权投资

企业因追加投资形成控制（即实现企业合并）而将以公允价值计量的金融资产转换为对子公司的长期股权投资，应当根据追加投资所形成的企业合并类型，确定对子公司长期股权投资的初始投资成本。

### （一）追加投资最终形成同一控制下企业合并

追加投资最终形成同一控制下企业合并的，合并方应当按照形成企业合并时的累计持股比例计算的合并日应享有被合并方所有者权益在最终控制方合并财务报表中的账面价值份额，作为长期股权投资的初始投资成本。初始投资成本大于原作为以公允价值计量的金融资产持有的被合并方股权投资账面价值与合并日取得进一步股份新支付的对价之和的差额，应当调整资本公积（资本溢价或股本溢价），资本公积的余额不足冲减的，应依次冲减盈余公积、未分配利润。

【例5-15】大河公司和黄河公司同为甲公司所控制的两个子公司。2019年4月1日，大河公司以1 800万元的价款取得黄河公司10%有表决权的股份，大河公司将其划分为交易性金融资产，在持有该项金融资产期间，累计确认公允价值变动收益500万元。2020年1月1日，大河公司再次以7 150万元的价款取得黄河公司45%有表决权的股份。至此，大河公司已累计持有黄河公司55%有表决权的股份，能够对黄河公司实施控制，因此，将原作为交易性金融资产持有的黄河公司10%的股权投资转换为长期股权投资并采用成本法核算。2020年1月1日，黄河公司所有者权益在最终控制方合并财务报表中的账面价值总额为17 500万元。

初始投资成本 = 17 500 × 55% = 9 625（万元）

大河公司的账务处理如下：

借：长期股权投资——黄河公司　　　　　　　　　　　96 250 000
　　贷：交易性金融资产——黄河公司（成本）　　　　　　18 000 000
　　　　　　　　　　　——黄河公司（公允价值变动）　　 5 000 000
　　　　银行存款　　　　　　　　　　　　　　　　　　71 500 000
　　　　资本公积——股本溢价　　　　　　　　　　　　 1 750 000
借：公允价值变动损益　　　　　　　　　　　　　　　　 5 000 000
　　贷：投资收益　　　　　　　　　　　　　　　　　　 5 000 000

### （二）追加投资最终形成非同一控制下企业合并

追加投资最终形成非同一控制下企业合并的，购买方应当按照原作为以公允价值计量的金融资产持有的被购买方股权投资账面价值与购买日进一步取得股份新支付对价的公允价值之和，作为长期股权投资的初始投资成本。原指定为以公允价值计量且其变动计入其他综合收益的非交易性权益工具投资，因追加投资转换为长期股权投资时，该非交易性权益工具投资在持有期间因公允价值变动而形成的其他综合收益应同时转出，计入留存收益。

【例5-16】大河公司和大地公司为两个独立的法人企业，在合并之前不存在关联方关系。2019年3月10日，大河公司以1 800万元的价款取得大地公司13%有表决权的股份，大河公司将其指定为以公允价值计量且变动计入其他综合收益的金融资产；至2019年12月31日，该项金融资产的账面价值为2 200万元。2020年1月1日，大河公司再次以7 200万元的价款取得大地公司40%有表决权的股份。至此，大河公司已累计持有大地公司53%有表决权的股份，能够对大地公司实施控制，因此，将原指定为以公允价值计量且其变动计入其他综合收益的大地公司13%的权益工具投资转换为长期股权投资并采用成本法核算。大河公司按10%提取法定盈余公积。

初始投资成本 = 2 200 + 7 200 = 9 400（万元）

大河公司的账务处理如下：

借：长期股权投资——大地公司　　　　　　　　　　　94 000 000
　　贷：其他权益工具投资——大地公司（成本）　　　　　18 000 000
　　　　　　　　　　　　——大地公司（公允价值变动）　 4 000 000
　　　　银行存款　　　　　　　　　　　　　　　　　　72 000 000

| 借：其他综合收益 | 4 000 000 | |
|---|---|---|
| 　　贷：盈余公积 | | 400 000 |
| 　　　　利润分配——未分配利润 | | 3 600 000 |

## 四、以公允价值计量的金融资产转换为权益法核算的长期股权投资

企业因追加投资形成共同控制或重大影响而将以公允价值计量的金融资产转换为对合营企业或联营企业的长期股权投资，应当按照原作为以公允价值计量的金融资产持有的被购买方股权投资公允价值与取得新增股权投资而应支付的对价的公允价值之和，作为长期股权投资的初始投资成本。原指定为以公允价值计量且其变动计入其他综合收益的非交易性权益工具投资，因追加投资转换为长期股权投资时，该金融资产公允价值与账面价值之间的差额，以及在持有期间因公允价值变动而形成的其他综合收益，应当计入留存收益。

【例5-17】2019年8月15日，大河公司以550万元的价款取得华夏公司5%有表决权的股份，大河公司将其指定为以公允价值计量且其变动计入其他综合收益的金融资产。2019年12月31日，该项金融资产的账面价值为600万元。2020年4月1日，大河公司再次以1 500万元的价款取得华夏公司20%有表决权的股份。至此，大河公司已累计持有华夏公司25%有表决权的股份，能够对华夏公司施加重大影响，因此，将原指定为以公允价值计量且其变动计入其他综合收益的华夏公司5%的权益工具投资转换为长期股权投资并采用权益法核算。转换日，大河公司原持有的华夏公司5%股权的公允价值为700万元，华夏公司可辨认净资产公允价值为8 000万元。大河公司按10%提取法定盈余公积。

初始投资成本 = 700 + 1 500 = 2 200（万元）

大河公司的账务处理如下：

| 借：长期股权投资——华夏公司（投资成本） | 22 000 000 | |
|---|---|---|
| 　　贷：其他权益工具投资——华夏公司（成本） | | 5 500 000 |
| 　　　　　　　　　　　　——华夏公司（公允价值变动） | | 500 000 |
| 　　　　银行存款 | | 15 000 000 |
| 　　　　盈余公积 | | 100 000 |
| 　　　　利润分配——未分配利润 | | 900 000 |
| 借：其他综合收益 | 500 000 | |
| 　　贷：盈余公积 | | 50 000 |
| 　　　　利润分配——未分配利润 | | 450 000 |

采用权益法核算的初始投资成本为 2 200 万元，大于按照累计持股比例 25% 计算的转换日应享有华夏公司可辨认净资产公允价值的份额 2 000 万元（8 000×25%），因此，不需要调整初始投资成本。

### 五、长期股权投资转换为以公允价值计量的金融资产

处置投资导致对被投资方不再具有控制、共同控制或重大影响而将剩余股权投资转换为以公允价值计量的金融资产，具体又可以分为将剩余股权投资转换为以公允价值计量且其变动计入当期损益的金融资产和将剩余股权投资指定为以公允价值计量且其变动计入其他综合收益的金融资产两种情况。

处置投资导致的长期股权投资转换为以公允价值计量的金融资产，均应按转换日该金融资产的公允价值计量，公允价值与原采用成本法或权益法核算的股权投资账面价值之间的差额，应当计入当期投资收益。原持有的对合营企业或联营企业的长期股权投资，因采用权益法核算而确认的其他综合收益，应当在终止采用权益法核算时，采用与被投资方直接处置相关资产或负债相同的基础进行会计处理；因采用权益法核算而确认的其他所有者权益变动，应当在终止采用权益法核算时，全部转入当期投资收益。

【例 5-18】大河公司持有春秋公司股份 2 000 万股，占春秋公司有表决权股份的 20%，能够对春秋公司施加重大影响，采用权益法核算，至 2020 年 6 月 30 日，该项长期股权投资采用权益法核算的账面价值为 4 800 万元，其中，投资成本 3 500 万元，损益调整（借方）800 万元，其他综合收益（借方）300 万元（均为在春秋公司持有的以公允价值计量且其变动计入其他综合收益的 N 公司债券公允价值变动中应享有的份额），其他权益变动（借方）200 万元。2020 年 7 月 1 日，大河公司将持有的春秋公司股份中的 1 500 万股出售给其他企业，收到出售价款 3 780 万元，由于大河公司对春秋公司的持股比例已降为 5%，不再具有重大影响，因此，大河公司将其转换为交易性金融资产并按公允价值计量。转换日，剩余 5% 春秋公司股份的公允价值为 1 260 万元。

① 2020 年 7 月 1 日，出售春秋公司股份。

转让股份的账面价值 = 4 800×1 500÷2 000 = 3 600（万元）

其中：投资成本 = 3 500×1 500÷2 000 = 2 625（万元）

损益调整 = 800×1 500÷2 000 = 600（万元）

其他综合收益 = 300×1 500÷2 000 = 225（万元）

其他权益变动 = 200×1 500÷2 000 = 150（万元）

大河公司的账务处理如下：

| 借：银行存款 | 37 800 000 |
|---|---|
| 贷：长期股权投资——春秋公司（投资成本） | 26 250 000 |
| ——春秋公司（损益调整） | 6 000 000 |
| ——春秋公司（其他综合收益） | 2 250 000 |
| ——春秋公司（其他权益变动） | 1 500 000 |
| 投资收益 | 1 800 000 |
| 借：其他综合收益 | 2 250 000 |
| 贷：投资收益 | 2 250 000 |
| 借：资本公积——其他资本公积 | 1 500 000 |
| 贷：投资收益 | 1 500 000 |

② 2020 年 7 月 1 日，将剩余股权投资转换为交易性金融资产。

剩余股份的账面价值 = 4 800 − 3 600 = 1 200（万元）

其中：投资成本 = 3 500 − 2 625 = 875（万元）

　　　损益调整 = 800 − 600 = 200（万元）

　　　其他权益变动 = 200 − 150 = 50（万元）

大河公司的账务处理如下：

| 借：交易性金融资产——春秋公司（成本） | 12 600 000 |
|---|---|
| 贷：长期股权投资——春秋公司（投资成本） | 8 750 000 |
| ——春秋公司（损益调整） | 2 000 000 |
| ——春秋公司（其他综合收益） | 750 000 |
| ——春秋公司（其他权益变动） | 500 000 |
| 投资收益 | 600 000 |
| 借：其他综合收益 | 750 000 |
| 贷：投资收益 | 750 000 |
| 借：资本公积——其他资本公积 | 500 000 |
| 贷：投资收益 | 500 000 |

## 第四节　长期股权投资的处置与减值

### 一、长期股权投资的处置

长期股权投资的处置，主要指通过证券市场售出股权，也包括抵偿债务转出、非货币性资产交换转出以及因被投资方破产清算而被迫清算股权等情形。

处置长期股权投资发生的损益应当在符合股权转让条件时予以确认，计入处置当期投资损益。长期股权投资的处置损益，是指取得的处置收入与长期股权投资的账面价值和已确认但尚未收到的现金股利之间的差额。已计提减值准备的长期股权投资，处置时应同时结转已计提的长期股权投资减值准备；采用权益法核算的长期股权投资，处置时还应将原计入其他综合收益和资本公积项目的相关金额，转为处置当期投资收益。

在部分处置某项长期股权投资时，按该项投资的总平均成本确定处置部分的成本，并按相同的比例结转已计提的长期股权投资减值准备和相关的资本公积金额。

**【例5-19】** 大河公司对持有的珠江公司股份采用权益法核算。2020年7月8日，大河公司将持有的珠江公司股份全部转让，收到转让价款2 500万元。转让日，该项股权投资的账面价值为2 150万元，其中，投资成本1 500万元，损益调整（借方）600万元，其他综合收益（借方）50万元。

大河公司账务处理如下：

转让损益 = 2 500 - 2 150 = 350（万元）

借：银行存款　　　　　　　　　　　　　　　　25 000 000
　　贷：长期股权投资——珠江公司（成本）　　　15 000 000
　　　　　　　　　　——珠江公司（损益调整）　　6 000 000
　　　　　　　　　　——珠江公司（其他综合收益）　500 000
　　　　投资收益　　　　　　　　　　　　　　　 3 500 000
借：其他综合收益　　　　　　　　　　　　　　　　500 000
　　贷：投资收益　　　　　　　　　　　　　　　　500 000

## 二、长期股权投资的减值

### （一）长期股权投资的可收回金额

每年末，企业应对长期股权投资的账面价值进行检查。如果出现减值迹象，应对其可收回金额进行估计。可收回金额应当根据长期股权投资的公允价值减去处置费用后的净额与长期股权投资预计未来现金流量的现值两者之间较高者确定。

### （二）长期股权投资减值损失的确认

如果长期股权投资可收回金额的计量结果表明其可收回金额低于其账面价值，说明长期股权投资已发生减值,应当将其账面价值减记至可收回金额,借记"资产减值损失"科目,贷记"长期股权投资减值准备"科目。

长期股权投资减值损失一经确认,在以后期间不得转回。

【例5-20】大河公司持有的某上市公司的普通股股票的账面价值为520万元,该投资采用权益法核算。2020年12月31日,由于该上市公司连年经营不善,资金周转发生严重困难,导致其股票市价持续下跌,大河公司持有的该公司股票的可收回金额为400万元,短期内难以恢复。

大河公司账务处理如下:

应计提的长期股权投资减值准备 = 520 - 400 = 120(万元)

借:资产减值损失　　　　　　　　　　　　　　　1 200 000
　　贷:长期股权投资减值准备　　　　　　　　　　　　1 200 000

思考题

1. 长期股权投资包括哪些内容?
2. 非企业合并方式取得的长期股权投资的初始投资成本如何确定?
3. 什么是成本法?其适用范围是什么?
4. 成本法的核算要点有哪些?
5. 什么是权益法?其适用范围是什么?
6. 权益法的核算要点有哪些?
7. 成本法和权益法的优缺点分别有哪些?
8. 如何确认长期股权投资的处置损益?

# 第六章

# 固定资产

> **学习目标：**
> 1. 了解固定资产的概念、特征和分类。
> 2. 了解固定资产的确认条件。
> 3. 了解固定资产折旧的性质。
> 4. 掌握各种方式取得固定资产的核算。
> 5. 熟悉影响固定资产折旧的因素、固定资产折旧的范围。
> 6. 掌握固定资产折旧的计算和账务处理。
> 7. 掌握固定资产后续支出的账务处理。
> 8. 掌握固定资产处置的账务处理。
> 9. 掌握固定资产减值的账务处理。

 **案例导读：**

2019 年 RH 会计师事务所（特殊普通合伙）接受委托，对 QZ 节能余热发电有限公司截至 2019 年 6 月 30 日的固定资产进行专项审计，并于 2019 年 9 月 19 日发布《QZ 节能余热发电有限公司固定资产专项审计报告》。

QZ 节能余热发电有限公司成立于 2014 年，注册资本 2 800 万元。主要经营范围包括：新型干法水泥窑纯低温余热发电及所发电能的销售；余热、余压、余气分布式发电项目的投资及技术服务，开展合同能源管理服务。

公司对固定资产核算是根据实际发生交易事项，按照财政部《企业会计准则——基本准则》及应用指南、企业会计准则解释及相关规定核算。

公司固定资产分类、计价方法及折旧方法如表 6-1 所示。

表6–1　　　　　　　　固定资产分类、计价方法及折旧方法

| 固定资产类别 | 折旧年限 | 预计净残值率 | 年折旧率（%） | 折旧方法 |
|---|---|---|---|---|
| 房屋及建筑物 | 20年 | 5.00 | 1.90~4.75 | 直线法 |
| 余热发电/节能服务设施 | 收益期 | 0.00 | 不适用 | 直线法 |
| 机器设备 | 5~10年 | 5.00 | 9.5~19.00 | 直线法 |
| 运输工具 | 5年 | 5.00 | 19.00 | 直线法 |
| 电子设备 | 5年 | 5.00 | 19.00 | 直线法 |

经审计，截至2019年6月30日，QZ公司固定资产账面价值合计为30 409 159.04元，其中包括固定资产——构筑物及其他辅助设施账面价值为6 984 192.38元、机器设备账面价值为23 411 533.23元、车辆账面价值为13 433.43元，以上固定资产均未计提减值准备。固定资产明细及其他详情请查阅公司年报及专项审计报告。

请同学们思考：

（1）什么是固定资产？

（2）固定资产为什么要计提折旧？固定资产折旧方法有哪些？

（3）处置固定资产应如何处理？

通过本章的学习，你将会找到答案。

## 第一节　固定资产概述

### 一、固定资产的概念

固定资产是指同时具有以下特征的有形资产：（1）企业为生产商品、提供劳务、出租或经营管理而持有；（2）使用寿命超过一个会计年度。

未作为固定资产管理的工具、器具等，作为低值易耗品核算。

企业的固定资产具有以下特征：

（1）持有的目的是为生产商品、提供劳务、出租或经营管理。这意味着企业持有的固定资产是企业的劳动工具或手段，而不是直接用于对外出售的商品。

（2）使用期限超过一个会计年度。固定资产的使用寿命，是指企业使用固定资产的预计期间，或者该固定资产所能生产产品或劳务的数量。通常情况下，固定资产的使用寿命是指使用固定资产的预计期间，如自用房屋建筑物的使用寿命表现为企业对该建筑

物的预计使用年限。对于某些机器设备或运输设备等固定资产，其使用寿命表现为以该固定资产所能生产产品或提供劳务的数量，如汽车或飞机按其预计行驶里程或飞行里程估计使用寿命。

（3）固定资产为有形资产。固定资产具有实物特征，这一特征将固定资产与无形资产区别开来。有些无形资产可能同时符合固定资产的其他特征，例如，无形资产为生产商品、提供劳务而持有，使用寿命超过一个会计年度，但是由于其没有实物形态，所以不属于固定资产。

企业应当根据固定资产的定义和特征，结合本企业的具体情况，制定适合于本企业的固定资产目录、分类方法、每类或每项固定资产的折旧年限、折旧方法，作为进行固定资产核算的依据。

企业制定的固定资产目录、分类方法、每类或每项固定资产的预计使用年限、预计净残值、折旧方法等，应当编制成册，并按照管理权限，经股东大会或董事会，或经理（厂长）会议或类似机构批准，按照法律、行政法规的规定报送有关各方备案，同时备置于企业所在地，以供投资者等有关各方查阅。企业已经确定并对外报送，或备置于企业所在地的有关固定资产目录、分类方法、预计净残值、预计使用年限、折旧方法等，一经确定不得随意变更，如需变更，仍然应当按照上述程序，经批准后报送有关各方备案，并在会计报表附注中予以说明。

**思考：**固定资产的特征有哪些？

## 二、固定资产的分类

企业的固定资产多种多样，规格不一，为了加强管理，便于组织固定资产核算，必须对其进行科学、合理的分类。固定资产可以按不同的标准进行分类。

### （一）按经济用途分类

企业的固定资产按经济用途划分，可分为生产经营用固定资产和非生产经营用固定资产两大类。

（1）生产经营用固定资产是指直接使用或服务于企业生产、经营过程的各种固定资产。如生产经营用的机器设备、工具、器具、房屋及建筑物等。

（2）非生产经营用固定资产是指不直接服务于生产、经营过程的各种固定资产。如职工宿舍、食堂、浴室、托儿所、理发室等使用的房屋、设备及其他固定资产等。

这种分类，有利于考核和分析固定资产的构成和使用情况，促使企业合理的配置和利用固定资产，充分发挥其效用。

### （二）按使用情况分类

企业固定资产按使用情况划分，可分为在用的、未使用的和不需用的三类。

（1）在用的固定资产是指正在使用中的经营用和非经营用固定资产。由于季节性或大修理等原因，暂时停止使用的固定资产、企业出租（指经营性租赁）给其他单位使用的固定资产以及内部替换使用的固定资产，也属于使用中的固定资产。

（2）未使用的固定资产是指已完工或已购建的尚未交付使用的新增固定资产，以及因进行改建、扩建等原因暂时停止使用的固定资产。如虽已达到可使用状态但尚未交付使用的固定资产、企业购建的尚待安装的固定资产、经营任务变更停止使用的固定资产等。

（3）不需用的固定资产是指本企业多余或不使用而需要另行处置的各种固定资产。

按照固定资产使用情况进行分类，有利于反映企业固定资产的使用情况及其比例关系，便于分析固定资产的利用效率，促使其使用固定资产，也便于企业合理计提固定资产的折旧。

### （三）按所有权的归属分类

企业固定资产按所有权的归属划分，可分为自有固定资产和租入固定资产。

（1）自有固定资产是指企业拥有产权的固定资产，包括由国家或其他单位投资、赠送或企业自行购建的固定资产。

（2）租入固定资产是指按照租赁合同租入并按规定期限支付租金而形成的固定资产，租入单位在租赁期内只享有使用权，不拥有所有权。

这种分类的作用在于分析、考核企业固定资产的实有数额及其满足生产经营需要的程度，分析租入固定资产在企业生产经营过程中所起的作用。

各企业性质不同，经营规模大小不一，对固定资产的分类不可能完全一致。企业可根据各自的具体情况，结合经营管理和会计核算的需要，对其进行必要的分类。

## 三、固定资产确认

固定资产在符合定义的前提下，应当同时满足以下两个条件，才能加以确认。

(1) 与该固定资产有关的经济利益能够流入企业。资产最重要的特征是预期能够给企业带来经济利益。企业在确认固定资产时，需要判断与该项固定资产有关的经济利益是否很可能流入企业。如果与该项固定资产有关的经济利益很可能流入企业，并同时满足固定资产确认的其他条件，那么企业应当将其确认为固定资产；否则不应将其确认为固定资产。

(2) 该固定资产的成本能够可靠地计量。成本能够可靠地计量是资产确认的一项基本条件。企业在确认固定资产成本时必须取得确凿证据，但是，有时需要根据所获得的最新资料，对固定资产成本进行合理估计。例如，企业对于已达到预定可使用状态但尚未办理竣工决算的固定资产，需要根据工程预算、工程造价或者工程实际发生的成本等资料，按估计价值确定其成本，办理竣工决算后，再按照实际成本调整原来的暂估价值。

## 第二节 固定资产取得

### 一、购入固定资产

购入固定资产分为购入不需要安装的固定资产和购入需要安装的固定资产两类。

**（一）购入不需安装的固定资产**

企业购置的不需要经过建造过程即可使用的固定资产，按购置时取得成本作为入账价值。其成本包括实际支付的买价、相关税费、使固定资产达到预定可使用状态前所发生的可归属于该资产的运输费、装卸费和专业人员服务费等。

企业用一笔款项购入多项没有单独标价的固定资产时，应按各项固定资产公允价值的比例对总成本进行分配，以确定各项固定资产的入账价值。

企业购入不需安装的固定资产，应根据其成本，借记"固定资产"科目，按允许抵扣的增值税进项税额，借记"应交税费——应交增值税（进项税额）"科目，按实际付款额，贷记"银行存款"等科目。

【例6-1】2020年10月28日，大河公司购入不需要安装的生产用设备一台，取得的增值税专用发票上注明的设备价款为100 000元，增值税额为13 000元，款项全部付清。大河公司账务处理如下：

借：固定资产 100 000
　　应交税费——应交增值税（进项税额） 13 000
　　贷：银行存款 113 000

企业购进不动产或不动产在建工程，应当按取得资产的成本，借记"固定资产""在建工程"等科目，按允许抵扣的增值税进项税额，借记"应交税费——应交增值税（进项税额）"科目，按应付或实际支付金额，贷记"应付账款""应付票据""银行存款"等科目。

【例 6-2】2020 年 7 月 20 日，大河公司购进一幢办公楼，并于当月投入使用。7 月 25 日，纳税人取得该大楼的增值税专用发票并认证相符，专用发票注明的价款为 8 000 万元，增值税进项税额为 720 万元，款项已用银行存款支付。不考虑其他相关因素。大河公司账务处理如下：

借：固定资产 80 000 000
　　应交税费——应交增值税（进项税额） 7 200 000
　　贷：银行存款 87 200 000

### （二）购入需安装的固定资产

企业购入需要安装的固定资产，将其发生的安装工程成本（包括固定资产买价以及包装运杂费和安装费等）均应通过"在建工程"科目进行核算。企业购入需要安装的固定资产时，应借记"在建工程"科目，按允许抵扣的增值税进项税额，借记"应交税费——应交增值税（进项税额）"科目，贷记"银行存款"等科目；安装工程完工后，根据其全部安装工程成本，借记"固定资产"科目，贷记"在建工程"科目。

【例 6-3】2020 年 5 月 20 日，大河公司购入需要安装的生产用设备一台，取得的增值税专用发票上注明的设备价款为 500 000 元，增值税税额为 65 000 元，款项已通过银行转账支付。安装设备时，应负担安装工人薪酬 5 000 元，领用原材料 4 000 元，该材料购进时支付增值税 520 元。该机床安装完工完毕后交付使用。根据以上资料，大河公司账务处理如下：

① 购入固定资产时：

借：在建工程 500 000
　　应交税费——应交增值税（进项税额） 65 000
　　贷：银行存款 565 000

② 安装设备时：

借：在建工程　　　　　　　　　　　　　　　　　　　9 000
　　贷：应付职工薪酬　　　　　　　　　　　　　　　　　5 000
　　　　原材料　　　　　　　　　　　　　　　　　　　　4 000

③ 设备安装完毕达到预定可使用状态时：

借：固定资产　　　　　　　　　　　　　　　　　　　509 000
　　贷：在建工程　　　　　　　　　　　　　　　　　　509 000

企业购买固定资产通常在正常信用条件期限内付款，但也会发生超过正常信用条件购买固定资产的经济业务事项，如采用分期付款方式购买资产，且在合同中规定的付款期限比较长，超过了正常信用条件。在这种情况下，该类购货合同实质上具有融资租赁性质，购入资产的成本不能以各期付款额之和确定，而应以各期付款额的现值之和确定。购入固定资产时，按购买价款的现值，借记"固定资产"或"在建工程"科目；按应支付的金额，贷记"长期应付款"科目；按其差额，借记"未确认融资费用"科目。固定资产购买价款的现值，应当按照各期支付的购买价款选择恰当的折现率进行折现后的金额加以确定。折现率是反映当前市场货币时间价值和延期付款债务特定风险的利率。该折现率实质上是供货企业的必要报酬率。各期实际支付的价款与购买价款的现值之间的差额，符合《企业会计准则第17号——借款费用》中规定的资本化条件的，应当计入固定资产成本，其余部分应当在信用期间内确认为财务费用，计入当期损益。

【例6-4】2016年1月1日，大河公司与大地公司签订一项购货合同，大河公司从大地公司购入一台需要安装的大型机器设备。合同约定，大河公司采用分期付款方式支付价款。该设备价款共计150万元（不考虑增值税），在2016年至2020年的5年期间每年支付30万元，每年的付款日期为当年12月31日。

2016年1月1日，设备如期运抵大河公司并开始安装。2016年12月31日，设备达到预定可使用状态。发生安装费10万元，已用银行存款付讫。

大河公司按照合同约定用银行存款如期支付了款项。假定折现率为10%。

① 购买价款的现值为：

$300\ 000 \times (P/A, 10\%, 5) = 300\ 000 \times 3.7908 = 1\ 137\ 240$（元）

2016年1月1日大河公司的账务处理如下：

借：在建工程　　　　　　　　　　　　　　　　　　1 137 240
　　未确认融资费用　　　　　　　　　　　　　　　　362 760
　　贷：长期应付款　　　　　　　　　　　　　　　　1 500 000

② 确定信用期间未确认融资费用的分摊额,如表 6-2 所示。

表 6-2　　　　　　　大河公司未确认融资费用分摊表　　　　　　　单位:元

| 日期<br>① | 分期付款额<br>② | 确认的融资费用<br>③ = 期初⑤ × 10% | 应付本金减少额<br>④ = ③ - ② | 应付本金余额<br>期末⑤ = 期初⑤ - ④ |
|---|---|---|---|---|
| 2016 - 1 - 1 | | | | 1 137 240 |
| 2016 - 12 - 31 | 300 000 | 113 724 | 186 276 | 950 964 |
| 2017 - 12 - 31 | 300 000 | 95 096.40 | 204 903.60 | 746 060.40 |
| 2018 - 12 - 31 | 300 000 | 74 606.04 | 225 393.96 | 520 666.44 |
| 2019 - 12 - 31 | 300 000 | 52 066.64 | 247 933.36 | 272 733.08 |
| 2020 - 12 - 31 | 300 000 | 27 266.92* | 272 733.08* | 0 |
| 合计 | 1 500 000 | 362 760 | 1 137 240 | 0 |

注:* 尾数调整 27 266.92 = 300 000 - 272 733.08,其中 272 733.08 为最后一期应付本金余额。

③ 2016 年 1 月 1 日至 2016 年 12 月 31 日为设备的安装期间,未确认融资费用的分摊额符合资本化条件,计入固定资产成本。2016 年 12 月 31 日大河公司的账务处理如下:

借:在建工程　　　　　　　　　　　　　　　　　　　　　　　113 724
　　贷:未确认融资费用　　　　　　　　　　　　　　　　　　　　113 724
借:长期应付款　　　　　　　　　　　　　　　　　　　　　　　300 000
　　贷:银行存款　　　　　　　　　　　　　　　　　　　　　　　300 000
借:在建工程　　　　　　　　　　　　　　　　　　　　　　　100 000
　　贷:银行存款　　　　　　　　　　　　　　　　　　　　　　　100 000
借:固定资产　　　　　　　　　　　　　　　　　　　　　　　1 350 964
　　贷:在建工程　　　　　　　　　　　　　　　　　　　　　　　1 350 964

固定资产的成本为:1 137 240 + 113 724 + 100 000 = 1 350 964(元)

④ 2017 年 1 月 1 日至 2020 年 12 月 31 日,设备已经达到预定可使用状态,未确认融资费用的分摊额不再符合资本化条件,应计入当期损益。

2017 年 12 月 31 日大河公司的账务处理如下:

借:财务费用　　　　　　　　　　　　　　　　　　　　　　　95 096.40
　　贷:未确认融资费用　　　　　　　　　　　　　　　　　　　　95 096.40
借:长期应付款　　　　　　　　　　　　　　　　　　　　　　　300 000
　　贷:银行存款　　　　　　　　　　　　　　　　　　　　　　　300 000

以后期间的账务处理以此类推，此处略。

## 二、自行建造固定资产

企业生产经营所需的固定资产，除了外购等方式取得外，还经常根据生产经营的特殊需要利用自有的人力、物力条件自行建造，这称为自制、自建固定资产。自制的固定资产是指企业自己制造的机器、设备等。自建的固定资产是指企业建造的房屋、建筑物、各种设施以及需安装的机器设备等。

### （一）自行建造固定资产入账价值的确定

企业自行建造的固定资产，建造过程中发生的全部支出（包括所消耗的材料、人工、其他费用和缴纳的有关税金等）均应作为其入账价值。

自行建造的固定资产主要设置"工程物资"和"在建工程"科目进行核算。

"工程物资"科目核算企业为基建工程、更改工程和大修理工程准备的各种物资的实际成本，包括为工程准备的材料、尚未交付安装的需要安装设备的实际成本，以及预付大型设备款和基本建设期间根据项目概算购入为生产准备的工具及器具等的实际成本，并分别设置"专用材料""专用设备""预付大型设备款""为生产准备的工具及器具"等明细科目。

"在建工程"科目核算企业进行基建工程、安装工程、技术改造工程、大修理工程等发生的实际支出，包括需要安装设备的价值。期末借方余额反映企业尚未完工的基建工程发生的各项实际支出，并分别设置"建筑工程""安装工程""在安装设备""技术改造工程""其他支出"等明细科目进行核算。

企业为自行建造固定资产准备的各种物资，应当按照实际支付的买价、运输费、保险费等相关费用，作为实际成本，并按照各种专项物资的种类进行明细核算。工程完工后剩余的工程物资，如转作本企业库存材料的，按其实际成本或计划成本，转作企业的库存材料。盘盈、盘亏、报废、毁损的工程物资，减去保险公司、过失人赔偿部分后的差额，工程项目尚未完工的，计入或冲减所建工程项目的成本；工程已经完工的，计入当期营业外支出。在建工程发生单项或单位工程报废或毁损，减去残料价值和过失人或保险公司等赔款后的净损失，计入继续施工的工程成本；如为非常原因造成的报废或毁损，或在建工程项目全部报废或毁损，应将其净损失直接计入当期营业外支出。企业自营建造的固定资产在交付使用前发生的长期负债利息，应计入工程成本。

工程达到预定可使用状态前因进行试运转所发生的净支出，计入工程成本。企业的在建工程项目在达到预定可使用状态前所取得的试运转过程中形成的、能够对外销售的产品，其发生的成本，计入在建工程成本，销售或转为库存商品时，按实际销售收入或按预计售价冲减工程成本。

所建造的固定资产已达到预定可使用状态，但尚未办理竣工决算的，应当自达到预定可使用状态之日起，根据工程预算、造价或者工程实际成本等，按估计的价值转入固定资产，并按有关计提固定资产折旧的规定，计提固定资产的折旧，待办理了竣工决算手续后再作调整。

### （二）自行建造固定资产的账务处理

自行建造固定资产包括采用自营方式建造和采用出包方式建造两种。

**1. 采用自营方式建造固定资产**

企业以自营方式建造固定资产，是指企业自行组织工程物资采购、自行组织施工人员从事工程施工完成固定资产建造，其成本应当按照直接材料、直接人工、直接机械施工费等计量。

企业以自营方式建造固定资产，发生的工程成本应通过"在建工程"科目核算，工程完工达到预定可使用状态时，从"在建工程"科目转入"固定资产"科目。期末"在建工程"科目的借方余额反映尚未完工工程的实际支出。企业为自营工程而购入的物资，应按购入物资的实际成本，借记"工程物资"科目，按允许抵扣的增值税进项税额，借记"应交税费——应交增值税（进项税额）"科目，按实际付款额，贷记"银行存款"等科目。领用工程物资时，按领用物资的实际成本，借记"在建工程——××工程"科目，贷记"工程物资"科目。自营工程发生的职工薪酬等其他必要支出，按实际发生额，借记"在建工程——××工程"科目，贷记"应付职工薪酬""银行存款"等科目。自营工程完工交付使用时，按实际发生的全部支出，借记"固定资产"科目，贷记"在建工程——××工程"科目。

**【例6-5】** 2020年6月大河公司自营建造厂房一幢，为其购入工程物资一批，收到的增值税专用发票上注明的价款为800万元，增值税额为104万元，款项已通过银行转账支付，工程物资全部用于厂房建造。另外，工程领用了企业生产用的原材料，成本40万元，领用自产产品一批，成本60万元，计税价格100万元，增值税率为13%；支付工程建设人员工资120万元，企业辅助生产车间为工程提供有关劳务支出20万元，以银行存款支付水电费20万元，应负担的长期借款利息支出40万元。2020年12月30日，建造厂房工程达到预定可使用状态并交付使用。大河公司账务处理如下：

① 购买工程物资时：

借：工程物资　　　　　　　　　　　　　　　　　　　　8 000 000
　　应交税费——应交增值税（进项税额）　　　　　　　1 040 000
　　　贷：银行存款　　　　　　　　　　　　　　　　　　　　　　9 040 000

② 领用工程物资时：

借：在建工程——厂房　　　　　　　　　　　　　　　　8 000 000
　　　贷：工程物资　　　　　　　　　　　　　　　　　　　　　　8 000 000

③ 领用原材料时：

借：在建工程——厂房　　　　　　　　　　　　　　　　　400 000
　　　贷：原材料　　　　　　　　　　　　　　　　　　　　　　　　400 000

④ 领用自产产品时：

借：在建工程——厂房　　　　　　　　　　　　　　　　　600 000
　　　贷：库存商品　　　　　　　　　　　　　　　　　　　　　　　600 000

⑤ 支付工程人员工资及水电费、结转工程借款利息时：

借：在建工程——厂房　　　　　　　　　　　　　　　　1 800 000
　　　贷：应付职工薪酬　　　　　　　　　　　　　　　　　　　　1 200 000
　　　　　银行存款　　　　　　　　　　　　　　　　　　　　　　　200 000
　　　　　应付利息　　　　　　　　　　　　　　　　　　　　　　　400 000

⑥ 辅助生产车间为工程提供的劳务支出时：

借：在建工程——厂房　　　　　　　　　　　　　　　　　200 000
　　　贷：生产成本——辅助生产成本　　　　　　　　　　　　　　200 000

⑦ 工程完工交付使用时：

借：固定资产——厂房　　　　　　　　　　　　　　　　11 000 000
　　　贷：在建工程——厂房　　　　　　　　　　　　　　　　　　11 000 000

**2. 采用出包方式建造固定资产**

在出包方式下，企业通过招标方式将工程项目发包给建造承包商，由建造承包商（施工企业）组织工程项目施工。采用出包方式建造固定资产，企业要与建造承包商签订建造合同。企业是建造合同的甲方，负责筹集资金和组织管理工程建设，通常称为建设单位；建造承包商是建造合同的乙方，负责建筑安装工程施工任务。企业的新建、扩建等建设项目，通常均采用出包方式。

（1）出包工程的成本构成。企业以出包方式建造固定资产，其成本由建造该固定资产达到预定可使用状态前所发生的必要支出构成，包括发生的建筑工程支出、安装工程支出以及需要分摊计入各固定资产的待摊支出。

建筑工程、安装工程支出。由于建筑工程、安装工程采用出包方式发给建造承包商承建，因此，工程的具体支出，如人工费、材料费、机械使用费等由建造承包商核算。对于发包企业而言，建筑工程、安装工程支出是构成在建工程成本的重要内容。发包企业按照合同规定的结算方式和工程进度定期与建造承包商办理工程价款结算，结算的工程价款计入在建工程的成本。

待摊支出。待摊支出是在建设期所发生的，不能计入某项固定资产的价值，而应由所建的固定资产共同负担的相关费用，包括为建造工程发生的管理费、征地费、可行性研究费、临时设施费、公证费、监理费、应负担的税金、符合资本化条件的借款费用、建设期间发生的工程物资盘亏、报废及毁损净损失，以及负荷联合试车费等。其中征地费是指企业通过行政划拨方式取得建设用地发生的青苗补偿费、地上建筑物、附着物补偿费等。企业为建造固定资产通过出让方式取得土地使用权而支付的土地出让金不计入在建工程成本，应确认为无形资产。

(2) 出包工程的账务处理。出包方式下，"在建工程"科目主要是企业与建造承包商办理工程价款结算的科目，企业支付给建造承包商的工程价款作为工程成本通过"在建工程"科目核算。企业应按合理估计的工程进度和合同规定结算的进度款，借记"在建工程——建筑工程（××工程）""在建工程——安装工程（××工程）"科目，贷记"银行存款""预付账款"等科目。工程完成时，按合同规定补付的工程款，借记"在建工程"，贷记"银行存款"等科目。企业需要将安装设备运到现场安装时，借记"在建工程——在安装设备（××设备）"科目，贷记"工程物资——××设备"科目，企业为在建工程发生的待摊支出，借记"在建工程——待摊支出"科目，贷记"银行存款""应付职工薪酬""长期借款"等科目。

在建工程达到预定可使用状态时，首先计算分配待摊支出，待摊支出的分配率可按下列公式计算：

$$待摊支出分配率 = \frac{累计发生的待摊支出}{(建筑工程支出 + 安装工程支出 + 在安装设备支出)} \times 100\%$$

××工程应分配的待摊支出 =（××工程的建筑工程支出 + 安装工程支出 + 在安装设备支出）× 待摊支出分配率

其次，计算确定已完工的固定资产成本：

房屋建筑物等固定资产成本＝建筑工程支出＋应分摊的待摊支出

需要安装设备的成本＝设备成本＋为设备安装发生的基础、支座等建筑工程支出＋安装工程支出＋应分摊的待摊支出

最后，进行相应的账务处理，借记"固定资产"科目，贷记"在建工程——建筑工程""在建工程——安装工程""在建工程——待摊支出"等科目。

【例 6-6】2020 年大河公司经当地有关部门批准，新建一个火电厂。建造的火电厂由 3 个单项工程组成，包括建造发电车间、冷却塔以及安装发电设备。2020 年 2 月 1 日，大河公司与大地公司签订合同，将该项目出包给大地公司承建。根据双方签订的合同，建造发电车间的价款为 5 000 000 元。建造期间发生的有关事项如下：

① 2020 年 2 月 10 日，大河公司按合同约定向大地公司预付 10% 工程款 800 000 元，其中发电车间 500 000 元，冷却塔 300 000 元。

② 2020 年 8 月 2 日，建造发电车间和冷却塔的工程进度达到 50%，大河公司与大地公司办理工程价款结算 4 000 000 元，其中发电车间 25 000 000 元，冷却塔 1 500 000 元，大河公司抵扣了预付款后，将余款用银行存款付讫。

③ 2020 年 10 月 8 日，大河公司购入需要安装的发电设备，取得增值税专用发票，价款 3 500 000 元，增值税进项税额为 455 000 元，已用银行存款付讫。

④ 2021 年 3 月 10 日，建造工程主体已经完工，大河公司与大地公司办理工程价款结算 4 000 000 元，其中，发电车间 2 500 000 元，冷却塔 1 500 000 元。大河公司向大地公司开具了一张期限为三个月的商业汇票。

⑤ 2021 年 4 月 1 日，大河公司将发电设备运抵现场，交大地公司安装。

⑥ 2021 年 5 月 10 日，发电设备安装到位，大河公司与大地公司办理设备安装价款结算 500 000 元，款项已经支付。

⑦ 2021 年 5 月 20 日，工程项目发生管理费、公证费、监理费共计 290 000 元，已经用银行存款支付。

⑧ 2021 年 5 月，进行负荷联合试车领用本企业材料 100 000 元，发生其他试车费用 50 000 元，用银行存款支付，试车期间取得发电收入 200 000 元。

⑨ 2021 年 6 月 30 日，完成试车，各项指标达到试车设计要求。

大河公司的账务处理如下：

① 2020 年 2 月 10 日，预付工程款：

借：预付账款　　　　　　　　　　　　　　　　　　　　　　800 000
　　贷：银行存款　　　　　　　　　　　　　　　　　　　　　　800 000

② 2020 年 8 月 2 日，办理工程价款结算：

借：在建工程——建筑工程（冷却塔）　　　　　　1 500 000
　　　　　　——建筑工程（发电车间）　　　　　2 500 000
　　贷：银行存款　　　　　　　　　　　　　　　　3 200 000
　　　　预付账款　　　　　　　　　　　　　　　　　800 000

③ 2020 年 10 月 8 日，购入发电设备：

借：工程物资——发电设备　　　　　　　　　　　3 500 000
　　应交税费——应交增值税（进项税额）　　　　　455 000
　　贷：银行存款　　　　　　　　　　　　　　　　3 955 000

④ 2021 年 3 月 10 日，办理建筑工程价款结算：

借：在建工程——建筑工程（冷却塔）　　　　　　1 500 000
　　　　　　——建筑工程（发电车间）　　　　　2 500 000
　　贷：银行存款　　　　　　　　　　　　　　　　4 000 000

⑤ 2021 年 4 月 1 日，将发电设备交以公司安装：

借：在建工程——在安装设备（发电设备）　　　　3 500 000
　　贷：工程物资——发电设备　　　　　　　　　　3 500 000

⑥ 2021 年 5 月 10 日，办理工程价款结算：

借：在建工程——安装设备（发电设备）　　　　　　500 000
　　贷：银行存款　　　　　　　　　　　　　　　　　500 000

⑦ 2021 年 5 月 20 日，支付工程的管理费、公证费、监理费：

借：在建工程——待摊支出　　　　　　　　　　　　290 000
　　贷：银行存款　　　　　　　　　　　　　　　　　290 000

⑧ 2021 年 5 月，进行负荷联合试车：

借：在建工程——待摊支出　　　　　　　　　　　　150 000
　　贷：原材料　　　　　　　　　　　　　　　　　　100 000
　　　　银行存款　　　　　　　　　　　　　　　　　 50 000

借：银行存款　　　　　　　　　　　　　　　　　　200 000
　　贷：在建工程——待摊支出　　　　　　　　　　 200 000

⑨ 2021 年 6 月 30 日，结转在建工程：

计算分配待摊支出：

待摊支出分配率=（290 000+150 000-200 000）÷（5 000 000+3 000 000+500 000+3 500 000）×100%=240 000÷1200 000×100%=2%

发电车间应分配的待摊支出=5 000 000×2%=100 000元

冷却塔应分配的待摊支出=3 000 000×2%=60 000元

发电设备应分配的待摊支出=（3500 000+500 000）×2%=80 000元

计算已完工的固定资产成本：

发电车间的成本=5 000 000+100 000=5 100 000元

冷却塔的成本=3 000 000+60 000=3 060 000元

发电设备的成本=（3 500 000+500 000）+80 000=4 080 000元

| | |
|---|---|
| 借：固定资产——发电车间 | 5 100 000 |
| ——冷却塔 | 3 060 000 |
| ——发电设备 | 4 080 000 |
| 贷：在建工程——建筑工程（发电车间） | 5 000 000 |
| ——建筑工程（冷却塔） | 3 000 000 |
| ——安装工程（发电设备） | 500 000 |
| ——在安装工程（发电设备） | 3 500 000 |
| ——待摊支出 | 240 000 |

**思考**：自营工程与出包工程的账务处理有何不同？

## 三、接受投资固定资产

对于接受固定资产投资的企业，在办理了固定资产转移手续后，应按投资合同或协议约定的价值加上应支付的相关税费作为固定资产入账价值，但合同或协议约定的价值不公允的除外。

**【例6-7】** 2020年7月12日，大河公司收到乙企业投入的生产用机器设备一台，乙企业记录的该项固定资产的账面原价为80 000元，已提折旧10 000元；双方同意按原固定资产的净值确认投资额。乙企业开具专用发票给大河公司，发票注明增值税额为9 100元。根据以上资料，大河公司的账务处理如下：

| | |
|---|---|
| 借：固定资产 | 70 000 |
| 应交税费——应交增值税（进项税额） | 9 100 |

贷：实收资本 79 100

## 四、通过非货币性资产交换、债务重组等方式取得固定资产

企业通过非货币性资产交换、债务重组等方式取得的固定资产，其成本应当分别按照《企业会计准则第 7 号——非货币性资产交换》《企业会计准则第 12 号——债务重组》等的规定确定。

## 五、存在弃置费用的固定资产

弃置费用通常是指根据国家法律法规、国际公约等规定，企业承担的环境保护和生态恢复等义务所确定的支出，是针对特殊行业的特定固定资产而言的。例如，核电站核设施等的弃置和恢复环境等义务，石油天然气开采企业油气资产的弃置费用。

对于这些特殊行业的特定固定资产，企业应当按照弃置费用的现值计入相关固定资产成本，借记"固定资产"科目，贷记"预计负债"科目。按照预计负债的摊余成本和实际利率计算确定的利息费用，应在发生时借记"财务费用"科目，贷记"预计负债"科目。

一般工商企业的固定资产发生的报废清理费用，不属于弃置费用，应当在发生时作为固定资产处置费用处理。

# 第三节 固定资产折旧

## 一、固定资产折旧及其性质

在固定资产使用寿命期内将资产成本转为费用的过程称为折旧。这一过程是用于使资产的成本与资产在有效期内所产生的收益相配比，体现了配比原则的要求。折旧有两个基本作用：一是折旧作为固定资产成本的抵减，反映了固定资产的磨损程度；二是折旧作为一种费用的发生，将抵减当期的收入和实现的利润。所以正确核算固定资产的折旧有重要的意义。应当注意的是，折旧是资产的分摊程序而不是计价程序。

固定资产折旧的起因是固定资产服务潜能的衰减。固定资产服务潜能的降低包括有形损耗和无形损耗两种。有形损耗是指固定资产由于使用和自然力的影响而引起的使用价值和价值的损失，也称物质损耗。这类损耗决定了固定资产的最大使用寿命，即物理

寿命。无形损耗是指由于科学技术进步等原因而引起的固定资产价值的贬值，它决定了固定资产的实际使用寿命。有形损耗显而易见，如机器设备的磨损，房屋的陈旧等；而随着科学技术的不断发展，无形损耗有时比有形损耗更多，对计算折旧的影响更大。

## 二、影响固定资产折旧的因素

影响固定资产折旧的因素主要有以下几个方面。

### （一）折旧的基数

计算折旧的基数一般是固定资产的原始价值，即固定资产的实际取得成本。在会计核算中，以原始价值作为计算折旧的基数，可以使折旧的计算建立在客观的基础之上，不受主观因素的影响。

### （二）固定资产的预计净残值

固定资产的净残值是指固定资产报废时预计可收回的残余价值扣除预计清理费用后的净额。固定资产原始成本减去净残值是该项固定资产应提折旧总额。例如，某项设备的原始成本为 50 000 元，预计残值 6 000 元，其应提折旧总额就是 44 000 元。

在我国，预计净残值一般根据固定资产原值乘以预计净残值率计算。

### （三）固定资产的预计使用寿命

预计使用寿命是企业对资产服务时间的一种估计。这种估计既可用自然时间（年数和月数）来表示，也可用资产的工作时间（如机器的工作小时数、汽车的行驶里程数等）来表示，还可用资产提供服务的产品数量来表示。固定资产使用寿命的长短直接影响到各期应计提的折旧额。固定资产使用寿命长，每期应计提折旧额就少；反之，每期应计提的折旧额就大。在确定固定资产的使用寿命时，主要考虑有形损耗和无形损耗两个因素。

在影响折旧的有关因素中，只有一个因素（原始成本）是已知的，其他因素（净残值、使用寿命）必须进行估计。因此，折旧是一个估计金额。

## 三、固定资产折旧的范围

除下列情况外，企业应对所有固定资产计提折旧：

（1）已提足折旧仍继续使用的固定资产；

（2）按规定单独作价作为固定资产入账的土地。

已达到预定可使用状态应当计提折旧的固定资产，应当按照估计价值确认其成本，并计提折旧；待办理竣工结算后再按照实际成本调整原来的暂估价值，但不需要调整原已计提的折旧额。

另外，固定资产提足折旧后，不论能否继续使用，均不再提取折旧；提前报废的固定资产，也不再补提折旧。所谓提足折旧，是指已经提足该项固定资产应提的折旧总额。应提的折旧总额为固定资产原价减去预计残值加上预计清理费用。

## 四、固定资产折旧方法

企业应当根据固定资产的性质和消耗方式，合理地确定固定资产的预计使用年限和预计净残值，并根据科技发展、环境及其他因素，选择合理的固定资产折旧方法，按照管理权限，经股东大会或董事会，或经理（厂长）会议或类似机构批准，作为计提折旧的依据。同时，按照法律、行政法规的规定报送有关各方备案，并备置于企业所在地，以供投资者等有关各方查阅。企业已经确定并对外报送，或备置于企业所在地的有关固定资产预计使用年限和预计净残值、折旧方法等，一经确定不得随意变更。如需变更，仍然应当按照上述程序，经批准后报送有关各方备案，并在会计报表附注中予以说明。

固定资产折旧方法可以采用年限平均法、工作量法、加速折旧法等。折旧方法一经确定，不得随意变更。如需变更，应当在会计报表附注中予以说明。

### （一）年限平均法

年限平均法又称直线法，是将固定资产的折旧均衡的分摊到各期的一种方法。这种方法是假设固定资产的服务潜力随着时间的推移而均匀递减，与使用程度无关。采用这种方法计算的每期折旧额均是等额的。其计算公式如下：

年折旧额 = (固定资产原值 − 预计净残值) ÷ 预计使用年限

月折旧额 = 年折旧额 ÷ 12

或者：

年折旧率 = (1 − 预计净残值率) ÷ 预计使用年限

预计净残值率 = 预计的净残值 ÷ 固定资产的原值

月折旧率 = 年折旧率 ÷ 12

月折旧额 = 固定资产原值 × 月折旧率

年折旧额 = 固定资产原值 × 年折旧率

**【例6-8】** 大河公司有一厂房，原价为 500 000 元，预计净残值为 20 000 元，预计可使用 20 年，则该厂房折旧额的计算如下：

年折旧额 = (500 000 − 20 000) ÷ 20 = 24 000（元）

月折旧额 = 24 000 ÷ 12 = 2 000（元）

采用年限平均法计算折旧，优点是简单、明了、使用方便；缺点是它只注重固定资产的使用时间，而忽略了其使用情况。如果固定资产各期使用情况相同，则各期应分摊相同的折旧费，这时采用年限平均法计提折旧是合理的。但是，一般来讲，固定资产各期使用程度是不同的。在其使用前期，工作效率相对较高，所带来的经济利益也较多；而在其使用的后期，工作效率一般较低，所带来的经济利益也就相对较少，所以此时采用年限平均法计提折旧是不合理的。此外，年限平均法也没有考虑固定资产的维修费用将随着使用时间的延长而不断增大这一因素。

## （二）工作量法

工作量法是根据固定资产在生产过程中预计完成的工作总量来计提折旧的一种方法。这种方法考虑了固定资产的使用强度，使每期计提的折旧额与固定资产的使用程度成正比，符合收入与费用相配比的原则，但这种方法忽视了无形损耗因素。计算公式如下：

单位工作量(工作时间)折旧额 = (固定资产原值 − 预计净残值) ÷ 预计总工作量(总工作时间)

年折旧额 = 固定资产每年工作量(工作时间) × 单位工作量(工作时间)折旧额

**【例6-9】** 大河公司购置专用设备一台，原价 600 000 元，预计可使用 28 000 小时，预计净残值 40 000 元，则：

每小时折旧额 = (600 000 − 40 000) ÷ 28 000 = 20（元）

本年度该设备使用时间为 6 000 小时，则本年度折旧额 = 6 000 × 20 = 120 000（元）

## （三）加速折旧法

加速折旧法也称递减折旧法，是在固定资产有效使用年限的前期多提折旧，后期少提折旧，从而使固定资产成本在有效使用年限中加快得到补偿的一种折旧方法。加速折旧法的计算方法主要有以下两种。

**1. 双倍余额递减法**

双倍余额递减法是在不考虑固定资产残值的情况下，根据每期期初固定资产的账面净值和双倍的直线法折旧率计算固定资产折旧的一种方法。公式如下：

某固定资产年折旧额 = 该固定资产年初账面净值 × 年折旧率

账面净值 = 固定资产原价 - 该固定资产累计折旧

年折旧率 = 2 ÷ 该固定资产预计使用年限 × 100%

月折旧额 = 年折旧额 ÷ 12

在使用双倍余额递减法计提折旧时应注意：如用双倍余额递减法计算的折旧额小于这一年用直线法计算的折旧额时，就要从这一年开始改用直线法计算折旧。为操作方便，应当在固定资产折旧年限到期前两年内，要将固定资产净值扣除预计净残值后的净额在剩余的两年内平均摊销。

【例 6 - 10】大河公司一台设备，原价为 500 000 元，预计使用年限为 5 年，预计净残值 10 000 元，用双倍余额递减法计算折旧，每年的折旧额计算如下，如表 6 - 3 所示。

表 6 - 3　　　　　　　　　　折旧计算表

| 年份 | 年初账面净值（元） | 折旧率（%） | 年折旧额（元） | 累计折旧（元） |
| --- | --- | --- | --- | --- |
| 1 | 500 000 | 40 | 200 000 | 200 000 |
| 2 | 300 000 | 40 | 120 000 | 320 000 |
| 3 | 180 000 | 40 | 72 000 | 392 000 |
| 4 | 108 000 | — | 49 000 | 441 000 |
| 5 | 59 000 | — | 49 000 | 490 000 |

年折旧率 = 2 ÷ 5 × 100% = 40%

第四、第五年的年折旧额 = (108 000 - 10 000) ÷ 2 = 49 000（元）

**2. 年数总和法**

年数总和法是用固定资产的原值减去预计净残值后的净额乘以一个逐年递减的分数来计算折旧的方法。该分数分母代表预计使用年限中各年尚可使用年数的总和，分子代表固定资产尚可使用的年数。计算公式如下：

年折旧率 = 尚可使用年数 ÷ 预计使用年限的年数总和 × 100%

预计使用年限的年数总和 = 预计使用年限 × (预计使用年限 + 1) ÷ 2

年折旧额 = (固定资产原值 - 预计净残值) × 年折旧率

【例 6 - 11】承〖例 6 - 10〗，采用年数总和法计算的每年折旧额，如表 6 - 4 所示。

表 6-4　　　　　　　　　　折旧计算表

| 年份 | 原值减净残值（元） | 折旧率（%） | 折旧额（元） | 累计折旧（元） |
|---|---|---|---|---|
| 1 | 490 000 | 5/15 | 163 333 | 163 333 |
| 2 | 490 000 | 4/15 | 130 667 | 294 000 |
| 3 | 490 000 | 3/15 | 98 000 | 392 000 |
| 4 | 490 000 | 2/15 | 65 333 | 457 333 |
| 5 | 490 000 | 1/15 | 32 667* | 190 000 |

注：*计算结果有尾差。

在税法允许的前提下，采用加速折旧法计提折旧，由于最初几年的折旧费用较多，相应减少了企业在这一期间的收益，从而减轻了所得税的负担。虽然从固定资产全部使用期来看，折旧总额不变，企业缴纳的所得税总额也未减少，但由于缴纳时间上的推迟，相当于政府给企业提供了一笔无息贷款，使企业从中得到了一定的财务利益。另外，在固定资产使用早期，维修费用较少，而在使用后期则费用较多，在维修费用少的使用早期多提折旧，在维修费用多的使用后期少提折旧，可使固定资产的使用成本（包括折旧费用和维修费用）在前后期大体保持平衡。当今科学技术高速发展，一些更新换代较快的资产，其无形损耗已成为确定折旧时必须考虑的重要因素之一。加速折旧法充分考虑了固定资产无形损耗因素，从而减少了旧技术淘汰时发生的损失。

企业在计提折旧时，要根据具体情况，综合考虑各种因素，选择适当的方法，尽量使折旧成本的分摊情况与固定资产的实际使用情况相符。

企业对于接受捐赠旧的固定资产，应当按照确定的固定资产入账价值、预计尚可使用年限、预计净残值，按选用的折旧方法计提折旧。

对于融资租入的固定资产，应当采用与自有应计折旧资产相一致的折旧政策。能够合理确定租赁期届满时将会取得租赁资产所有权的，应当在租赁资产尚可使用年限内计提折旧；无法合理确定租赁期届满时能够取得租赁资产所有权的，应当在租赁期与租赁资产尚可使用年限两者中较短的期间内计提折旧。

**思考**：加速折旧法与年限平均法相比有何优点？

## 五、固定资产折旧的账务处理

企业一般应按月计提折旧，当月增加的固定资产，当月不提折旧，从下月起计提折旧；当月减少的固定资产，当月照提折旧，从下月起不提折旧。

计提折旧的账务处理是通过设置"累计折旧"科目进行的。企业按照一定的方法计算出当年或当月计提的折旧后，应根据折旧资产的使用部门分别借记相应的成本、费用科目，贷记"累计折旧"科目。一般来说，企业的管理部门使用的固定资产，折旧费应记入"管理费用"科目，生产车间使用的固定资产，折旧费记入"制造费用"科目，专设销售部门使用的固定资产，折旧费记入"销售费用"科目。

【例6-12】大河公司2020年10月各部门固定资产计提折旧如下：生产车间计提折旧58 000元，行政管理部门计提折旧64 000元，专设销售部门计提折旧13 000元，大河公司账务处理如下：

借：制造费用　　　　　　　　　　　　　　　　58 000
　　管理费用　　　　　　　　　　　　　　　　64 000
　　销售费用　　　　　　　　　　　　　　　　13 000
　　贷：累计折旧　　　　　　　　　　　　　　　　　　135 000

## 六、固定资产使用寿命和折旧方法的复核

### （一）固定资产使用寿命的复核

在固定资产使用过程中，其所处的经济环境、技术环境以及其他环境有可能与预计固定资产使用寿命时发生很大的变化。例如，固定资产使用强度比正常情况大大加强，致使固定资产使用寿命大大缩短等。此时，如果不对固定资产预计使用寿命进行调整，原先确定的固定资产使用寿命必然不能反映出其为企业提供经济利益的期间，据此提供的会计信息就很可能是不真实的，进而影响会计信息使用者做出恰当的经济决策。

为了避免这种情况，企业应定期对固定资产预计使用寿命进行复核，如果固定资产使用寿命的预期数与原先的估计数有较大差异，则应当相应调整固定资产折旧年限，并按照会计估计变更的有关规定进行账务处理。企业对固定资产预计净残值所作的调整，也应作为会计估计变更处理。

### （二）固定资产折旧方法的复核

在固定资产使用过程中，其包含的经济利益的预期实现方式有可能发生重大变化。如果固定资产给企业带来经济利益的方式发生重大变化，企业也应相应改变固定资产折旧方法。例如，大河公司以前年度采用直线法计提固定资产折旧；本年度复核中发现，

与该固定资产相关的技术发生很大变化，采用直线法计提折旧已很难反映该项固定资产给企业带来经济利益的方式，因此，企业决定变直线法为加速折旧法。此时，如果不对固定资产折旧方法进行调整，原先确定的固定资产折旧方法必然不能反映出其为企业带来经济利益的方式，据此提供的会计信息就很可能是不真实的，进而影响会计信息使用者做出恰当的经济决策。

为了避免这种情况，企业应定期复核固定资产的折旧方法，如果固定资产包含的经济利益的预期实现方式有重大变化，则应在按规定履行相关程序报经批准后改按新的折旧方法计提折旧。

固定资产使用寿命、预计净残值和折旧方法的改变应作为会计估计变更。

## 第四节　固定资产后续支出

企业的固定资产投入使用后，为了适应新技术发展的需要，或者为维护或提高固定资产的使用效能，往往需要对现有固定资产进行维护、改建、扩建或者改良。固定资产后续支出是指固定资产确认后发生的维护、改扩建等支出。

### 一、资本化的后续支出

与固定资产有关的后续支出，如果使可能流入企业的经济利益超过了原先的估计，如延长了固定资产的使用寿命，或者使产品质量实质性提高，或者使产品成本实质性降低，则应当计入固定资产账面价值。

在对固定资产发生可资本化的后续支出时，企业应将该固定资产的原价、已计提的累计折旧和减值准备转销，将固定资产的账面价值转入在建工程。固定资产发生的可资本化的后续支出，通过"在建工程"科目核算。在固定资产发生的后续支出完工并达到预定可使用状态时，应在后续支出资本化后的固定资产账面价值不超过其可收回金额的范围内，从"在建工程"科目转入"固定资产"科目。

【例6–13】大河公司是一家从事印刷业的企业，有关业务资料如下：

① 2017年12月，该公司自行建成了一条印刷生产线并投入使用，建造成本568 000元，采用直线法计提折旧；预计净残值率为固定资产原价的3%，预计使用年限为6年。

② 2020年1月1日，由于生产的产品适销对路，现有生产线的生产能力已难以满足

公司生产发展的需要，但若新建生产线则成本太高，周期过长，于是公司决定对现有生产线进行改扩建，以提高其生产能力。

③ 2020 年 1 月 1 日至 3 月 31 日，经过三个月的改扩建，完成了对这条生产线的改扩建工程，共发生支出 268 900 元，全部以银行存款支付。

④ 该生产线改扩建工程达到预定可使用状态后，大大提高了生产能力，预计尚可使用年限为 8 年零 3 个月。假定改扩建后的生产线的预计净残值率为该扩建后固定资产账面价值的 3%；折旧方法仍为直线法。

⑤ 为简化计算，不考虑其他相关税费，公司按年度计提固定资产折旧。

本例中，由于对生产线的改扩建支出提高了生产线的生产能力并延长了其使用寿命，所以此项后续支出应增加固定资产的账面价值。大河公司的账务处理如下：

① 2018 年 1 月 1 日至 2019 年 12 月 31 日两年间，即固定资产后续支出发生前，该生产线的应计折旧额为：568 000 × (1 − 3%) = 550 960（元），年折旧额为：550 960 ÷ 6 = 91 826.67（元），各年计提固定资产折旧的账务处理为：

借：制造费用　　　　　　　　　　　　　　　　　　　91 826.67
　　贷：累计折旧　　　　　　　　　　　　　　　　　　91 826.67

② 2020 年 1 月 1 日，固定资产的账面价值为：568 000 − 91 826.67 × 2 = 384 346.66（元），固定资产转入改扩建支出的账务处理为：

借：在建工程　　　　　　　　　　　　　　　　　　　384 346.66
　　累计折旧　　　　　　　　　　　　　　　　　　　183 653.34
　　贷：固定资产　　　　　　　　　　　　　　　　　　568 000

③ 2020 年 1 月 1 日至 3 月 31 日，固定资产后续支出发生时的账务处理为：

借：在建工程　　　　　　　　　　　　　　　　　　　268 900
　　贷：银行存款　　　　　　　　　　　　　　　　　　268 900

④ 2020 年 3 月 31 日，生产线改扩建工程达到预定可使用状态，将后续支出全部资本化后的固定资产账面价值为：384 346.66 + 268 900 = 653 246.66（元），账务处理为：

借：固定资产　　　　　　　　　　　　　　　　　　　653 246.66
　　贷：在建工程　　　　　　　　　　　　　　　　　　653 246.66

⑤ 2020 年 3 月 31 日，生产线改扩建工程达到预定可使用状态后，固定资产应计折旧额为：653 246.66 × (1 − 3%) = 633 649.26（元）；在 2020 年 4 月 1 日至 12 月 31 日九个月期间计提的固定资产折旧额为：633 649.26 ÷ (8 × 12 + 3) × 9 = 57 604.48（元），因

此 2020 年度计提折旧额为 57 604.48 元。账务处理为：

  借：制造费用              57 604.48

    贷：累计折旧            57 604.48

  企业发生的一些固定资产后续支出可能涉及替换原有固定资产的某些组成部分，当发生的后续支出符合固定资产的确认条件时，应将其计入固定资产的成本，同时将被替换部分的账面价值扣除。这样可以避免将其替换部分的成本和被替换部分的成本同时计入固定资产的成本，导致固定资产的虚高。

  【例 6-14】甲航空公司 2012 年 12 月购入一架飞机总计花费 8 000 万元（含发动机），发动机当时的购价为 500 万元。甲航空公司未将发动机单独作为一项固定资产进行核算。2021 年初，甲航空公司开辟新航线，航程增加。为延长飞机的空中飞行时间，公司决定更换一部性能更为先进的发动机。新发动机的成本为 700 万元，另需支付安装费用 10 万元。假定飞机的年折旧率为 3%，不考虑预计净残值和相关税费的影响，替换下的老发动机报废，残料变价收入 50 万元，甲航空公司的账务处理如下：

  ① 2021 年初飞机的累计折旧金额 = 80 000 000 × 3% × 8 = 19 200 000（元），将固定资产转入在建工程：

  借：在建工程              60 800 000

    累计折旧              19 200 000

    贷：固定资产             80 000 000

  ② 安装新发动机：

  借：在建工程              7 100 000

    贷：工程物资             7 000 000

      银行存款              100 000

  ③ 2021 年初老发动机的账面价值 = 5 000 000 - 5 000 000 × 3% × 8 = 3 800 000（元），终止确认老发动机的账面价值：

  借：营业外支出——处置非流动资产损失       3 300 000

    银行存款              500 000

    贷：在建工程             3 800 000

  ④ 新发动机安装完毕，投入使用，固定资产的入账价值 = 60 800 000 + 7 100 000 - 3 800 000 = 64 100 000（元）：

  借：固定资产              64 100 000

    贷：在建工程             64 100 000

 **思考**：固定资产替换如何进行账务处理？

## 二、费用化的后续支出

一般情况下，固定资产投入使用后，由于固定资产磨损、各组成部分耐用程度不同，可能导致固定资产的局部损坏，为了维护固定资产的正常运转和使用，充分发挥其使用效能，企业将对固定资产进行必要的维护。发生固定资产维护支出只是确保固定资产的正常工作状况，它并不导致固定资产性能的改变或固定资产未来经济利益的增加。因此，应在发生时一次性计入当期费用，不再通过预提或待摊的方式进行核算。

【例 6 – 15】2020 年 6 月 15 日，大河公司对现有的一台生产用机器设备进行修理，修理过程中领用原材料 120 000 元，应负担修理人员的工资 28 000 元，不考虑其他相关税费。

本例中，由于对机器设备的维修仅仅是为了维护固定资产的正常使用而发生的，该项支出并没有使可能流入企业的经济利益超过原先的估计，因此，应将该项固定资产后续支出在其发生时确认为费用。大河公司的账务处理如下：

借：管理费用　　　　　　　　　　　　　　　　　　　148 000
　　贷：原材料　　　　　　　　　　　　　　　　　　　120 000
　　　　应付职工薪酬　　　　　　　　　　　　　　　　 28 000

在具体实务中，对于固定资产发生的下列各项后续支出，通常的处理方法如下：

（1）固定资产修理费用，应当直接计入当期费用。但大修理费用符合资本化条件应列入固定资产成本。

（2）固定资产改良支出，应当计入固定资产账面价值。

（3）如果不能区分是固定资产修理还是固定资产改良，或固定资产修理和固定资产改良结合在一起，则企业应当判断，与固定资产有关的后续支出，是否使可能流入企业的经济利益超过了原先的估计。如果该后续支出使可能流入企业的经济利益超过了原先的估计，则后续支出应当计入固定资产账面价值；否则，后续支出应当确认为当期费用。

（4）固定资产装修费用，如果使可能流入企业的经济利益超过了原先的估计，则后续支出应当计入固定资产账面价值，其增计的金额不应超过该固定资产的可收回金额，并在"固定资产"科目下单设"固定资产装修"明细科目核算，在两次装修期间与固定资产尚可使用年限两者中较短的期间内，采用合理的方法单独计提折旧。如果在下次装修时，该项固定资产相关的"固定资产装修"明细科目仍有账面价值，应将该账面价值一次全部计入当期营业外支出。

## 第五节　固定资产处置

企业对如下固定资产应及时清理：由于长期使用而不断磨损直至最终报废的；由于无形损耗等原因而发生提前报废的；由于自然灾害或意外事故而发生毁损的。对那些不适用或不需用的固定资产，可以出售。

如果企业固定资产未被划分为持有待售类别而被出售、转让，以及因报废和毁损而处置固定资产的，应设置"固定资产清理"科目进行核算。该科目核算企业因出售、报废和毁损等原因转入清理固定资产的价值及其在清理过程中所发生的清理费用和清理收入等。

企业出售、报废和毁损的固定资产，其账务处理一般可分为以下几个步骤：

（1）固定资产转入清理。企业出售、报废和毁损的固定资产转入清理时，应按清理固定资产的净值，借记"固定资产清理"科目，按已提的折旧，借记"累计折旧"科目，按已计提的减值准备，借记"固定资产减值准备"科目，按固定资产原价，贷记"固定资产"科目。

（2）发生清理费用。固定资产在清理过程中发生的清理费用以及应交的税金，也应计入"固定资产清理"科目，按实际发生的清理费用，借记"固定资产清理"科目，贷记"银行存款"等项目。

（3）出售收入和残料等的处理。企业收回出售固定资产的价款、报废固定资产的残料价值和变价收入等，应冲减清理支出，按实际收到的出售价款及残料变价收入等，借记"银行存款""原材料"等科目，贷记"固定资产清理""应交税费——应交增值税"科目。

（4）保险赔偿的处理。企业计算或收到的应由保险公司或过失人赔偿的报废、毁损固定资产的损失时，应冲减清理支出，借记"银行存款"或"其他应收款"科目，贷记"固定资产清理"科目。

（5）清理净损益的处理。固定资产清理完成后产生的净损益，依据固定资产处置方式的不同，分别适用不同的处理方法：

① 因已丧失使用功能或因自然灾害等原因而报废清理产生的利得或损失应计入营业

外支出。属于生产经营期间正常报废清理产生的处理净损失,借记"营业外支出——处置非流动资产损失"科目,贷记"固定资产清理"科目;属于生产经营期间由于自然灾害等非正常原因造成的,借记"营业外支出——非常损失"科目,贷记"固定资产清理"科目。如为净收益,借记"固定资产清理"科目,贷记"营业外收入"科目。

② 因出售、转让等原因产生的固定资产处置利得或损失应计入资产处置损益。产生处置净损失的,借记"资产处置损益"科目,贷记"固定资产清理"科目;如为净收益,借记"固定资产清理"科目,贷记"资产处置损益"科目。

## 一、固定资产的出售

企业对由于技术进步而不再适用的固定资产和由于调整经营方针而不需用的固定资产,可以考虑将其出售。固定资产售价与其账面净值之间的差额为处置损益,这种损益是对固定资产使用期内成本分配的一种校正。

【例6-16】2020年8月25日,大河公司出售一台机器设备,原价150 000元,已使用5年,计提折旧50 000元,提取的固定资产的减值准备为10 000元,支付清理费用2 500元,出售价格为56 500元(含增值税6 500元),根据以上资料,大河公司的账务处理如下:

① 固定资产转入清理时:

借:固定资产清理　　　　　　　　　　　　　　　　　　　　　90 000
　　累计折旧　　　　　　　　　　　　　　　　　　　　　　　 50 000
　　固定资产减值准备　　　　　　　　　　　　　　　　　　　 10 000
　　贷:固定资产　　　　　　　　　　　　　　　　　　　　　　　　150 000

② 支付清理费用时:

借:固定资产清理　　　　　　　　　　　　　　　　　　　　　2 500
　　贷:银行存款　　　　　　　　　　　　　　　　　　　　　　　　2 500

③ 收到出售价款时:

借:银行存款　　　　　　　　　　　　　　　　　　　　　　　56 500
　　贷:固定资产清理　　　　　　　　　　　　　　　　　　　　　　50 000
　　　　应交税费——应交增值税(销项税额)　　　　　　　　　　　6 500

④ 结转固定资产清理后的净损益时:

借:资产处置损益　　　　　　　　　　　　　　　　　　　　　42 500
　　贷:固定资产清理　　　　　　　　　　　　　　　　　　　　　　42 500

## 二、固定资产的报废和毁损

固定资产报废包括使用期满报废和由于技术进步而发生的提前报废。固定资产毁损是指由自然灾害和责任事故造成的非正常报废。

固定资产报废和毁损的账务处理基本相同。

**【例 6-17】** 2020 年 11 月 12 日,大河公司有旧机器设备一台,原值 230 000 元,已提折旧 180 000 元,因技术落后提前报废。在清理过程中,以银行存款支付清理费用 500 元,旧机器设备的某些零件作价 8 000 元入库。大河公司的账务处理如下:

① 固定资产转入清理时:

| | | |
|---|---|---|
| 借:固定资产清理 | 50 000 | |
| 累计折旧 | 180 000 | |
| 贷:固定资产 | | 230 000 |

② 支付清理费用时:

| | | |
|---|---|---|
| 借:固定资产清理 | 500 | |
| 贷:银行存款 | | 500 |

③ 零件入库时:

| | | |
|---|---|---|
| 借:原材料 | 8 000 | |
| 贷:固定资产清理 | | 8 000 |

④ 结转固定资产清理净损益时:

| | | |
|---|---|---|
| 借:营业外支出——处置非流动资产损失 | 42 500 | |
| 贷:固定资产清理 | | 42 500 |

**【例 6-18】** 大河公司的一辆小轿车,原值 300 000 元,已提折旧 100 000 元,在一次交通事故中报废,收到保险公司赔偿款 150 000 元,过失人赔偿款 30 000 元,大河公司的账务处理如下:

① 将报废车转销时:

| | | |
|---|---|---|
| 借:固定资产清理 | 200 000 | |
| 累计折旧 | 100 000 | |
| 贷:固定资产 | | 300 000 |

② 收到保险公司和过失人赔偿款时:

| | | |
|---|---|---|
| 借:银行存款 | 180 000 | |
| 贷:固定资产清理 | | 180 000 |

③ 结转固定资产净损益时：

借：营业外支出——非常损失　　　　　　　　　　　　　　　20 000
　　　贷：固定资产清理　　　　　　　　　　　　　　　　　　20 000

## 三、持有待售固定资产

### （一）持有待售类别资产及划分条件

企业非流动资产或处置组如果不是通过持续使用而主要是出售（包括具有商业实质的非货币性资产交换）收回资产账面价值的，应当将其划分为持有待售类别。这里的非流动资产包括固定资产、无形资产、长期股权投资等，但不包括递延所得税资产、金融工具相关会计准则规范的金融资产、以公允价值模式进行后续计量的投资性房地产、以公允价值减去出售费用后的净额计量的生物资产和由保险合同相关会计准则规范的保险合同所产生的权利。处置组是指一项交易中作为整体通过出售或其他方式一并处置的一组资产，以及在该交易中转让的与这些资产直接相关的负债。也就是处置组可能包含企业的任何资产和负债，如流动资产、流动负债、非流动资产和非流动负债，以及按合同方式分摊至该资产组的商誉。

企业将非流动资产或处置组划分为持有待售类别，应当同时满足以下两个条件：

（1）可立即出售，是指按照惯例在类似交易中出售此类资产或处置组，在当前状况下即可立即进行。具体表现为企业具有当前状态下出售该类资产的意图和能力，符合交易惯例的要求，企业应当在出售前做好相关准备。

（2）出售极可能发生，是指企业已经就一项出售计划作出决议且获得确定的购买承诺，预计出售将在一年内完成。企业该项资产出售决议一般需要由企业相应级别的管理层作出，有关规定要求企业相关权力机构或者监管部门批准后方可出售的，应当已经获得批准；确定的购买承诺，是指企业与其他方签订的具有法律约束力的购买协议，该协议包含交易价格、时间和足够严厉的违约惩罚等重要条款，使协议出现重大调整或者撤销的可能性极小；该项资产出售交易自资产划分为持有待售类别起一年内能够完成。如果因企业无法控制的原因导致非关联方之间的交易未能在一年内完成，且有证据表明企业仍然承诺出售非流动资产或处置组的，企业应当继续将非流动资产或处置组划分为持有待售类别。这些原因包括：①买方或其他方意外设定导致出售延期的条件。企业针对这些条件已经及时采取行动，且预计能够自设定导致出售延期的条件起一年内顺利化解延期因素。②发生罕见情况。罕见情况（主要指因不可抗力引发的情况、宏观经济形势发生急剧变化等不可控情况）导致持有待售的非流动资产或处置组未能在一年内完成出售，企业在最初一年内已经针对这些新情况采取必要措施且重新满足了持有待售类别的划分条件。

企业对于符合持有待售类别划分条件但仍在使用的非流动资产或资产组，如果通过该资产或资产组使用收回的价值相对于通过出售收回的价值微不足道，资产的账面价值仍然主要通过出售收回，企业则不应当因持有待售的非流动资产或资产组仍在产生零星收入而不将其划分为持有待售类别。

### （二）持有待售固定资产的账务处理

下面主要以固定资产为例说明其被划分为持有待售类别时相关业务的账务处理。企业固定资产如欲通过出售而收回其账面价值的，在满足上述两个条件时应转为持有待售固定资产。固定资产从划分为持有待售类别至按照协议出售期间，包括划分日初始计量、后续资产负债表日重新计量、持有待售固定资产出售三个环节所涉业务。

**1. 划分日初始计量**

企业的固定资产被划分为持有待售类别时，其初始计量应遵循的规定是：分类前账面价值高于公允价值减去出售费用后净额的，应当将账面价值减记至公允价值减去出售费用后的净额，减记的金额确认为资产减值损失，计入当期损益，同时计提持有待售资产减值准备；如果分类前账面价值低于公允价值减去出售费用后净额的，则不需要对账面价值进行调整。企业已经获得确定的购买承诺，公允价值应当参考交易价格确定；如果企业尚未获得确定的购买承诺，公允价值应优先使用市场报价等可观察输入值进行估计。出售费用是指可以直接归属于出售资产的增量费用，包括为出售发生的特定法律服务、评估咨询等中介费用，以及相关的消费税、城市维护建设税、土地增值税、印花税等。企业取得日划分为持有待售类别固定资产的，应当在初始计量时比较假定其不划分为持有待售类别情况下的初始计量金额和公允价值减去出售费用后的净额，以两者孰低计量，除企业合并中取得的非流动资产或处置组外，由非流动资产或处置组以公允价值减去出售费用后的净额作为初始计量金额而产生的差额，应当计入当期损益。企业的固定资产被划分为持有待售类别时，按固定资产账面价值，借记"持有待售资产"科目，按已计提的累计折旧，借记"累计折旧"科目，按计提的减值准备，借记"固定资产减值准备"科目，按固定资产账面余额，贷记"固定资产"科目；划分日按减值的金额，借记"资产减值损失"科目，贷记"持有待售资产减值准备"科目。

**【例 6-19】** 大河公司 2018 年 12 月 23 日购买一台设备，原始价值 2 000 000 元，预计使用10年，净残值率为4%，按年限平均法计提折旧。2020年6月20日大河公司由于转产，此设备不再使用，遂与大地公司签订不可撤销销售协议，约定在2020年底将此设备转售给大地公司。2020年6月20日大地公司买价为1 500 000元（不包括增值税），预计处置费用20 000元，假定不考虑相关税费。2020年6月20日该项设备应转为待售固定资产，大河公司的账务处理如下：

① 固定资产转为持有待售：

固定资产账面价值 = 2 000 000 − [2 000 000 × (1 − 4%) ÷ (10 × 12)] × 18 = 1 712 000（元）

借：持有待售资产　　　　　　　　　　　　　　　1 712 000
　　累计折旧　　　　　　　　　　　　　　　　　　288 000
　　贷：固定资产　　　　　　　　　　　　　　　　　　　2 000 000

② 计算应计提的减值准备：

应计提减值准备 = 1 712 000 − (1 500 000 − 20 000) = 232 000（元）

借：资产减值损失　　　　　　　　　　　　　　　232 000
　　贷：持有待售资产减值准备　　　　　　　　　　　　232 000

持有待售固定资产在持有期间不得计提折旧。因为当固定资产转为持有待售资产以后，其在未来为企业带来经济利益的方式和企业拥有的其他普通固定资产已经不同，即企业不再通过使用这项固定资产实现其经济利益，而是通过以相当确定的金额出售给其他企业从而带来经济利益。如果继续计提折旧会减少持有待售固定资产账面价值，这样会使固定资产账面价值低于其将来能为企业带来的经济利益，使固定资产账面价值的反映不真实，影响会计信息的可靠性。

**2. 后续资产负债表日重新计量**

后续资产负债表日持有待售固定资产账面价值高于公允价值减去出售费用后的净额，如预计出售费用发生增加，应当将账面价值减记至公允价值减去出售费用后的净额，减记的金额确认为资产减值损失，计入当期损益，同时计提持有待售资产减值准备。

后续资产负债表日持有待售固定资产公允价值减去出售费用后的净额增加的，如预计出售费用发生减少，以前减记的金额应当予以恢复，并在划分为持有待售类别后确认的资产减值损失金额内转回，转回金额计入当期损益。划分为持有待售类别前确认的资产减值损失不得转回。

持有待售固定资产因不再满足持有待售类别的划分条件而不再继续划分为持有待售类别时，应当按照以下两值孰低计量：①划分为持有待售类别前的账面价值，按照假定不划分为持有待售类别情况下本应确认的折旧或减值等进行调整后的金额;②可收回金额。

**3. 持有待售固定资产出售**

持有待售固定资产出售时,借记"银行存款""持有待售资产减值准备"科目,贷记"持有待售资产""应交税费""资产处置损益"科目;支付出售费用时,借记"资产处置损益"科目,贷记"银行存款"科目。

【例6-20】承〖例6-19〗假定大河公司如期于2020年末按协议将此设备转售给大地公司,实际发生出售费用26 000元,其他条件不变。相关业务账务处理如下:

① 转出持有待售资产:

| | |
|---|---|
| 借:银行存款 | 1 500 000 |
| 　　持有待售资产减值准备 | 232 000 |
| 　　贷:持有待售资产 | 1 712 000 |
| 　　　　资产处置损益 | 20 000 |

② 支付出售费用:

| | |
|---|---|
| 借:资产处置损益 | 26 000 |
| 　　贷:银行存款 | 26 000 |

思考:固定资产处置的步骤。

## 第六节　固定资产减值

### 一、固定资产减值迹象的判断

企业的固定资产应当在期末时按照账面价值与可收回金额孰低计量,当可收回金额低于账面价值时,固定资产发生减值,此时应当计提固定资产减值准备。

企业的固定资产在使用过程中,由于自然磨损、技术陈旧或其他原因,导致其可收回金额低于其账面价值,从而发生资产减值。企业应在资产负债表日判断资产是否存在可能发生减值的迹象,主要可从外部信息和内部信息两个方面加以判断。

**(一)来自企业外部信息的迹象**

(1)资产的市价当期大幅度下跌,其跌幅明显高于因时间的推移或者正常使用而预计的下跌。

（2）企业经营所处的经济、技术或者法律等环境以及资产所处的市场在当期或者将在近期发生重大变化，从而对企业产生不利影响。

（3）市场利率或者其他市场投资报酬率在当期已经提高，从而影响企业计算资产预计未来现金流量现值的折现率，导致资产可收回金额大幅度降低。

（4）企业所有者权益（净资产）的账面价值远高于其市值。

### （二）来自企业内部信息的迹象

（1）有证据表明资产已经陈旧过时或者其实体已经损坏。

（2）资产已经或者将被闲置、终止使用或者计划提前处置。

（3）企业内部报告的证据表明资产的经济绩效已经低于或者将低于预期，如资产所创造的净现金流量或者实现的营业利润（或者亏损）远远低于（或者高于）原来的预算或者预计金额等。

（4）其他表明资产可能已经发生减值的迹象。

**思考**：如何判断固定资产发生减值？

## 二、固定资产可收回金额的计量

固定资产可收回金额是指固定资产的公允价值减去处置费用后的净额与固定资产预计未来现金流量的现值两者之间较高者。

固定资产的公允价值减去处置费用后的净额，通常反映的是固定资产如果被出售或者处置时可以收回的净现金流入。其中，处置费用是可以直接归属于资产处置的增量成本，包括与固定资产处置有关的法律费用、相关税费、搬运费以及为使固定资产达到可销售状态所发生的直接费用等，但是财务费用和所得税费用等不包括在内。

固定资产预计未来现金流量的现值，应当按照固定资产在持续使用过程中和最终处置时所产生的预计未来现金流量，选择恰当的折现率对其进行折现后的金额加以确定。预计资产未来现金流量的现值，应当综合考虑资产的预计未来现金流量、使用寿命和折现率等因素。

## 三、固定资产减值损失的确认

企业在对固定资产进行减值测试并计算确定固定资产的可收回金额后，如果固定资产的可收回金额低于账面价值，应当将固定资产的账面价值减记至可收回金额，减记的金额确认为资产减值损失，计入当期损益，同时计提相应的固定资产减值准备。

企业应设置"固定资产减值准备"科目，该科目贷方登记发生减值时计提的减值准备金额，借方登记资产处置时应结转的已计提减值准备，期末贷方余额反映企业已计提但尚未转销的减值准备金额。企业应在资产负债表日，应根据确定的资产减值准备的金额，借记"资产减值损失"科目，贷记"固定资产减值准备"科目。

已计提减值准备的固定资产，应当按照该固定资产的账面价值以及尚可使用寿命重新计算确定折旧率和折旧额；因固定资产减值准备而调整固定资产折旧额时，对此前已计提的累计折旧不作调整。

固定资产减值损失一经确认，在以后会计期间不得转回。但是，遇到资产报废、出售、对外投资、以非货币性资产交换方式换出、通过债务重组抵偿债务等情况，同时符合固定资产终止确认条件的，企业应当将相关资产减值准备予以转销。

思考：固定资产减值损失一经确认，以后期间为什么不能转回？

**【例6-21】** 2020年12月31日，大河公司对在生产经营过程中使用的一条生产线进行检查时发现该类生产线可能发生减值，该生产线的账面价值为820 000元，以前年度没有计提资产减值准备。该生产线的公允价值总额为650 000元，可归属于该生产线的处置费用为5 000元；预计尚可使用5年，预计其在未来4年内每年末产生的现金流量分别为：200 000元、180 000元、160 000元、125 000元；第5年产生的现金流量以及使用寿命结束时处置形成的现金流量合计为100 000元。假定在考虑相关因素的基础上，大河公司决定采用5%的折现率。

大河公司的账务处理如下：

① 确定可收回金额：

固定资产的公允价值减去处置费用后的净额 = 650 000 - 5 000 = 645 000（元）

固定资产预计未来现金流量的现值 = 200 000 × (P/F,5%,1) + 180 000 × (P/F,5%,2) + 160 000 × (P/F,5%,3) + 125 000 × (P/F,5%,4) + 100 000 × (P/F,5%,5) = 200 000 × 0.952 + 180 000 × 0.907 + 160 000 × 0.863 + 125 000 × 0.822 + 100 000 × 0.783 = 672 790（元）

预计未来现金流量的现值为672 790元，大于其公允价值减去处置费用后的净额645 000元，所以，该生产线的可收回金额为672 790元。

② 确认固定资产减值损失：

大河公司该生产线应确认的资产减值损失 = 820 000 - 672 790 = 147 210（元）

借：资产减值损失 147 210
  贷：固定资产减值准备 147 210

 **思考题**

1. 什么是固定资产？固定资产有何特征？
2. 固定资产的确认条件是什么？如何理解这些确认条件？
3. 影响固定资产折旧的因素主要有哪些？
4. 我国对固定资产折旧的范围是如何规定的？
5. 加速折旧法有何优点？
6. 什么是固定资产后续支出？其账务处理是如何规定的？
7. 判断固定资产减值的迹象有哪些？
8. 如何确定固定资产可收回金额？

# 第七章

# 无形资产

**学习目标:**
1. 掌握无形资产的概念及其特征。
2. 掌握无形资产的研究与开发支出的确认和计量。
3. 掌握无形资产的摊销、处置和减值。
4. 熟悉其他资产的概念和内容。

 **案例导读:**

近几年来,美国不断打压中国企业,无论是 ZX 事件还是 HW 事件,最重要的一点就是核心技术必须掌握在自己手里。核心技术受制于人是我们最大的隐患。核心技术是国之重器,在别人的墙基上砌房子,再大再漂亮也可能经不起风雨,甚至不堪一击。HW 公司为了发展核心技术,持续投入技术创新与研发。坚持每年将 10% 以上的销售收入投入研究与开发。2019 年,从事研究与开发的人员约 9.6 万人,约占公司总人数的 49%。2019 年研发费用支出 1 317 亿元人民币。近十年累计投入的研发费用超过人民币 6 000 亿元。截至 2019 年 12 月 31 日,HW 在全球共持有有效授权专利 85 000 多件,90% 以上专利为发明专利。拥有软件、专利权、特许权使用费、商标使用权及其他类无形资产,账面价值分别为 8.87 亿元、32.86 亿元、31.37 亿元、11.45 亿元。HW 公司无形资产采用直线法 5 年摊销,无残值。

请同学们思考:

(1) HW 公司研发费用支出如何进行账务处理?

(2) 无形资产如何进行后续计量?

通过本章的学习,你将会找到答案。

## 第一节　无形资产概述

### 一、无形资产的概念

无形资产是指企业拥有或控制的没有实物形态的可辨认非货币性资产。无形资产主要包括专利权、非专利技术、商标权、著作权、土地使用权、特许权等。与其他资产相比，无形资产具有以下几方面特征。

#### （一）无形资产不具有实物形态

无形资产通常表现为某种权利、某项技术或者某种获取超额利润的综合能力，它们不具有实物形态，看不见、摸不着，如商标权、非专利技术等。企业的有形资产如固定资产虽然也能为企业带来经济利益，但其为企业带来经济利益的方式与无形资产不同，固定资产是通过实物价值的磨损和转移来为企业带来未来经济利益，而无形资产很大程度上是通过自身所具有的技术等优势为企业带来未来的经济利益，不具有实物形态是无形资产区别于其他资产的特征之一。

需要明确的是，某些无形资产的存在有赖于实物载体，但这并不改变无形资产本身不具实物形态的特性，如计算机软件需要存储在磁盘中。在确定一项包含无形和有形要素的资产是属于固定资产还是属于无形资产时，需要通过判断来加以确定，通常以哪个要素更重要作为判断的依据。例如，计算机控制的机械工具没有特定计算机软件就不能运行时，则说明该软件是构成相关硬件不可缺少的组成部分，则该软件应作为固定资产核算；如果计算机软件不是相关硬件不可缺少的组成部分，则该软件应作为无形资产核算。

#### （二）无形资产具有可辨认性

作为无形资产核算的资产必须是区别于其他资产可单独辨认的，资产满足下列条件之一的，符合无形资产定义中的可辨认性标准：

（1）能够从企业中分离或者划分出来，并能单独或者与相关合同、资产或负债一起，用于出售、转移、授予许可、租赁或者交换。

（2）源自合同性权利或其他法定权利，无论这些权利是否可以从企业或其他权利和义务中转移或者分离。例如，一方通过与另一方签订特许合同而获得的特许使用权，通过法律程序申请获得的商标权、专利权等。

商誉的存在通常是与企业的整体价值联系在一起，无法与企业自身分离开来的，由于不具有可辨认性，因此不属于无形资产。

### （三）无形资产属于非货币性资产

货币性资产是指企业持有的货币资金和将以固定或可确定的金额收取的资产，主要有现金、银行存款、应收账款、应收票据和短期有价证券等，它们的共同特点是直接表现为固定的货币数额或收到一定货币数额的权利。非货币性资产是指货币性资产以外的资产。无形资产由于没有发达的交易市场，一般不容易转化成现金，在持有过程中为企业带来未来经济利益的情况不确定，不属于以固定或可确定的金额收取的资产，属于非货币性资产。应收账款等资产也没有实物形态，但其是货币性资产，因此不属于无形资产。

## 二、无形资产的分类

无形资产对企业来说具有重要的意义，可以从不同的角度、标准对其进行分类。

### （一）按取得方式划分

（1）外来的无形资产是指企业外购的无形资产、投资者作为资本投入的无形资产、企业接受外部捐赠的无形资产，以及通过其他外部渠道形成的无形资产。

（2）自行开发的无形资产是指企业自行研制开发形成的无形资产以及在生产经营过程中由于经营良好而自然累积形成的无形资产。有些需由国家有关部门经法定程序批准授予，如专利权、商标权等；有些则无需由国家有关部门授权，如非专利技术等。

### （二）按使用寿命期限划分

（1）使用寿命有限的无形资产是指在相关法律中规定最长有效期限的无形资产，如专利权、商标权、著作权、土地使用权、特许权等。

（2）使用寿命不确定的无形资产是指在相关法律中没有规定有效期限，或使用寿命难以估计的无形资产，如非专利技术。

### （三）按经济内容划分

**1. 专利权**

专利权是指国家专利主管机关依法授予发明创造专利申请人，对于其发明创造的成果在法定期限内所享有的专有权利。专利权包括发明专利权、实用新型专利权和外观设计专利权。

在某项专利权的有效期内，专利权人享有独占其专利的权利，他人欲使用该专利，需向专利权人购买专利或购买专利使用权，否则即为侵犯了专利权。专利权受法律保护的时间是有限的，超过法定期限后，任何专利权都失去法律保护力。我国专利法规定，发明专利的法定有效期限为20年，实用新型和外观设计专利的法定有效时间为10年。

**2. 非专利技术**

非专利技术也称专有技术，是指不为外界所知、在生产经营活动中已采用、不享有法律保护、可以带来经济利益的各种技术和诀窍。一般包括工业专有技术、商业贸易专有技术、管理专有技术等。非专利技术不受法律保护，它是通过自我保密的方式来达到独占的目的，具有专利权的效用。专利在法定有效期届满后即不受法律保护，任何人都可以采用，而非专利技术只要企业保密得当，就可以长期保持其优势。

**3. 商标权**

商标权是指企业拥有专门在某类指定的商品或产品上使用特定的名称、图案、标记的权利。商标是用来辨认特定商品或劳务的标记。商标是消费者辨别商品或服务的质量、性能和品位的重要标志，著名商标常能给企业带来巨额经济利益，体现了商标的价值。

商标按其是否注册可分为注册商标和非注册商标。根据我国商标法的规定，经商标局核准注册的商标为注册商标；商标注册人享有商标专用权，受法律保护；未申请注册的商标，不能获得商标权，也不受法律保护。商标权的内容包括独占使用权和禁止使用权。我国商标法规定，商标权的有效期限为10年，可在期满前6个月内申请续展注册；在此期间未能提出申请的，可以给予6个月的宽展期，宽展期满仍未提出申请的，注销其注册商标，每次续展的有效期为10年。

**4. 土地使用权**

土地使用权是指国家准许企业在一定期间对国有土地享有开发、利用、经营的权利。我国土地实行公有制，任何单位和个人不得侵占、买卖或者以其他形式非法转让。企业取得土地使用权的方式大致有以下几种：行政划拨、外购（如以缴纳土地出让金方式取得）或投资者投资取得。通常情况下，作为投资性房地产或者作为固定资产核算的土地，按照投资性房地产或者固定资产核算；以缴纳土地出让金等方式外购的土地使用权、投资者投入等取得的土地使用权，作为无形资产核算。

**5. 特许权**

特许权也称为专营权或经营特许权，是政府（或企业）特准允许某一企业（或另一其他企业）在一定地区和时期内享有经营某种业务或销售某种特定商品的权利。例如，由政府机构授权，准予企业使用或在一定地区享有水、电、邮电通信等专营权、烟草专卖权等。再比如企业间依照签订的合同，获准使用的连锁商店、代理权等。

**6. 著作权**

著作权又称版权，是指作者对其创作的文学、科学和艺术作品依法享有的某些特殊的权利。著作权包括作品发表权、署名权、修改权、保护作品完整权、使用权和获得报酬权等。著作权可以转让、出售或者赠与。我国有关法律规定，公民的作品，其发表权、使用权和获得报酬权的保护期为作者终生及其死后50年；法人或者非法人单位的作品，其发表权、使用权和获得报酬权的保护期为作品首次发表后50年。

### 三、无形资产的确认条件

无形资产应当在符合定义的前提下，同时满足以下两个条件时，才能予以确认。

#### （一）与该无形资产有关的经济利益很可能流入企业

产生的未来经济利益很可能流入企业是资产的本质特征。通常情况下，无形资产产生的未来经济利益可能包括在销售商品、提供劳务的收入中，或者企业使用该项无形资产而减少或节约的成本中，或体现在获得的其他经济利益中。例如，企业在生产加工企业在生产工序中采用了某项专利技术，使其降低了生产成本，而不是增加未来收入。对企业在判断无形资产产生的经济利益是否很可能流入时，应当对无形资产在预计使用寿命内可能存在的各种经济因素作出合理估计，并且应当有明确证据支持。例如，企业是否有足够的人力资源、高素质的管理队伍、相关的硬件设备等来配合无形资产为企业创造经济利益。同时，更为重要的是关注一些外界因素的影响，如是否存在相关的新技术、新产品冲击与无形资产相关的技术或据其生产的产品的市场等。

#### （二）该无形资产的成本能够可靠地计量

成本能够可靠计量也是资产确认的一项基本条件。例如，企业内部产生的品牌、报刊名等，因其成本无法可靠计量，不作为无形资产确认。

## 第二节　无形资产的初始计量

无形资产通常以取得无形资产并使之达到预定可使用状态所发生的全部支出作为成

本计量。不同来源的无形资产，其实际成本的构成也有差异。

## 一、购入的无形资产初始计量

外购无形资产的初始取得成本包括购买价款、相关税费以及直接归属于使该项资产达到预定用途所发生的其他支出。其中，直接归属于使该项资产达到预定用途所发生的其他支出包括使无形资产达到预定用途所发生的专业服务费用、测试无形资产是否能够正常发挥作用的费用等。

但无形资产初始成本不包括下列各项：

（1）为引入新产品进行宣传发生的广告费、管理费用及其他间接费用。

（2）无形资产已经达到预定用途以后发生的费用。例如，在形成预定经济规模之前发生的初始运作损失。在无形资产达到预定用途之前发生的其他经营活动的支出，如果该经营活动并非是为使无形资产达到预定用途所必不可少的，有关经营活动的损益应于发生时计入当期损益，而不构成无形资产的成本。

【例7-1】2020年6月12日，大河公司购入一项专利技术，支付转让费及其他费用共计1 600 000元，并支付相关税费10 000元和有关专业服务费5 000元，以银行存款一次付清。大河公司账务处理如下：

借：无形资产——专利权　　　　　　　　　　　1 615 000
　　贷：银行存款　　　　　　　　　　　　　　　　　　1 615 000

采用分期付款方式购买无形资产，购买无形资产的价款超过正常信用条件延期支付，实际上具有融资性质的，根据无形资产准则的规定，要采用现值计价的模式，无形资产的成本为购买价款的现值。实际支付的价款与购买价款的现值之间的差额作为未确认的融资费用，在付款期间按照实际利率法确认利息费用。如果符合会计准则资本化条件的应予资本化；不能资本化的，应在信用期间内计入当期损益。

【例7-2】2019年1月1日，大河公司以分期付款的方式购买一项专利权作为无形资产核算，购买协议规定该项无形资产总价款为2 000万元，于2019年1月1日支付款项500万元，其余款项自2019~2021年每年末支付500万元，假定大河公司增量贷款年利率为6%，相关手续已经完备，为简化处理不考虑其他税费（已知期数为3、利率为6%的年金现值系数为2.673 0）。

大河公司的相关账务处理如下：

2019年1月1日：

该项无形资产的入账价值 = 500 + 500 × 2.673 0 = 500 + 1 336.5 = 1 836.5（万元）

未确认融资费用的金额 = 2 000 - 1 836.5 = 163.5（万元）

借：无形资产　　　　　　　　　　　　　　　　　　　1 836.5
　　未确认融资费用　　　　　　　　　　　　　　　　　163.5
　　　贷：银行存款　　　　　　　　　　　　　　　　　　　500
　　　　　长期应付款　　　　　　　　　　　　　　　　　1 500

2019 年 12 月 31 日：

应摊销的未确认融资费用 = 1 336.5 × 6% = 80.19（万元）

借：长期应付款　　　　　　　　　　　　　　　　　　　500
　　　贷：银行存款　　　　　　　　　　　　　　　　　　　500
借：财务费用　　　　　　　　　　　　　　　　　　　　80.19
　　　贷：未确认融资费用　　　　　　　　　　　　　　　80.19

2020 年 12 月 31 日：

应摊销的未确认融资费用 = [（1 500 - 500） - （163.5 - 80.19）] × 6% = 55（万元）

借：长期应付款　　　　　　　　　　　　　　　　　　　500
　　　贷：银行存款　　　　　　　　　　　　　　　　　　　500
借：财务费用　　　　　　　　　　　　　　　　　　　　　55
　　　贷：未确认融资费用　　　　　　　　　　　　　　　　55

2021 年 12 月 31 日：

应摊销的未确认融资费用 = 163.5 - 80.19 - 55 = 28.31（万元）

借：长期应付款　　　　　　　　　　　　　　　　　　　500
　　　贷：银行存款　　　　　　　　　　　　　　　　　　　500
借：财务费用　　　　　　　　　　　　　　　　　　　　28.31
　　　贷：未确认融资费用　　　　　　　　　　　　　　　28.31

## 二、投资者投入的无形资产初始计量

投资者投入的无形资产，在合同或协议约定的价值公允的前提下，应按照投资合同或协议约定的价值作为入账价值。在合同或协议约定价值不公允的情况下，应按照无形资产的公允价值入账。无形资产的入账价值与折合资本额之间的差额，作为资本溢价，计入资本公积。

【例 7 - 3】2020 年 11 月 11 日，大河公司因业务发展的需要接受 A 公司以一项非专利权向企业进行的投资。根据投资双方签订的投资合同，此项专利权的价值为 2 650 000

元，折合为公司的股票 1 000 000 股，每股面值 1 元。同时，公司支付相关税费等共 10 000 元。大河公司无形资产的初始计量应以取得成本为基础，取得成本包括合同约定的价款加上支付的相关税费。大河公司的账务处理如下：

借：无形资产——非专利权　　　　　　　　　　　　　　2 660 000
　　贷：股本　　　　　　　　　　　　　　　　　　　　　1 000 000
　　　　资本公积——股本溢价　　　　　　　　　　　　　1 650 000
　　　　银行存款　　　　　　　　　　　　　　　　　　　　 10 000

### 三、自行开发的无形资产计量

对于企业自行进行研究开发的项目，应当区分研究阶段与开发阶段分别进行核算。

#### （一）研究阶段与开发阶段的区分

**1. 研究阶段**

研究阶段是指为获取新的技术和知识等进行的有计划的调查，研究活动的例子包括：意于获取知识而进行的活动，研究成果或其他知识的应用研究、评价和最终选择，材料、设备、产品、工序、系统或服务替代品的研究，以及新的或经改进的材料、设备、产品、工序、系统或服务的可能替代品的配制、设计、评价和最终选择等。研究阶段有以下特点：

（1）计划性。研究阶段是建立在有计划的调查基础上，即研发项目已经董事会或者相关管理层的批准，并着手收集相关资料、进行市场调查等。例如，某计算机软件公司为研究开发某新软件，经董事会或者相关管理层的批准，有计划地收集相关资料、进行市场调查、比较市场相关软件的性能和作用等活动。

（2）探索性。研究阶段基本上是探索性的，为进一步的开发活动进行资料及相关方面的准备，这一阶段不会形成阶段性成果。

从其特点看，研究活动能否在未来形成成果有很大的不确定性，企业也无法证明其研究活动一定能够形成带来未来经济利益的无形资产，因此，研究阶段的有关支出在发生时应当费用化计入当期损益。

**2. 开发阶段**

开发阶段是指在进行商业性生产或使用前，将研究成果或其他知识应用于某项计划或设计，以生产出新的或具有实质性改进的材料、装置、产品等。开发活动的例子包括：生产前或使用前的原型和模型的设计、建造和测试，含新技术的工具、夹具、模具和冲模的设计,不具有商业性生产经济规模的试生产设施的设计、建造和运营,新的或改造的材料、设备、产品、工序、系统或服务所选定的替代品的设计、建造和测试等。

开发阶段具有针对性且形成成果的可能性较大。由于开发阶段相对于研究阶段更进一步,且很大程度上形成一项新产品或新技术的基本条件已经具备,此时如果企业能够证明开发阶段支出满足无形资产确认条件的,这部分支出可资本化,确认为无形资产的成本。

### (二)开发阶段有关支出资本化的条件

开发阶段相关支出资本化(计入无形资产成本)必须同时满足以下 5 个条件:

(1) 完成该无形资产以使其能够使用或出售在技术上具有可行性。判断无形资产的开发在技术上是否具有可行性,应当以目前阶段的成果为基础,并提供相关证据和材料,证明企业进行开发所需的技术条件等已经具备,不存在技术上的障碍或其他不确定性。例如,企业已经完成了全部计划、设计和测试活动,这些活动是使资产能够达到设计规划书中的功能、特征和技术所必需的活动或经过专家鉴定等。

(2) 具有完成该无形资产并使用或出售的意图。开发某项产品或专利技术产品等,通常是根据管理当局决定该项研发活动的目的或者意图加以确定,也就是说,研发项目形成成果以后,是为出售还是为自己使用并从使用中获得经济利益,应当依管理当局的决定为依据。因此,企业的管理当局应当明确表明其持有拟开发无形资产的目的,并具有完成该项无形资产开发并使其能够使用或出售的可能性。

(3) 无形资产产生经济利益的方式,包括能够证明运用该无形资产生产的产品存在市场或无形资产自身存在市场,无形资产将在内部使用的,应当证明其有用性。开发支出资本化作为无形资产确认,其基本条件是能够为企业带来未来经济利益。如果有关的无形资产在形成以后,主要是用于形成新产品或新工艺的,企业应对运用该无形资产生产的产品市场情况进行估计,应能够证明所生产的产品存在市场,能够带来经济利益的流入;如果有关的无形资产开发以后主要是用于对外出售的,则企业应能够证明市场上存在对该类无形资产的需求,开发以后存在外在的市场可以出售并带来经济利益的流入;如果无形资产开发以后不是用于生产产品,也不是用于对外出售,而是在企业内部使用的,则企业应能够证明在企业内部使用时对企业的有用性。

(4) 有足够的技术、财务和其他资源的支持,以完成该无形资产的开发,并有能力使用或出售该无形资产。这一条件主要包括:①为完成该项无形资产开发具有技术上的可靠性。开发的无形资产形成成果在技术上的可靠性是继续开发活动的关键。因此,必须有确凿证据证明企业继续开发该项无形资产有足够的技术支持和技术能力。②财务资源和其他资源支持。财务资源和其他资源支持是能够完成该项无形资产开发的经济基础，因此，企业必须能够说明为完成该项无形资产的开发所需的财务和其他资源，是否能够足以支持完成该项无形资产的开发。③能够证明企业获取在开发过程中所需的技术、财务和其他资源，以及企业获得这些资源的相关计划等。例如，在企业自有资金不足以提供支持的情况下，是否存在外部其他方面的资金支持，如银行等借款机构愿意为该无形资产的开发提供所需资金的声明等来证实。④有能力使用或出售该无形资产以取得收益。

（5）归属与该无形资产开发阶段的支出能够可靠地计量。企业对于研究开发活动发生的支出应单独核算，如发生的研究开发人员的工资、材料费等，在企业同时从事多项研究开发活动的情况下，所发生的支出同时用于支持多项研究开发活动的，应按照一定的标准在各项研究开发活动之间进行分配，无法明确分配的，应予费用化计入当期损益，不计入开发活动的成本。

### （三）内部开发的无形资产的计量

内部开发活动形成的无形资产，其成本由可直接归属于该资产的创造、生产并使该资产能够以管理层预定的方式运作的所有必要支出组成。可直接归属于该资产的成本包括：开发该无形资产时耗费的材料、劳务成本、注册费、在开发该无形资产过程中使用的其他专利权和特许权的摊销及按照《企业会计准则第17号——借款费用》的规定资本化的利息支出，以及为使该无形资产达到预定用途前所发生的其他费用。在开发无形资产过程中发生的除上述可直接归属于无形资产开发活动的其他销售费用、管理费用等间接费用、无形资产达到预定用途前发生的可辨认的无效和初始运作损失、为运行该无形资产发生的培训支出等不构成无形资产的开发成本。

值得说明的是，内部开发无形资产的成本仅包括在满足资本化条件的时点至无形资产达到预定用途前发生的支出总和，对于同一项无形资产在开发过程中达到资本化条件之前已经费用化计入损益的支出不再进行调整。

### （四）内部研究开发费用的账务处理

无形资产准则规定，企业研究阶段的支出全部费用化，计入当期损益（管理费用）；开发阶段的支出符合上述条件的才能资本化，计入无形资产成本，不符合资本化条件的则计入当期损益（管理费用）。如果确定无法区分研究阶段的支出和开发阶段的支出，应将其所发生的研发支出全部费用化，计入当期损益。

（1）企业自行开发无形资产发生的研发支出，未满足资本化条件的，借记"研发支出——费用化支出"科目，满足资本化条件的，借记"研发支出——资本化支出"科目，贷记"原材料""银行存款""应付职工薪酬"等科目。

（2）研究开发项目达到预定用途形成无形资产的，应按"研发支出——资本化支出"科目的余额，借记"无形资产"科目，贷记"研发支出——资本化支出"科目。

（3）期末，对不符合资本化条件的研发支出，应按"研发支出——费用化支出"科目的余额，借记"管理费用"科目，贷记"研发支出——费用化支出"科目。

外购或以其他方式取得的、正在研发过程中应予资本化的项目，先计入"研发支出——资本化支出"科目，其后发生的成本比照上述原则处理。

【例7-4】大河公司2019年自行研究开发一项新产品专利技术，在研究开发过程中发生材料费400 000元、人工工资100 000元，以及其他费用300 000元，总计800 000元，其中，符合资本化条件的支出为500 000元，2019年末，该专利技术尚未达到预定用途。2020年研究开发过程中发生材料费200 000元、人工工资150 000元，以及其他费用100 000元，总计450 000元，其中，符合资本化条件的支出为400 000元，2020年7月该专利技术达到预定用途并投入使用。大河公司账务处理如下：

① 2019年发生研究开发费用时：

| | |
|---|---|
| 借：研发支出——费用化支出 | 300 000 |
| 　　　　　——资本化支出 | 500 000 |
| 　贷：原材料 | 400 000 |
| 　　　应付职工薪酬 | 100 000 |
| 　　　银行存款 | 300 000 |

② 2019年末，结转费用化支出时：

| | |
|---|---|
| 借：管理费用 | 300 000 |
| 　贷：研发支出——费用化支出 | 300 000 |

③ 2020年发生研究开发费用时：

| | |
|---|---|
| 借：研发支出——费用化支出 | 50 000 |
| 　　　　　——资本化支出 | 400 000 |
| 　贷：原材料 | 200 000 |
| 　　　应付职工薪酬 | 150 000 |
| 　　　银行存款 | 100 000 |

④ 2020 年 7 月，该专利技术已经达到预定用途时：

借：管理费用　　　　　　　　　　　　　　　　　　　50 000

　　无形资产　　　　　　　　　　　　　　　　　　　900 000

　　　贷：研发支出——费用化支出　　　　　　　　　　　50 000

　　　　　　　　——资本化支出　　　　　　　　　　　900 000

### 四、取得的土地使用权

企业取得的土地使用权通常应当按照取得时所支付的价款和相关税费确认为无形资产。土地使用权用于自行开发建造厂房等地上建筑物时，土地使用权的账面价值不与地上建筑物合并计算其成本，而仍作为无形资产进行核算，土地使用权与地上建筑物分别进行摊销和提取折旧。但下列情况除外：

（1）房地产开发企业取得的土地使用权用于建造对外出售的房屋建筑物，相关的土地使用权应当计入所建造的房屋建筑物成本。

（2）企业外购的房屋建筑物，实际支付的价款中包括土地以及建筑物的价值，则应当对支付的价款按照合理的方法（如公允价值比例）在土地和地上建筑物之间进行分配；如果确实无法在地上建筑物与土地使用权之间进行合理分配的，应当全部作为固定资产核算。

企业改变土地使用权的用途，将其作为用于出租或增值目的时，应将其转为投资性房地产。

### 五、通过非货币性资产交换和债务重组取得的无形资产

通过非货币性资产交换和债务重组取得的无形资产，其成本的确定具体处理参见《企业会计准则第 7 号——非货币性资产交换》和《企业会计准则第 12 号——债务重组》。

## 第三节　无形资产的后续计量

### 一、无形资产后续计量的原则

无形资产初始确认和计量后，在后续使用期间内应以成本减去累计摊销额和累计减值损失后的余额计量。要确定无形资产在使用过程中的累计摊销额，基础是估计其使用

寿命，只有使用寿命有限的无形资产才需要在估计的使用寿命内采用系统合理的方法进行摊销，对于使用寿命不确定的无形资产则不需要摊销。

## 二、无形资产使用寿命的确定

无形资产准则规定，企业应当于取得无形资产时分析判断其使用寿命。无形资产的使用寿命如为有限的，应当估计该使用寿命的年限或者构成使用寿命的产量等类似计量单位数量；无法预见无形资产为企业带来未来经济利益期限的，应当视为使用寿命不确定的无形资产。

**1. 企业确定无形资产使用寿命通常应当考虑的因素**

无形资产的后续计量是以其使用寿命为基础的。使用寿命有限的无形资产需要摊销，而对于使用寿命不确定的无形资产则不需要摊销。无形资产的使用寿命包括法定寿命和经济寿命两个方面，有些无形资产的使用寿命受法律、规章或合同的限制，称为法定寿命。例如，我国法律规定发明专利权有效期为20年，商标权的有效期为10年。有些无形资产如永久性特许经营权、非专利技术等的寿命则不受法律或合同的限制。经济寿命是指无形资产可以为企业带来经济利益的年限。由于受技术进步、市场竞争等因素的影响，无形资产的经济寿命往往短于法定寿命，因此，在估计无形资产的使用寿命时，应当综合考虑各方面相关因素的影响，合理确定无形资产的使用寿命。

通常应考虑以下因素：运用该资产生产的产品通常的寿命周期、可获得的类似资产使用寿命的信息；技术、工艺等方面的现阶段情况及对未来发展趋势的估计；以该资产生产的产品或提供服务的市场需求情况；现在或潜在的竞争者预期采取的行动；为维持该资产带来经济利益能力的预期维护支出，以及企业预计支付有关支出的能力；对该资产控制期限的相关法律规定或类似限制，如特许使用期、租赁期等；与企业持有其他资产使用寿命的关联性等。

**2. 无形资产使用寿命的确定**

（1）合同规定或法律规定有明确使用年限的无形资产，无形资产使用寿命的确定通常源于合同性权利或是其他法定权利。源于合同性权利或其他法定权利的无形资产，其使用寿命不应超过合同性权利或其他法定权利的期限；合同性权利或其他法定权利能够在到期时因续约等延续，且有证据表明企业续约不需要付出大额成本，续约期应当计入使用寿命。例如，企业以支付土地出让金方式取得一块土地，国家规定的使用期为50年，如果企业在50年期间内没有计划出售，则该项土地使用权预期为企业带来未来经济利益的期限为50年。

（2）合同或法律没有规定使用年限的，企业应当综合各方面因素判断，以确定无形资产能为企业带来经济利益的期限。例如，与同行业的情况进行比较、参考历史经验或聘请相关专家进行论证。

经过上述方法仍无法合理确定无形资产为企业带来经济利益期限的，才能将其作为使用寿命不确定的无形资产。例如，企业通过公开拍卖取得一项出租车运营许可，按照所在地规定，以现有出租运营许可为限，不再授予新的运营许可，而且在旧的出租车报废以后，其运营许可可用于新的出租车。企业估计在有限的未来，其将持续经营出租车行业。对于该运营许可，其为企业带来未来经济利益的期限从目前情况看无法可靠估计，应视为使用寿命不确定的无形资产。

**3. 无形资产使用寿命的复核**

企业至少应当于每年年度终了，对无形资产的使用寿命进行复核，如果有证据表明无形资产的使用寿命不同于以前的估计，由于合同的续约或无形资产应用条件的改善，延长了无形资产的使用寿命，对于使用寿命有限的无形资产应改变其摊销年限，并按照《企业会计准则第28号——会计政策、会计估计变更和差错更正》进行处理。

对于使用寿命不确定的无形资产，如果有证据表明其使用寿命是有限的，应当按照会计估计变更处理，并按照无形资产准则中关于使用寿命有限无形资产的处理原则进行处理。

## 三、使用寿命有限的无形资产

使用寿命有限的无形资产，应在其预计的使用寿命内采用系统合理的方法对应摊销金额进行摊销。应摊销金额是指无形资产的成本扣除残值后的金额。已计提减值准备的无形资产，还应扣除已计提的无形资产减值准备累计金额。

**1. 摊销期和摊销方法**

无形资产的摊销期自其可供使用（其达到预定用途）时起至终止确认时止。在无形资产的使用寿命内系统地分摊其应摊销金额，存在多种方法。这些方法包括直线法、生产总量法等。企业选择的无形资产摊销方法，应当能够反映与该项无形资产有关的经济利益的预期实现方式，并一直运用于不同会计期间。例如，受技术陈旧因素影响较大的专利技术等无形资产，可以采用类似固定资产加速折旧的方法进行摊销；有特定产量限制的特许经营权，应采用产量法进行摊销。无法可靠确定其预期实现方式的，应当采用直线法进行摊销。

无形资产的摊销金额一般应当计入当期损益，但如果某项无形资产是专门用于生产某种产品或其他资产，其所包含的经济利益是通过转入所生产的产品或其他资产中实现的，则无形资产的摊销金额应当计入相关资产的成本。例如，某项专门用于生产过程中的无形资产，其摊销金额应构成所生产产品成本的一部分，计入该产品的制造费用。

**2. 残值的确定**

无形资产的残值一般为零，除非有第三方承诺在无形资产使用寿命结束时愿意以一定的价格购买该项无形资产，或者存在活跃的市场，通过市场可以得到无形资产使用寿命结束时的残值信息，并且从目前情况看，在无形资产使用寿命结束时，该市场还可能存在的情况下，可以预计无形资产的残值。

估计无形资产的残值以资产处置时的可收回金额为基础，此时的可收回金额是指在预计出售日，出售一项使用寿命已满且处于类似使用状况下，同类无形资产预计的处置价格（扣除相关税费）。残值确定后，在持有无形资产的期间内，至少应于每年末进行复核，预计其残值与原估计金额不同时，应按照会计估计变更进行处理。

**3. 使用寿命有限的无形资产摊销的账务处理**

使用寿命有限的无形资产应当在使用寿命内，采用合理的摊销方法进行摊销。摊销时，应当考虑该项无形资产所服务的对象，并以此为基础将其摊销价值计入相关资产的成本或者当期损益。

为了反映无形资产因摊销而减少的价值，应单独设置"累计摊销"科目，作为"无形资产"的备抵账户。摊销无形资产价值时，借记"管理费用""制造费用"等科目，贷记"累计摊销"科目。

【例7-5】2020年1月10日，大河公司从外单位购入某项专利权的成本为1 600 000元，估计使用寿命为8年，该项专利用于产品的生产；同时，购入一项商标权，实际成本为1 800 000元，估计使用寿命为10年。假定这两项无形资产的净残值均为零。无法可靠确定其预期实现方式，采用直线法摊销。购买价款均已以银行存款支付。大河公司账务处理如下：

① 2020年1月10日，取得无形资产时：

借：无形资产——专利权　　　　　　　　　　　　　　　　　1 600 000
　　　　　　——商标权　　　　　　　　　　　　　　　　　1 800 000
　　贷：银行存款　　　　　　　　　　　　　　　　　　　　3 400 000

② 2020年摊销时：

借：管理费用——商标权摊销　　　　　　　　　　　　　　　　180 000
　　制造费用——专利权摊销　　　　　　　　　　　　　　　　200 000
　　贷：累计摊销　　　　　　　　　　　　　　　　　　　　　380 000

### 四、使用寿命不确定的无形资产

根据可获得的相关信息判断，如果无法合理估计某项无形资产的使用寿命的，应将其作为使用寿命不确定的无形资产来进行核算。根据可获得的情况判断，有确凿证据表明无法合理估计其使用寿命的无形资产，才能作为使用寿命不确定的无形资产，不能随意判断使用寿命不确定的无形资产。

对于使用寿命不确定的无形资产，在持有期间不需要进行摊销，但应当在每个会计期间进行减值测试。其减值测试的方法按照《企业会计准则第8号——资产减值》的原则进行处理，如经减值测试表明已发生减值，则需要计提相应的减值准备，其相关的账务处理为：借记"资产减值损失"科目，贷记"无形资产减值准备"科目。

## 第四节　无形资产的处置

无形资产的处置，主要是指无形资产出售、对外出租，或者是无法为企业带来经济利益时，应于转销并终止确认。

### 一、无形资产的出售

企业将无形资产出售，表明企业放弃无形资产的所有权利。企业出售无形资产时，应将所取得的价款与该无形资产账面价值的差额计入当期损益。

出售无形资产时，应按实际收到的金额，借记"银行存款"等科目；按已摊销的累计摊销额，借记"累计摊销"科目；原已计提减值准备的，借记"无形资产减值准备"科目；按应支付的相关税费，贷记"应交税费"等科目；按其账面余额，贷记"无形资产"科目；按其差额，贷记或借记"资产处置损益"科目。

【例7-6】2020年12月5日，大河公司将拥有的一项专利权出售，取得价款400 000元，增值税24 000元。该专利权的账面余额为600 000元，累计摊销额为350 000元，已计提的减值准备为50 000元。大河公司账务处理如下：

　　借：银行存款　　　　　　　　　　　　　　　　　　　424 000
　　　　累计摊销　　　　　　　　　　　　　　　　　　　350 000
　　　　无形资产减值准备　　　　　　　　　　　　　　　 50 000
　　　贷：无形资产——专利权　　　　　　　　　　　　　　　　600 000

应交税费——应交增值税（销项税额）　　　　　　　　24 000
　　资产处置损益　　　　　　　　　　　　　　　　　　　200 000

## 二、无形资产的出租

企业将所拥有的无形资产的使用权让渡给他人，并收取租金，在满足收入准则规定的确认标准的情况下，应确认相关的收入及成本。

出租无形资产时，取得的租金收入，借记"银行存款"等科目，贷记"其他业务收入"等科目；摊销出租无形资产的成本并发生与转让有关的各种费用支出时，借记"其他业务成本"科目，贷记"累计摊销"科目。

**【例7-7】** 2020年10月30日，大河公司将一项专利技术出租给乙公司使用，该专利技术账面余额为4 500 000元，摊销期限为10年。出租合同规定，乙公司每销售一件用该专利技术生产的产品，必须支付给大河公司8元（不含增值税）专利技术使用费，增值税税率6%。假定乙公司当年销售该产品10万件。假定不考虑其他相关税费。大河公司的账务处理如下：

　　借：银行存款　　　　　　　　　　　　　　　　　　　848 000
　　　　贷：其他业务收入　　　　　　　　　　　　　　　　800 000
　　　　　　应交税费——应交增值税（销项税额）　　　　　48 000
　　借：其他业务成本　　　　　　　　　　　　　　　　　450 000
　　　　贷：累计摊销　　　　　　　　　　　　　　　　　　450 000

## 三、无形资产的报废

如果无形资产预期不能为企业带来未来经济利益，不再符合无形资产的定义，应将其转销。例如，该无形资产已被其他新技术所替代或不再受到法律保护，不能为企业带来经济利益时，应将无形资产的账面价值转销。

无形资产预期不能为企业带来经济利益的，应按已摊销的累计摊销额，借记"累计摊销"科目；原已计提减值准备的，借记"无形资产减值准备"科目；按其账面余额，贷记"无形资产"科目；按其差额，借记"营业外支出"科目。

**【例7-8】** 2020年12月31日，大河公司的一项专利技术，账面余额为3 000 000元，摊销期限为10年，采用直线法进行摊销，已摊销了5年，假定该项专利权残值为零，计提的减值准备为500 000元，当年用其生产的产品没有市场，应予转销。假定不考虑其他相关因素，大河公司账务处理如下：

  借：累计摊销              1 500 000

    无形资产减值准备          500 000

    营业外支出            1 000 000

    贷：无形资产——专利权        3 000 000

## 四、无形资产的减值

  无形资产在资产负债表日存在可能发生减值的迹象时，其可收回金额低于账面价值的，企业应当将该无形资产的账面价值减记至可收回金额，减记的金额确认为减值损失，计入当期损益，同时计提相应的资产减值准备，按应减记的金额，借记"资产减值损失"科目，贷记"无形资产减值准备"科目。

  无形资产减值损失一经确认，在以后会计期间不得转回。

  **【例7-9】** 2020年12月31日，市场上某项专利技术生产的产品销售势头较好，已对大河公司产品销售产生重大不利影响。大河公司外购的类似专利技术的账面价值为1 800 000元，剩余摊销年限为4年，经减值测试，该专利技术的可收回金额为1 550 000元。

  由于该专利权在资产负债表日的账面价值为1 800 000元，可收回金额为1 550 000元，可收回金额低于其账面价值，应按其差额250 000元（1 800 000 - 1 550 000）计提减值准备。大河公司账务处理如下：

  借：资产减值损失——计提无形资产减值准备    250 000

    贷：无形资产减值准备         250 000

## 思考题

1. 无形资产的特征主要表现在哪些方面？
2. 不同来源的无形资产价值如何确定？
3. 无形资产开发阶段相关支出资本化的条件有哪些？
4. 土地使用权如何处理？
5. 无形资产的摊销期限是如何规定的？
6. 无形资产处置有几种情况？如何进行账务处理？

# 第八章

# 投资性房地产

> **学习目标：**
> 1. 掌握投资性房地产的概念及其内容。
> 2. 掌握投资性房地产的初始计量和后续计量的账务处理。
> 3. 理解和掌握投资性房地产的转换的账务处理。
> 4. 掌握投资性房地产处置的账务处理。

 **案例导读：**

2020年10月30日，广东XT光电科技股份有限公司发布《关于将部分自用房地产转为投资性房地产的公告》。本次拟转为投资性房地产的闲置房地产明细及相关情况如下：

（1）计入投资性房地产按公允价值模式进行计量的日期：自2020年10月1日起。

（2）涉及的范围：位于佛山市的6处房地产；截至2020年9月30日，该部分土地及房产建筑物账面原值6 940.67万元，账面净值4 527.95万元。

（3）采用公允值计量投资性房地产原因：上述自用房地产满足"投资性房地产所在地有活跃的房地产交易市场""企业能够从房地产交易市场取得同类或类似房地产的市场价格及其他相关信息，从而对投资性房地产的公允价值做出合理的估计"两个条件，为了更准确地反映公司持有的投资性房地产的价值，增强公司财务信息的准确性，便于公司管理层及投资者及时了解公司真实财务状况及经营成果，根据《企业会计准则第3号——投资性房地产》规定，公司拟对上述投资性房地产采用公允价值计量模式进行后续计量。

请同学们思考:

(1) 投资性房地产与固定资产、无形资产有何区别?

(2) 公司对上述自用房地产转为投资性房地产应如何进行账务处理?

通过本章的学习,你将会找到答案。

# 第一节 投资性房地产概述

## 一、投资性房地产的概念

房地产通常是土地和房屋及其权属的总称。房屋是指土地上的房屋等建筑物及构筑物。土地在我国归国家或集体所有,企业只能取得土地使用权。因此,房地产中的土地是指土地使用权。在市场经济条件下,房地产市场日益活跃,企业持有的房地产除了用作自身管理、生产经营活动场所和对外销售之外,出现了将房地产用于赚取租金或增值收益的活动,甚至是个别企业的主营业务。

投资性房地产,是指为赚取租金或资本增值,或者两者兼有而持有的房地产。从定义可以看出,投资性房地产在用途、状态、目的等方面与企业自用的厂房、办公楼等作为生产经营场所的房地产和房地产开发企业用于销售的房地产是不同的。

投资性房地产的主要形式是出租建筑物、出租土地使用权,这实质上属于一种让渡资产使用权行为。房地产租金就是让渡资产使用权取得的使用费收入,是企业为完成其经营目标所从事的经营性活动以及与之相关的其他活动形成的经济利益总流入。投资性房地产的另一种形式是持有并准备增值后转让的土地使用权,尽管其增值收益通常与市场供求、经济发展等因素有关,但目的是增值后转让以赚取增值收益,也是企业为完成其经营目标所从事的经营性活动以及与之相关的其他活动形成的经济利益总流入。在我国实务中,持有并准备增值后转让的土地使用权这种情况较少。

## 二、投资性房地产的范围

投资性房地产的范围限定为已出租的土地使用权、持有并准备增值后转让的土地使用权、已出租的建筑物。

### (一) 已出租的土地使用权

已出租的土地使用权,是指企业通过出让或转让方式取得的、以经营租赁方式出租的土地使用权。企业取得的土地使用权通常包括在一级市场上以缴纳土地出让金的方式取得的土地使用权，也包括在二级市场上接受其他单位转让的土地使用权。但是对于以经营租赁方式租入土地使用权再转租给其他单位的，不能确认为投资性房地产，例如，甲企业从乙企业处以经营租赁的方式取得某块土地的使用权后，又将其中的一部分使用权转租给丙企业，该土地使用权对于甲企业来说不能确认为投资性房地产。

### （二）持有并准备增值后转让的土地使用权

持有并准备增值后转让的土地使用权，是指企业取得的、准备增值后转让的土地使用权。这类土地使用权很可能给企业带来资本增值收益，符合投资性房地产的定义。例如，某企业厂址搬迁，原部分土地使用权停止自用，企业董事会作出书面决议明确继续持有这部分土地使用权，待增值后转让以赚取增值收益，该土地使用权应作为投资性房地产确认。

企业依法取得土地使用权后，应当按照国有土地有偿使用合同或建设用地批准书规定的期限动工开发建设，未经原批准用地的人民政府同意，超过规定的期限未动工开发建设的建设用地属于闲置土地。按照国家有关规定认定的闲置土地，不属于持有并准备增值后转让的土地使用权，也就不属于投资性房地产。

### （三）已出租的建筑物

已出租的建筑物是指企业拥有产权的、以经营租赁方式出租的建筑物，包括自行建造或开发活动完成后用于出租的建筑物以及正在建造或开发过程中将来用于出租的建筑物。例如，大河公司将其拥有的某栋厂房整体出租给乙公司，租赁期3年。对于大河公司而言，自租赁期开始日起，该栋厂房属于投资性房地产。企业在判断和确认已出租的建筑物时，应当把握以下要点：

（1）用于出租的建筑物是指企业拥有产权的建筑物。企业以经营租赁方式租入再转租的建筑物不属于投资性房地产。例如，甲企业与乙企业签订了一项经营租赁合同，乙企业将其持有产权的一栋办公楼出租给甲企业，为期5年。甲企业一开始将该办公楼用于经营餐馆。2年后，由于连续亏损，甲企业将餐馆转租给丙公司，以赚取租金差价。这种情况下，对于甲企业而言，该栋楼不属于其投资性房地产。对于乙企业而言，则属于其投资性房地产。

（2）已出租的建筑物是企业已经与其他方签订了租赁协议，约定以经营租赁方式出租的建筑物。一般应自租赁协议规定的租赁期开始日起，经营租出的建筑物才属于已出租的建筑物。通常情况下，对企业持有以备经营出租的空置建筑物，如董事会或类似机构作出书面决议，明确表明将其用于经营租出且持有意图短期内不再发生变化的，即使尚未签订租赁协议，也应视为投资性房地产。这里的空置建筑物，是指企业新购入、自行建造或开发完成但尚未使用的建筑物，以及不再用于日常生产经营活动且经整理后达到可经营出租状态的建筑物。

（3）企业将建筑物出租，按租赁协议向承租人提供的相关辅助服务在整个协议中不重大的，应当将该建筑物确认为投资性房地产。企业将其办公楼出租，同时向承租人提供维护、保安等日常辅助服务，企业应当将其确认为投资性房地产。例如，甲企业在中关村购买了一栋写字楼，共12层。其中1层经营出租给某家大型超市，2～5层经营出租给乙公司，6～12层经营出租给丙公司。甲企业同时为该写字楼提供保安、维修等日常辅助服务。甲企业将写字楼出租，同时提供的辅助服务不重大。对于甲企业而言，这栋写字楼属于甲企业的投资性房地产。

## 三、不属于投资性房地产的项目

### （一）自用房地产

自用房地产是指为生产商品、提供劳务或者经营管理而持有的房地产，如企业生产经营用房和办公楼属于固定资产，企业生产经营用的土地使用权属于无形资产。

自用房地产的特征在于服务于企业自身的生产经营，其价值会随着房地产的使用而逐渐转移到企业的产品或服务中去，通过销售商品或提供服务为企业带来经济利益，在产生现金流量的过程中与企业持有的其他资产密切相关。例如，企业出租给本企业职工居住的宿舍，虽然也收取租金，但间接为企业自身的生产经营服务，因此具有自用房地产的性质。又如，企业拥有并自行经营的旅馆饭店。旅馆饭店的经营者在向顾客提供住宿服务的同时，还提供餐饮、娱乐等其他服务，其经营目的主要是通过向客户提供服务取得服务收入，因此，企业自行经营的旅馆饭店是企业的经营场所，应当属于自用房地产。

### （二）作为存货的房地产

作为存货的房地产通常是指房地产开发企业在正常经营过程中销售的或为销售而正在开发的商品房和土地。这部分房地产属于房地产开发企业的存货，其生产、销售构成企业的主营业务活动，产生的现金流量也与企业的其他资产密切相关。因此，具有存货性质的房地产不属于投资性房地产。

从事房地产经营开发的企业依法取得的、用于开发后出售的土地使用权，属于房地产开发企业的存货，即使房地产开发企业决定待增值后再转让其开发的土地，也不得将其确认为投资性房地产。

实务中，存在某项房地产部分自用或作为存货出售、部分用于赚取租金或资本增值的情形。如某项投资性房地产不同用途的部分能够单独计量和出售的，应当分别确认为固定资产（或无形资产、存货）和投资性房地产。例如，甲开发商建造了一栋商住两用楼盘，一层出租给一家大型超市，已签订经营租赁合同；其余楼层均为普通住宅，正在公开销售中。这种情况下，如果一层商铺能够单独计量和出售，应当确认为甲企业的投资性房地产，其余楼层为甲企业的存货，即开发产品。

## 第二节 投资性房地产的初始计量

根据投资性房地产准则的规定，投资性房地产应当按照成本进行初始确认和计量。投资性房地产有两种计量模式，通常应当采用成本模式，满足特定条件的情况下也可以采用公允价值模式。但是，同一企业只能采用一种模式对所有投资性房地产进行后续计量，不得同时采用两种计量模式

### 一、外购或自行建造的投资性房地产

在采用成本模式计量下，外购的土地使用权和建筑物，按照取得时的实际成本进行初始计量，借记"投资性房地产"科目，贷记"银行存款"等科目。取得时的实际成本包括购买价款、相关税费和可直接归属于该资产的其他支出。企业购入的房地产，部分用于出租（或资本增值）、部分自用，用于出租（或资本增值）的部分应当予以单独确认的，应按照不同部分的公允价值占公允价值总额的比例将成本在不同部分之间进行分配。

在采用公允价值模式计量下，外购的投资性房地产应当按照取得时的实际成本进行初始计量，其实际成本的确定与采用成本模式计量的投资性房地产一致。企业应当在"投资性房地产"科目下设置"成本"和"公允价值变动"两个明细科目，按照外购的土地使用权和建筑物发生的实际成本，记入"投资性房地产——成本"科目。

【例8-1】2020年1月，大河公司计划购入一栋写字楼用于对外出租。1月15日，大河公司与乙公司签订了租赁合同，约定自写字楼购买日起将这栋写字楼出租给乙公

司，为期3年。3月1日，大河公司实际购入写字楼并支付了全部价款7 500万元，不考虑其他因素，大河公司采用成本模式进行后续计量。

大河公司的账务处理如下：

借：投资性房地产——写字楼　　　　　　　　　　　　75 000 000
　　贷：银行存款　　　　　　　　　　　　　　　　　　　　75 000 000

【例8-2】承【例8-1】假设大河公司拥有的投资性房地产符合采用公允价值计量模式的条件，采用公允价值模式进行后续计量。

大河公司的账务处理如下：

借：投资性房地产——成本（写字楼）　　　　　　　　75 000 000
　　贷：银行存款　　　　　　　　　　　　　　　　　　　　75 000 000

自行建造的采用成本模式计量的投资性房地产，其成本由建造该项资产达到预定可使用状态前发生的必要支出构成，包括土地开发费、建筑成本、安装成本、应予以资本化的借款费用、支付的其他费用和分摊的间接费用等。建造过程中发生的非正常性损失直接计入当期损益，不计入建造成本。按照确定的成本，借记"投资性房地产"科目，贷记"在建工程"或"开发成本"科目。采用公允价值模式计量的，应按照确定的成本，借记"投资性房地产——成本"科目，贷记"在建工程"或"开发成本"科目。

【例8-3】2020年1月，大河公司从其他单位购入一块土地的使用权，并在该块土地上开始自行建造三栋厂房。2021年7月5日，三栋厂房同时完工（达到预定可使用状态）。大河公司同时与大地公司签订了租赁合同，将其中的一栋厂房租赁给大地公司使用，即日起租。该块土地使用权的成本为1 200万元；三栋厂房的造价均为1 500万元，能够单独出售。

大河公司的账务处理如下：

土地使用权中的对应部分同时转换为投资性房地产 = 1 200 × (1 000 ÷ 3 000) = 400（万元）。

借：投资性房地产——厂房　　　　　　　　　　　　　15 000 000
　　贷：在建工程　　　　　　　　　　　　　　　　　　　　15 000 000
借：投资性房地产——土地使用权　　　　　　　　　　4 000 000
　　贷：无形资产——土地使用权　　　　　　　　　　　　　4 000 000

【例8-4】承【例8-3】假设大河公司采用公允价值模式，则账务处理如下：

借：投资性房地产——成本（厂房）　　　　　　　　　15 000 000
　　贷：在建工程　　　　　　　　　　　　　　　　　　　　15 000 000

借：投资性房地产——成本（土地使用权）　　　　　　4 000 000
　　贷：无形资产——土地使用权　　　　　　　　　　　　4 000 000

由此可见在外购和自行建造的投资性房地产两种取得形式下，成本模式和公允价值模式的账务处理方法一致，仅在明细科目上有所区别。

## 二、非投资性房地产转换为投资性房地产

非投资性房地产转换为投资性房地产，实质上是因房地产用途发生改变而对房地产进行的重新分类。转换日通常为租赁期开始日。企业必须有确凿证据表明房地产用途发生改变，才能将投资性房地产转换为非投资性房地产或者将非投资性房地产转换为投资性房地产。这里的确凿证据包括两个方面：一是企业董事会或类似机构应当就改变房地产用途形成正式的书面决议，二是房地产因用途改变而发生实际状态上的改变，从自用状态改为出租状态。

如果投资性房地产采用成本模式计量，则按照该房地产转换日的账面价值入账；如果投资性房地产采用公允价值模式计量，则按照该房地产转换日的公允价值入账。

# 第三节　投资性房地产的后续计量

投资性房地产后续计量有两种，即成本模式和公允价值模式。

## 一、成本模式

通常情况下企业应当对投资性房地产采用成本模式进行计量。采用成本模式进行后续计量的投资性房地产，应当按照《企业会计准则第 4 号——固定资产》或《企业会计准则第 6 号——无形资产》的有关规定，按期（月）计提折旧或摊销，借记"其他业务成本"等科目，贷记"投资性房地产累计折旧（摊销）"科目。取得的租金收入，借记"银行存款"等科目，贷记"其他业务收入"等科目。按期（月）计提折旧或摊销，借记"其他业务成本"等科目，贷记"投资性房地产累计折旧（摊销）"科目。取得的租金收入，借记"银行存款"等科目，贷记"其他业务收入"等科目。

投资性房地产存在减值迹象的，还应当适用资产减值的有关规定。经减值测试后确定发生减值的，应当计提减值准备，借记"资产减值损失"科目，贷记"投资性房地产减值准备"科目。如果已经计提减值准备的投资性房地产的价值又得以恢复，不得转回。

【例8-5】2020年初,大河公司将一栋办公楼作为投资性房地产出租给大地公司使用,采用成本模式进行后续计量。假设这栋办公楼的成本为4 800万元,按照直线法计提折旧,使用寿命为20年,预计净残值为零。按照租赁合同约定大地公司每月支付大河公司租金54.5万元(含增值税4.5万元)。

大河公司的账务处理如下:

① 每月确认租金收入时:

| | |
|---|---|
| 借:银行存款(或其他应收款) | 545 000 |
|     贷:其他业务收入 | 500 000 |
|         应交税费——应交增值税(销项税额) | 45 000 |

② 每月计提折旧时:

每月计提的折旧 = 4 800÷20÷12 = 20(万元)

| | |
|---|---|
| 借:其他业务成本 | 200 000 |
|     贷:投资性房地产累计折旧 | 200 000 |

## 二、公允价值模式

企业存在确凿证据表明其公允价值能够持续可靠取得的,可以采用公允价值计量模式。企业选择公允价值模式,就应当对其所有投资性房地产采用公允价值模式进行后续计量,不得对一部分投资性房地产采用成本模式进行后续计量,对另一部分投资性房地产采用公允价值模式进行后续计量。采用公允价值模式计量投资性房地产,应当同时满足以下两个条件:①投资性房地产所在地有活跃的房地产交易市场;②企业能够从房地产交易市场上取得同类或类似房地产的市场价格及其他相关信息,从而对投资性房地产的公允价值做出科学合理的估计。这两个条件必须同时具备,缺一不可。

投资性房地产采用公允价值模式进行后续计量的,不计提折旧或摊销,应当以资产负债表日的公允价值计量。资产负债表日,投资性房地产的公允价值高于其账面余额的差额,借记"投资性房地产——公允价值变动"科目,贷记"公允价值变动损益"科目;公允价值低于其账面余额的差额作相反的会计分录。期末还需将"公允价值变动损益"科目的发生额结转至"本年利润"科目。

【例8-6】大河公司是从事房地产经营开发的企业。2020年1月,大河公司与大地公司签订租赁协议,约定将大河公司开发的一栋精装修的写字楼于开发完成的同时开始租赁给大地公司使用,租赁期为10年,每年租金654万元(含增值税54万元)。当年7月1日,该写字楼开发完成并开始起租,写字楼的造价为6 000万元。2020年12月31

日，该写字楼的公允价值为 6 200 万元。假设大河公司采用公允价值计量模式。

大河公司的账务处理如下：

① 2020 年 7 月 1 日，大河公司开发完成写字楼并出租：

借：投资性房地产——成本　　　　　　　　　　　60 000 000
　　　贷：开发成本　　　　　　　　　　　　　　　　60 000 000

② 2020 年末确认租金收入：

借：银行存款（或其他应收款）　　　　　　　　　3 270 000
　　　贷：其他业务收入　　　　　　　　　　　　　　3 000 000
　　　　　应交税费——应交增值税（销项税额）　　　　270 000

③ 2020 年 12 月 31 日，该写字楼的公允价值高于原账面成本，将其差额 200 万元计入当期损益：

借：投资性房地产——公允价值变动　　　　　　　2 000 000
　　　贷：公允价值变动损益　　　　　　　　　　　　2 000 000

## 三、投资性房地产后续计量模式的变更

为保证会计信息的可比性，企业对投资性房地产的计量模式一经确定，不得随意变更。只有在房地产市场比较成熟、能够满足采用公允价值模式条件的情况下，才允许企业对投资性房地产从成本模式计量变更为公允价值模式计量。成本模式转为公允价值模式的，应当作为会计政策变更处理，并按计量模式变更时公允价值与账面价值的差额调整期初留存收益。已采用公允价值模式计量的投资性房地产，不得从公允价值模式转为成本模式。

成本模式转为公允价值模式的，应当作为会计政策变更处理，并按计量模式变更时公允价值与账面价值的差额调整期初留存收益。按照转换日的公允价值借记"投资性房地产——成本"科目，将成本模式下已计提的累计折旧转出，借记"投资性房地产累计折旧"科目；将原成本模式下投资性房地产的原价转出，贷记"投资性房地产"科目，将其差额调整期初留存收益，贷记"利润分配——未分配利润""盈余公积"科目。

【例 8 - 7】2020 年 1 月 1 日，大河公司将一栋写字楼对外出租，采用成本模式进行后续计量。2021 年 1 月 1 日，假设该写字楼满足采用公允价值模式条件，大河公司决定采用公允价值模式对该写字楼进行后续计量。2021 年 1 月 1 日，该写字楼的原价为 5 000 万元，已计提折旧 200 万元，账面价值为 4 800 万元，公允价值为 5 500 万元。按净利润的 10% 计提盈余公积。假定大河公司除该写字楼外，无其他的投资性房地产。

大河公司的账务处理如下：

借：投资性房地产——成本　　　　　　　　　　　　　55 000 000
　　投资性房地产累计折旧　　　　　　　　　　　　　2 000 000
　　贷：投资性房地产　　　　　　　　　　　　　　　　50 000 000
　　　　利润分配——未分配利润　　　　　　　　　　　6 300 000
　　　　盈余公积　　　　　　　　　　　　　　　　　　　700 000

## 第四节　投资性房地产的后续支出

### 一、资本化的后续支出

与投资性房地产有关的后续支出，满足投资性房地产确认条件的应当计入投资性房地产成本。例如，企业为了提高投资性房地产的使用效能，往往需要对投资性房地产进行改建、扩建而使其更加坚固耐用，或者通过装修而改善其室内装潢，改扩建或装修支出满足确认条件的，应当将其资本化。

企业对某项投资性房地产进行改扩建等再开发且将来仍作为投资性房地产的，再开发期间应继续将其作为投资性房地产，再开发期间不计提折旧或摊销。

【例8-8】2020年6月，大河公司与大地公司的一项厂房租赁合同即将到期，该厂房按照成本模式进行后续计量，原价为2 000万元，已计提折旧800万元。为了提高厂房的租金收入，大河公司决定在租赁期满后对厂房进行改扩建，并与黄河公司签订了租赁合同，约定自改扩建完工时将厂房出租给黄河公司。6月30日，与大地公司的租赁合同到期，厂房随即进入改扩建。12月31日，厂房改扩建完工，共发生支出180万元，即日按照租赁合同出租给黄河公司。本例中，改扩建支出属于资本化的后续支出，应当计入投资性房地产的成本。

大河公司的账务处理如下：

① 2020年6月30日，投资性房地产转入改扩建工程时：

借：在建工程　　　　　　　　　　　　　　　　　　12 000 000
　　投资性房地产累计折旧（摊销）　　　　　　　　　8 000 000
　　贷：投资性房地产——厂房　　　　　　　　　　　20 000 000

② 2020年7~12月发生改扩建支出时：

借：在建工程　　　　　　　　　　　　　　　　　　 1 800 000

　　　　贷：银行存款等　　　　　　　　　　　　　　　　　　　1 800 000

③ 2020 年 12 月 15 日，改扩建工程完工时：

　　借：投资性房地产——厂房　　　　　　　　　　　　　　13 800 000
　　　　贷：在建工程　　　　　　　　　　　　　　　　　　　13 800 000

## 二、费用化的后续支出

与投资性房地产有关的后续支出，不满足投资性房地产确认条件的应当在发生时计入当期损益。

【例 8-9】2020 年 6 月，大河公司对某项投资性房地产进行日常维修，发生维修支出 2.4 万元。本例中，日常维修支出属于费用化的后续支出，应当计入当期损益。大河公司的账务处理如下：

　　借：其他业务成本　　　　　　　　　　　　　　　　　　　24 000
　　　　贷：银行存款　　　　　　　　　　　　　　　　　　　　24 000

# 第五节　投资性房地产与非投资性房地产的转换

## 一、投资性房地产的转换形式

房地产的转换，是指因房地产用途发生改变而对房地产进行的重新分类。企业必须有确凿证据表明房地产用途发生改变，才能将投资性房地产转换为非投资性房地产或者将非投资性房地产转换为投资性房地产。房地产转换形式主要包括以下几种：

### （一）作为存货的房地产转换为投资性房地产

通常指房地产开发企业将其持有的开发产品以经营租赁的方式出租，相应地由存货转换为投资性房地产。

### （二）固定资产转换为投资性房地产

通常指自用建筑物停止自用，改为出租，由固定资产转换为投资性房地产。

### （三）无形资产转换为投资性房地产

通常指自用土地使用权停止自用，用于赚取租金或资本增值，由企业的无形资产转换为投资性房地产。

### （四）投资性房地产转换为固定资产或无形资产

通常指企业将原来用于赚取租金或资本增值的房地产（即投资性房地产）改为用于生产商品、提供劳务或者经营管理。例如，企业将出租的厂房收回，并用于生产本企业的产品。

### （五）投资性房地产转换为存货

通常指房地产企业将用于经营出租的房地产重新开发用于对外销售，从投资性房地产转为存货。

## 二、投资性房地产转换日的确定

转换日是指房地产的用途发生改变、状态相应发生改变的日期。转换日的确定关系到资产的确认时点和入账价值，转换日的确定标准主要包括以下方面。

（1）投资性房地产开始自用，转换日是指房地产达到自用状态，企业开始将房地产用于生产商品、提供劳务或者经营管理的日期。

（2）投资性房地产转换为存货，转换日为租赁期届满、企业董事会或类似机构作出书面决议明确表明将其重新开发用于对外销售的日期。

（3）作为存货的房地产改为出租，或者自用建筑物或土地使用权停止自用改为出租，转换日通常为租赁期开始日。一般而言，对于企业自行建造或开发完成但尚未使用的建筑物，如果企业董事会或类似机构正式作出书面决议，明确表明其自行建造或开发产品用于经营出租、持有意图短期内不再发生变化的，应视为存货转换为投资性房地产，转换日为企业董事会或类似机构作出书面决议的日期。

## 三、非投资性房地产转换为投资性房地产

### （一）采用成本模式进行后续计量的非投资性房地产转换为投资性房地产

**1. 作为存货的房地产转换为投资性房地产**

转换日企业应当按该项存货在转换日的账面价值，借记"投资性房地产"科目，原已计提跌价准备的，借记"存货跌价准备"科目，按其账面余额，贷记"开发产品"等科目。

【例8-10】大河公司是从事房地产开发业务的企业。2020年1月1日，大河公司与大地公司签订了租赁协议，将其开发的一栋写字楼出租给大地公司使用，租赁期开始日为2020年1月1日。此时该写字楼的账面余额8 500万元，未计提存货跌价准备。假设大河公司采用成本模式对其投资性房地产进行后续计量。

大河公司的账务处理如下：

借：投资性房地产——写字楼　　　　　　　　　　　　85 000 000
　　贷：开发产品　　　　　　　　　　　　　　　　　　85 000 000

**2. 自用房地产转换为投资性房地产**

企业将自用土地使用权或建筑物转换为以成本模式计量的投资性房地产时，应当按其账面余额，借记"投资性房地产"科目，贷记"固定资产"或"无形资产"科目，按已计提的折旧或摊销，借记"累计摊销"或"累计折旧"科目，贷记"投资性房地产累计折旧（摊销）"科目，原已计提减值准备的，借记"固定资产减值准备"或"无形资产减值准备"科目，贷记"投资性房地产减值准备"科目。

【例8-11】大河公司拥有一栋办公楼，用于本公司总部办公。2020年7月1日，大河公司与黄河公司签订了租赁协议，将该栋办公楼整体出租给黄河公司使用，租赁期开始日为2020年7月1日，为期5年。2020年7月1日该栋办公楼的账面余额为6 000万元，已计提折旧800万元。假设大河公司采用成本计量模式。

大河公司的账务处理如下：

借：投资性房地产——写字楼　　　　　　　　　　　　60 000 000
　　累计折旧　　　　　　　　　　　　　　　　　　　 8 000 000
　　贷：固定资产　　　　　　　　　　　　　　　　　　60 000 000
　　　　投资性房地产累计折旧　　　　　　　　　　　　 8 000 000

**（二）采用公允价值进行后续计量的非投资性房地产转换为投资性房地产**

**1. 作为存货的房地产转换为投资性房地产**

企业将作为存货的房地产转换为采用公允价值模式计量的投资性房地产，应当按该项房地产在转换日的公允价值入账，借记"投资性房地产——成本"科目，原已计提跌价准备的，借记"存货跌价准备"科目；按其账面余额，贷记"开发产品"等科目。同时，转换日的公允价值小于账面价值的，按其差额，借记"公允价值变动损益"科目；转换日的公允价值大于账面价值的，按其差额，贷记"其他综合收益"科目。当该项投资性房地产处置时，因转换计入其他综合收益的部分应转入当期损益。

【例8-12】2019年12月31日，大河公司与大地公司签订了租赁协议，将其开发的一栋写字楼出租给大地公司。租赁期开始日为2020年1月1日。2020年1月1日，该写字楼的账面余额为7 000万元，公允价值为10 000万元。2020年12月31日，该项投资性房地产的公允价值为10 600万元。

大河公司的账务处理如下：

① 2020年1月1日转换时：

借：投资性房地产——成本　　　　　　　　　　　　　　100 000 000
　　贷：开发产品　　　　　　　　　　　　　　　　　　　　70 000 000
　　　　其他综合收益　　　　　　　　　　　　　　　　　　30 000 000

② 2020年12月31日确认公允价值变动损益时：

借：投资性房地产——公允价值变动　　　　　　　　　　　6 000 000
　　贷：公允价值变动损益　　　　　　　　　　　　　　　　6 000 000

**2. 自用房地产转换为投资性房地产**

企业将自用房地产转换为采用公允价值模式计量的投资性房地产，应当按该项土地使用权或建筑物在转换日的公允价值，借记"投资性房地产——成本"科目，按已计提的累计摊销或累计折旧，借记"累计摊销"或"累计折旧"科目；原已计提减值准备的，借记"无形资产减值准备""固定资产减值准备"科目；按其账面余额，贷记"固定资产"或"无形资产"科目。同时，转换日的公允价值小于账面价值的，按其差额，借记"公允价值变动损益"科目；转换日的公允价值大于账面价值的，按其差额，贷记"其他综合收益"科目。当该项投资性房地产处置时，因转换计入其他综合收益的部分应转入当期损益。

【例8-13】2020年5月，大河公司决定搬迁至新建办公楼，将原办公楼出租以赚取租金收入。2020年6月30日，大河公司完成了搬迁工作，原办公楼停止自用，并与长江公司签订了租赁协议，将其原办公楼租赁给长江公司使用，租赁期开始日为2020年7月1日，租赁期限为3年。2020年7月1日，该办公楼原价为4 000万元，已提折旧1 800万元，公允价值为2 100万元。假设大河公司对投资性房地产采用公允价值模式计量。

大河公司的账务处理如下：

借：投资性房地产——成本　　　　　　　　　　　　　　21 000 000
　　公允价值变动损益　　　　　　　　　　　　　　　　　1 000 000
　　累计折旧　　　　　　　　　　　　　　　　　　　　 18 000 000
　　贷：固定资产　　　　　　　　　　　　　　　　　　　40 000 000

## 四、投资性房地产转换为非投资性房地产

### (一) 采用成本模式进行后续计量的投资性房地产转换为非投资性房地产

**1. 投资性房地产转换为自用房地产**

在转换日将投资性房地产的账面余额、累计折旧或摊销、减值准备等，分别转入"固定资产""无形资产""累计折旧""累计摊销""固定资产减值准备""无形资产减值准备"等科目；按投资性房地产的账面余额，借记"固定资产"或"无形资产"科目，贷记"投资性房地产"科目；按已计提的折旧或摊销，借记"投资性房地产累计折旧"或"投资性房地产累计摊销"科目，贷记"累计折旧"或"累计摊销"科目；原已计提减值准备的，借记"投资性房地产减值准备"科目，贷记"固定资产减值准备"或"无形资产减值准备"科目。

【例8-14】2020年3月1日，大河公司将出租的厂房收回，开始用于本企业产品生产。该项房地产账面价值为5 550万元，其中，原价7 000万元，累计已提折旧1 450万元。假设大河公司采用成本计量模式。

大河公司的账务处理如下：

借：固定资产　　　　　　　　　　　　　　　　　70 000 000
　　投资性房地产累计折旧　　　　　　　　　　　14 500 000
　贷：投资性房地产　　　　　　　　　　　　　　 70 000 000
　　　累计折旧　　　　　　　　　　　　　　　　 14 500 000

**2. 投资性房地产转换为存货**

企业将投资性房地产在转换日的账面价值，借记"开发产品"科目，按照已计提的折旧或摊销，借记"投资性房地产累计折旧""投资性房地产累计摊销"科目，原已计提减值准备的，借记"投资性房地产减值准备"科目，按其账面余额，贷记"投资性房地产"科目。

### (二) 采用公允价值模式进行后续计量的投资性房地产转为非投资性房地产

**1. 投资性房地产转换为自用房地产**

转换日按该项投资性房地产的公允价值，借记"固定资产"或"无形资产"科目，按该项投资性房地产的成本，贷记"投资性房地产——成本"科目，按该项投资性房地产的累计公允价值变动，贷记或借记"投资性房地产——公允价值变动"科目，按其差

额,贷记或借记"公允价值变动损益"科目。

【例 8-15】2020 年 6 月 30 日,大河公司对外出租的写字楼租赁期满收回,作为办公楼用于本企业的行政办公使用。2020 年 6 月 30 日,该写字楼的公允价值为 8 000 万元。该项房地产在转换前采用公允价值模式计量,原账面价值为 6 500 万元,其中,成本为 5 500 万元,公允价值变动为增值 1 000 万元。

大河公司的账务处理如下:

借:固定资产　　　　　　　　　　　　　　　　　80 000 000
　　贷:投资性房地产——成本　　　　　　　　　　55 000 000
　　　　　　　　　——公允价值变动　　　　　　　10 000 000
　　　　公允价值变动损益　　　　　　　　　　　　15 000 000

**2. 投资性房地产转换为存货**

企业将采用公允价值模式计量的投资性房地产转换为存货时,应当以其转换当日的公允价值作为存货的账面价值,公允价值与原账面价值的差额计入当期损益。

转换日,按该项投资性房地产的公允价值,借记"开发产品"等科目,按该项投资性房地产的成本,贷记"投资性房地产——成本"科目;按该项投资性房地产的累计公允价值变动,贷记或借记"投资性房地产——公允价值变动"科目;按其差额,贷记或借记"公允价值变动损益"科目。

【例 8-16】承〖例 8-15〗假设大河公司是从事房地产开发业务的企业,其期满收回的写字楼是其开发的产品,期满收回时大河公司董事会作出书面决议,将该写字楼重新开发用于对外销售,即由投资性房地产转换为存货,则大河公司的账务处理如下:

借:开发产品　　　　　　　　　　　　　　　　　80 000 000
　　贷:投资性房地产——成本　　　　　　　　　　55 000 000
　　　　　　　　　——公允价值变动　　　　　　　10 000 000
　　　　公允价值变动损益　　　　　　　　　　　　15 000 000

## 第六节　投资性房地产的处置

当投资性房地产被处置,或者永久退出使用且预计不能从其处置中取得经济利益时,应当终止确认该项投资性房地产。企业可以通过对外出售或转让的方式处置投资性房地产取得收益。企业出售、转让、报废投资性房地产或者发生投资性房地产毁损,应当将处置收入扣除其账面价值和相关税费后的金额计入当期损益。

## 一、采用成本模式计量的投资性房地产的处置

按照实际收到的金额,借记"银行存款"等科目,贷记"其他业务收入"科目;按该项投资性房地产的账面价值,借记"其他业务成本"科目,按其账面余额,贷记"投资性房地产"科目,按照已计提的折旧或摊销,借记"投资性房地产累计折旧""投资性房地产累计摊销"科目,原已计提减值准备的,借记"投资性房地产减值准备"科目。

【例8-17】大河公司将其出租的一栋写字楼确认为投资性房地产,采用成本模式计量。2020年10月25日,租赁期届满后,将该栋写字楼出售给大地公司,合同价款为8 000万元,大地公司已用银行存款付清。出售时,该栋写字楼的成本为7 000万元,已计提折旧3 500万元。假设不考虑相关税费。

大河公司的账务处理如下:

借:银行存款                                                        80 000 000
    贷:其他业务收入                                       80 000 000
借:其他业务成本                                          35 000 000
    投资性房地产累计折旧                           35 000 000
    贷:投资性房地产——写字楼                     70 000 000

## 二、采用公允价值模式计量的投资性房地产的处置

按照实际收到的金额,借记"银行存款"等科目,贷记"其他业务收入"科目;按该项投资性房地产的账面余额,借记"其他业务成本"科目,按其成本,贷记"投资性房地产——成本"科目,按其累计公允价值变动,贷记或借记"投资性房地产——公允价值变动"科目。同时结转投资性房地产累计公允价值变动。若存在原转换日计入其他综合收益的金额,也一并结转。

【例8-18】2018年7月1日,大河公司与黄河公司签订了租赁协议,将其开发的一栋写字楼出租给黄河公司,租赁期开始日为2018年7月1日。2018年7月1日,该写字楼的账面余额为6 000万元,公允价值为7 500万元。2018年12月31日,该项投资性房地产的公允价值为8 500万元。2020年7月1日租赁期届满,企业收回该项投资性房地产,并以9 000万元出售,出售款项已收讫。大河公司采用公允价值模式计量,不考虑相关税费。

大河公司的账务处理如下：

① 2018 年 7 月 1 日，存货转换为投资性房地产时：

借：投资性房地产——成本　　　　　　　　　　　　75 000 000
　　贷：开发产品　　　　　　　　　　　　　　　　　　60 000 000
　　　　其他综合收益　　　　　　　　　　　　　　　　15 000 000

② 2018 年 12 月 31 日，公允价值变动时：

借：投资性房地产——公允价值变动　　　　　　　　10 000 000
　　贷：公允价值变动损益　　　　　　　　　　　　　10 000 000

③ 2020 年 7 月 1 日，出售投资性房地产时：

借：银行存款　　　　　　　　　　　　　　　　　　90 000 000
　　公允价值变动损益　　　　　　　　　　　　　　　10 000 000
　　其他综合收益　　　　　　　　　　　　　　　　　15 000 000
　　其他业务成本　　　　　　　　　　　　　　　　　60 000 000
　　贷：投资性房地产——成本　　　　　　　　　　　75 000 000
　　　　　　　　　　——公允价值变动　　　　　　　10 000 000
　　　　其他业务收入　　　　　　　　　　　　　　　90 000 000

 **思考题**

1. 什么是投资性房地产？
2. 投资性房地产的范围是什么？
3. 投资性房地产的两种计量模式分别是什么？
4. 投资性房地产的转换是如何核算的？

# 第九章

# 流动负债

**学习目标：**
1. 了解流动负债的定义与分类。
2. 掌握短期借款利息的核算方法。
3. 掌握应付票据与应付账款的核算。
4. 熟悉职工薪酬的内容，掌握应付职工薪酬的核算。
5. 掌握应交增值税、应交消费税的核算。

 **案例导读：**

负债是企业经营资金的重要来源之一。珠海 G 电器股份有限公司（以下简称 G 公司），G 公司成立于 1991 年，后来在深交所挂牌上市。公司成立初期，主要依靠组装生产家用空调，现已发展成为多元化的工业集团，产业覆盖空调、高端装备、生活品类、通信设备等领域，产品远销 160 多个国家和地区。关注 G 公司的资产负债表，会发现 G 公司资产负债率一直以来处于 60%～70% 之间，其中流动负债占负债总额的 90% 以上。有专家称，资产负债率太高，流动负债过高，公司存在财务风险。但是总裁 D 女士认为公司没风险，理由主要有：一是 G 公司没贷款；二是 G 公司有利润；三是经营现金流非常充分；四是坚持向股东支付比较高的现金股利。

请同学们思考：

（1）这个案例的启发是什么呢？
（2）对企业的各项流动负债应该如何进行账务处理？
（3）如何看待企业的财务风险呢？

通过本章的学习，你将会找到答案。

## 第一节　流动负债概述

流动负债，是指将在一年（含一年）或者超过一年的一个营业周期内偿还的债务，包括短期借款、应付票据、应付账款、预收账款、应付职工薪酬、应交税费、应付利息、应付股利、其他应付款等。

### 一、流动负债的分类

流动负债按照不同的标准可以分为不同的类别，以满足不同的需要。

#### （一）按其成因分类

流动负债从其成因看，一般可以分为以下三类：

（1）融资活动形成的流动负债，如企业从银行和其他金融机构借入的短期借款。

（2）结算过程中产生的流动负债。企业在正常的生产经营活动中形成的，包括对外结算业务形成的流动负债和内部往来结算业务形成的流动负债。前者包括应付账款、应付票据、预收账款、应交税费、其他应付款等；后者包括应付职工薪酬等。

（3）利润分配过程中产生的流动负债，指企业在分配净收益过程中形成的各种负债，如应付股利等。

#### （二）按照偿付金额是否确定分类

按偿还金额的可确定程度不同，流动负债可分为以下三类：

（1）金额确定的流动负债。这类流动负债一般在确认一项经济业务的同时，根据合同契约或法律规定的到期日必须偿付，并具有确定金额的流动负债，如短期借款、应付票据、应付账款、预收账款、应付职工薪酬、一年内到期的长期负债等。

（2）金额视经营情况而定的流动负债。这类流动负债的金额必须等到经营期末，根据企业该经营时期的经营状况才能计算确定的流动负债，在该经营期结束之前，负债金额是难以确定的，如应交税费、应付股利等。

（3）金额不确定需予以估计的流动负债。这项流动负债是过去已经发生的经济业务引起的，但其负债金额以及债权人直至会计期末编制资产负债表时，都无法准确确定。对这类流动负债，企业应根据掌握的相关资料，凭借以往的情况和其他类似企业的经验，合理地估计其金额，如预计负债等。

## 二、流动负债的计量

负债是企业应在未来偿付的债务，从理论上讲，应按未来应付金额的贴现值计量。但是，流动负债的偿付时间一般不超过 1 年，未来应付的金额与贴现值相差不多，按照重要性原则，其差额往往忽略不计，因而，流动负债一般按照业务发生时的金额计量。

我国《企业会计准则》明确规定："负债按照因承担现时义务而实际收到的款项或者资产的金额，或者承担现时义务的合同金额，或者按照日常活动中为偿还负债预期需要支付的现金或者现金等价物的金额计量。"

将负债划分为流动负债和长期负债的目的，主要是便于了解分析企业的财务状况和偿债能力。通过流动资产和流动负债的比较，可以基本上反映企业的短期债务的偿还能力，这一点有利于企业的短期债权人了解企业在一年（含一年）或一个营业周期内必须偿还的债务规模以及可用于偿还这些债务的流动资产规模。

**思考**：流动负债如何计量？

# 第二节  短期借款

短期借款，是指企业向银行或其他金融机构等借入的期限在一年以内（含一年）的各种借款。

## 一、短期借款的取得

短期借款一般是企业为维持正常的生产经营所需的资金而借入的或者为抵偿某项债务而借入的款项。企业的短期借款应通过"短期借款"账户进行核算。该账户用来核算企业向银行或其他金融机构等借入的期限在一年及一年以内的各种借款的取得和偿还情况。该账户的贷方登记企业借入的短期借款额，借方登记偿还的短期借款额，期末贷方余额反映企业尚未偿还的短期借款。该账户按债权人、借款种类和不同的货币设置明细账进行明细核算。通常在取得借款日，按取得金额入账，借记"银行存款"科目，贷记"短期借款"科目。

## 二、短期借款的利息费用

在实际工作中，银行一般与每季度末收取短期借款的利息。为此，企业的短期借款利息一般采用月末预提的方式进行核算。短期借款利息属于筹资费用，应记入"财务费用"科目。企业应当在资产负债表日按照计算确定的短期借款利息费用，借记"财务费用"科目，贷记"应付利息"科目；实际支付利息时，根据已预提的利息，借记"应付利息"科目，根据应计利息，借记"财务费用"科目，根据应付利息总额，贷记"银行存款"科目。

### 三、短期借款的偿还

企业在短期借款到期偿还借款本金时，应借记"短期借款"科目，贷记"银行存款"科目。

【例9-1】大河公司因生产经营的临时性需要，向银行申请并于2020年7月1日取得借款600 000元，期限3个月，年利率9%，按月计提利息费用，到期一次还本付息。大河公司的账务处理如下：

① 2020年7月1日，借入资金时：

借：银行存款　　　　　　　　　　　　　　　　　600 000
　　贷：短期借款　　　　　　　　　　　　　　　　600 000

② 2020年7月31日、2020年8月31日，确认当月利息费用时：

借：财务费用　　　　　　　　　　　　　　　　　4 500
　　贷：应付利息　　　　　　　　　　　　　　　　4 500

③ 2020年9月30日，确认当月利息费用并支付本息时：

借：应付利息　　　　　　　　　　　　　　　　　9 000
　　财务费用　　　　　　　　　　　　　　　　　4 500
　　短期借款　　　　　　　　　　　　　　　　　600 000
　　贷：银行存款　　　　　　　　　　　　　　　　613 500

## 第三节　应付及预收款项

### 一、应付票据

应付票据是指企业开出并承诺一定时期后，支付一定款额给持票人的一种书面证明。在我国，应付票据是企业根据合同进行延期付款并采用商业汇票结算方式而产生的商品交易证明。按承兑人的不同，商业汇票可分为商业承兑汇票和银行承兑汇票；应付票据按票面是否注明利率，可分为带息票据与不带息票据两种。

我国商业汇票的付款期限不超过 6 个月，因此，企业应将应付票据作为流动负债管理和核算。同时，由于应付票据的偿付时间较短，在会计实务中，一般均按照开出、承兑的应付票据的面值入账。

对应付票据的开出、偿还，会计上单设"应付票据"账户进行核算，这是负债类账户，该科目贷方登记开出、承兑汇票的面值，借方登记支付票据的金额，余额在贷方，表示企业尚未到期的商业汇票的票面金额。该账户的明细核算，一般按收款人姓名或单位名称分户进行。

企业应当设置"应付票据备查簿"，详细登记商业汇票的种类、号数和出票日期、到期日、票面余额、交易合同号和收款人姓名或单位名称以及付款日期和金额等资料。应付票据到期结清时，应当在备查簿内予以注销。

企业开出、承兑商业汇票或以承兑商业汇票抵付货款、应付账款时，借记"在途物资""原材料""库存商品""应付账款""应交税费——应交增值税（进项税额）"等科目，贷记"应付票据"科目。

支付行承兑汇票的手续费，借记"财务费用"科目，贷记"银行存款"科目。收到银行支付到期票据的付款通知，借记"应付票据"科目，贷记"银行存款"科目。

银行承兑汇票到期，如企业无力支付票款的，银行有责任向债权人支付票款，然后向企业追偿，相当于企业向银行申请了贷款，即企业为举新债（短期借款）还旧债（应付票据），因此构成企业对银行的短期借款。企业按应付票据的票面金额，借记"应付票据"科目，贷记"短期借款"科目。银行承兑汇票到期，企业无力支付票款，商业承兑汇票到期，如企业无力支付票款，银行不负责向债权人支付票款，债权债务退回交易双方自行承担，债务人应将应付票据的账面余额转作应付账款。

对于带息票据，企业应按照票据的存续期间和票面利率计算应付利息，计入当期损益，并相应增加应付票据的账面价值。

【例 9-2】大河公司为增值税一般纳税人，原材料按计划成本核算。2020 年 2 月 6 日购入原材料一批，增值税专用发票上注明的材料价款为 60 000 元，增值税额为 7 800 元，原材料验收入库。该公司开出并经开户银行承兑的商业汇票一张，面值为 67 800 元、期限 5 个月。缴纳银行承兑手续费 35.10 元。2020 年 7 月 6 日银行承兑汇票到期，大河公司通知其开户银行以银行存款支付票款。大河公司账务处理如下：

① 开出并承兑商品汇票购入材料：

借：材料采购            60 000

应交税费——应交增值税（进项税额） 7 800
　　贷：应付票据 67 800

② 支付商业汇票承兑手续费：
借：财务费用 35.10
　　贷：银行存款 35.10

③ 支付商业汇票款：
借：应付票据 67 800
　　贷：银行存款 67 800

【例9-3】承〖例9-2〗，假设上述银行承兑汇票到期时甲企业无力支付票款。大河公司应编制如下会计分录：

借：应付票据 67 800
　　贷：短期借款 67 800

【例9-4】大河公司2020年2月1日购入价值为30 000元的商品，取得的增值税专用发票上的增值税为3 900元，共计33 900元，同时出具一张期限为2个月、票面利率为9%的商业承兑汇票。大河公司的账务处理如下：

① 2020年2月1日购入商品时：
借：库存商品 30 000
　　应交税费——应交增值税（进项税额） 3 900
　　贷：应付票据 33 900

② 2020年4月1日到期付款时：
应付利息 = 33 900 × 9% ÷ 12 × 2 = 508.5（元）
借：应付票据 33 900
　　财务费用 508.5
　　贷：银行存款 34 408.5

③ 若到期日该企业无力偿付票据款：
借：应付票据 33 900
　　财务费用 508.5
　　贷：应付账款 34 408.5

## 二、应付账款

应付账款是企业因购买材料、商品或接受劳务等经营活动而应付给供应单位的款项，是买卖双方在购销活动中由于取得物资与结算付款存在时间差异而产生的债务，对那些非因供应业务而发生的各种应付、暂收款项，不应作为应付账款核算。应付账款与应付票据不同，两者虽然都是由于交易而引起的负债，都属于流动负债的性质，但应付账款属于尚未结清的债务，而应付票据是一种期票，是延期付款的证明，有承诺付款的票据作为依据，票据到期，企业负有无条件支付票款的责任。

### （一）应付账款入账时间的确定

应付账款一般应在与所购买物资所有权相关的主要风险和报酬已经转移或者所购买的劳务已经接受时确认。但是，在实际工作中，为了使所购买物资的金额、品种、数量和质量等与合同规定的条款相符，避免因验收时发现所购物资的数量或质量存在问题而对入账物资或应付账款金额进行改动，应区别情况处理：

（1）在货物和发票账单同时到达的情况下，应付账款一般待货物验收入库后，才按发票账单登记入账，确认应付账款。这主要是为了通过验收来确认所购入的物资与合同上订明的条款是否相符，以避免在入账后才发现问题，再做调整。

（2）在物资和发票账单不是同时到达的情况下，如果物资先到达，发票账单未到，为了简化核算工作，一般待发票账单到后，再根据发票账单入账。如果月终发票账单尚未到达，为了客观地反映企业的资产和负债，应对所购物资暂估应付账款入账，下月初做相反分录冲销暂估款，等发票账单到达后，再按实际金额入账。如果发票账单先到，当收到发票账单时，应即据以入账。

### （二）应付账款入账金额的确定

应付账款一般应按应付金额入账，而不按到期应付金额的现值入账。实务中，债权人为鼓励债务人在规定的期限内付款有时会向债务人提供现金折扣。应付账款的付款条件中附有现金折扣的，其入账金额的确定可以分别采用总价法和净价法。

（1）总价法，是指应付账款按发票上记载的应付金额总值（即扣除现金折扣之前的金额）入账，而不能按其净值入账。如果企业在折扣期内支付货款而享受了现金折扣，视为一项理财收益，冲减财务费用。

（2）净价法，是指应付账款按发票上记载的全部应付金额扣除现金折扣之后的净值入账。如果企业超过折扣期限付款而丧失了现金折扣，则作为一种理财费用，计入当期损益，增加财务费用。

在会计实务中，大多采用总价法进行处理，应按照扣除现金折扣前的应付款总额入账,因在折扣期内付款而获得的现金折扣,应在偿付应付款时冲减财务费用。其优点是可以在资产负债表上反映较高的负债,符合稳健性原则,且会计处理程序简单。

商业折扣是指企业为促进商品销售而在商品标价上给予的价格扣除。企业应当按照扣除商业折扣后的应付账款总额入账。

### (三) 应付账款的账务处理

企业购入材料、商品等验收入库,但货款尚未支付,应根据有关凭证(发票账单、随货同行发票上记载的实际价款或暂估价值),借记"原材料""库存商品""应交税费——应交增值税(进项税额)"等科目,贷记"应付账款"科目;企业接受供应单位提供劳务而发生的应付未付款项,应根据供应单位的发票账单,借记"生产成本""管理费用"等科目,贷记"应付账款"科目;企业开出、承兑商业汇票抵付应付账款,借记"应付账款"科目,贷记"应付票据"科目。未来偿还应付账款时,借记"应付账款"科目,贷记"银行存款"等科目。有些应付账款由于债权单位撤销或其他原因,使企业无法支付这笔应付款项,这笔无法支付的应付款项,应作为企业的营业外收入处理。

【例9-5】大河公司为增值税一般纳税人。2020年5月发生如下业务:

① 2020年5月1日,从A公司购入材料一批,货款100 000元,增值税13 000元,对方代垫运杂费1 000元。材料已运到并验收入库(该企业材料按实际成本计价核算),款项尚未支付。大河公司的账务处理如下:

| | |
|---|---:|
| 借:原材料 | 101 000 |
| 　　应交税费——应交增值税(进项税额) | 13 000 |
| 　　贷:应付账款——A公司 | 114 000 |

② 2020年5月3日,上述款项通过银行支付。大河公司的账务处理如下:

| | |
|---|---:|
| 借:应付账款——A公司 | 114 000 |
| 　　贷:银行存款 | 114 000 |

③ 2020年5月9日,根据供电部门通知,企业本月应付电费48 000元。其中生产车间电费32 000元,企业行政管理部门电费16 000元,款项尚未支付。大河公司的账务处理如下:

| | |
|---|---:|
| 借:制造费用 | 32 000 |
| 　　管理费用 | 16 000 |
| 　　贷:应付账款——××电力公司 | 48 000 |

④ 2020 年 5 月 31 日，企业确定一笔应付款项 4 000 元为无法支付的款项，应予转销。大河公司的账务处理如下：

借：应付账款　　　　　　　　　　　　　　　　　　　　　　　　4 000
　　贷：营业外收入　　　　　　　　　　　　　　　　　　　　　　4 000

【例 9-6】大河公司于 2020 年 4 月 2 日从黄河公司购入一批家电产品并已验收入库。增值税专用发票注明的该批家电的价款为 1 000 000 元，增值税为 130 000 元。按照购货协议的规定，大河公司如在 15 天内付清货款，将获得 1% 的现金折扣（假定计算现金折扣时需考虑增值税）。大河公司于 2020 年 4 月 10 日，按照扣除现金折扣后的金额，用银行存款付清了所欠黄河公司货款。大河公司的账务处理如下：

① 2020 年 4 月 2 日确认应付账款：

借：库存商品　　　　　　　　　　　　　　　　　　　　　　　1 000 000
　　应交税费——应交增值税（进项税额）　　　　　　　　　　　　130 000
　　贷：应付账款——B 公司　　　　　　　　　　　　　　　　　1 130 000

② 2020 年 4 月 10 日付清货款：

借：应付账款——B 公司　　　　　　　　　　　　　　　　　　1 130 000
　　贷：银行存款　　　　　　　　　　　　　　　　　　　　　　1 118 700
　　　　财务费用　　　　　　　　　　　　　　　　　　　　　　　11 300

## 三、预收账款

### （一）预收账款核算的内容

预收账款是买卖双方协议商定，由购货方预先支付一部分货款给供应方而发生的一项负债，这项负债要用以后的商品、劳务等偿付。对于预收账款，在核算上有两种可供选择的方法：一种方法是将发生的预收账款单独设置"预收账款"科目核算；另一种方法是将预收的货款直接作为应收账款的减项，反映在"应收账款"科目的贷方。待发生应收账款时，再在"应收账款"账户进行结算。这种方法在"应收账款"账户中能够集中、完整反映企业与购货方结算的情况。但在编制会计报表时需根据"应收账款"账户的明细账户进行分析之后方可填列。列示于"资产负债表"上的"预收账款"项目中，以便分清真正意义上的预收账款和应收账款。在会计实务中，如果企业预收账款比较多，可以设置"预收账款"科目；而预收账款情况不多的企业，可以将预收的款项直接记入"应收账款"科目的贷方。

### (二) 预收账款的账务处理

单独设置"预收账款"科目的企业，向购货单位预收款项时，借记"银行存款"科目，贷记"预收账款"科目；销售实现时，借记"预收账款"科目，贷记"主营业务收入""应交税费——应交增值税（销项税额）"等科目。购货单位补付的款项，借记"银行存款"科目，贷记"预收账款"科目；退回多付的款项，作相反会计处理。

**【例9-7】** 2020年4月10日，大河公司接受一批订货合同，按合同规定，货款金额总计为400 000元，预计6个月完成。订货方预付货款40%，另外60%待完工发货后再支付。该物资的增值税率为13%。根据上述经济业务，大河公司的账务处理如下：

① 2020年4月10日，收到预付的货款时：

借：银行存款　　　　　　　　　　　　　　　　　　　　　160 000
　　贷：预收账款　　　　　　　　　　　　　　　　　　　　160 000

② 2020年10月10日，产品发出时：

借：预收账款　　　　　　　　　　　　　　　　　　　　　452 000
　　贷：主营业务收入　　　　　　　　　　　　　　　　　　400 000
　　　　应交税费——应交增值税（销项税额）　　　　　　　 52 000

③ 订货单位补付货款时：

借：银行存款　　　　　　　　　　　　　　　　　　　　　292 000
　　贷：预收账款　　　　　　　　　　　　　　　　　　　　292 000

**【例9-8】** 承〖例9-7〗，假设大河公司不设置"预收账款"科目，其预收的款项通过"应收账款"科目核算。大河公司的账务处理如下：

① 2020年4月10日，收到预付的货款时：

借：银行存款　　　　　　　　　　　　　　　　　　　　　160 000
　　贷：应收账款　　　　　　　　　　　　　　　　　　　　160 000

② 2020年10月10日，发出货物时：

借：应收账款　　　　　　　　　　　　　　　　　　　　　452 000
　　贷：主营业务收入　　　　　　　　　　　　　　　　　　400 000
　　　　应交税费——应交增值税（销项税额）　　　　　　　 52 000

③ 收到补付的货款时：

借：银行存款　　　　　　　　　　　　　　　　　　　　　292 000
　　贷：应收账款　　　　　　　　　　　　　　　　　　　　292 000

## 第四节　应付职工薪酬

### 一、职工薪酬的内容

职工薪酬,是指企业为获得职工提供的服务或终止劳动合同关系而给予的各种形式的报酬。企业提供给职工配偶、子女、受赡养人、已故员工遗属及其他受益人等的福利,也属于职工薪酬。

职工,是指与企业订立劳动合同的所有人员,含全职、兼职和临时职工,也包括虽未与企业订立劳动合同但由企业正式任命的人员,如董事会成员、监事会成员等。在企业的计划和控制下,虽未与企业订立劳动合同或未由其正式任命,但向企业所提供服务与职工所提供服务类似的人员,也属于职工范畴,包括通过企业与劳务中介公司签订用工合同而向企业提供服务的人员。

具体来说,职工薪酬的主要内容包括以下几种。

#### (一) 短期薪酬

短期薪酬是指企业在职工提供相关服务的年度报告期间结束后十二个月内需要全部予以支付的职工薪酬,因解除与职工的劳动关系给予的补偿(属辞退福利)除外。具体包括:

(1) 职工工资、奖金、津贴和补贴,是指按照构成工资总额的计时工资、计件工资、支付给职工的超额劳动报酬和增收节支的劳动报酬、为了补偿职工特殊或额外的劳动消耗和因其他特殊原因支付给职工的津贴,以及为了保证职工工资水平不受物价影响支付给职工的物价补贴等。

(2) 职工福利费,主要包括:①为职工卫生保健、生活等发放或支付的各项现金补贴和非货币性福利,包括职工因公赴外地就医费用、职工疗养费用、防暑降温费等。②企业尚未分离的内设集体福利部门所发生的设备、设施和人员费用。③发放给在职职工的生活困难补助以及按规定发生的其他职工福利支出,如丧葬补助费、抚恤费、职工异地安家费、独生子女费等。

(3) 医疗保险费、工伤保险费和生育保险费等社会保险费,是指企业按照国务院、各地方政府或企业年金计划规定的基准和比例计算,向社会保险经办机构缴纳的医疗保险费、养老保险费、失业保险费、工伤保险费和生育保险费,以及以购买商业保险形式提供给职工的各种保险待遇。

（4）住房公积金，是指企业按照国家规定的基准和比例计算，向住房公积金管理机构缴存的住房公积金。

（5）工会经费和职工教育经费，是指企业为了改善职工文化生活、为职工学习先进技术和提高文化水平与业务素质，用于开展工会活动和职工教育及职业技能培训等相关支出。

（6）短期带薪缺勤，是指企业支付工资或提供补偿的职工缺勤，包括年休假、病假、短期伤残假、婚假、产假、丧假、探亲假等。

（7）短期利润分享计划指因职工提供服务而与职工达成的基于利润或其他经营成果提供薪酬的协议。

（8）非货币性福利。

（9）其他短期薪酬。

### （二）离职后福利

离职后福利，是指企业为获得职工提供的服务而在职工退休或与企业解除劳动关系后，提供的各种形式的报酬和福利，属于短期薪酬和辞退福利的除外。

离职后福利计划，是指企业与职工就离职后福利达成的协议，或者企业为向职工提供离职后福利制定的规章或办法等。离职后福利计划按其特征可分为设定提存计划和设定受益计划。其中，设定提存计划是指向独立的基金缴存固定费用后，企业不再承担进一步支付义务的离职后福利计划，即养老保险费和失业保险费；设定受益计划是指除设定提存计划以外的离职后福利计划。

### （三）辞退福利

辞退福利，是指企业在职工劳动合同到期之前解除与职工的劳动关系或者为鼓励职工自愿接受裁减而给予职工的补偿。

### （四）其他长期职工福利

其他长期职工福利是指除短期薪酬、离职后福利、辞退福利之外所有的职工薪酬，包括长期带薪缺勤、长期残疾福利、长期利润分享计划等。

**思考：** 短期薪酬包括哪些内容？

## 二、职工薪酬的确认和计量

### (一) 短期薪酬的确认和计量

**1. 货币性短期薪酬的确认和计量**

货币性短期薪酬的范围包括:职工工资、奖金、津贴和补贴,大部分的职工福利费,医疗保险费、工伤保险费和生育保险费等社会保险费,住房公积金,工会经费和职工教育经费。

企业应当在职工为其提供服务的会计期间,根据职工提供服务的受益对象,将应确认的货币性短期薪酬计入相关资产成本或当期损益,同时确认为负债,记入"应付职工薪酬"科目。生产部门人员的职工薪酬,借记"生产成本""制造费用""劳务成本"等科目,贷记本科目;管理部门人员的职工薪酬借记"管理费用"科目,贷记本科目;销售人员的职工薪酬借记"销售费用"科目,贷记本科目;应由在建工程、研发支出负担的职工薪酬借记"在建工程""研发支出"等科目,贷记本科目。

企业为职工缴纳的医疗保险费、工伤保险费、生育保险费等社会保险费和住房公积金,以及工会经费和职工教育经费,应当在职工为其提供服务的会计期间,根据规定的计提基础和计提比例计算确定相应的职工薪酬金额,按照职工提供服务的受益对象,计入相关资产成本或当期损益,同时确认为负债应付职工薪酬。

【例9-9】大河公司2020年12月的工资汇总表如表9-1所示,根据工资汇总表做出12月份工资分配的会计分录。

表9-1　　　　　　大河公司2020年12月工资汇总表　　　　　　单位:元

| 部门及人员 | 应发工资 | 奖金 | 津贴 | 应发薪酬合计 | 代扣款项 | | | | 实发金额 |
| --- | --- | --- | --- | --- | --- | --- | --- | --- | --- |
| | | | | | 住房公积金 | 社保 | 个人所得税 | 合计 | |
| A产品生产工人 | 150 000 | 5 000 | 4 000 | 159 000 | 7 500 | 15 000 | 1 500 | 24 000 | 135 000 |
| B产品生产工人 | 80 000 | 3 000 | 3 000 | 86 000 | 4 000 | 8 000 | 1 400 | 13 400 | 72 600 |
| 生产车间管理人员 | 40 500 | 3 000 | 1 000 | 44 500 | 2 025 | 4 050 | 850 | 6 925 | 37 575 |

续表

| 部门及人员 | 应发工资 | 奖金 | 津贴 | 应发薪酬合计 | 代扣款项 | | | | 实发金额 |
|---|---|---|---|---|---|---|---|---|---|
| | | | | | 住房公积金 | 社保 | 个人所得税 | 合计 | |
| 行政管理人员 | 80 000 | 4 000 | 2 000 | 86 000 | 4 000 | 8 000 | 1 750 | 13 750 | 72 250 |
| 销售机构人员 | 50 000 | 3 000 | 2 000 | 55 000 | 2 500 | 5 000 | 1 350 | 8 850 | 46 150 |
| 在建工程人员 | 30 500 | 2 000 | 2 000 | 34 500 | 1 525 | 3 050 | 500 | 5 075 | 29 425 |
| 合　计 | 431 000 | 20 000 | 14 000 | 465 000 | 21 550 | 43 100 | 7 350 | 72 000 | 393 000 |

大河公司的账务处理如下：

借：生产成本——A产品　　　　　　　　　　　　　　　　159 000
　　　　　　——B产品　　　　　　　　　　　　　　　　 86 000
　　制造费用　　　　　　　　　　　　　　　　　　　　　 44 500
　　管理费用　　　　　　　　　　　　　　　　　　　　　 86 000
　　销售费用　　　　　　　　　　　　　　　　　　　　　 55 000
　　在建工程　　　　　　　　　　　　　　　　　　　　　 34 500
　贷：应付职工薪酬——工资　　　　　　　　　　　　　　431 000
　　　　　　　　　——奖金　　　　　　　　　　　　　　 20 000
　　　　　　　　　——津贴　　　　　　　　　　　　　　 14 000

【例9-10】承【例9-9】，根据工资汇总表中的实发金额通过银行转账付款，大河公司的账务处理如下：

借：应付职工薪酬——工资　　　　　　　　　　　　　　431 000
　　　　　　　　——奖金　　　　　　　　　　　　　　 20 000
　　　　　　　　——津贴　　　　　　　　　　　　　　 14 000
　贷：银行存款　　　　　　　　　　　　　　　　　　　393 000
　　　其他应付款——住房公积金　　　　　　　　　　　　21 550
　　　　　　　　——社保　　　　　　　　　　　　　　 43 100
　　　应交税费——应交个人所得税　　　　　　　　　　　7 350

**2. 非货币性福利的确认和计量**

企业以其自产产品作为非货币性福利发放给职工的，应当根据受益对象，按照该产品的公允价值计入相关资产成本或当期损益,同时确认应付职工薪酬,借记"管理费用""生产成本""制造费用"等科目,贷记"应付职工薪酬——非货币性福利"科目;将企业拥有的房屋等固定资产无偿提供给职工使用的,应当根据受益对象,将该住房每期应计提的折旧计入相关资产成本或当期损益,同时确认应付职工薪酬,借记"管理费用""生产成本""制造费用"等科目,贷记"应付职工薪酬——非货币性福利"科目;同时借记"应付职工薪酬——非货币性福利"科目,贷记"累计折旧"科目;涉及租赁住房等企业资产供职工无偿使用情况的,应当根据受益对象将每期应付的租金计入相关资产、成本或当期损益,并确认应付职工薪酬,借记"管理费用""生产成本""制造费用"等科目,贷记"应付职工薪酬——非货币性福利"科目。企业以自产产品作为非货币性职工薪酬发放给职工时,应确认为主营业务收入,借记"应付职工薪酬——非货币性福利"科目,贷记"主营业务收入"科目,同时结转相关成本。涉及增值税销项税额的,还应进行相应的处理。企业支付租赁住房等资产供职工无偿使用所发生的租金,借记"应付职工薪酬——非货币性福利"科目,贷记"银行存款"等科目。

难以认定受益对象的非货币性福利,直接计入当期损益和应付职工薪酬。

**【例 9 – 11】** 大河公司拥有职工 200 名,其中一线生产工人 170 名,总部管理人员 30 名。2020 年 1 月,该公司决定以其生产的 A 产品作为福利发放给职工,每人一台。该产品的生产成本为 5 000 元/台,市场售价为 8 000 元/台,使用的增值税税率为 13%。大河公司的账务处理如下:

本例中,大河公司在确认该笔非货币性福利时,应该计入生产成本的金额为:

$170 \times 8\,000 \times (1 + 13\%) = 1\,536\,800$(元)

计入管理费用的金额为:

$30 \times 8\,000 \times (1 + 13\%) = 271\,200$(元)

大河公司决定发放 A 产品时:

| | |
|---|---|
| 借:生产成本 | 1 536 800 |
|   管理费用 | 271 200 |
|   贷:应付职工薪酬——非货币性福利 | 1 808 000 |

大河公司实际发放 A 产品时:

| | |
|---|---|
| 借:应付职工薪酬——非货币性福利 | 1 808 000 |
|   贷:主营业务收入 | 1 600 000 |
|     应交税费——应交增值税(销项税额) | 208 000 |

借：主营业务成本 1 000 000
　　贷：库存商品 1 000 000

**3. 带薪缺勤的确认和计量**

企业对各种原因产生的缺勤进行补偿，如包括年休假、病假、短期伤残假、婚假、产假、丧假、探亲假等。带薪缺勤应当分为累积带薪缺勤和非累积带薪缺勤。累积带薪缺勤是指带薪缺勤权利可以结转下期的带薪缺勤，本期尚未用完的带薪缺勤权利可以在未来期间使用；非累积带薪缺勤是指带薪缺勤权利不能结转下期的带薪缺勤，本期尚未用完的带薪缺勤权利将予以取消，并且职工离开企业时也无权获得现金支付。我国企业职工休婚假、产假、丧假、探亲假、病假期间的工资通常属于非累积带薪缺勤。

对于累积带薪缺勤的会计处理，企业应当在职工提供服务从而增加了其未来享有的带薪缺勤权利时，确认与累积带薪缺勤相关的职工薪酬，并以累积未行使权利而增加的预期支付金额计量。而非累积带薪缺勤的会计处理，企业应当在职工实际发生缺勤的会计期间确认与非累积带薪缺勤相关的职工薪酬。即非累积带薪缺勤发生时视为全勤，按正常全勤状态进行会计处理。

**【例9—12】** 大河公司共有1 000名职工，从2020年1月1日起，该公司实行累积带薪缺勤制度。该制度规定，每个职工每年可享受5个工作日带薪年休假，未使用的年休假只能向后结转一个日历年度，超过1年未使用的权利作废；职工休年休假时，首先使用当年可享受的权利，不足部分再从上年结转的带薪年休假中扣除；职工离开公司时，对未使用的累积带薪年休假无权获得现金支付。2020年12月31日，每个职工当年平均未使用带薪年休假为2天。大河公司预计2021年有950名职工将享受不超过5天的带薪年休假，剩余50名职工每人将平均享受6天半年休假，假定这50名职工全部为总部管理人员，该公司平均每名职工每个工作日工资为300元。

大河公司在2020年12月31日预计由于职工累积未使用的带薪年休假权利而导致预期将支付的工资负债即为75天（50×1.5）的年休假工资金额22 500元（75×300），大河公司的账务处理如下：

借：管理费用 22 500
　　贷：应付职工薪酬——累积带薪缺勤 22 500

对于非累积带薪缺勤的会计处理，企业应当在职工实际发生缺勤的会计期间确认与非累积带薪缺勤相关的职工薪酬。即非累积带薪缺勤发生时视为全勤，按正常全勤状态进行会计处理。

 **思考：累积带薪缺勤与非累积带薪缺勤有何区别？**

**4. 短期利润分享计划**

利润分享计划的确认同时满足下列条件的，企业应当确认相关的应付职工薪酬：企业因过去事项导致现在具有支付职工薪酬的法定义务或推定义务；因利润分享计划所产生的应付职工薪酬义务金额能够可靠估计。属于下列三种情形之一的，视为义务金额能够可靠估计：①在财务报告批准报出之前企业已确定应支付的薪酬金额；②该短期利润分享计划的正式条款中包括确定薪酬金额的方式；③过去的惯例为企业确定推定义务金额提供了明显证据。

职工只有在企业工作一段特定期间才能分享利润的，企业在计量利润分享计划产生的应付职工薪酬时，应当反映职工因离职而无法享受利润分享计划福利的可能性。如果企业在职工为其提供相关服务的年度报告期间结束后十二个月内，不需要全部支付利润分享计划产生的应付职工薪酬，该利润分享计划应当适用其他长期职工福利的有关规定。

**【例 9–13】** 大河公司有一项利润分享计划，要求大河公司将其至 2019 年 12 月 31 日止会计年度的税前利润的指定比例支付给在 2019 年 7 月 1 日至 2020 年 6 月 30 日为大河公司提供服务的职工。该奖金于 2020 年 6 月 30 日支付。2019 年 12 月 31 日，财务年度的税前利润1000万元人民币。如果大河公司在 2019 年 7 月 1 日至 2020 年 6 月 30 日期间没有职工离职，则当年的利润分享支付总额为税前利润的3%。大河公司估计职工离职将使支付额降低至税前利润的2.5%（其中，直接参加生产的职工享有1%，总部管理人员享有1.5%），不考虑个人所得税影响。

2019 年 12 月 31 日，大河公司应该按照税前利润的50%的2.5%确认负债和成本费用，金额为125 000元（10 000 000×50%×2.5%），其中计入生产成本的利润分享计划金额为50 000元（10 000 000×50%×1%），计入管理费用的利润分享计划金额为75 000元（10 000 000×50%×1.5%）。

大河公司的账务处理如下：

借：生产成本　　　　　　　　　　　　　　　　50 000
　　管理费用　　　　　　　　　　　　　　　　75 000
　　贷：应付职工薪酬——利润分享计划　　　　　　　125 000

2020 年 6 月 30 日，大河公司的职工离职使其利润分享比例调整至2.8%。其中，一线工人1.1%，总部管理人员1.7%。在 2020 年确认余下的利润分享金额155 000

元（10 000 000×2.8%－125 000），其中计入生产成本的利润分享计划金额为 60 000 元（10 000 000×1.1%－50 000），计入管理费用的利润分享计划金额为 95 000 元（10 000 000×1.7%－75 000）。大河公司的账务处理如下：

  借：生产成本              60 000
    管理费用              95 000
     贷：应付职工薪酬——利润分享计划      155 000

### （二）离职后福利的确认和计量

职工的离职后福利，如在正常退休时获得的退休金，是其与企业签订的劳动合同到期时，或者职工达到了国家规定的退休年龄时获得的离职后生活补偿金额，此种情况下给予补偿的事项是职工在职时提供的服务而不是退休本身，因此，企业应当在职工提供服务的会计期间进行确认和计量。

离职后福利计划，是指企业与职工就离职后福利达成的协议，或者企业为向职工提供离职后福利制定的规章或办法等。离职后福利计划按其特征可分为设定提存计划和设定受益计划。

**1. 设定提存计划**

设定提存计划是指向独立的基金缴存固定费用后，企业不再承担进一步支付义务的离职后福利计划。即养老保险费和失业保险费。企业应在资产负债表日确认为换取职工在会计期间内为企业提供的服务而应付给设定提存计划的提存金，并作为一项费用计入当期损益或相关资产成本。根据设定提存计划，预期不会在职工提供相关服务的年度报告期结束后十二个月内支付全部应缴存金额的，应当参照规定的折现率，将全部应缴存金额以折现后的金额计量应付职工薪酬。

**2. 设定受益计划**

设定受益计划是指除设定提存计划以外的离职后福利计划。在设定受益计划下，企业的法定义务是以企业向基金缴存额为限，职工所取得的离职后福利金额取决于向离职后福利计划或保险公司支付的提存金金额，以及提存金所产生的投资回报，精算风险和投资风险由职工承担。设定受益计划的核算步骤：确定设定受益义务现值和当期服务成本；确定设定受益计划净负债或净资产；确定应当计入当期损益的金额；确定应当计入其他综合收益的金额。

### （三）辞退福利的确认和计量

辞退福利是指企业在职工劳动合同到期之前解除与职工的劳动关系，或者为鼓励职工自愿接受裁减而给予职工的补偿。企业向职工提供辞退福利的，应当在下列两者孰早日确认辞退福利产生的职工薪酬负债，并计入当期损益（管理费用）。

（1）企业不能单方面撤回因解除劳动关系计划或裁减建议所提供的辞退福利时。

（2）企业确认与涉及支付辞退福利的重组相关的成本或费用时。

### （四）其他长期职工福利的确认和计量

其他长期职工福利是指除短期薪酬、离职后福利、辞退福利之外所有的职工薪酬，包括长期带薪缺勤、长期残疾福利、长期利润分享计划等。企业向职工提供的其他长期职工福利，符合设定提存计划条件的，应当设定提存计划相同的原则进行处理；符合设定受益计划条件的，应当适用关于设定受益计划的有关规定，确认和计量其他长期职工福利净负债或净资产。

在报告期末，企业应当将其他长期职工福利产生的职工薪酬成本确认为下列组成部分：①服务成本；②其他长期职工福利净负债或净资产的利息净额；③重新计量其他长期职工福利净负债或净资产所产生的变动。为简化相关会计处理，上述项目的总净额应计入当期损益或相关资产成本。

长期残疾福利水平取决于职工提供服务期间长短的，企业应当在职工提供服务的期间确认应付长期残疾福利义务，计量时应当考虑长期残疾福利支付的可能性和预期支付的期限；长期残疾福利与职工提供服务期间长短无关的，企业应当在导致职工长期残疾的事件发生的当期确认应付长期残疾福利义务。

思考：企业在职工内退期间支付的工资属于哪一类职工薪酬？

## 第五节　应交税费

企业作为商品的生产者和经营者，应按照税法规定履行纳税义务，对经营活动的流转额或所得额依法缴纳各种税费。企业根据税法规定应缴纳的各种税费包括：增值税、消费税、城市维护建设税、资源税、所得税、土地增值税、房产税、车船税、土地使用税、教育费附加、矿产资源补偿费、印花税、耕地占用税等。企业的纳税义务，一般随其经营活动的进行而产生，但企业向税务机关缴纳税款则定期（一般按月）集中进行。由于纳税义务产生时间与缴纳税款时间不一致，一定时期内企业应交的税费，在尚未缴纳之前暂时停留在企业，形成一项负债，会计上称为应交税费。并由于各种税费的计算依据不同，会计处理方法也各不相同。

企业应交的税费，要按照权责发生制原则，核算应交税费，并设置"应交税费"账户。该账户核算企业应缴纳的各种税费。其贷方登记计算应交和退回多交的税费额，借方登记实际缴纳和补缴的税费额，期末贷方余额表示未交和未退回多交的税费额，借方余额表示多交或尚未抵扣的税费额。应交税费账户应按各种税种设置明细账进行明细分类核算。

## 一、增值税

### (一) 增值税概述

**1. 纳税人**

增值税是以商品（含应税劳务、应税服务）在流转过程中产生的增值额作为计税依据而征收的一种流转税。我国增值税相关法规规定，在我国境内销售货物、提供加工或修理修配劳务（以下简称应税劳务），销售应税服务、无形资产和不动产（以下简称应税行为）以及进口货物的企业单位和个人为增值税的纳税人。其中，"应税服务"，包括交通运输服务、邮政服务、电信服务、金融服务、生活服务。

根据经营规模大小及会计核算健全程度，增值税纳税人分为一般纳税人和小规模纳税人。按税法的有关规定，小规模纳税人的标准为年应征增值税销售额500万元及以下，除此之外，则为一般纳税人。计算增值税的方法分为一般计税方法和简易计税方法。增值税一般纳税人计算增值税大多采用一般计税方法；小规模纳税人一般采用简易计税方法。

**2. 税率和征收率**

一般纳税人采用的税率分为基本税率、低税率和零税率三种。

增值税一般纳税人销售或者进口货物，提供加工修理或修配劳务、销售应税服务、无形资产和不动产，除低税率适用范围外，税率一律为13%，即基本税率。

一般纳税人提供交通运输、邮政、基础电信、建筑、不动产租赁服务，销售不动产、转让土地使用权，适用9%的低税率；同时，一般纳税人销售或者进口粮食、食用植物油、自来水、暖气、冷气、热气、煤气、石油液化气、天然气、沼气、居民用煤炭制品，图书、报纸、杂志，饲料、化肥、农药、农机、农膜及国务院规定的其他货物，也适用9%的低税率。

一般纳税人提供增值电信服务、金融服务、现代服务（租赁服务除外）、生活服务、转让土地使用权以外的其他无形资产，适用6%的低税率。

一般纳税人出口货物、境内单位或个人发生的跨境应税行为符合条件的，税率为零。

小规模纳税人的征收率为3%。

**3. 计税方法**

增值税实行凭专用发票抵扣税款的制度。根据一般纳税人和小规模纳税人，分别采用不同的增值税计算方法：

（1）一般纳税人销售货物或者提供应税劳务或者发生应税行为适用一般计税方法计税，计算公式为：

当期应纳增值税额 = 当期销项税额 − 当期进项税额

公式中的"当期销项税额"是指纳税人当期销售货物、提供应税劳务、发生应税行为时按照销售额和增值税税率计算并收取的增值税税额。

当期销项税额 = 当期销售额（不含增值税）× 增值税税率

公式中的"当期进项税额"是指纳税人当期购进货物、接受加工修理或修配劳务、应税服务、无形资产和不动产所支付或承担的增值税税额。通常包括：

① 从销售方或提供方取得的增值税专用发票上注明的增值税额。

② 从海关取得的海关进口增值税专用缴款书上注明的增值税额。

③ 购进农产品，除取得增值税专用发票或者海关进口增值税专用缴款书外，按照农产品收购发票或者销售发票上注明的农产品买价和9%的扣除率计算的进项税额。

④ 接受境外单位或者个人提供的应税服务，从税务机关或者境内代理人取得的解缴税款的中华人民共和国税收缴款凭证（以下简称税收缴款凭证）上注明的增值税额。

⑤ 纳税人支付的道路通行费，按照收费公路通行费增值税电子普通发票上注明的增值税额抵扣进项税额。

⑥ 纳税人支付的桥、闸通行费，暂凭取得的通行费发票上注明的收费金额按照下列公式计算可抵扣的进项税额：

桥、闸通行费可抵扣进项税额 = 桥、闸通行费发票上注明的金额 ÷（1 + 5%）× 5%

⑦ 纳税人购进国内旅客运输服务，其进项税额允许从销项税额中抵扣。纳税人未取得增值税专用发票的，暂按照以下规定确定进项税额：

A. 取得增值税电子普通发票的，为发票上注明的税额；

B. 取得注明旅客身份信息的航空运输电子客票行程单的，为按照下列公式计算进项税额：

航空旅客运输进项税额 =（票价 + 燃油附加费）÷（1 + 9%）× 9%

C. 取得注明旅客身份信息的铁路车票的，为按照下列公式计算的进项税额：

铁路旅客运输进项税额 = 票面金额 ÷ (1 + 9%) × 9%

D. 取得注明旅客身份信息的公路、水路等其他客票的，按照下列公式计算进项税额：

公路、水路等其他旅客运输进项税额 = 票面金额 ÷ (1 + 3%) × 3%

当期销项税额小于当期进项税额不足抵扣时，其不足部分可以结转下期继续抵扣。

（2）小规模纳税人销售货物或者提供应税劳务或者发生应税行为适用简易计税方法，一般纳税人销售提供或发生财政部、国家税务总局规定的特定货物或应税劳务或应税行为，也可以选择适用简易计税方法，公式为：

当期应纳增值税额 = 当期销售额（不含增值税）× 征收率

思考：为什么要将增值税纳税人分为一般纳税人和小规模纳税人？

### （二）一般纳税人的账务处理

**1. 设置的科目**

增值税一般纳税人应当在"应交税费"科目下设置"应交增值税""未交增值税""预交增值税""待抵扣进项税额""待认证进项税额""待转销项税额""增值税留抵税额""简易计税"等明细科目。

（1）"应交增值税"明细账设置"进项税额""已交税金""转出未交增值税""销项税额""进项税额转出""出口退税""转出多交增值税"等专栏。

其中：①"进项税额"专栏，记录一般纳税人购进货物、加工修理修配劳务、服务、无形资产或不动产而支付或负担的、准予从当期销项税额中抵扣的增值税额；②"已交税金"专栏，记录一般纳税人当月已缴纳的应交增值税额；③"减免税款"专栏，记录企业经主管税务机关批准，实际减免的增值税额。④"出口抵减内销产品应纳税款"专栏，记录企业直接出口或委托外贸企业代理出口的货物，按规定的退税率计算的出口货物的进项税额抵减内销产品的应纳税额。⑤"转出未交增值税"和"转出多交增值税"专栏，分别记录一般纳税人月度终了转出当月应交未交或多交的增值税额；⑥"销项税额"专栏，记录一般纳税人销售货物、加工修理修配劳务、服务、无形资产或不动产应收取的增值税额；⑦"进项税额转出"专栏，记录一般纳税人购进货物、加工修理修配劳务、服务、无形资产或不动产等发生非正常损失以及其他原因而不应从销项税额中抵扣、按规定转出的进项税额；⑧"出口退税"专栏，记录一般纳税人出口货物、加工修理修配劳务、服务、无形资产按规定退回的增值税额。"应交税费——应交增值税"明细账格式如表9-2所示。

表9-2　　　　　　　　应交税费——应交增值税明细账

| 借方 | | | | | | 贷方 | | | | | 借或贷 | 余额 |
|---|---|---|---|---|---|---|---|---|---|---|---|---|
| 合计 | 进项税额 | 已交税金 | 减免税款 | 出口抵减内销产品应纳税额 | 转出未交增值税 | 合计 | 销项税额 | 出口退税 | 进项税额转出 | 转出多交增值税 | | |
| | | | | | | | | | | | | |
| | | | | | | | | | | | | |

（2）"未交增值税"明细科目，核算一般纳税人月度终了从"应交增值税"或"预交增值税"明细科目转入当月应交未交、多交或预缴的增值税额，以及当月缴纳以前期间未交的增值税额。

（3）"预交增值税"明细科目，核算一般纳税人转让不动产、提供不动产经营租赁服务、提供建筑服务、采用预收款方式销售自行开发的房地产项目等，以及其他按现行增值税制度规定应预缴的增值税额。

（4）"待抵扣进项税额"明细科目，核算一般纳税人已取得增值税扣税凭证并经税务机关认证，按照现行增值税制度规定准予以后期间从销项税额中抵扣的进项税额。

（5）"待转销项税额"明细科目，核算一般纳税人销售货物、加工修理修配劳务、服务、无形资产或不动产，已确认相关收入（或利得）但尚未发生增值税纳税义务而需于以后期间确认为销项税额的增值税额。

（6）"增值税留抵税额"明细科目，核算兼有销售服务、无形资产或者不动产的原增值税一般纳税人，截止到纳入营改增试点之日前的增值税期末留抵税额按照现行增值税制度规定不得从销售服务、无形资产或不动产的销项税额中抵扣的增值税留抵税额。

（7）"简易计税"明细科目，核算一般纳税人采用简易计税方法发生的增值税计提、扣减、预缴、缴纳等业务。

**2. 一般购销业务的账务处理**

实行增值税的一般纳税人，从税务角度看：一是可以使用增值税专用发票，企业销售物资或提供应税劳务可以开具增值税专用发票；二是购入物资取得的增值税专用发票或完税凭证上注明的增值税额可以用销项税额抵扣；三是如果企业销售物资或者提供应税劳务采用销售额和销项税额合并定价方法的，按公式"销售额 = 含税销售额÷（1 + 税率）"还原为不含税销售额，并按不含税销售额计算销项税额。

## 第九章　流动负债

【例9-14】2020年6月13日,大河公司购入一批原材料,采用实际成本法核算,增值税专用发票上注明的原材料,价款为5 000 000元,增值税额为650 000元。货款已经支付,材料已经到达并验收入库。大河公司当期销售产品收入为10 000 000元(不含应向购买者收取的增值税),货款尚未收到。假如该产品的增值税率为13%,不缴纳消费税。根据上述经济业务,大河公司的账务处理如下:

① 大河公司购入原材料:

借:原材料　　　　　　　　　　　　　　　　　　　　5 000 000
　　应交税费——应交增值税(进项税额)　　　　　　　　650 000
　　　贷:银行存款　　　　　　　　　　　　　　　　　　　5 650 000

② 大河公司销售产品:

借:应收账款　　　　　　　　　　　　　　　　　　　11 300 000
　　贷:主营业务收入　　　　　　　　　　　　　　　　　10 000 000
　　　　应交税费——应交增值税(销项税额)　　　　　　　1 300 000

根据增值税相关法规规定,企业购入的机器设备、不动产等生产经营用固定资产所支付的增值税,在符合税收法规情况下,允许在购置当期全部一次性扣除。但购入用于集体福利或个人消费等目的的固定资产而支付的增值税应计入固定资产成本。

【例9-15】大河公司购入不需要安装的设备一台,价款及运输保险等费用合计300 000元,增值税专用发票上注明的增值税额39 000元,款项尚未支付。大河公司的账务处理如下:

借:固定资产　　　　　　　　　　　　　　　　　　　　300 000
　　应交税费——应交增值税(进项税额)　　　　　　　　　39 000
　　　贷:应付账款　　　　　　　　　　　　　　　　　　　339 000

按照增值税暂行条例,企业购入免征增值税货物,一般不能抵扣增值税销项税额。但是对于购入的免税农产品,可以按照收购价格和规定的扣除率计算进项税额,并准予从企业的进项税额中抵扣。

【例9-16】大河公司购入免税农产品一批,价款100 000元,规定的扣除率为9%,货物尚未到达,货款已用银行款支付。大河公司的账务处理如下:

进项税额 = 购买价款 × 扣除率 = 100 000 × 9% = 9 000(元)

借:材料采购　　　　　　　　　　　　　　　　　　　　91 000
　　应交税费——应交增值税(进项税额)　　　　　　　　　9 000
　　　贷:银行存款　　　　　　　　　　　　　　　　　　　100 000

· 247 ·

### 3. 视同销售的账务处理

按照增值税暂行条例实施细则的规定,对于企业将物资交付他人代销,销售代销物资;自产的、委托加工的物资和购买的物资用于分红;将自产的、委托加工的物资和购买的物资用于对外投资;将自产的、委托加工的物资和购买的物资用于捐赠;将自产的、委托加工的物资用于集体福利或个人消费;将自产的、委托加工的物资用于其他非应税项目;将自产的、委托加工的物资用于非生产设备类在建工程,视同销售物资,需计算缴纳增值税。

在会计处理上,按应该收取的价税,借记"应付利润""长期股权投资""应付职工薪酬""营业外支出""在建工程"等科目,贷记"主营业务收入""其他业务收入""库存商品""应交税费——应交增值税(销项税额)"等科目。

【例9-17】大河公司用原材料对A企业投资,该批原材料的成本为3 000 000元,售价为3 500 000元。假如该原材料的增值税率为13%。根据上述经济业务,大河公司和A企业(假如大河公司和A企业的原材料均采用实际成本进行核算)应分别作如下账务处理:

① 大河公司:

对外投资转出原材料计算的销项税额 = 3 500 000 × 13% = 455 000(元)

| 借:长期股权投资 | 3 955 000 |
|---|---|
| 贷:其他业务收入 | 3 500 000 |
| 应交税费——应交增值税(销项税额) | 455 000 |
| 借:其他业务成本 | 3 000 000 |
| 贷:原材料 | 3 000 000 |

② A企业:

A企业收到投资时,视同购进原材料处理:

| 借:原材料 | 3 500 000 |
|---|---|
| 应交税费——应交增值税(进项税额) | 455 000 |
| 贷:实收资本 | 3 955 000 |

### 4. 不予抵扣项目的账务处理

按照增值税暂行条例及其实施细则的规定,不予抵扣的项目包括:购进不属于生产设备的固定资产;购买的物资或接受的劳务用于非生产设备类在建工程;用于非应税项目的购进物资或者应税劳务;用于免税项目的购进物资或者应税劳务;用于集体福利或者个人消费的购进物资或者应税劳务;非正常损失的购入物资;非正常损失的在产品、产成品所耗用的购进物资或者应税劳务，等等。对于按规定不予抵扣的进项税额，在账务处理时应采用不同的方法。

（1）属于购入物资时即能认定其进项税额不能抵扣的，如购进非生产用固定资产，购入的物资直接用于免税项目，或者直接用于非应税项目，或者直接用于集体福利和个人消费的，其增值税专用发票上注明的增值税额，计入购入物资及接受劳务的成本。

【例9–18】大河公司购入商品作为福利发放给相关管理人员，增值税专用发票上注明的商品价款为20 000元，增值税额为2 600元，大河公司的账务处理如下：

借：应付职工薪酬　　　　　　　　　　　　　　　　　　　22 600
　　贷：银行存款　　　　　　　　　　　　　　　　　　　　22 600

（2）属于购入物资时不能直接认定其进项税额能否抵扣的，其增值税专用发票上注明的增值税额，按照增值税会计处理方法记入"应交税费——应交增值税（进项税额）"科目，如果这部分购入物资以后用于按规定不得抵扣进项税额项目的，应将原已计入进项税额并已支付的增值税转入有关的承担者予以承担，通过"应交税费——应交增值税（进项税额转出）"科目转入有关的"应付职工薪酬""待处理财产损溢"等科目。属于转作待处理财产损失的部分，应与遭受非正常损失的购进物资、在产品、产成品成本一并处理。

【例9–19】大河公司期末盘亏原材料一批，账面价值为10 000，原购入时增值税额为1 300元，经查明，系被盗所致。大河公司的账务处理如下：

① 盘亏时：

借：待处理财产损溢　　　　　　　　　　　　　　　　　　11 300
　　贷：原材料　　　　　　　　　　　　　　　　　　　　　10 000
　　　　应交税费——应交增值税（进项税额转出）　　　　　 1 300

② 处理时：

借：营业外支出　　　　　　　　　　　　　　　　　　　　11 300
　　贷：待处理财产损溢　　　　　　　　　　　　　　　　　11 300

**5. 缴纳增值税的账务处理**

增值税暂行条例发布以后，要求一般纳税企业主要采用设置若干专栏的方法核算增值税的进项税额和销项税额等项内容。按照增值税会计处理规定，"应交税费　　应交增值税"科目的期末贷方余额反映企业应交未交的增值税，期末借方余额反映企业期末多交或尚未抵扣的增值税额，这样处理，从不同的月份来看，企业在以前月份有欠交增值税的情况下，可能会把应由以后月份抵扣的增值税抵扣以前月份欠交的增值税，这是不合理的。另外，从不同的企业来看，一些企业某一月份可能是欠交增值税，而另外一些企业可能是未抵扣增值税，如果把若干个企业的"应交增值税明细表"加总起来以后，就不好直观地反映某一期间企业是欠交增值税还是尚未抵扣的增值税。

为了分别反映增值税一般纳税企业欠交增值税款和待抵扣增值税的情况，确保企业及时足额上交增值税，会计准则规定：①在"应交税费"科目下增设"未交增值税"明细科目，核算一般纳税企业月终时转入的应交未交增值税和多交的增值税。②在"应交税费——应交增值税"科目下增设"转出多交增值税"和"转出未交增值税"两个专栏，分别记录一般纳税企业月终转出未交或多交的增值税。

转出少交增值税，借记"应交税费——应交增值税（转出少交增值税）"科目，贷记"应交税费——未交增值税"科目；转出多交增值税，借记"应交税费——未交增值税"科目，贷记"应交税费——应交增值税（转出多交增值税）"科目。

**【例 9 – 20】** 2020 年 1 月，大河公司购进商品等支付的增值税进项税额为 34 000 元，1 月销售商品等发生的销项税额为 51 000 元。假定 1 月初没有未抵扣以及欠交或多交的增值税，也没有其他涉及增值税的业务，1 月上交增值税为 10 000 元。大河公司 2 月购进商品等支付进项税额 25 000 元，销售商品等发生的销项税额为 20 000 元，除此以外，2 月大河公司没有发生其他涉及增值税的业务。大河公司的账务处理如下：

① 1 月上交本月应交增值税时：

1 月应交增值税 = 51 000 – 34 000 = 17 000（元）

借：应交税费——应交增值税（已交税金）　　　　　　　10 000
　　贷：银行存款　　　　　　　　　　　　　　　　　　　　　10 000

② 转出 1 月未交的增值税 7 000 元时：

借：应交税费——应交增值税（转出未交增值税）　　　　7 000
　　贷：应交税费——未交增值税　　　　　　　　　　　　　　7 000

③ 2 月未抵扣的增值税为 5 000 元，留待以后月份抵扣，即"应交税费——应交增值税"科目借方余额为 5 000 元。

④ 如果 2 月大河公司缴纳了 1 月欠交的增值税 7 000 元，大河公司的账务处理如下：

借：应交税费——未交增值税　　　　　　　　　　　　　7 000
　　贷：银行存款　　　　　　　　　　　　　　　　　　　　　7 000

从上述例子可以看出，企业当月缴纳当月的增值税，仍然通过"应交税费——应交增值税（已交税费）"科目，当月缴纳以前各期未交的增值税，通过"应交税费——未交增值税"科目。

### (三) 小规模纳税企业的账务处理

小规模纳税企业的标准按国家有关规定执行。小规模纳税企业的特点有：一是小规模纳税企业销售物资或者提供应税劳务，一般情况下只能开具普通发票，不能开具增值税专用发票；二是小规模企业销售物资或提供应税劳务，实行简易办法计算应纳税额，按照销售额的一定比例计算征收；三是小规模纳税人的销售额不包括其应纳税额。采用销售额和应纳税额合并定价方法的，按照公式"销售额 = 含税销售额 ÷ (1 + 征收率)"还原为不含税销售额计算。

从会计核算角度看，小规模纳税企业购入物资无论是否具有增值税专用发票，其支付的增值税额均不计入进项税额，不得由销项税额抵扣，而计入购入物资的成本。相应地，其他企业从小规模纳税企业购入物资或接受劳务支付的增值税额，如果不能取得增值税专用发票，也不能作为进项税额抵扣，而应计入购入物资或应税劳务的成本。小规模纳税企业的销售收入应按不含税价格计算。小规模纳税企业"应交税费——应交增值税"科目，应采用三栏式账户。

**【例 9 - 21】** 假定某工业企业核定为小规模纳税企业，征收率为3%。2020年12月购入原材料，按照增值税专用发票上记载的原材料成本为500 000元，支付的增值税额为65 000元，企业开出、承兑的商业汇票，材料尚未收到。该企业12月销售产品，含税价格为800 000元，货款尚未收到。根据上述经济业务，该企业的账务处理如下：

① 购进原材料：

借：在途物资　　　　　　　　　　　　　　　　565 000
　　贷：应付票据　　　　　　　　　　　　　　565 000

② 销售物资：

不含税价格 = 800 000 ÷ (1 + 3%) = 776 699 (元)

应交增值税 = 776 699 × 3% = 23 301 (元)

借：应收账款　　　　　　　　　　　　　　　　800 000
　　贷：主营业务收入　　　　　　　　　　　　776 699
　　　　应交税费——应交增值税　　　　　　　 23 301

## 二、消费税

为了调节消费结构，正确引导消费方向，国家在普遍征收增值税的基础上，选择部分消费品，再征收一道消费税。消费税是对在我国境内从事生产、委托加工和进口《消费税暂行条例》规定应税消费品的单位和个人计征的一种流转税。消费税实行价内税,只在应税消费品的生产、委托加工和进口环节(金银首饰为零售环节)计征。

### (一) 消费税应纳税额的计算

按现行税法的规定,消费税应纳税额的计算分为从价定率、从量定额及从价定率和从量定额混合计算三种方法。

**1. 从价定率计算**

实行从价定率方法计算消费税,其计算公式如下:

应纳税额＝应税消费品销售额×适用税率

上式中的销售额是指购买方收取的全部价款和价外费用,价外费用包括价外收取的基金、集资费、手续费、包装费、违约金、储备费、运输装卸费等各种性质的价外收费。这里的销售额指不含增值税的销售额,即不包括应向购货方收取的增值税税款。

**2. 从量定额计算**

实行从量定额方法计算消费税,其计算公式如下:

应纳税额＝应税消费品销售量×单位税额

上式中的销售量是指应税消费品的销售数量;对自产自用应税消费品的,为应税消费品的移送使用数量;委托加工应税消费品,为纳税人收回的应税消费品数量;进口的应税消费品,为海关核定的应税消费品进口征税数量。

**3. 从价定率和从量定额混合计算**

实行从价定率和从量定额混合方法计算消费税,其计算公式如下:

应纳税额＝应税消费品销售量×单位税额＋应税消费品销售额×适用税率

现行消费税的征税范围,只有卷烟、粮食白酒、薯类白酒采用混合计算方法。

消费税实行价内征收,企业缴纳的消费税记入"税金及附加"科目,并抵减主营业务收入。企业按规定应交的消费税,在"应交税费"科目下设置"应交消费税"明细科目核算。

### (二) 消费税的核算

企业需要缴纳消费税的核算,应分别情况进行处理。

**1. 销售应税消费品应交消费税**

企业销售应税消费品应交的消费税,借记"税金及附加"等科目,贷记"应交税费——应交消费税"科目。退税时,作相反会计处理。

**【例9-22】** 大河公司3月销售20辆摩托车,每辆销售价格为10 000元(不含应向购买方收取的增值税额),货款尚未收到,摩托车每辆成本为5 000元。摩托车的增值税率为13%,消费税率为10%。大河公司的账务处理如下:

应向购买方收取的增值税 = 10 000 × 20 × 13% = 26 000(元)

应缴纳的消费税 = 10 000 × 20 × 10% = 20 000(元)

借:应收账款　　　　　　　　　　　　　　　　　　　226 000
　　贷:主营业务收入　　　　　　　　　　　　　　　　　200 000
　　　　应交税费——应交增值税(销项税额)　　　　　　26 000

借:税金及附加　　　　　　　　　　　　　　　　　　　20 000
　　贷:应交税费——应交消费税　　　　　　　　　　　　20 000

借:主营业务成本　　　　　　　　　　　　　　　　　　100 000
　　贷:库存商品　　　　　　　　　　　　　　　　　　　100 000

**2. 视同销售应交消费税**

企业将自产的应税消费品用于本企业的生产经营、在建工程、非生产机构或用于股权投资、分配给股东或投资人,以及赞助、捐赠等科目,均视同销售,计算缴纳消费税,税额应计入有关成本,应借记"长期股权投资""固定资产""在建工程""营业外支出"等科目,贷记"主营业务收入""其他业务收入""库存商品""应交税费——应交增值税(销项税额)"等科目。销售价格按同类消费品的售价计算,如果没有同类消费品销售价格的,应按照组成计税价格计算纳税。计算公式如下:

组成计税价格 = (成本 + 利润) ÷ (1 - 消费税税率)

**【例9-23】** 大河公司将应税消费品用于对外投资,该批消费品成本5 000 000元,计税价格为6 000 000元。该消费品的增值税率为13%,消费税率为10%。大河公司的账务处理如下:

增值税 = 6 000 000 × 13% = 780 000(元)

应交的消费税 = 6 000 000 × 10% = 600 000(元)

借:长期股权投资　　　　　　　　　　　　　　　　　6 780 000
　　贷:主营业务收入　　　　　　　　　　　　　　　　6 000 000
　　　　应交税费——应交增值税(销项税额)　　　　　　780 000

借:主营业务成本　　　　　　　　　　　　　　　　　5 000 000
　　贷:库存商品　　　　　　　　　　　　　　　　　　5 000 000

| 借：税金及附加 | 600 000 | |
| --- | --- | --- |
| 贷：应交税费——应交消费税 | | 600 000 |

### 3. 委托加工应税消费品应交消费税

委托加工应税消费品，是指由委托方提供原料和主要材料，受托方只收取加工费和代垫部分辅助材料加工的应税消费品。按照税法规定，委托加工的应税消费品，一般由受托方向委托方交货时代收代缴消费税款。其销售额应按受托方同类消费品的销售价格计算；没有同类销售价格的按组成计税价格计算。

组成计税价格 = (材料成本 + 加工费) ÷ (1 − 消费税税率)

委托加工应税消费品（非金银首饰）的会计处理分为两种情况。

（1）委托加工的应税消费品，委托方收回后用于继续生产加工应税消费品的，所纳税款准予按规定抵扣。即支付给受托方的消费税记入"应交税费——应交消费税"科目的借方，当应税消费品最终销售时，再根据其销售额计算的应交全部消费税，记入"应交税费——应交消费税"科目的贷方。

（2）委托加工物资收回后，直接用于销售的，应将代收代交的消费税计入委托加工物资的成本。

**【例9-24】** 大河公司委托A企业加工材料（非金银首饰），原材料价款为150 000元，加工费用为60 000元，由受托方代收代交的消费税为6 000元，材料已经加工完毕并验收入库，加工费用尚未支付。大河公司材料采用实际成本进行核算。

① 如果委托方收回加工后的材料用于继续生产应税消费品，委托方（大河公司）的账务处理如下：

| 借：委托加工物资 | 150 000 | |
| --- | --- | --- |
| 贷：原材料 | | 150 000 |
| 借：委托加工物资 | 60 000 | |
| 应交税费——应交消费税 | 6 000 | |
| 贷：应付账款 | | 66 000 |
| 借：原材料 | 210 000 | |
| 贷：委托加工物资 | | 210 000 |

注：最终产品出售时，按总的应交消费税借记"税金及附加"科目，贷记"应交税费——应交消费税"科目。最后，再补缴其差额即可。

② 如果大河公司收回加工后的材料直接用于销售，委托方（大河公司）的账务处理如下：

借：委托加工物资 150 000
　　贷：原材料 150 000
借：委托加工物资 66 000
　　贷：应付账款 66 000
借：原材料 216 000
　　贷：委托加工物资 216 000

实际缴纳消费税时，应借记"应交税费——应交消费税"科目，贷记"银行存款"科目。

### 三、城市维护建设税

为了加强城市的维护建设，扩大和稳定城市维护建设资金的来源，国家开征了城市维护建设税。城市维护建设税是一种附加税。按现行税法规定，城市维护建设税应根据应交流转税税额的一定比例计算缴纳，城建税也是价内税，应由形成流转税的各项收入补偿。

在会计核算时，企业按规定计算出的城市维护建设税，借记"税金及附加"等科目，贷记"应交税费——应交城市维护建设税"科目；实际上交时，借记"应交税费——应交城市维护建设税"科目，贷记"银行存款"科目。

【例9-25】大河公司本期应缴增值税60 000元，消费税12 000元，城建税的税率为7%。则大河公司应缴城市维护建设税计算如下：

销售产品应交城建税 = (60 000 + 12 000) × 7% = 5 040（元）

大河公司账务处理如下：

借：税金及附加 5 040
　　贷：应交税费——应交城市维护建设税 5 040

### 四、教育费附加

教育费附加是国家为了发展我国的教育事业，提高人民的文化素质而征收的一项费用。这项费用按照企业缴纳流转税的一定比例计算，并与流转税一起缴纳。在会计核算时，应交的教育费附加在"应交税费"科目下设置"应交教育费附加"明细科目。企业按规定计算出应缴纳的教育费附加，借记"税金及附加""其他业务成本"等科目，贷记"应交税费——应交教育费附加"科目；实际缴纳时，借记"应交税费——应交教育费附加"科目，贷记"银行存款"科目。

## 第六节 其他应付款项

### 一、应付股利

股利是股东对企业净利润的分享。在我国,股利的支付通常有两种基本形式,即现金股利和股票股利。所谓现金股利,是指企业以现金形式向股东派发的股利;而股票股利则是企业用增发的股票向股东派发的股利。当作股利发放的股票,又称红股,俗称送股。当企业经董事会或股东大会决议确定分配现金股利时,自宣告之日起,应付的股利就构成企业的一项流动负债;如果董事会或股东大会决议确定发放股票股利,则并不构成企业的负债,因为它只是从未分配利润转增股本,是企业权益内部的一种变化,不会引起任何含有经济利益的资源外流。因此,按会计制度规定,设置"应付股利"科目,核算内容为企业经董事会或股东大会决议确定分配的现金股利,而企业分配的股票股利,在正式办理增资手续以前,只需在备查簿中作相应登记,不需要作正式的账务处理。

通常,企业派发现金股利需经历两个步骤或阶段,首先是企业董事会或股东大会决议确定并宣告股利分配方案,这时,按应支付的现金股利,借记"利润分配——应付股利"科目,贷记"应付股利"科目;然后,企业如数拨出一笔现款存入受托的证券公司或银行,用于实际支付股东的现金股利,此时,借记"应付股利"科目,贷记"库存现金""银行存款"等科目。

【例9-26】2020年5月20日,经股东大会表决通过,大河公司2019年度的分配方案为每10股派发1.30元的现金股利,共计260 000元。大河公司账务处理如下:

① 宣告发放现金股利时:

借:利润分配——应付现金股利　　　　　　　　260 000
　　贷:应付股利　　　　　　　　　　　　　　　　　260 000

② 支付现金股利时:

借:应付股利　　　　　　　　　　　　　　　　260 000
　　贷:银行存款　　　　　　　　　　　　　　　　　260 000

### 二、其他应付款

其他应付款是指企业除了应付票据、应付账款等流动负债以外的其他应付、暂收其他单位或个人的款项,如应付经营租入固定资产和包装物的租金、存入保证金等。企业发生的经营租入固定资产的租赁费用,借记"制造费用""管理费用""其他业务成本"等科目,贷记"其他应付款"科目。实际支付时,借记"其他应付款"科目,贷记"银行存款"等科目。企业发生的经营租入固定资产的租赁费用,借记"制造费用""管理费用""其他业务成本"等科目,贷记"其他应付款"科目。实际支付时,借记"其他应付款"科目,贷记"银行存款"等科目。企业发生的应付未付的租金和其他款项,收取包装物押金及其他各种暂收款项时,借记有关科目,贷记"其他应付款"科目。上交、偿还或转销这些款项时,借记"其他应付款"科目,贷记"银行存款"等科目。

 思考题

1. 流动负债包括哪些项目?
2. 职工薪酬准则中职工都包括哪些人?职工薪酬由哪些内容组成?
3. 短期借款如何进行会计处理?
4. 增值税一般纳税人与小规模纳税人会计处理有哪些区别?
5. 应付账款的入账价值如何确定?
6. 预收账款与应收账款有哪些区别与联系?

# 第十章

# 非流动负债

> **学习目标：**
> 1. 了解非流动负债的特点。
> 2. 熟悉借款费用的概念及其确认的原则、借款费用资本化期间的确定。
> 3. 掌握借款费用资本化金额的计算及账务处理。
> 4. 掌握应付债券的账务处理。

 **案例导读：**

WL 科技集团有限公司 2020 年公开发行债券公告：

（1）债券简称：证券简称"20WL03"，证券代码："149×××"。

（2）发行规模：本期债券发行规模为 3 亿元。目前存续规模为 3 亿元。

（3）债券利率或其确定方式：债券利率为 3.75%。

（4）债券期限：本期债券为 4 年期，在第 2 年末附发行人调整票面利率选择权、赎回选择权和投资者回售选择权。

（5）还本付息方式：本期债券采用单利按年计息，不计复利。每年付息一次、到期一次还本，最后一期利息随本金的兑付一起支付。每期付息款项自付息日起不另计利息，本金自兑付日起不另计利息。具体本息兑付工作按照主管部门的相关规定办理。

（6）发行首日及起息日：本期债券发行首日为 2020 年 4 月 28 日，起息日为 2020 年 4 月 29 日。

（7）兑付日：本期债券的兑付日为 2024 年 4 月 29 日（如遇法定节假日或休息日，则顺延至其后的第 1 个交易日；顺延期间兑付款项不另计利息）。如第 2 年末发行人行使赎回选择权或投资者行使回售选择权，则赎回、回售部分债券的兑付日为 2022 年 4 月

29日（如遇法定节假日或休息日，则顺延至其后的第1个交易日；顺延期间兑付款项不另计利息）。

（8）主承销商、债券受托管理人：Z证券股份有限公司。

请同学们思考：

（1）采用发行债券和发行股票筹集资金的区别，分别有什么好处？

（2）应如何对该业务进行会计处理？

通过本章的学习，你将会找到答案。

## 第一节　非流动负债概述

### 一、非流动负债概念

非流动负债是指偿还期在一年或者超过一年的一个营业周期以上的负债，主要包括长期借款、应付债券、长期应付款等。

一般而言，企业举借长期负债，主要是用于长期投资项目，如购置大型固定资产、地产、改扩建厂房，即为了扩大经营规模，增加长期耐用的各类固定资产的需要。这些需要往往不是企业现有的资金所能满足的，只靠企业增加的盈余来扩展经营规模，则有可能使企业坐失良机，因为靠企业内部积累形成较大的资本额，往往是一个比较缓慢的过程，而且这必须是在企业经营效益好的前提下。市场瞬息万变，时间的拖延就会使企业丧失发展机遇。这就需要从外部补充所需资金，通过从银行借入长期借款，在资本市场发行债券等是企业常用的筹措长期资金的方式。

### 二、非流动负债的特点

如果企业预期筹集资金的报酬率将大于应支付的利息，一般应选择举债经营这一筹资方式。相对于增加股本而增发股票来说，举借长期负债具有以下好处：

（1）不至于使企业的股票价格下跌。因为增发股票会使股数增加，在企业净收益为一定的情况下，每股盈利必然会下降，从而导致股票价格下跌，举借长期负债对此则无直接影响。

（2）可能为股东带来较大的经济利益。因为长期债券等长期负债的利息支出是固定的，而且长期负债相对股本而言投资风险低，债权人所要求的投资回报率即企业的利息支出相应也低，假如企业举借长期负债所获得的投资报酬率高于长期负债的利息率，由于债权人不能参与盈余的分配，增加的盈余全部归股东所有，这必然会使每股盈利率提高。

（3）税收上的好处。计算缴纳所得税时，长期负债的利息费用是可以作为正常的经营费用在税前扣除的，而增发股票的股利只能从税后利润中支付，不能作为纳税扣减项目。

（4）有利于保持股东对企业的控制权。举借长期负债不影响企业的缴入资本，而增发股票往往使股东结构发生变化，分散现有股东对企业的控制权。

当然，举借长期负债也有其不足之处，主要表现在以下方面：

（1）财务风险大。由于债权人对企业资产享有求偿权，如果企业因资金周转困难而无法定期支付利息或按期偿还本金，债权人的求偿权可能迫使企业破产清算。因此，举债经营通常会给企业带来较大的财务风险。它要求企业在逼近债务的偿还期时应具有较大的财务弹性。

（2）影响财务灵活性。长期负债的本金和利息一般都有明确的到期日，企业必须为债务的偿还做好财务安排，安排现金流动。在长期债务契约中，往往还包含限制企业经营决策尤其是财务决策的条款（如规定企业的负债与所有者权益比率的上限）。所有这些，都影响了企业的财务灵活性。与之相对，股票的股本是不需偿还的，股利是否分派主要取决于企业的盈利状况和财务状况，当发生资金周转困难时，企业可以不分派现金股利，或不分派股票股利，甚至不分派任何形式的股利。

（3）降低了未来的举债潜力。举债经营使企业负债增加，从而降低了其未来的举债能力，而增发股票则可以提高其举债和举债能力。

（4）可能减少股东的经济利益。如果企业举债经营的状况不佳，所获得的投资报酬率低于长期负债的利息，将会带来减少股东经济利益的风险。

思考：非流动负债的特点。

## 第二节　借款费用

### 一、借款费用的内容

#### （一）借款费用的概念

借款费用，是指企业因借入资金所付出的代价，包括借款利息、发行债券折价或者溢价的摊销、辅助费用以及因外币借款而发生的汇兑差额等。对于企业所发生的权益性融资费用,不应包括在借款费用中。

(1)借款利息,包括企业向银行或者其他金融机构等借入资金发生的利息、发行公司债券发生的利息,以及为购建或生产符合资本化条件的资产而发生的带息债务所承担的利息等。

(2)因借款而发生的折价或者溢价的摊销,主要指发行债券等所发生的折价或者溢价在确认每期利息费用时的摊销金额。发行债券的溢折价实质是对债券票面利息的调整,属于借款费用的范畴。

(3)因外币借款而发生的汇兑差额,是指由于汇率变动导致市场汇率与账面汇率出现差异,从而对外币借款本金及其利息的记账本位币金额所产生的影响金额。由于汇率的变化往往和利率的变化相联动,是企业外币借款所需承担的风险,因此汇兑差额是借款费用的有机组成部分。

(4)辅助费用,是指企业在借款过程中发生的诸如手续费、佣金、印刷费等费用。是因安排借款而发生的,也属于借入资金所付出的代价,因而也是借款费用的构成部分。

### (二)借款的范围

借款包括专门借款和一般借款。专门借款是指为购建或者生产符合资本化条件的资产而专门借入的款项。专门借款应当有明确的专门用途,即为购建或者生产某项符合资本化条件的资产而专门借入的款项,通常应当有标明专门用途的借款合同。一般借款是指除专门借款之外的借款,一般借款在借入时,通常没有特指必须用于符合资本化条件的资产的购建。

## 二、借款费用的确认

### (一)借款费用的确认原则

根据借款费用准则的规定,借款费用确认的基本原则是:企业发生的借款费用,可直接归属于符合资本化条件的资产的购建或者生产的,应当予以资本化,计入相关资产的成本;其他借款费用,应当在发生时根据其发生额确认为财务费用,计入当期损益。

符合资本化条件的资产,是指需要经过相当长时间(大于等于1年)的购建或生产活动才能达到预定可使用或者可销售状态的固定资产、投资性房地产和存货等资产。如房地产开发企业开发的用于对外出售的房地产开发产品、企业制造的用于对外出售的大型机器设备等。企业购入即可使用的资产,或者购入后需要安装但所需安装时间较短的资产,或者需要建造、生产但所需建造、生产时间较短的资产,均不属于符合资本化条件的资产。

### (二) 借款费用资本化期间的确定

企业只有发生在资本化期间内的有关借款费用,才允许资本化。借款费用资本化期间是指从借款费用开始资本化时点到停止资本化时点的期间,但借款费用暂停资本化的期间不包括在内。资本化期间的确定是借款费用确认和计量的重要前提。

**1. 借款费用开始资本化时点的确定**

借款费用同时满足下列条件的,才能开始资本化:

(1) 资产支出已经发生。资产支出已经发生是指企业为购建或生产符合资本化条件的资产已经发生了支付现金、转移非现金资产或者承担带息债务形式发生的支出。其中:支付现金是指用货币资金支付符合资本化条件的资产的购建或者生产支出。转移非现金资产是指企业将自己的非现金资产直接用于符合资本化条件的资产的购建或者生产。承担带息债务是指企业为了购建或者生产符合资本化条件的资产所需要物资等而承担的带息应付款项(如带息应付票据)。

(2) 借款费用已经发生。借款费用已经发生是指企业为购建或生产符合资本化条件的资产而专门借入的款项的借款费用已经发生,或者占用的一般借款的借款费用已经发生。

(3) 为使资产达到预定可使用或者可销售状态所必要的购建活动已经开始。必要的购建活动已经开始,是指符合资本化条件的资产的实体建造活动已经开始,如建筑开始施工、主体设备开始安装等。它不包括仅持有资产但没有发生未改变资产形态而进行的实质上的建造或者生产活动。

企业只有在上述三个条件同时满足的情况下,借款费用才可开始资本化,只要其中有一个条件没有满足,借款费用就不能开始资本化。

例如,A公司建造一项符合资本化条件的长期资产,专门借款已经到位,并用其购置了工程物资,但工程还未动工。在这种情况下,企业满足了借款费用开始资本化的第一个条件和第二个条件,但第三个条件不满足,因此,借款费用不能开始资本化。

**2. 借款费用暂停资本化时间的确定**

符合资本化条件的资产在购建或者生产期间,如果同时满足以下两个条件,应当暂停借款费用资本化。

(1) 过程中发生非正常中断。非正常中断,通常是企业管理决策上的原因或者其他不可预见的原因等所导致的中断。例如,工程发生了安全事故、资金中断,或者发生了劳资纠纷等导致资产购建或者生产活动发生中断,均属于非正常中断。

正常中断通常仅限于为使购建的资产达到预定可使用或者可销售状态所必要的程序,或者事先可预见的不可抗力因素导致的中断。例如,北方地区的工程在建造过程中,遇到冰冻季节导致施工出现中断,就属于正常中断。

(2)中断时间连续超过 3 个月。根据重要性原则,不超过 3 个月的借款费用通常不暂停资本化。

在中断期间所发生的借款费用,应当计入当期损益,直至购建或者生产活动重新开始。但是,如果中断是使所购建的资产达到预定可使用或者可销售状态必要的程序,中断期间所发生的借款费用应当继续资本化。

**3. 借款费用停止资本化时间的确定**

购建或生产符合资本化条件的资产达到预定可使用或者可销售状态时,借款费用应当停止资本化。在资产达到预定可使用或者可销售状态之后所发生的借款费用,应当在发生时根据其发生额确认为费用,计入当期损益。

企业在确定借款费用停止资本化的时点时需要运用职业判断,应当遵循实质重于形式的原则。符合下列情形之一的,应当认为企业所购建或生产的符合资本化条件的资产达到了预定可使用或者可销售的状态:

(1)符合资本化条件的资产的实体建造(包括安装)或者生产活动已经全部完成或者实质上已经完成。

(2)所购建的符合资本化条件的资产与设计要求、合同规定或者生产要求相符或者基本相符,即使有极个别不相符的地方,也不影响其正常使用或者销售。

(3)继续发生在所购建或生产的符合资本化条件的资产上的支出金额很少或者几乎不再发生。

在符合资本化条件的资产的实际购建或者生产过程中,如果所购建或者生产的资产分别建造、分别完工,应区别下列情况,界定借款费用停止资本化的时点:

(1)所购建的符合资本化条件的资产的各部分分别完工,每部分在其他部分继续建造或者生产过程中可供使用或者可对外销售,且为使该部分资产达到预定可使用或可销售状态所必要的购建或者生产活动实质上已经完成的,应当停止与该部分资产相关的借款费用的资本化,因为该部分资产已经达到了预定可使用或者可销售状态。

(2)购建的资产的各部分分别完工,但必须等到整体完工后才可使用或者对外销售的,应当在该资产整体完工时停止借款费用的资本化。在这种情况下,即使各部分资产已经分别完工,也不能认为该部分资产已经达到了预定可使用或者可销售状态,企业只有在所购建或者生产的资产整体完工时,才能认为资产已经达到了预定可使用或者可销售状态,借款费用才可停止资本化。

## 三、借款费用的计量

### (一) 借款利息资本化金额的确定

借款利息是指按照实际利率法计算的各期实际利息,既包括按照借款合同利率计算的票面利息,也包括因实际利率与合同利率不同而产生的折价或溢价的摊销额。企业在确定借款利息资本化金额时,应当根据借款的来源分别确定。

**1. 专门借款利息资本化金额的确定**

为购建或者生产符合资本化条件的资产而借入专门借款的,应当以专门借款当期实际发生的利息费用,减去将尚未动用的借款资金存入银行取得的利息收入或进行暂时性投资取得的投资收益后的金额确定。即:

每一会计期间专门借款利息的资本化金额 = 专门借款当期实际发生的利息费用 − 尚未动用的借款资金的利息收入 − 尚未动用的借款资金暂时性投资取得的投资收益

【例 10 – 1】甲公司采用出包方式修建一新厂区,于 2019 年 12 月 1 日向银行专门借款 1 000 万元,期限 3 年,年利率 8%。

2020 年 1 月 1 日开工兴建,首日支付工程款 500 万元,4 月 1 日又支付 400 万元。7 月 1 日按面值再发行 3 年期债券 1 000 万元(工程专用),年利率 10%,同日又支付 600 万元。2020 年 10 月 1 日支付最后一笔进度款 400 万元。以上负债均按年支付利息,闲置资金均用于短期债券投资,月收益率 0.5%。

12 月 31 日工程完工,达到预定可使用状态。

该公司为建造新厂区所发生的支出金额明细如表 10 – 1 所示:

表 10 – 1　　　　　　　　　　支出明细表　　　　　　　　　　单位:万元

| 日期 | 每期支出金额 | 累计支出金额 | 用于短期投资金额 |
| --- | --- | --- | --- |
| 2020 年 1 月 1 日 | 500 | 500 | 500 |
| 2020 年 4 月 1 日 | 400 | 900 | 100 |
| 2020 年 7 月 1 日 | 600 | 1 500 | 500 |
| 2020 年 10 月 1 日 | 400 | 1 900 | 100 |

① 计算资本化期间专门借款实际发生的利息 = 1 000 × 8% + 1 000 × 10% × 6 ÷ 12 = 130（万元）。

② 计算利用闲置资金进行短期投资的收益 = 500 × 0.5% × 3 + 100 × 0.5% × 3 + 500 × 0.5% × 3 + 100 × 0.5% × 3 = 18（万元）。

③ 计算应予以资本化的借款利息 = 130 - 18 = 112（万元）。

有关账务处理如下：

借：银行存款　　　　　　　　　　　　　　　　10 000 000
　　贷：长期借款　　　　　　　　　　　　　　　　10 000 000
借：在建工程　　　　　　　　　　　　　　　　　1 120 000
　　银行存款　　　　　　　　　　　　　　　　　　180 000
　　贷：应付利息　　　　　　　　　　　　　　　　1 300 000

**2. 一般借款利息资本化金额的确定**

为购建或者生产符合资本化条件的资产而占用了一般借款的，企业应当根据累计资产支出超过专门借款部分的资产支出加权平均数乘以所占用一般借款的资本化率，计算确定一般借款应予资本化的利息金额。一般借款资本化率应当根据一般借款加权平均利率计算确定。

一般借款的资本化率按下列原则确定：

（1）如果为购建或者生产符合资本化条件的资产只占用一笔一般借款，则资本化率为该项借款的利率。

（2）如果为购建或者生产符合资本化条件的资产占用了两笔或者两笔以上的一般借款，则资本化率为这些借款的加权平均利率。

一般借款利息费用资本化金额

= 累计资产支出超过专门借款部分的资产支出加权平均数 × 所占用一般借款的资本化率

资产支出加权平均数

= ∑（每笔资产支出金额 × 每笔资产在当期所占用的天数 ÷ 当期天数）

所占用一般借款的资本化率

= 所占用一般借款当期实际发生的利息之和 ÷ 所占用一般借款本金加权平均数

所占用一般借款本金加权平均数

= ∑（所占用每笔一般借款本金 × 每笔一般借款在当期所占用的天数 ÷ 当期天数）

另外，如果借款存在折价或者溢价，应当按照实际利率法确定每一会计期间应摊销的折价或者溢价金额，调整每期利息金额。在资本化期间，每一会计期间的利息资本化金额,不应当超过当期相关借款实际发生的利息金额。

【例 10-2】大河公司采用出包方式于 2019 年 1 月 1 日动工兴建一办公楼,该工程预计建设期为 1 年零 6 个月,于 2020 年 6 月 30 日完工,达到预定可使用状态。

2019 年 1 月 1 日,大河公司为建造该办公楼取得专门借款 2 000 万元,借款期限为 3 年,年利率为 6%,按年支付利息。

闲置借款资金用于固定收益短期债券投资,该短期投资月收益率为 0.5%。

大河公司为建造办公楼占用两笔一般借款:

① 从 B 银行取得长期借款 2 000 万元,借款期限为 2018 年 12 月 1 日至 2020 年 12 月 1 日,年利率为 6%,按年支付利息。

② 于 2018 年 1 月 1 日发行 5 年期公司债券 1 亿元,年利率为 8%,按年支付利息。这两笔一般借款,除了用于建造办公楼外,没有用于其他符合资本化条件的资产的购建或者生产活动。假定全年按 360 天计算。

大河公司于 2019 年 1 月 1 日、2019 年 7 月 1 日、2020 年 1 月 1 日分别支付工程进度款 1 500 万元、2 500 万元和 1 500 万元。

要求:根据上述资料,计算大河公司 2019 年和 2020 年有关利息资本化的金额并作出相应的账务处理。

分析:大河公司借款费用资本化的期间为 2019 年 1 月 1 日至 2020 年 6 月 30 日。

办公楼建造工程中发生的资产支出既涉及专门借款也涉及一般借款,因此应当分别计算:

(1) 大河公司 2019 年利息资本化金额的计算和相关账务处理如下:

① 计算专门借款利息资本化金额:

2019 年专门借款利息总额 = 2 000 × 6% = 120(万元)

2019 年专门借款闲置期间的投资收益 = 500 × 0.5% × 6 = 15(万元)

2019 年专门借款利息资本化金额 = 120 - 15 = 105(万元)

② 计算一般借款利息资本化金额:

大河公司在办公楼建造过程中,于 2019 年 7 月 1 日起占用一般借款 2 000 万元。

2019 年一般借款利息总额 = 2 000 × 6% + 10 000 × 8% = 920(万元)

占用的一般借款的资本化率 = (2 000 × 6% + 10 000 × 8%) ÷ (2 000 + 10 000) = 7.67%

2019 年占用一般借款的资产支出加权平均数 = 2 000 × 6/12 = 1 000(万元)

2019 年应予资本化的一般借款利息金额 = 1 000 × 7.67% = 76.70(万元)

③ 计算借款利息资本化总额:

大河公司 2019 年利息资本化金额 = 105 + 76.70 = 181.70（万元）

大河公司 2019 年应付利息总额 = 2 000 × 6% + 2 000 × 6% + 10 000 × 8% = 1 040（万元）

④ 2019 年 12 月 31 日，大河公司应作如下账务处理：

借：在建工程           1 817 000

  财务费用          8 433 000

  应收利息（或银行存款）    150 000

 贷：应付利息           10 400 000

（2）大河公司 2020 年利息资本化金额的计算和相关账务处理如下：

① 计算专门借款利息资本化金额：

2020 年专门借款利息资本化金额 = 2 000 × 6% × 6/12 = 60（万元）

② 计算一般借款利息资本化金额：

在办公楼建造过程中，2018 年 1 月 1 日又占用了一般借款 1 500 万元。

2020 年占用了一般借款的资产支出加权平均数 = (2 000 + 1 500) × 6/12 = 1 750（万元）

2020 年应予资本化的一般借款利息金额 = 1 750 × 7.67% = 134.23（万元）

③ 计算利息资本化总额：

大河公司 2020 年利息资本化总额 = 60 + 134.23 = 194.23（万元）

大河公司 2020 年上半年应付利息总额 = (2 000 × 6% + 2 000 × 6% + 10 000 × 8%) × 6/12 = 520（万元）

④ 2020 年 6 月 30 日，大河公司应作如下账务处理：

借：在建工程           1 942 300

  财务费用          3 257 700

 贷：应付利息           5 200 000

2020 年 7 月 1 日至 2020 年 12 月 31 日发生的专门借款与一般借款利息，均应费用化，计入当期损益。

### （二）借款辅助费用资本化金额的确定

辅助费用是企业为了安排借款发生的必要费用，包括借款手续费（如发行债券手续费）、佣金等。其是企业借入款项所付出的一种代价，是借款费用的有机组成部分。

专门借款发生的辅助费用，在所购建或者生产的符合资本化条件的资产达到预定可使用或者可销售状态之前发生的，应当在发生时根据其发生额予以资本化，计入符合资本化条件的资产的成本；在所购建或者生产的符合资本化条件的资产达到预定可使用或者可销售状态之后发生的，应当在发生时根据其发生额确认为费用，计入当期损益。

一般借款发生的辅助费用，也应当按照上述原则确定其发生额并进行处理。

### （三）因外币专门借款而发生的汇兑差额资本化金额的确定

企业为购建或者生产符合资本化条件的资产所借入的专门借款为外币借款时，由于汇率变动产生的汇兑差额，为简化起见，在借款费用资本化期间内，外币专门借款本金及利息的汇兑差额，应当予以资本化，计入符合资本化条件的资产的成本。而一般借款本金及利息产生的汇兑差额应当作为财务费用，计入当期损益。

## 四、借款费用的披露

企业应当在财务报表附注中披露与借款费用有关的下列信息：
(1) 当期资本化的借款费用金额。
(2) 当期用于计算确定借款费用资本化金额的资本化率。

# 第三节　长期借款

## 一、长期借款的概念和核算内容

长期借款是指企业向银行或其他金融机构借入的期限在1年以上（不含1年）的各项借款。

为了总括反映长期借款的增减变动等情况，企业应设置"长期借款"科目核算。该科目借方核算取得的长期借款，贷方核算偿还的长期借款，期末贷方余额反映企业尚未偿还的长期借款。该科目可按照贷款单位和贷款种类设置明细账，分别"本金""利息调整""应计利息"等进行明细核算。

## 二、长期借款的会计核算

### （一）长期借款取得的核算

企业借入长期借款时，按照实际收到的金额，借记"银行存款"科目，贷记"长期借款——本金"科目，二者如存在差额，借记或贷记"长期借款——利息调整"科目。

### (二) 长期借款利息的核算

资产负债表日，企业应当按照长期借款的摊余成本和实际利率计算确定长期借款的利息费用，借记"在建工程""制造费用""财务费用""研发支出"等科目，按照借款本金和合同利率计算确定的应付未付利息，贷记"应付利息"科目，按照二者的差额，贷记"长期借款——利息调整"科目。实际利率与合同利率差异较小的，也可以采用合同利率计算确定利息费用。

企业在付息日实际支付利息时，按照本期应支付的利息金额，借记"应付利息"或"长期借款——应计利息"科目，贷记"银行存款"科目。

### (三) 归还长期借款本金的核算

长期借款到期，企业应当按照应当归还的本金金额，借记"长期借款——本金"科目，贷记"银行存款"科目。如果"长期借款——利息调整"存在余额，则同时借记或贷记"在建工程""制造费用""财务费用""研发支出"等科目，贷记或借记"长期借款——利息调整"科目。

【例 10-3】大河公司为增值税一般纳税人，2019 年 9 月 30 日为购建长期资产从银行借入资金 3 000 000 元，借款期限为 2 年，借款年利率为 6%，到期一次还本付息，不计复利，所借款项已存入银行。大河公司用该借款于当日购买不需安装的设备一台，价款 600 000 元，增值税税额 78 000 元，另支付保险等费用 20 000 元，设备已于当日投入使用。

大河公司的账务处理如下：

① 取得借款时：

借：银行存款 3 000 000
　　贷：长期借款——本金 3 000 000

② 支付设备款、保险费时：

借：固定资产 620 000
　　应交税费——应交增值税（进项税额） 78 000
　　贷：银行存款 698 000

大河公司于 2019 年 12 月 31 日计提长期借款利息。大河公司的账务处理如下：

借：财务费用 45 000
　　贷：长期借款——应计利息 45 000

2019年12月31日计提的长期借款利息 = 3 000 000×6%÷12×3 = 45 000（元）

2019年1月至2021年9月每月月末预提利息的账务处理同上。

③ 大河公司于2021年9月30日，偿还该笔银行借款本息。

大河公司的账务处理如下：

借：长期借款——本金　　　　　　　　　　　　　　3 000 000
　　　　　　——应计利息　　　　　　　　　　　　　360 000
　　贷：银行存款　　　　　　　　　　　　　　　　　3 360 000

# 第四节　应付债券

## 一、债券概述

### （一）应付债券的性质

债券是指企业依照法定程序发行的，约定在一定期限内还本付息的一种有价证券。应付债券是企业因发行债券筹措资金而形成的一种非流动负债。一般是指发行期限在一年以上（不含一年）的长期债券。如果企业发行的是一年期或一年期以下的债券，则作为交易性金融负债核算。

债券的票面上一般应载明以下内容：（1）企业名称；（2）债券面值；（3）票面利率；（4）还本期限和还本方式；（5）利息的支付方式；（6）债券的发行日期等。

### （二）债券的分类

企业发行的债券，可以按不同的标准进行分类。很多情况下，债券的种类不同，其会计处理也会存在差异。

**1. 按债券的发行主体分类**

（1）政府债券，是政府财政部门或其他代理机构为弥补财政赤字、筹集建设资金以及归还旧债本息等，以政府名义发行的债券。

（2）金融债券，是银行等金融机构作为筹资主体为筹集资金面向个人发行的一种有价证券。

（3）公司债券，是公司依照法定程序发行的，约定在一定期限内还本付息的有价证券。

**2. 按照利息的支付方式分类**

（1）分期付息的债券，是指每隔一段时间支付一次利息的债券。

（2）到期一次性付息的债券，是指在到期日支付全部利息的债券。

**3. 按照是否可以转换为企业股票分类**

（1）可转换债券，是指在特定时期内可按照一定条件转换为发行企业普通股股票的债券。具有债务与权益双重属性。

（2）不可转换债券，不能转换为发行企业普通股股票的债券。

### （三）债券的发行价格与发行方式

企业发行债券通常须经董事会及股东会正式核准，若向社会公开发行，则须经有关证券管理机构核准。企业发行债券标明的利率通常是按年利率表示，一般称为票面利率或名义利率。债券发行企业实际负担的利率（也是债券持有人实际获得的利率）称为实际利率或市场利率，实际利率是计算债券未来现金流量现值时使用的折现率。

债券的发行价格一般取决于债券面值、债券的票面利率、发行当时的市场利率和债券期限等因素。

根据债券票面利率与实际利率的不同，债券发行的发行方式包括面值发行、溢价发行和折价发行三种情况，具体见表10-2。

表 10-2　　　　　　　　　　债券的发行方式

| 票面利率与实际利率的关系 | 债券的发行方式 | 发行价格与面值的关系 |
| --- | --- | --- |
| 票面利率 = 实际利率 | 面值发行 | 发行价格 = 债券面值 |
| 票面利率 > 实际利率 | 溢价发行 | 发行价格 > 债券面值 |
| 票面利率 < 实际利率 | 折价发行 | 发行价格 < 债券面值 |

债券溢价或折价实质上是发行债券企业在债券存续期间内对利息费用的一种调整。债券溢价是企业以后各期多付利息提前获得的补偿，债券折价是企业以后少付利息提前付出的代价。

## 二、应付债券的会计核算

为了便于对债券的分析与管理，企业需设置"应付债券"科目，该科目核算企业为筹集长期资金而发行的债券本金与利息。该科目设置"面值""利息调整""应计利息"等明细科目。企业应当设置"企业债券备查簿"，详细登记企业债券的票面金额、债券票面利率、还本付息期限与方式、发行总额、发行日期与编号、委托代售单位等资料。企业债券到期兑付时，在备查簿中应予以注销。

### （一）债券的发行

企业发行债券时，无论是按面值发行，还是溢价发行或折价发行，均按实际收到的款项，借记"银行存款""库存现金"等科目，按债券面值贷记"应付债券——面值"科目，按实际收到的款项与票面价值之间的差额，贷记或借记"应付债券——利息调整"科目。

企业发行债券中发生的相关交易费用，应计入初始确认金额。交易费用是指可直接归属于购买、发行或处置金融工具的增量费用。增量费用是指企业没有发生购买、发行或处置相关金融工具的情形就不会发生的费用，包括支付给代理机构、咨询公司、券商、证券交易所、政府有关部门等的手续费、佣金、相关税费以及其他必要支出。

【例10-4】大河公司2017年1月1日发行公司债券，该债券的面值为1 000 000元，期限5年，票面利率10%，每年末支付利息，到期还本。不考虑相关税费。该债券发行时的实际利率为10%，按照面值发行。

大河公司的账务处理如下：

借：银行存款　　　　　　　　　　　　　　　　　　　　1 000 000
　　贷：应付债券——面值　　　　　　　　　　　　　　　　　1 000 000

【例10-5】大河公司2017年1月1日发行公司债券，该债券的面值为1 000 000元，期限5年，票面利率10%，每年末支付利息，到期还本。不考虑相关税费。该债券发行时的实际利率为9%，实际发行价格为1 039 000元。

大河公司的账务处理如下：

借：银行存款　　　　　　　　　　　　　　　　　　　　1 039 000
　　贷：应付债券——面值　　　　　　　　　　　　　　　　　1 000 000
　　　　　　——利息调整　　　　　　　　　　　　　　　　　　39 000

【例10-6】大河公司2017年1月1日发行公司债券，该债券的面值为1 000 000元，期限5年，票面利率10%，每年末支付利息，到期还本。不考虑相关税费。该债券发行时的实际利率为12%，实际发行价格为927 500元。

大河公司的账务处理如下：

借：银行存款　　　　　　　　　　　　　　　　　　　　　927 500
　　应付债券——利息调整　　　　　　　　　　　　　　　　　72 500
　　贷：应付债券——面值　　　　　　　　　　　　　　　　　1 000 000

**思考：债券发行价格如何确定？**

## （二）应付债券利息的核算

**1. 实际利率法**

应付债券的利息采用实际利率法在债券发行期间的每个资产负债表日分期确认。

实际利率法是指计算金融负债的摊余成本以及将利息费用分摊计入各会计期间的方法。

实际利率是指将金融负债在预计存续期的估计未来现金流量，折现为该金融负债摊余成本所使用的利率。一般为债券发行时的市场利率。实际利率一经确定，在整个债券存续期内保持不变。在确定实际利率时，应当在考虑金融负债所有合同条款（如提前还款、展期、看涨期权或其他类似期权等）的基础上估计预期现金流量，但不应当考虑预期信用损失。

根据金融工具准则的规定，金融负债按摊余成本进行后续计量。金融负债的摊余成本，应当以该金融资产或金融负债的初始确认金额经下列调整后的结果确定：

（1）扣除已偿还的本金。

（2）加上或减去采用实际利率法将该初始确认金额与到期日金额之间的差额进行摊销形成的累计摊销额。

**2. 应付债券利息的会计核算**

对于一次还本付息的债券，应于资产负债表日按应付债券的摊余成本和实际利率计算确定的债券利息费用，借记"在建工程""制造费用""财务费用"等科目，按票面利率计算的应付未付利息，贷记"应付债券——应计利息"科目，按其差额，借记或贷记"应付债券——利息调整"科目。

对于分期付息、一次还本的债券，应于资产负债表日按摊余成本和实际利率计算确定的债券利息费用，借记"在建工程""制造费用""财务费用"等科目，按票面利率计算确定的应付未付利息，贷记"应付利息"科目，按其差额，借记或贷记"应付债券——利息调整"科目。

【例10-7】承〖例10-4〗大河公司发行债券后，采用实际利率法计算每期的利息费用。

2017年12月31日，大河公司计提利息费用并作如下账务处理：

借：财务费用　　　　　　　　　　　　　　　　　　　　100 000
　　贷：应付利息　　　　　　　　　　　　　　　　　　　　　　100 000

2018年、2019年、2020年大河公司确认利息费用的会计处理方法与2017年相同。

**【例10-8】** 承【例10-5】大河公司发行债券后，采用实际利率法计算每期的利息费用。

大河公司计算并编制的债券溢价摊销表，如表10-3所示。

表10-3　　　　　债券溢价摊销表（实际利率法）　　　　　单位：元

| 付息日期 | 应计利息<br>① | 利息费用<br>② | 利息调整<br>③ | 应付债券摊余成本<br>④ |
|---|---|---|---|---|
| 2017年1月1日 | | | | 1 039 000 |
| 2017年12月31日 | 100 000 | 93 510 | 6 490 | 1 032 510 |
| 2018年12月31日 | 100 000 | 92 926 | 7 074 | 1 025 436 |
| 2019年12月31日 | 100 000 | 92 289 | 7 711 | 1 017 725 |
| 2020年12月31日 | 100 000 | 91 595 | 8 405 | 1 009 320 |
| 2021年12月31日 | 100 000 | 90 680 | 9 320 | 1 000 000 |
| 合计 | 500 000 | 461 000 | 39 000 | — |

2017年12月31日，大河公司计提利息费用并作如下账务处理：

借：财务费用　　　　　　　　　　　　　　93 510

　　应付债券——利息调整　　　　　　　　6 490

　　贷：应付利息　　　　　　　　　　　　100 000

2018年、2019年、2020年大河公司确认利息费用的会计处理方法与2017年相同。

**【例10-9】** 承【例10-6】大河公司发行债券后，采用实际利率法计算每期的利息费用。

大河公司计算并编制的债券折价摊销表，如表10-4所示。

表10-4　　　　　债券折价摊销表（实际利率法）　　　　　单位：元

| 付息日期 | 应计利息<br>④ | 利息费用<br>⑤ | 利息调整<br>⑥ | 应付债券摊余成本<br>④ |
|---|---|---|---|---|
| 2017年1月1日 | — | — | — | 927 500 |
| 2017年12月31日 | 100 000 | 111 300 | 11 300 | 938 800 |
| 2018年12月31日 | 100 000 | 112 656 | 12 656 | 951 456 |
| 2019年12月31日 | 100 000 | 114 175 | 14 175 | 965 631 |
| 2020年12月31日 | 100 000 | 115 876 | 15 876 | 981 507 |
| 2021年12月31日 | 100 000 | 118 493 | 18 493 | 1 000 000 |
| 合计 | 500 000 | 572 500 | 72 500 | — |

2017年12月31日，大河公司计提利息费用并作如下账务处理：

借：财务费用　　　　　　　　　　　　　　　　　　　111 300
　　贷：应付债券——利息调整　　　　　　　　　　　　　　　11 300
　　　　应付利息　　　　　　　　　　　　　　　　　　　　100 000

2018年、2019年、2020年大河公司确认利息费用的会计处理方法与2017年相同。

### （三）债券的偿还

采用一次还本付息方式的，企业应于债券到期支付债券本息时，借记"应付债券——面值、应计利息"科目，贷记"银行存款"科目。采用一次还本、分期付息方式的，在每期支付利息时，借记"应付利息"科目，贷记"银行存款"科目；债券到期偿还本金并支付最后一期利息时，借记"应付债券——面值""在建工程""财务费用""制造费用"等科目，贷记"银行存款"科目，按借贷双方之间的差额，借记或贷记"应付债券——利息调整"科目。

【例10-10】承【例10-4】、【例10-7】2021年12月31日，债券到期，大河公司归还债券本金及最后一期利息费用。

大河公司账务处理如下：

借：财务费用　　　　　　　　　　　　　　　　　　　100 000
　　应付债券——面值　　　　　　　　　　　　　　　1 000 000
　　贷：银行存款　　　　　　　　　　　　　　　　　　　1 100 000

【例10-11】承【例10-5】、【例10-8】2021年12月31日，债券到期，大河公司归还债券本金及最后一期利息费用。

大河公司账务处理如下：

借：财务费用　　　　　　　　　　　　　　　　　　　　90 680
　　应付债券——面值　　　　　　　　　　　　　　　1 000 000
　　　　　　——利息调整　　　　　　　　　　　　　　　9 320
　　贷：银行存款　　　　　　　　　　　　　　　　　　　1 100 000

【例10-12】承【例10-6】、【例10-9】2021年12月31日，债券到期，大河公司归还债券本金及最后一期利息费用。

大河公司账务处理如下：

借：财务费用　　　　　　　　　　　　　　　　　　　118 493
　　应付债券——面值　　　　　　　　　　　　　　　1 000 000

| | | |
|---|---|---|
| 贷：银行存款 | | 1 100 000 |
| 　　应付债券——利息调整 | | 18 493 |

## 三、可转换债券

### （一）可转换债券的含义

可转换债券是指可以在一定期间后按照规定的转换比率或转换价格转换为发行企业股票的债券。

可转换债券具有债权性证券与权益性证券的双重性质，因而可称为混合性证券。对于债券的发行企业而言，一方面，要定期支付债券的利息，到期偿还债券的本金，因而可转换债券具有一般债券的债务性质；另一方面，由于赋予了债券持有者按规定条件将债券转换为本企业股票的权利，即转换权，这种转换权与认股权相似，因而从这个意义上看，可转换债券又具有所有者权益的性质。

从理论上讲，可转换债券的发行价格有两部分构成：一是债券面值及票面利息按市场利率折算的现值；二是转换权的价值。

### （二）可转换债券的核算

我国发行可转换债券采用记名式无纸化发行方式。企业发行的可转换债券在"应付债券"科目下设置"可转换公司债券"明细科目核算。

企业发行的可转换债券，应当在初始确认时将其包含的负债成分和权益成分进行分拆，将负债成分确认为应付债券，将权益成分确认为其他权益工具。在进行分拆时，应当先对负债成分的未来现金流量进行折现确定负债成分的初始确认金额。再按发行价格总额扣除负债成分初始确认金额后的金额确定权益成分的初始确认金额。发行可转换债券发生的交易费用，应当在负债成分和权益成分之间按照各自的相对公允价值进行分摊。

**1. 可转换债券的发行**

企业按照实际收到的款项，借记"银行存款"等科目，按可转换债券包含的负债成分的面值，贷记"应付债券——可转换公司债券（面值）科目"，按照权益成分的公允价值，贷记"其他权益工具"科目，按照借贷双方之间的差额，借记或贷记"应付债券——可转换债券（利息调整）"科目。

【例10-13】大河公司经批准于2020年1月1日发行面值为50 000 000元，票面利率为6%，5年期一次还本、按年付息的可转换债券。实际发行价格为47 950 600元。债券发行1年后，可转换为普通股股票，初始转股价为每股10元，股票面值为每股1元。大河公司发行可转换债券时二级市场与之类似的没有转换权的债券的市场利率为8%。假定没有发生交易费用，该公司采用实际利率法确定债券的摊余成本。

大河公司应作如下账务处理：

① 2020年1月1日，发行可转换公司债券时：

可转换公司债券负债成分的公允价值为：

50 000 000 × 0.6866 + 50 000 000 × 6% × 3.9927 = 46 308 100（元）

可转换公司债券权益成分的公允价值为：

47 950 600 − 46 008 100 = 1 642 500（元）

| | |
|---|---|
| 借：银行存款 | 47 950 600 |
| 　　应付债券——可转换公司债券（利息调整） | 3 691 900 |
| 　贷：应付债券——可转换公司债券（面值） | 50 000 000 |
| 　　　其他权益工具 | 1 642 500 |

② 2020年12月31日确认利息费用时：

可转换公司债券应付利息 = 50 000 000 × 6% = 3 000 000（元）

可转换公司债券实际利息费用 = 46 308 100 × 8% = 3 704 648（元）

| | |
|---|---|
| 借：财务费用 | 3 680 648 |
| 　贷：应付利息 | 3 000 000 |
| 　　　应付债券——可转换公司债券（利息调整） | 704 648 |

**2. 可转换债券的转换**

当可转换债券的持有者按照规定将可转换债券转换为普通股股票时，企业一方面要注销这部分债券的账面价值，另一方面要反映所有者权益的增加。转换日，企业按照可转换公司债券的面值，借记"应付债券——可转换公司债券（面值）"科目，按照初始计量时确认的权益成分的公允价值，借记"其他权益工具"科目；按照转换为普通股股票的面值，贷记"股本"科目，按照可转换债券未摊销的利息调整的金额，借记或贷记"应付债券——可转换公司债券（利息调整）"科目。按照双方的差额，借记或贷记"资本公积——股本溢价"科目。

**【例10-14】** 承〖例10-13〗2021年1月1日，大河公司发行的可转换公司债券的持有者将持有的可转换公司债券按照规定全部转换为公司普通股股票。

大河公司应作如下账务处理：

| | | |
|---|---|---|
| 借：应付债券——可转换公司债券（面值） | 50 000 000 | |
| 　　其他权益工具 | 1 642 500 | |
| 　贷：股本 | | 5 000 000 |
| 　　应付债券——可转换公司债券（利息调整） | | 3 011 252 |
| 　　资本公积——股本溢价 | | 43 631 248 |

## 第五节　长期应付款

长期应付款是指企业除长期借款和应付债券以外的各种长期应付款项。主要包括具有融资性质的延期付款购买资产发生的应付款项等。为了核算各种长期应付款，企业可以设置"长期应付款"科目，并按长期应付款的种类设置明细账。

企业购买资产有可能延期支付有关价款。如果延期支付的购买价款超过正常信用条件，实质上具有融资性质的，所购资产的成本应当以延期支付购买价款的现值为基础确定。实际支付的价款与购买价款的现值之间的差额，应当在信用期间内采用实际利率法进行摊销，计入相关资产成本或当期损益。具体来说，企业购入资产超过正常信用条件延期付款实质上具有融资性质时，应按购买价款的现值，借记"固定资产""在建工程"等科目；按应支付的金额，贷记"长期应付款"科目；按其差额，借记"未确认融资费用"科目。按期支付价款时，借记"长期应付款"科目，贷记"银行存款"科目，同时将未确认融资费用按实际利率法确认为当期融资费用，计入财务费用。

 思考题

1. 相对增加股本而增发股票来说，举借长期负债有什么好处？

2. 非流动负债与流动负债相比有何特性？对会计处理有何影响？

3. 借款费用包括哪些内容？借款费用在什么条件下才能开始资本化？

4. 借款费用的费用化和资本化这两种处理方法各有何优缺点？对企业财务报表有何不同影响？

5. 应付债券的会计核算包括哪些内容？

6. 什么是实际利率法？实际利率法下应付债券的摊余成本如何确定？利息费用如何计算？

7. 可转换债券如何进行账务处理？

# 第十一章

# 所有者权益

**学习目标：**

1. 了解所有者权益的概念、特征和内容，以及其他权益工具的概念及核算原则。

2. 熟悉实收资本（或股本）、资本公积、其他综合收益、留存收益的概念和内容。

3. 掌握实收资本（或股本）的核算、资本公积和其他综合收益的核算、留存收益的核算。

**案例导读：**

某有限责任公司由甲、乙、丙三位股东各自出资100万元设立。设立时的实收资本为300万元。经过三年的经营，取得了很好的业绩，该企业留存收益为150万元。这时公司打算扩大规模为注册资本400万元，又有丁投资者有意参加该企业，并表示愿意出资180万元，占该企业股份的25%。

请同学们思考：

（1）丁投资者为什么同意出资180万元占有25%股份，为什么这样规定？

（2）第二年实现利润12万元，四人商定2万元留存企业，其余10万元按投资比例进行分配。企业应该如何进行会计处理？

通过本章的学习，你将会找到答案。

## 第一节 所有者权益概述

### 一、所有者权益的含义及构成

#### (一) 所有者权益的含义

我国《企业会计准则——基本准则》规定:"所有者权益是指企业资产扣除负债后由所有者享有的剩余权益。"公司的所有者权益又称为股东权益。所有者权益是所有者对企业资产的剩余索取权,它是企业资产中扣除债权人权益后应有所有者享有的部分,既可以反映所有者投入资本的保值增值情况,又体现保护债权人权益的理念。

#### (二) 所有者权益的构成

我国《企业会计准则》规定,所有者权益的来源包括所有者投入的资本、直接计入所有者权益的利得和损失、留存收益等,通常由实收资本(股本)、其他权益工具、资本公积、其他综合收益、盈余公积和未分配利润等构成。

企业的组织形式多种多样,其按照资产经营的法律责任可以分为非公司型企业和公司型企业。组织形式不同的企业,其所有者权益的构成也不同。

**1. 非公司型企业**

(1) 独资型企业。独资型企业也称私人独资企业,是企业的最简单、最原始的组织形式。企业的全部资产归出资者一人所有,企业的经营也由出资人个人承担。

独资企业不具有法人资格,企业的所有者(业主)对企业的债务负有无限的清偿责任。同时业主对企业的财产与赚取的利润具有完全的支配权。企业的行为视为业主个人行为,因而企业的收益视为业主个人的收益,应当按照个人所得税法计算缴纳个人所得税,而不是缴纳企业所得税,因此其不是纳税主体。这种类型的企业,一般规模比较小,资金来源有限,适用于生产条件和生产过程比较简单、财产经营规模比较小的生产经营活动,具有较大的局限性。

因此,独资型企业的所有者权益一般不必划分为投入资本、资本公积和留存收益等,可以统称为业主权益,业主对企业进行投资以及从企业中提取款项,完全是自主行为,可以直接增加或减少业主权益。

(2) 合伙型企业。合伙型企业是两个或两个以上的合伙人按照协议共同出资,共同承担企业经营风险,并对企业债务承担连带责任的企业。企业的事物通常由合伙人共同决定,然后委托一个或部分合伙人去执行。其最大的特点就是合伙人对债务承担无限连带责任,一旦发生债务,债权人可以向任何一个合伙人请求清偿全部债务。合伙企业由于吸收了其他私人的投资,为扩大企业生产经营规模提供了一定的条件,但其与独资型企业相同,也不是法律主体,不具有法人资格。合伙企业存在权力分散、决策缓慢、筹资困难等方面的局限性。

合伙企业的所有者权益与独资企业一样,不必划分为投入资本、资本公积和留存收益等,但应按合伙人分别予以反映。各合伙人对企业进行的投资,应分别计入业主权益中各合伙人的名下;合伙企业的损益,应按照合伙契约中规定的方法进行分配,计入业主权益中各合伙人的名下。与独资企业不同的是,就某个合伙人而言,无论是向企业投入资本,还是从企业中抽减资金,或是将其出资额转让他人,都要受到其他合伙人意图的制约。

**2. 公司型企业**

公司是依据一定的法律程序申请登记设立,并以盈利为目的的具有法人资格的经济组织。其拥有自己独立的资产,独立承担经济责任,同时享有相应的民事权利。公司具有法人资格是其区别于非法人企业的一个重要标志。法人是具有民事权利能力和民事行为能力,依法独立享有民事权利和承担民事义务的组织。因此,它必须具有独立的法人财产,自主经营、自负盈亏。公司是以责任形式设立的,而不是以所有制或以行政隶属关系来建立的,公司包含多种经济成分,容纳多种来源的投资,不同的所有者都可以采用公司形式。这种组织形式比较适合规模较大的生产经营企业。

我国《公司法》将公司分为有限责任公司和股份有限公司。

(1) 有限责任公司。有限责任公司是指由一定数量的股东共同出资组成,股东仅就自己的出资额对公司的债务承担有限责任的公司。有限责任公司的股东可以是自然人,也可以是法人和政府。有限责任公司对公司的资本不划分为等额股份,不对外公开募集股份,不能发行股票。股东以其出资比例,享有公司权利,承担公司义务。

(2) 股份有限公司。股份有限公司是指由一定数量的股东共同出资组成,股东仅对自己的出资额对公司的债务承担有限责任的公司。其与有限责任公司的主要区别就是,公司的资本总额平分为金额相等的股份,并通过公开发行股票向社会筹集资金。同时公司的股份可以自由转让,股票可以在社会上公开交易、转让,但不能退股。股份有限公司实现了所有权与经营权的分离。具有筹资便利、风险分散、资本流动性强的优点。

基于公司制企业的特点，其所有者权益就应划分为实收资本（股本）、其他权益工具、资本公积、其他综合收益和留存收益等。

## 二、所有者权益与负债的区别

企业的所有者和债权人均是企业资金的提供者，因而所有者权益和负债均是对企业资产的求偿权，但二者之间又有明显的区别，主要表现在以下几个方面。

（1）性质不同。负债是债权人对企业资产的求偿权，是债权人的权益，债权人与企业只有债权债务关系，到期可以收回本息，在企业清算时债权人对企业的资产有优先要求权；而所有者权益则是企业所有者对企业净资产的求偿权，包括所有者对企业投入的资本以及其对投入资本的运作所产生的盈余的要求权，没有明确的偿还期限。

（2）偿还责任不同。表现为企业的负债要求企业按规定的时间和利率支付利息，到期偿还本金；而所有者权益则与企业共存亡，在企业经营期内无须偿还，国有企业按照国家规定分配收益，股份制企业按照董事会的决定支付股利，其他企业按照企业最高层管理机构的决定分配利润。

（3）享受的权利不同。债权人通常只有享受收回本金和按事先约定的利息率收回利息的权利，既没有参与企业经营管理的权利，也没有参与企业收益分配的权利；而企业的所有者通常既具有参与企业经营管理的权利，也具有参与企业收益分配的权利。

（4）计量特性不同。负债通常可以单独直接计量，而所有者权益除了投资者投资时以外，一般不能直接计量，而是对资产和负债的计量以后形成的结果。

（5）风险和收益的大小不同。负债由于具有明确的偿还期限和约定的收益率，而且一旦到期就可以收回本金与相应的利息，因而风险较小，因为债权人承担的风险小，所以相应的债权人所获得的收益也较小；而所有者的投入资本，一旦投入被投资企业，一般情况下，不论企业未来经营状况如何，都不能抽回投资，因而承担的风险较大，相应的收益也较高，当然，也有可能要承担更大的损失。

## 三、所有者权益的确认

所有者权益体现的是所有者在企业中的剩余权益，因此，所有者权益的确认主要依赖于其他会计要素，尤其是资产与负债的确认。所有者权益金额的确定也主要取决于资产和负债的计量。例如，企业接受投资者投入的资产，在该资产符合企业资产确认条件时，就相应地符合了所有者权益的确认条件；当该资产的价值能够可靠计量时，所有者权益的金额也就可以确定。

 **思考：** 所有者权益和负债的区别。

## 第二节 实收资本（股本）与其他权益工具

### 一、实收资本（股本）

#### （一）实收资本（股本）概述

根据我国有关法律规定，投资者设立企业首先必须投入资本。实收资本是指企业按照章程规定或合同、协议约定，接受投资者投入企业的资本，是投资者投入资本形成法定资本的价值。实收资本的构成比例或股东的股权比例，通常是确定所有者在企业所有者权益中份额的基础，也是企业进行利润或股利分配的主要依据，同时还是企业清算时确定所有者对净资产的要求权的依据。

我国《公司法》规定，投资者可以用现金投资，也可以用现金以外的其他有形资产投资，符合国家规定比例的，还可以用无形资产投资。

在不同类型的企业中，实收资本的表现形式有所不同。在股份有限公司，实收资本表现为实际发行股票的面值，也称为股本；在其他企业，实收资本表现为所有者在注册资本范围内的实际出资额，也称实收资本。所谓注册资本，是指企业在设立时向工商行政管理部门登记的资本总额，也就是全部出资者设定的出资额之和。注册资本是企业的法定资本，是企业承担民事责任的财力保证。

实收资本按照所有者的性质不同，可以分为国家投入资本、法人投入资本、个人投入资本以及外方投入资本。

除股份有限公司外，其他企业应设置"实收资本"科目，核算投资者投入资本的增减变动情况。该科目的贷方登记实收资本的增加数额，借方登记实收资本的减少数额，期末贷方余额反映企业期末实收资本实有数额。股份有限公司应设置"股本"科目，核算公司实际发行股票的面值总额。该科目贷方登记公司在核定的股份总额及股本总额范围内实际发行股票的面值总额，借方登记公司按照法定程序经批准减少的股本数额，期末贷方余额反映公司股本实有数额。

## （二）实收资本（股本）账务处理

### 1. 实收资本（股本）增加的账务处理

企业实收资本增加的途径一般有三条：一是投资者（包括原企业所有者和新投资人）投入；二是将资本公积转为实收资本或股本；三是将盈余公积转为实收资本或股本。

（1）投资者投入。

① 企业接受现金资产投资。企业接受现金资产投资时，按照实际收到的金额，借记"银行存款"等相关科目，按投资合同或协议约定，投资者在企业注册资本中所占份额的部分贷记"实收资本"科目，差额借记或贷记"资本公积——资本溢价"科目。

股份有限公司发行股票收到现金资产时，借记"银行存款"等科目，按每股股票面值和发行股份总额的乘积计算的金额，贷记"股本"科目，实际收到的金额与该股本之间的差额贷记"资本公积——股本溢价"科目。

【例11-1】2020年12月10日，大河公司由甲、乙、丙三位投资者共同投资设立，注册资本为3 000 000元，甲、乙、丙出资比例分别为50%、30%和20%，大河公司如期收到各投资者的出资。

大河公司的账务处理如下：

借：银行存款　　　　　　　　　　　　　　　　　　　　　　　3 000 000
　　贷：实收资本——甲　　　　　　　　　　　　　　　　　　1 500 000
　　　　　　　　——乙　　　　　　　　　　　　　　　　　　　900 000
　　　　　　　　——丙　　　　　　　　　　　　　　　　　　　600 000

【例11-2】2021年1月1日，大河公司委托某证券公司代理发行普通股15 000 000股，每股面值1元，每股发行价格1元，股票发行成功，股款已全部收到。假设不考虑其他相关因素。

根据上述资料，大河公司的账务处理如下：

借：银行存款　　　　　　　　　　　　　　　　　　　　　　　15 000 000
　　贷：股本　　　　　　　　　　　　　　　　　　　　　　　　15 000 000

② 接受非现金资产投资。企业接受投资者以实物资产投资的，应在办理实物产权转移手续时，应按投资合同或协议约定的价值确定的资产价值（但投资合同或协议约定的价值不公允的除外），借记有关资产科目，按照投入资本在注册资本或股本中所占份额，贷记"实收资本"或"股本"科目，按其差额，贷记"资本公积——资本溢价"或"资本公积——股本溢价"等科目。

【例11-3】2020年12月15日，大河公司收到大地公司作为资本投入的不需要安装的机器设备一台，大地公司提供的增值税专用发票中注明，该机器设备的买价为2 000 000元，增值税进项税额为260 000元。双方约定，该机器设备按发票中的公允价值入账。大河公司接受大地公司的投入资本为2 320 000元。

大河公司的账务处理如下：

借：固定资产　　　　　　　　　　　　　　　　　　　　2 000 000
　　应交税费——应交增值税（进项税额）　　　　　　　　260 000
　　贷：实收资本——大地公司　　　　　　　　　　　　　　　　2 260 000

【例11-4】2020年12月18日，大河公司接受长江公司以其拥有的专利权作为投资，该专利权双方协议价值为420万元，大河公司注册资本为3 000万元。该专利权在大河公司注册资本中所占份额为10%，已办妥相关手续。

大河公司的账务处理如下：

借：无形资产　　　　　　　　　　　　　　　　　　　　4 200 000
　　贷：实收资本——长江公司　　　　　　　　　　　　　　　　3 000 000
　　　　资本公积——资本溢价　　　　　　　　　　　　　　　　1 200 000

（2）资本公积转增资本。企业将资本公积转增实收资本或者股本时，应借记"资本公积——资本溢价"或"资本公积——股本溢价"科目，贷记"实收资本"或"股本"科目。

【例11-5】2020年12月25日，大河公司因扩大经营规模需要，经董事会批准将资本公积5 000 000元转增资本。

大河公司的账务处理如下：

借：资本公积　　　　　　　　　　　　　　　　　　　　5 000 000
　　贷：实收资本　　　　　　　　　　　　　　　　　　　　　　5 000 000

（3）盈余公积转增资本。企业将盈余公积转增实收资本或者股本时，应借记"盈余公积"科目，贷记"实收资本"或"股本"科目。

【例11-6】2020年12月25日，大河公司因扩大经营规模需要，经董事会批准将盈余公积3 000 000元转增资本。大河公司的账务处理如下：

借：盈余公积　　　　　　　　　　　　　　　　　　　　3 000 000
　　贷：实收资本　　　　　　　　　　　　　　　　　　　　　　3 000 000

需要注意的是，由于资本公积和盈余公积均属于所有者权益，用其转增资本时，如果是独资企业比较简单，直接结转即可；如果是股份有限公司或有限责任公司应该按照原投资者各自出资比例相应增加各投资者的出资额。

**2. 实收资本（股本）减少的账务处理**

企业减少注册资本主要存在两种情形，一是企业资本过剩；二是企业出现重大亏损需减少资本用于弥补。企业按照法定程序报经批准减少注册资本的，应在实际返还投资或弥补亏损时按照减资金额，借记"实收资本"或"股本"科目，贷记"现金""银行存款"等科目。

企业因资本过剩而减资的账务处理：

（1）一般企业和有限责任公司减资的，按投资人各自投资的比例发还股款时，借记"实收资本"科目，贷记"银行存款"等科目。

（2）股份有限公司由于缩小经营规模而导致资本过剩等原因，经有关部门批准，可以在《公司法》规定的股份有限公司最低注册资本以上的范围内回购已发行股票，以核销股本。《公司法》规定，公司收回的股票必须在10天以内注销。

股份有限公司以减资为目的回购库存股，应按实际支付的价款，借记"库存股"科目，贷记"银行存款"等科目。注销库存股时，因原股票发行可能是溢价发行或面值发行，为此公司回购股票的价格也可能与发行价格不一致。企业应按照注销股票的面值总额减少股本：

① 库存股实际成本大于股票面值的差额，首先应冲减资本公积（股本溢价）；资本公积不足冲减的，则应冲减留存收益。股份公司注销股本时，应按注销股份的面值，借记"股本"科目；根据库存股实际成本大于股本的差额，借记"资本公积——股本溢价""盈余公积""利润分配——未分配利润"等科目，同时按注销库存股的实际成本，贷记"库存股"科目。

② 库存股实际成本小于股票面值的差额，应按回购股份的面值，借记"股本"科目，按注销库存股的账面余额，贷记"库存股"科目，按其差额，贷记"资本公积——股本溢价"科目。

【例11-7】2021年1月11日，大河公司经批准回购本公司面值为1元的普通股股票30 000 000股并注销，用以减少资本。回购时大河公司资本公积（股本溢价）账面余额为80 000 000元，盈余公积账面余额为50 000 000元。假定大河公司按每股5元回购股票。

大河公司的账务处理如下：

① 回购本公司股份时：

借：库存股　　　　　　　　　　　　　　　　　　　150 000 000
　　贷：银行存款　　　　　　　　　　　　　　　　　150 000 000

库存股本 = 30 000 000 × 5 = 150 000 000（元）

② 注销本公司股份时：

借：股本　　　　　　　　　　　　　　　　　　　　 30 000 000
　　资本公积——股本溢价　　　　　　　　　　　　　 50 000 000
　　盈余公积　　　　　　　　　　　　　　　　　　　 70 000 000
　　贷：库存股　　　　　　　　　　　　　　　　　　150 000 000

【例 11-8】承〖例 11-7〗，假定大河公司按每股 0.9 元回购股票，大河公司的账务处理如下：

① 回购本公司股份时：

借：库存股　　　　　　　　　　　　　　　　　　　 27 000 000
　　贷：银行存款　　　　　　　　　　　　　　　　　 27 000 000

库存股本 = 30 000 000 × 0.9 = 27 000 000（元）

② 注销本公司股份时：

借：股本　　　　　　　　　　　　　　　　　　　　 30 000 000
　　贷：库存股　　　　　　　　　　　　　　　　　　 27 000 000
　　　　资本公积——股本溢价　　　　　　　　　　　　 3 000 000

**思考**：库存股在资产负债表中如何列示？

## 二、其他权益工具

### （一）其他权益工具的含义

其他权益工具是指企业发行的除普通股以外的归类为权益工具的各种金融工具，主要包括归类为权益工具的优先股、永续债、认股权、可转换公司债券等金融工具。

### （二）其他权益工具的会计核算

企业应当设置"其他权益工具"科目，核算企业发行的除普通股以外的归类为权益工具的各种金融工具，并按照发行金融工具的种类等进行明细核算。

（1）企业发行的金融工具归类为权益工具的，应按照实际收到的金额，借记"银行存款"等科目，贷记"其他权益工具——优先股、永续债等"科目。

（2）企业按照合同条款约定将发行的除普通股以外的金融工具转换为普通股时，按照该工具对应的金融负债或其他权益工具的账面价值，借记"应付债券""其他权益工具"等科目，按照普通股的面值，贷记"股本"科目，按其差额，贷记"资本公积——股本溢价"科目。

【例11-9】2020年1月1日，东方公司发行归类为权益工具的可转换优先股5 000 000股，扣除相关交易费用后实际收到款项5 600 000元。

东方公司应作如下账务处理：

借：银行存款　　　　　　　　　　　　　　　　　　　　5 600 000
　　贷：其他权益工具——优先股　　　　　　　　　　　　　5 600 000

【例11-10】2021年1月1日，东方公司将上述优先股全部转换为普通股股票1 000 000股，每股面值1元。

借：其他权益工具　　　　　　　　　　　　　　　　　　5 600 000
　　贷：股本　　　　　　　　　　　　　　　　　　　　　1 000 000
　　　　资本公积——股本溢价　　　　　　　　　　　　　4 600 000

## 第三节　资本公积和其他综合收益

### 一、资本公积

资本公积是企业收到投资者的超出其在企业注册资本（或股本）中所占份额的投资，以及其他资本公积。资本公积包括资本溢价（或股本溢价）和其他资本公积。

资本溢价（或股本溢价）是企业收到投资者的超出其在企业注册资本（或股本）中所占份额的投资。形成资本溢价（或股本溢价）的原因有溢价发行股票、投资者超额缴入资本等。其他资本公积是指除净损益、其他综合收益和利润分配以外的所有者权益的其他变动。

资本公积一般应当设置"资本（或股本）溢价""其他资本公积"进行明细核算。

## (一) 资本 (或股本) 溢价的会计核算

**1. 资本溢价**

除股份有限公司外的其他类型的企业，在企业创立时，投资者认缴的出资额与注册资本一致，一般不会产生资本溢价。但在企业重组或有新的投资者加入时，常常会出现资本溢价。企业接受投资者投入资产的金额超过投资者在企业注册资本中所占份额的部分，通过"资本公积——资本溢价"科目核算。

【例 11-11】2019 年 1 月 1 日，甲、乙两位投资者各出资 3 000 000 元设立大河公司。两年后，该公司的留存收益为 2 000 000 元，所有者权益总额为 8 000 000 元。为扩大经营规模，经批准，大河公司注册资本增加到 9 000 000 元，丙投资者加入，按照投资协议，缴入现金 5 000 000 元，同时享有该公司 1/3 的股份。大河公司已收到该现金投资。假定不考虑其他因素，大河公司的账务处理如下：

借：银行存款　　　　　　　　　　　　　　5 000 000
　　贷：实收资本　　　　　　　　　　　　　3 000 000
　　　　资本公积——资本溢价　　　　　　　2 000 000

思考：为什么会产生资本溢价？

**2. 股本溢价**

股份有限公司是以发行股票的方式筹集股本的，股票可按面值发行，也可按溢价发行，我国目前不准折价发行。与其他类型的企业不同，股份有限公司在成立时可能会溢价发行股票，因而在成立之初，就可能会产生股本溢价。股本溢价的数额等于股份有限公司发行股票时实际收到的款项超过股票面值总额的部分。在按面值发行股票的情况下，企业发行股票取得的收入，应全部作为股本处理；在溢价发行股票的情况下，企业发行股票取得的收入，等于股票面值的部分作为股本处理，超出股票面值的溢价收入应作为股本溢价处理。发行股票相关的手续费、佣金等交易费用，如果是溢价发行股票的，应从溢价中抵扣，冲减资本公积（股本溢价）；无溢价发行股票或溢价金额不足以抵扣的，应将不足抵扣的部分冲减盈余公积和未分配利润。

【例 11-12】2021 年 1 月 10 日，大河公司委托某证券公司代理发行普通股 10 000 000 股，每股面值 1 元，按每股发行价格 3 元溢价发行。证券公司按发行收入的 1% 收取手续费，从溢价中扣除。假定股票发行成功，股款已全部收到。

根据上述资料，大河公司的账务处理如下：

大河公司实际收到价款 = 30 000 000 × (1 - 1%) = 29 700 000

借：银行存款　　　　　　　　　　　　　　　　　29 700 000
　　贷：股本　　　　　　　　　　　　　　　　　　10 000 000
　　　　资本公积——股本溢价　　　　　　　　　　19 700 000

### (二) 其他资本公积的会计核算

其他资本公积是指除资本溢价（或股本溢价）项目以外所形成的资本公积。

**1. 以权益结算的股份支付**

为了激励职工更好地为企业服务，企业可以实行股票期权等奖励政策。股份支付是指企业为了获取职工提供的服务而授予股票期权等，或者承担以股票期权为基础确定的负债的交易。股份支付分为以权益结算的股份支付和以现金结算的股份支付。

以权益结算的股份支付是指企业为获取服务以期权等作为对价进行结算的交易。以现金结算的股份支付是指企业为获取服务承担以股票增值权为基础计算确定的交付现金或者其他资产义务的交易。企业授予职工股票期权等以换取职工提供的服务，从而实现对职工的激励或补偿，实质上属于职工薪酬的组成部分。

企业以权益结算的股份支付换取职工提供的服务，应当以授予职工期权授予日的公允价值为基础计量，计入相关成本费用，同时确认资本公积。以权益结算的股份支付确认的资本公积，属于股东投入资本的组成部分。其中，授予日是指股份支付协议获得批准的日期；可行权日是指可行权条件得到满足时，职工和其他方具有从企业获得权益工具或现金的权利；行权日是指职工或其他方行使权利，获取现金或权益工具的日期；授予日至可行权日一般称为股份支付的约定期；可行权日至行权日一般称为股份支付的等待期。

(1) 以权益结算的股份支付，如果授予后立即可行权的，应当在授予日按照权益工具的公允价值，借记"管理费用"等科目，贷记"资本公积——其他资本公积"科目。

(2) 以权益结算的股份支付，如果是在职工完成约定期内的服务或达到规定的业绩后才可行权的，应在约定期内的每个资产负债表日，按照可行权期权数量的最佳估计数和期权授予日的公允价值确定的金额，借记"管理费用"等科目，贷记"资本公积——其他资本公积"科目。在资产负债表日，后续信息表明可行权期权的数量与以前估计不同的，应当进行调整，并在可行权日调整至实际可行权的期权数量。

企业在股份支付等待期，不再对已确认的相关成本费用和资本公积进行调整。

（3）在行权日，企业应根据实际行权股票收取的价款与实际行权股票期权确认的资本公积，计算确定实际行权股票的发行价格，并分别转入股本和资本公积（股本溢价）。企业应当根据收取的行权价款，借记"银行存款"等科目；根据已行权股票确认的资本公积，借记"资本公积——其他资本公积"科目；根据已行权股票的股本金额，贷记"股本"科目；根据前述确认金额的差额，贷记"资本公积——股本溢价"科目。

**2. 采用权益法核算的长期股权投资**

长期股权投资采用权益法核算的，被投资单位除净损益、其他综合收益和利润分配以外的所有者权益的其他变动，投资企业按持股比例计算应享有的份额，应当增加或减少长期股权投资的账面价值，同时增加或减少资本公积（其他资本公积）。当处置采用权益法核算的长期股权投资时，应当将原计入资本公积（其他资本公积）的相关金额转入投资收益（除不能转入损益的项目外）。

**（三）资本公积转增资本**

经股东大会或类似权力机构决议，用资本公积转增资本时，应冲减资本公积，同时按照转增前的实收资本（或股本）的结构或比例，将转增的金额记入"实收资本"（或"股本"）科目下各所有者权益的明细分类账。

## 二、其他综合收益

其他综合收益是指企业根据《企业会计准则》规定未在当期损益中确认的各项利得和损失。包括以后会计期间不能重分类进损益的其他综合收益和以后会计期间满足规定条件时将重分类进损益的两类。

其他综合收益主要包括以下几种情况：

（1）采用权益法核算的长期股权投资。采用权益法核算的长期股权投资，按照被投资单位实现的其他综合收益以及持股比例计算应享有或分担的份额，调整长期股权投资的账面价值，同时增加或减少其他综合收益。其会计处理为：借记（或贷记）"长期股权投资——其他综合收益"科目，贷记（或借记）"其他综合收益"科目，待该项股权投资处置时，将原计入其他综合收益的金额转入当期损益。借记（或贷记）"其他综合收益"科目，贷记（或借记）"投资收益"科目。

(2) 以公允价值计量且其变动计入其他综合收益的金融资产的公允价值变动。

① 企业持有的以公允价值计量且其变动计入其他综合收益的债务工具（其他债券投资）。资产负债表日，该金融资产的公允价值与其账面余额的差额，计入其他综合收益。当该金融资产终止确认时，原计入其他综合收益的累计利得与损失应当从其他综合收益转出，计入当期损益。

② 企业持有的非交易性权益工具指定为以公允价值计量且其变动计入其他综合收益的金融资产，且该指定以后不得撤销。资产负债表日，该金融资产的公允价值与其账面余额的差额，计入其他综合收益。当该金融资产终止确认时，原计入其他综合收益的累计利得与损失，不得转入当期损益，而应转入留存收益。

(3) 以摊余成本计量的金融资产（债权投资）重分类为以公允价值计量且其变动计入其他综合收益的金融资产。企业持有的以摊余成本计量的金融资产重分类为以公允价值计量且其变动计入其他综合收益的金融资产时，重分类日该项金融资产的公允价值与账面价值的差额，计入其他综合收益。

(4) 自用房地产或存货转换为采用公允价值模式计量的投资性房地产，转换日的公允价值大于原账面价值的差额，应计入其他综合收益，处置该项投资性房地产时，应转销与其相关的其他综合收益，计入当期损益。

## 第四节 留存收益

### 一、留存收益概述

#### （一）留存收益的性质

留存收益是股东权益的一个重要项目，是企业通过其生产经营活动而创造的净收益的积累，来源于企业生产经营过程中所实现的净利润，因此也可称为累计收益。虽然留存收益与投资者投入的资本属性一致，均为股东权益，但与投入资本不同的是，投入资本是由所有者从外部投入企业的，它构成了股东权益的基本部分，而留存收益是依靠企业经营所得的盈利累积而形成的，属于企业的资本增值部分。

#### （二）留存收益的构成

留存收益由盈余公积和未分配利润构成。盈余公积包括法定盈余公积、任意盈余公积。

**1. 盈余公积**

盈余公积是企业按一定比例从净利润（税后利润）中提取的资本积累。提取盈余公积的主要目的，是为了对投资者的利润分配进行限制，确保企业不断积累资本，提升自我发展和承受风险的能力。盈余公积按提取方式及用途，可分为下列两种：

（1）法定盈余公积，是指企业按照规定的比例从净利润中提取的积累资金。我国《公司法》规定，公司制企业的法定盈余公积按照税后利润的10%提取，法定盈余公积累计额达到公司注册资本的50%时可以不再提取。

（2）任意盈余公积，是指公司在提取法定盈余公积后，经股东会、股东大会或类似机构批准从净利润中提取的盈余公积。所谓"任意"是指其提取比例由企业自行决定。企业提取任意盈余公积是企业压低当年股利的一种手段，是企业管理当局对发放股利施加的限制。

法定盈余公积与任意盈余公积的区别在于其各自计提的依据不同。法定盈余公积以国家的法律或行政规章为提取依据；任意盈余公积由企业自行决定提取。

企业提取盈余公积的主要用途为：

一是弥补亏损。企业发生亏损时，应由企业自行弥补。弥补亏损的渠道主要有三条：以后年度税前利润弥补、以后年度税后利润弥补、盈余公积弥补。企业提取的盈余公积弥补亏损时，应由公司董事会提议，并经股东大会批准。

二是转增资本。企业将盈余公积转增资本时，必须经股东大会决议批准。在实际将盈余公积转增资本时，要按股东原有持股比例结转。

三是扩大企业生产经营。企业提取盈余公积，并不是单独将这部分资金从企业资金周转过程中抽出。企业盈余公积的结存数表明企业经营资金的一个来源，其随同企业其他来源形成的资金进行循环周转，用于企业的生产经营。

**2. 未分配利润**

未分配利润是企业留待以后年度进行分配的结存利润，也是企业股东权益的组成部分。它有两层含义：一是这部分净利润没有分给企业投资者；二是这部分净利润未指定用途。从数量上来说，未分配利润是期初未分配利润，加上本期实现的净利润，减去提取的各种盈余公积和已分配利润后的余额。

 **思考**：留存收益和实收资本有何区别？

## 二、留存收益的账务处理

### （一）盈余公积的账务处理

为了反映盈余公积的形成及使用情况，企业应设置"盈余公积"科目分别就子科目"法定盈余公积""任意盈余公积"进行明细核算。

**1. 提取盈余公积**

企业提取盈余公积时，借记"利润分配——提取法定盈余公积""利润分配——提取任意盈余公积"科目，贷记"盈余公积——法定盈余公积""盈余公积——任意盈余公积"科目。

【例 11 – 13】大河公司 2020 年实现净利润为 8 000 000 元，经股东大会批准，大河公司按当年净利润的 10% 提取法定盈余公积。假定不考虑其他因素，大河公司的账务处理如下：

借：利润分配——提取法定盈余公积　　　　　　　　　　800 000
　　贷：盈余公积——法定盈余公积　　　　　　　　　　　　　800 000

**2. 盈余公积弥补亏损**

企业用盈余公积弥补亏损时，借记"盈余公积"科目，贷记"利润分配——盈余公积补亏"科目。

【例 11 – 14】大河公司经股东大会批准用以前年度提取的盈余公积弥补当年发生的亏损 1 000 000 元。假定不考虑其他因素，大河公司的账务处理如下：

借：盈余公积　　　　　　　　　　　　　　　　　　　1 000 000
　　贷：利润分配——盈余公积补亏　　　　　　　　　　　　1 000 000

**3. 盈余公积转增资本**

用盈余公积转增资本或股本时，应到原登记机关办理注册资本变更手续，转增后留存的此项盈余公积不得少于转增前注册资本的 25%。企业用盈余公积转增资本时，借记"盈余公积"科目，贷记"股本"科目。

### （二）未分配利润的账务处理

未分配利润是通过"利润分配"科目进行核算的，"利润分配"科目应分别就"提取法定盈余公积""提取任意盈余公积""应付现金股利或利润""转作股本的股利""盈余公积补亏""未分配利润"等进行明细核算。企业在生产经营过程中取得的收入和发生的费用，最终通过"本年利润"科目进行归集，计算出当年的盈利或亏损，然后转入"利润分配——未分配利润"科目进行分配。"利润分配——未分配利润"科目的贷方余额为未分配利润；若为借方余额，则为未弥补亏损。

**1. 分配股利或利润**

企业经股东大会或类似机构决议，分配给股东或投资者现金股利或利润，借记"利润分配——应付现金股利或利润"科目，贷记"应付股利（或应付利润）"科目。经股东大会或类似机构决议，分配给股东股票股利，应在办理增资手续后，借记"利润分配——转作股本的股利"科目，贷记"股本"科目。

**2. 弥补亏损的账务处理**

企业以前年度未弥补亏损，无论用税前利润还是用税后利润弥补，都不需要进行专门的账务处理。按正常账务处理方法，借记"本年利润"科目，贷记"利润分配——未分配利润"科目。"利润分配——未分配利润"科目的贷方发生额与"利润分配——未分配利润"科目的借方余额自然抵补。

**3. 期末结转的账务处理**

年度终了，企业应将本年收入与支出相抵后结出的本年实现的净利润或净亏损，自"本年利润"科目转出，转入"利润分配——未分配利润"科目。同时，将"利润分配"科目所属的其他明细科目的余额，转入"未分配利润"明细科目。结转后，"利润分配"科目所属的其他明细科目应无余额。

【例 11-15】大河公司 2020 年年初"利润分配——未分配利润"科目贷方余额为 5 000 000 元，2020 年实现净利润 10 000 000 元。该公司发行的普通股股票数量为 10 000 000 股，每股面值 1 元。

根据公司董事会决定，按照 2020 年实现净利润的 10% 提取法定盈余公积，5% 提取任意盈余公积。利润分配方案为：每股派发现金股利 0.5 元，同时按每 10 股送 2 股的比例派发股票股利。新增股本已办理股权登记和相关增资手续。

大河公司的账务处理如下：

① 2020 年度终了，结转本年实现的净利润：

借：本年利润            10 000 000
  贷：利润分配——未分配利润      10 000 000

② 提取法定盈余公积和任意盈余公积：

借：利润分配——提取法定盈余公积    1 000 000
     ——提取任意盈余公积    500 000

贷：盈余公积——提取法定盈余公积 1 000 000
             ——提取任意盈余公积 500 000

③ 派发现金股利：

借：利润分配——应付现金股利 5 000 000
   贷：应付股利 5 000 000

④ 派发股票股利：

借：利润分配——转作股本的股利 2 000 000
   贷：股本 2 000 000

⑤ 结转"利润分配"的明细科目：

借：利润分配——未分配利润 8 500 000
   贷：利润分配——提取法定盈余公积 1 000 000
             ——提取任意盈余公积 500 000
             ——应付现金股利 5 000 000
             ——转作股本的股利 2 000 000

## 思考题

1. 所有者权益的特征有哪些？
2. 所有者权益和负债有何联系和区别？
3. 企业减少实收资本的原因有哪些？
4. 其他综合收益核算包括哪些内容？
5. 企业弥补亏损的渠道有哪些？如何进行账务处理？
6. 盈余公积提取和使用有哪些要求？

# 第十二章

# 收入、费用和利润

> **学习目标：**
> 1. 了解收入、费用和利润的含义及特征。
> 2. 熟悉特殊交易产生的收入的核算、费用及利润总额的内容、利润分配的一般程序。
> 3. 掌握收入确认的原则以及"五步法"模型。
> 4. 掌握营业收入的核算、某一时点和某一时段收入确认的核算。
> 5. 掌握利润的构成及其计算与结转、所得税费用的核算、利润的分配的核算。

**案例导读：**

时代在发展，科技在进步，我们的生活方式也在发生着变化。以前人们逛超市、逛商场，现在购物首先想到京东、淘宝以及最近几年大火的直播购物。随着消费方式的改变，"6·18""双十一""双十二"成了商家和消费者双方的狂欢日。各平台商家会推出丰富多彩的优惠活动，"双十一"期间，优惠活动有如下形式：

（1）购买H品牌平板电脑，原价2299元，预付定金100抵200元，"双十一"当天付款享满1899减100优惠活动。

（2）HS儿童保湿霜、儿童洗发沐浴露，某直播间79元买一赠一。

（3）S品牌水漾清润6件套，原价1180元，"双十一"当天享6折优惠，外加赠送3套中样水乳套装。

全部商品均享受7天无理由退换货。

请同学们思考：

上述经济业务应该如何确认收入？

通过本章的学习，你将会找到答案。

# 第一节 收　　入

## 一、收入的定义及其分类

### (一) 收入的概念及其特征

收入是指企业在日常活动中形成的、会导致所有者权益增加的、与所有者投入资本无关的经济利益的总流入。收入具有如下几个方面的特征。

**1. 收入是企业日常活动形成的经济利益的流入**

日常活动是指企业为完成其经营目标所从事的经常性活动以及与之相关的其他活动。工业企业制造并销售产品、商品流通企业销售商品、咨询公司提供咨询服务、软件公司为客户开发软件、安装公司提供安装服务、建筑企业提供建造服务等，均属于企业的日常活动。由此产生的经济利益的流入形成收入。企业还存在一些与经常性活动相关的其他活动，如工业企业出售不需要的原材料、出售或出租固定资产和无形资产等，由此产生的经济利益的总流入也形成收入。

企业在日常活动以外，还会发生一些诸如清理报废的固定资产、进行债务重组、接受捐赠等的活动，这些活动不是为了完成其经营目标而从事的经常性活动，也不属于与经常性活动相关的其他活动，由此产生的经济利益的流入不构成企业的收入。

**2. 收入最终导致企业所有者权益增加**

企业取得收入，表现为企业资产的增加或者负债的减少，根据会计等式，其最终必然导致所有者权益增加。不符合这一特征的经济利益的流入不构成企业的收入。例如，企业代税务机关收取的税款，其本质上属于代收款项，应作为暂收应付款项计入相关的负债类科目，而不能作为收入处理。

**3. 收入不包括所有者向企业投入资本而产生的经济利益的流入**

收入指的是企业通过自身活动获得的经济利益的流入。而企业接受所有者投入的资本，虽然形成了经济利益的流入，其在引起企业资产增加的同时，直接增加了企业的所有者权益，其不是通过企业自身的活动而形成，因此不能作为企业的收入。

### (二) 收入的分类

(1) 按照交易的性质分类，企业的收入可以分为销售商品收入与提供服务收入。

① 销售商品收入。销售商品收入是指企业通过销售商品实现的收入，如工业企业制造并销售产品、商业企业销售商品等实现的收入。

② 提供服务收入。提供服务收入是指纳税人提供劳务取得的收入，如企业从事建筑安装、修理修配、交通运输、仓储租赁、金融保险、邮电通信、文化体育、科学研究、技术服务、教育培训、餐饮住宿等活动取得的收入。

（2）按其经营业务在企业活动中的地位分类，企业的收入可以分为主营业务收入和其他业务收入。

① 主营业务收入。主营业务收入是指企业为完成其经营目标所从事的经常性活动所实现的收入。

② 其他业务收入。其他业务收入是指企业为完成其经营目标所从事的与经常性活动相关的活动实现的收入。

## 二、收入的确认和计量

企业确认收入的方式应当反映其向客户转让商品（或提供服务）（以下简称转让商品）的模式，收入的金额应当反映企业因转让这些商品（或服务）（以下简称商品）而预期有权收取的对价金额。具体而言，企业收入的确认应当采用五步法模型：第一步，识别与客户订立的合同；第二步，识别合同中的单项履约义务；第三步，确定交易价格；第四步，将交易价格分摊至各单项履约义务；第五步，履行各单项履约义务时确认收入。其中，第一步、第二步与第五步主要与收入的确认有关，第三步和第四步主要与收入的计量有关。

### （一）识别与客户订立的合同

合同是指双方或多方之间订立有法律约束力的权利义务的协议，包括书面形式、口头形式以及其他可验证的形式（如隐含于商业惯例或企业以往的习惯做法中等）。

**1. 收入确认的原则**

企业应当在履行了合同中的履约义务，即在客户取得相关商品控制权时确认收入。

其中，取得相关商品控制权是指能够主导该商品的使用并从中获得几乎全部的经济利益，也包括有能力阻止其他方主导该商品的使用并从中获得经济利益。取得商品控制权包括以下三个要素。

（1）能力，即客户必须拥有现时权利，能够主导该商品的使用并从中获得几乎全部经济利益。如果客户只能在未来的某一期间主导该商品的使用并从中获益，则表明其尚未取得该商品的控制权。

(2) 主导该商品的使用。客户有能力主导该商品的使用，是指客户有权使用该商品，或者能够允许或阻止其他方使用该商品。

(3) 能够获得几乎全部的经济利益。商品的经济利益，是指该商品的潜在现金流量，既包括现金流入的增加，也包括现金流出的减少。客户可以通过很多方式直接或间接地获得商品的经济利益，例如，使用、消耗、出售或持有该商品、使用该商品提升其他资产的价值，以及将该商品用于清偿债务、支付费用或抵押等。

**2. 收入确认的前提条件**

企业与客户之间的合同同时满足下列条件的，企业应当在客户取得相关商品控制权时确认收入：

(1) 合同各方已批准该合同并承诺将履行各自义务。

(2) 该合同明确了合同各方与所转让商品（或提供服务）（以下简称转让商品）相关的权利和义务。

(3) 该合同有明确的与所转让商品相关的支付条款。

(4) 该合同具有商业实质，即履行该合同将改变企业未来现金流量的风险、时间分布或金额。

(5) 企业因向客户转让商品而有权取得的对价很可能收回。

在进行上述判断时，需要注意以下三点：

(1) 合同约定的权利和义务是否具有法律约束力，需要根据企业所处的法律环境和实务操作进行判断，包括合同订立的方式和流程、具有法律约束力的权利和义务的时间等。对于合同各方均有权单方面终止完全未执行的合同，且无需对合同其他方作出补偿的，企业应当视为该合同不存在。其中，完全未执行的合同，是指企业尚未向客户转让任何合同中承诺的商品，也尚未收取且尚未有权收取已承诺商品的任何对价的合同。

(2) 合同具有商业实质，是指履行该合同将改变企业未来现金流量的风险、时间分布或金额。关于商业实质，应按照非货币性资产交换中有关商业实质说明进行判断。

(3) 企业在评估其因向客户转让商品而有权取得的对价是否很可能收回时，仅应考虑客户到期时支付对价的能力和意图（即客户的信用风险）。企业在进行判断时，应当考虑是否存在价格折让。存在价格折让的，应当在估计交易价格时进行考虑。企业预期很可能无法收回全部合同对价时，应当判断其原因是客户的信用风险还是企业向客户提供了价格折让所致。

实务中，企业可能存在一组类似的合同，企业在对该组合同中的每一份合同进行评估时，均认为其合同对价很可能收回，但是根据历史经验，企业预计可能无法收回该组合同的全部对价。在这种情况下，企业应当认为这些合同满足"因向客户转让商品而有权取得的对价很可能收回"这一条件，并以此为基础估计交易价格。与此同时，企业应当考虑在这些合同下确认的合同资产或应收款项是否存在减值。

对于不能同时满足上述收入确认的五个条件的合同，企业只有在不再负有向客户转让商品的剩余义务（如合同已完成或取消），且已向客户收取的对价（包括全部或部分对价）无须退回时，才能将已收取的对价确认为收入；否则，应当将已收取的对价作为负债进行会计处理。

【例12-1】大河公司为房地产开发公司。与大地公司签订销售一栋建筑物的合同，合同价款为5 000万元。该建筑物的成本为3 200万元，大地公司在合同开始日即取得了该建筑物的控制权。根据合同约定，大地公司在合同开始日支付了10%的保证金500万元，并就剩余90%的价款与大河公司签订了不附追索权的长期融资协议，如果大地公司违约，大河公司可重新拥有该建筑物，即使收回的建筑物不能涵盖所欠款项的总额，大河公司也不能向大地公司索取进一步的赔偿。

大地公司计划在该建筑物内开设一家化妆品商店。在该建筑物所在的地区，化妆品行业面临激烈的竞争，但大地公司缺乏化妆品行业的经营经验。

大地公司计划以该化妆品店产生的收益偿还大河公司的欠款，除此之外并无其他的经济来源，大地公司也未对该笔欠款设定任何担保。

分析：如果大地公司违约，大河公司虽然可重新拥有该建筑物，但即使收回的建筑物不能涵盖所欠款项的总额，大河公司也不能向大地公司索取进一步的赔偿。

因此，大河公司对大地公司还款的能力和意图存在疑虑，认为该合同不满足合同价款很可能收回的条件。大河公司应当将收到的500万元确认为一项负债。

对于不满足上述收入确认条件的合同，企业应当在后续期间对其进行持续评估，以判断其能否满足这些条件。企业如果在合同满足相关条件之前已经向客户转移了部分商品，当该合同在后续期间满足相关条件时，企业应当将在此之前已经转移的商品所分摊的交易价格确认为收入。通常情况下，合同开始日，是指合同开始赋予合同各方具有法律约束力的权利和义务的日期，即合同生效日。

需要说明的是，没有商业实质的非货币性资产交换，无论何时，均不应确认收入。

【例12-2】大河公司与长江公司签订了一项专利技术授权使用的合同，并按其使用情况收取特许权使用费。大河公司评估认为，该合同在合同开始日满足合同收入确认的五个条件。该专利技术在合同开始日即授权给长江公司使用。

在合同开始日后的第一年内，长江公司每季度向大河公司提供该专利技术的使用情况报告，并在约定的期间内支付特许权使用费。

在合同开始日后的第二年内，长江公司继续使用该专利技术，但是长江公司的财务状况下滑，融资能力下降，可用现金不足，因此，长江公司仅按合同支付了当年第一季度的特许权使用费，而后三个季度仅按名义金额付款。

在合同开始日后的第三年内，长江公司继续使用大河公司的专利技术，但是，大河公司得知长江公司已经完全丧失了融资能力，且流失了大部分客户，因此，长江公司的付款能力进一步恶化，信用风险显著升高。

分析：该合同在合同开始日满足收入确认的前提条件，因此，大河公司在长江公司使用该专利技术的行为发生时，按照约定的特许权使用费确认收入。

合同开始日后的第二年，由于长江公司的信用风险升高，大河公司在确认收入的同时，按照金融资产减值的要求对长江公司的应收账款进行减值测试。

合同开始日后的第三年，由于长江公司的财务状况恶化，信用风险显著升高，大河公司对该合同进行了重新评估，认为"企业因向客户转让商品而有权取得的对价很可能收回"这一条件不再满足，因此不再确认特许权使用费收入，同时对现有应收款项是否发生减值继续进行评估。

**3. 合同合并**

企业与同一客户（或该客户的关联方）同时订立或在相近时间内先后订立的两份或多份合同，在满足下列条件之一时，应当合并为一份合同进行会计处理：

（1）该两份或多份合同基于同一商业目的而订立并构成一揽子交易。

（2）该两份或多份合同中的一份合同的对价金额取决于其他合同的定价或履行情况。

（3）该两份或多份合同中所承诺的商品（或每份合同中所承诺的部分商品）构成单项履约义务。

**4. 合同变更**

合同变更，是指经合同各方同意对原合同范围或价格（或两者）作出的变更。企业应当区分下列三种情形对合同变更分别进行会计处理：

（1）合同变更部分作为单独合同。合同变更增加了可明确区分的商品及合同价款，且新增合同价款反映了新增商品单独售价的，应当将该合同变更作为一份单独的合同进行会计处理。判断新增合同价款是否反映了新增商品的单独售价时，应当考虑为反映该特定合同的具体情况而对新增商品价格所做的适当调整。

【例12-3】2020年9月1日，大河公司与客户B签订销售合同。大河公司向客户B销售100件甲产品，产品单价为1 000元/件，货款100 000元。9月10日，大河公司向客户B交付了80件甲产品，并确认了收入80 000元。2020年10月15日，双方签订变更合同，除原合同规定的权利和义务之外大河公司以每件950元的单价再销售50件相同的甲产品给客户B。

分析：2020年10月15日为合同变更日，由于增加的商品和销售价款可以明确区分，而且新增的价款反映了新增商品的单独售价。因此，变更部分应该按新合同来进行会计处理。

（2）合同变更作为原合同终止及新合同订立。合同变更不属于上述第（1）种情形，且在合同变更日已转让商品与未转让商品之间可明确区分的，应当视为原合同终止，同时，将原合同未履约部分与合同变更部分合并为新合同进行会计处理。新合同的交易价格应当为下列两项金额之和：一是原合同交易价格中尚未确认为收入的部分（包括已从客户收取的金额）；二是合同变更中客户已承诺的对价金额。

（3）合同变更不属于上述第（1）种情形，且在合同变更日已转让商品与未转让商品之间不可明确区分的，应当将该合同变更部分作为原合同的组成部分，在合同变更日重新计算履约进度，并调整当期收入和相应成本等。

【例12-4】大河公司为一家建筑公司。2020年1月15日，大河公司和客户签订了一项总金额为1 000万元的固定造价合同，在客户自有土地上建造一幢办公楼，预计合同总成本为700万元。假定该建造服务属于在某一时段内履行的履约义务，并根据累计发生的合同成本占合同预计总成本的比例确定履约进度。

截至2020年末，大河公司累计已发生成本420万元，履约进度为60%（420÷700）。因此，大河公司在2020年确认收入600万元（1 000×60%）。

2021年初，合同双方同意更改该办公楼屋顶的设计，合同价格和预计总成本因此而分别增加200万元和120万元。

分析：在本例中，由于合同变更后拟提供的剩余服务与在合同变更日或之前已提供的服务不可明确区分（即该合同仍为单项履约义务），因此，大河公司应将合同变更作为原合同的组成部分进行会计处理。合同变更后的交易价格为1 200万元，大河公司重新估计的履约进度为51.2%［420÷(700+120)］，大河公司在合同变更日应额外确认收入14.4万元（51.2%×1 200-600）。

如果在合同变更日未转让商品为上述第（2）种情形和第（3）种情形的组合，企业应当按照上述第（2）种情形或第（3）种情形中更为恰当的一种方式对合同变更后尚未转让（或部分未转让）商品进行会计处理。

### （二）识别合同中的单项履约义务

合同开始日，企业应当对合同进行评估，识别该合同所包含的各单项履约义务，并确定各单项履约义务是在某一时段内履行还是在某一时点履行，然后，在履行了各单项履约义务时分别确认收入。

履约义务，是指合同中企业向客户转让可明确区分商品的承诺。企业应当将下列向客户转让商品的承诺作为单项履约义务：

（1）企业向客户转让可明确区分商品（或者商品的组合）的承诺。企业向客户承诺的商品同时满足下列条件的，应当作为可明确区分商品：

① 客户能够从该商品本身或者从该商品与其他易于获得的资源一起使用中受益，即该商品能够明确区分。例如，电信运营商"办话费流量套餐送手机"的业务，通常包括三个履约义务：销售手机、销售话费和销售流量。因为手机可以单独使用，话费和流量能够令使用者通过对它们的使用而获益，因此它们是可区分的三项履约义务。

② 企业向客户转让该商品的承诺与合同中其他承诺可单独区分，即转让该商品的承诺在合同中是可明确区分的。表明客户能够从某项商品本身或者将其与其他易于获得的资源一起使用获益的因素有很多，在评估某项商品是否能够明确区分时，应当基于该商品自身的特征，而与客户可能使用该商品的方式无关。

企业确定了商品本身能够明确区分后，还应当在合同层面继续评估转让该商品（或提供该服务）（以下简称转让该商品）的承诺是否与合同中其他承诺彼此之间可明确区分。

下列情形通常表明企业向客户转让该商品的承诺与合同中的其他承诺不可明确区分：

① 企业需提供重大的服务以将该商品与合同中承诺的其他商品进行整合，形成合同约定的某个或某些组合产出转让给客户。

② 该商品将对合同中承诺的其他商品予以重大修改或定制。例如，E 审计公司向软件公司 F 购买 ERP 系统，并要求软件公司 F 在标准 ERP 系统的基础上，设计特定的程序来汇集监管机构所需的报备资料。在这个例子里，"定制服务"虽然基于合同是可区分的，但没有单独使用价值，因此它是"不可明确区分"的，需和 ERP 系统合并起来作为一个履约义务。

③ 该商品与合同中承诺的其他商品具有高度关联性。也就是说，合同中承诺的每一单项商品均受到合同中其他商品的重大影响。例如，C 公司向客户 D 提供设计并制造样品的服务。该设计有一些重要功能尚未完成，需要不断按照新的设计制造样品，来一步步完善。由于设计是不完善的，C 公司也许需要在设计完善之后，对每一个样品再做重新加工。因为"设计"和"制造样品"高度关联，任何单独的一项对客户来说都是无法获益且没有使用价值的，因此"设计"和"制造样品"不可明确区分，需要被合并起来作为一个履约义务。

（2）企业向客户转让一系列实质相同且转让模式相同的、可明确区分商品的承诺。转让模式相同，是指每一项可明确区分商品均满足在某一时段内履行履约义务的条件，且采用相同方法确定其履约进度。企业应当将实质相同且转让模式相同的一系列商品作为单项履约义务，即使这些商品可明确区分。

企业在判断所转让的一系列商品是否实质相同时，应当考虑合同中承诺的性质，如果企业承诺的是提供确定数量的商品，那么需要考虑这些商品本身是否实质相同；如果企业承诺的是在某一期间内随时向客户提供某项服务，则需要考虑企业在该期间内的各个时间段（如每天或每小时）的承诺是否相同，而并非具体的服务行为本身。企业为履行合同而应开展的初始活动，通常不构成履约义务，除非该活动向客户转让了承诺的商品。

### （三）确定交易价格

交易价格，是指企业因向客户转让商品而预期有权收取的对价金额。企业代第三方收取的款项（如增值税）以及企业预期将退还给客户的款项，应当作为负债进行会计处理，不计入交易价格。

企业在确定交易价格时，应当假定将按照现有合同的约定向客户转让商品，且该合同不会被取消、续约或变更。合同标价并不一定代表交易价格，企业应当根据合同条款，并结合以往的习惯做法等确定交易价格。在确定交易价格时，应考虑可变对价、合同中存在的重大融资成分、非现金对价、应付客户对价等因素的影响。

**1. 可变对价**

企业与客户的合同中约定的对价金额可能会因折扣、价格折让、返利、退款、奖励积分、激励措施、业绩奖金、索赔等因素而变化。此外，根据一项或多项或有事项的发生而收取不同对价金额的合同，也属于可变对价的情形。

合同中存在可变对价的，企业应当对计入交易价格的可变对价进行估计。按照期望值或最可能发生金额确定可变对价的最佳估计数。

期望值是按照各种可能发生的对价金额及相关概率计算确定的金额。如果企业拥有大量具有类似特征的合同,并估计可能产生多个结果时,通常按照期望值估计可变对价金额。最可能发生金额是一系列可能发生的对价金额中最可能发生的单一金额,即合同最可能产生的单一结果。

企业按照期望值或最可能发生金额确定可变对价金额,即包含可变对价的交易价格,应当不超过在相关不确定性消除时,累计已确认的收入极可能不会发生重大转回的金额,以避免因某些不确定因素的发生导致之前已经确认的收入发生转回。其中,"极可能"发生的概率应远高于"很可能(即可能性超过50%)",但不要求达到"基本确定(即可能性超过95%)"。企业在评估已经确认的收入是否极可能发生转回时,应当考虑收入转回的可能性及其比重[可能发生的收入转回金额相对于合同总对价(包括固定对价和可变对价)的比重]。每一资产负债表日,企业应当重新估计应计入交易价格的可变对价金额。

【例12-5】大河公司2020年7月1日采用赊销方式向黄河公司销售商品一批,赊销期为90天,不含增值税的价款为400万元,现金折扣条件为"2/30,1/60,n/90",销售当日企业已经履行已承诺的履约义务。大河公司根据以往经验判断黄河公司很可能在30天内付款,则该项业务的交易价格为392万元(400-400×2%),确认营业收入392万元。2020年7月31日,黄河公司尚未付款,大河公司估计黄河公司将于合同签订60日后付款,则交易价格将调整为396万元(400-400×1%),企业当期调整收入4万元。

**2. 合同中存在的重大融资成分**

当合同各方以在合同中(或者以隐含的方式)约定的付款时间为客户或企业就该交易提供了重大融资利益时,合同中即包含了重大融资成分。合同中存在重大融资成分的,企业应当按照假定客户在取得商品控制权时即以现金支付的应付金额(即现销价格)确定交易价格。

合同中存在重大融资成分的,企业在确定该重大融资成分的金额时,应使用将合同对价的名义金额折现为商品的现销价格的折现率。企业确定的交易价格与合同承诺的对价金额之间的差额,应当在合同期间内采用实际利率法摊销。

以下情形表明企业与客户之间的合同未包含重大融资成分:

(1)客户就商品支付了预付款,且可以自行决定这些商品的转让时间。

(2)客户承诺支付的对价中有相当大的部分是可变的,该对价金额或付款时间取决于某一未来事项是否发生,且该事项实质上不受客户或企业控制。

（3）合同承诺的对价金额与现销价格之间的差额是由于向客户或企业提供融资利益以外的其他原因所导致的。

【例12-6】2019年12月31日，大河公司与乙公司签订合同，向其销售一批产品。合同约定，该批产品将于两年之后交货。合同中包含两种可供选择的付款方式，即乙公司可以在两年后交付产品时支付449.44万元，或者在合同签订时支付400万元。乙公司选择在合同签订时支付货款。大河公司的增量借款利率为6%。该批产品的控制权在交货时转移。大河公司于2019年12月31日收到乙公司支付的货款。大河公司为增值税一般纳税人，大河公司收到乙公司支付的款项时纳税义务已经发生。增值税率为13%。

大河公司的账务处理如下：

① 2019年12月31日收到货款时：

借：银行存款　　　　　　　　　　　　　　4 520 000
　　贷：合同负债　　　　　　　　　　　　　　4 000 000
　　　　应交税费——应交增值税（销项税额）　　520 000

② 2020年12月31日确认融资成分的影响时：

借：财务费用　　　　　　　　240 000（4 000 000×6%）
　　贷：合同负债　　　　　　　　　　　　　　240 000

③ 2021年12月31日交付产品时：

借：财务费用　　　　　　　　254 400（4 240 000×6%）
　　贷：合同负债　　　　　　　　　　　　　　254 400

借：合同负债　　　　　　　　　　　　　　4 494 400
　　贷：主营业务收入　　　　　　　　　　　　4 494 400

一般而言，在合同开始日，企业预计客户取得商品控制权与客户支付价款间隔不超过一年的，可以不考虑合同中存在的重大融资成分。

**3. 非现金对价**

非现金对价包括实物资产、无形资产、股权、客户提供的广告服务等。客户支付非现金对价的，通常情况下，企业应当按照非现金对价在合同开始日的公允价值确定交易价格。非现金对价公允价值不能合理估计的，企业应当参照其承诺向客户转让商品的单独售价间接确定交易价格。合同开始日后，非现金对价的公允价值因对价形式以外的原因而发生变动的，应当作为可变对价，按照与计入交易价格的可变对价金额的限制条件相关的规定进行处理。

#### 4. 应付客户对价

企业存在应付客户对价的，应将该应付对价冲减交易价格，并在确认相关收入与支付（或承诺支付）客户对价二者孰晚的时点冲减当期收入。但应付客户对价是为了自客户取得其他可明确区分商品的除外。

### （四）将交易价格分摊至各单项履约义务

当合同中包含两项或多项履约义务时，企业应当在合同开始日，按照各单项履约义务所承诺商品的单独售价的相对比例，将交易价格分摊至各单项履约义务。并按照分摊至各单项履约的交易价格计量收入。企业不得因合同开始日之后单独售价的变动而重新分摊交易价格。

#### 1. 确定单独售价

单独售价，是指企业向客户单独销售商品的价格。单独售价无法直接观察的，企业应当综合考虑其能够合理取得的全部相关信息，采用市场调整法、成本加成法、余值法等方法合理估计单独售价。

（1）市场调整法，是指企业根据某商品或类似商品的市场售价，考虑本企业的成本和毛利等进行适当调整后，确定其单独售价的方法。

（2）成本加成法，是指企业根据某商品的预计成本加上其合理毛利后的价格，确定其单独售价的方法。

（3）余值法，是指企业根据合同交易价格减去合同中其他商品可观察的单独售价后的余值，确定某商品单独售价的方法。企业应当最大限度地采用可观察的输入值，并对类似的情况采用一致的估计方法。

#### 2. 分摊合同折扣

合同折扣，是指合同中各单项履约义务所承诺商品的单独售价之和高于合同交易价格的金额。合同折扣的分摊，分为以下三种情况。

（1）通常情况下，企业应当在各单项履约义务之间按比例分摊。

**【例12-7】** 2020年3月1日，大河公司与客户签订合同，向其销售A、B两种商品，A商品的单独售价为6 000元，B商品的单独售价为24 000元，合同价款为25 000元。合同约定，A商品于合同开始日交付，B商品在一个月之后交付，只有当两项商品全部交付之后，大河公司才有权收取25 000元的合同对价。假定A商品和B商品分别构成单项履约义务，其控制权在交付时转移给客户。上述价格均不包含增值税，且假定不考虑相关税费影响。

分析：

分摊至 A 商品的合同价款

$= 25\,000 \times [6\,000 \div (6\,000 + 24\,000)] = 5\,000$（元）

分摊至 B 商品的合同价款

$= 25\,000 \times [24\,000 \div (6\,000 + 24\,000)] = 20\,000$（元）

大河公司应作如下账务处理：

① 交付 A 商品时：

借：合同资产　　　　　　　　　　　　　　　　　　　　　　　5 000

　　贷：主营业务收入　　　　　　　　　　　　　　　　　　　　　　5 000

② 交付 B 商品时：

借：应收账款　　　　　　　　　　　　　　　　　　　　　　　25 000

　　贷：合同资产　　　　　　　　　　　　　　　　　　　　　　　 5 000

　　　　主营业务收入　　　　　　　　　　　　　　　　　　　　　20 000

（2）合同折扣仅与合同中一项或多项（而非全部）履约义务相关的，企业应当将该合同折扣分摊至相关一项或多项履约义务。其需同时满足下列条件：①企业经常将该合同中的各项可明确区分的商品单独销售或者以组合的方式单独销售；②企业也经常将其中部分可明确区分的商品以组合的方式按折扣价格单独销售；③上述第②项中的折扣与该合同中的折扣基本相同，且针对每一组合中的商品的分析为将该合同的全部折扣归属于某一项或多项履约义务提供了可观察的证据。

【例 12－8】大河公司与客户签订合同，向其销售 A、B、C 三种产品，合同总价款为 120 万元（不含税价），这三种产品构成三个单项履约义务。企业经常单独出售 A 产品，其单独售价可直接观察；B 产品和 C 产品的单独售价不可直接观察，需要进行估计，企业分别采用市场调整法和成本加成法对 B 产品和 C 产品的单独售价进行估计。三种产品单独售价的估计情况如表 12－1 所示。

表 12－1　　　　　　　　　三种产品单独售价的估计情况

| | 单独售价（万元） | 估计方法 |
| --- | --- | --- |
| 产品 A | 50 | 直接观察法 |
| 产品 B | 25 | 市场调整法 |
| 产品 C | 75 | 成本加成法 |
| 合计 | 150 | |

大河公司通常以 50 万元的价格单独销售 A 产品，并且经常将 B 产品和 C 产品组合在一起以 70 万元的价格销售。

本例中，这三种产品的单独售价合计为 150 万元，而该合同的价格为 120 万元，因此该合同的折扣为 30 万元。

各产品分摊的交易价格为：

A 产品 = 50 万元

B 产品 = 17.5 万元（25÷100×70）

C 产品 = 52.5 万元（75÷100×70）

（3）合同折扣仅与合同中的一项或多项（而非全部）履约义务相关，且企业采用余值法估计单独售价的，企业应当首先在该一项或多项（而非全部）履约义务之间分摊合同折扣，然后再采用余值法估计单独售价。

**3. 分摊可变对价**

合同中包含可变对价的，企业应当将可变对价及其后续变动额，按照分摊交易价格的一般原则，将其分摊至与之相关的合同中的一项或多项履约义务，或者分摊至构成单项履约义务的一系列可明确区分商品中的一项或多项（而非全部）商品。对于已履行的履约义务，其分摊的可变对价后续变动额应当调整变动当期的收入。

**4. 交易价格的后续变动**

交易价格发生后续变动的，企业应当按照在合同开始日所采用的基础将该后续变动金额分摊至合同中的履约义务。企业不得因合同开始日之后单独售价的变动而重新分摊交易价格。

合同变更之后发生可变对价后续变动的，企业应当区分下列三种情形分别进行会计处理：

（1）合同变更属于将合同变更部分作为一份单独的合同进行处理的情况，企业应当判断可变对价后续变动与哪一项合同相关，并按照分摊可变对价的相关规定进行会计处理。

（2）合同变更属于将原合同视为终止并将原合同未履约部分与合同变更部分合并为新合同进行处理的情况的，如果可变对价后续变动与合同变更前已承诺可变对价相关的，企业应当首先将该可变对价后续变动额以原合同开始日确定的单独售价为基础进行分摊，然后再将分摊至合同变更日尚未履行履约义务的该可变对价后续变动额以新合同开始日确定的基础进行二次分摊。

（3）合同变更之后发生除上述第（1）种和第（2）种情形以外的可变对价后续变

动的,企业应当将该可变对价后续变动额分摊至合同变更日尚未履行(或部分未履行)的履约义务。

**(五)履行每一单项履约义务时确认收入**

合同开始日,企业应当根据实际情况,首先判断各单项履约义务是属于在某一时段内履行的履约义务,还是属于在某一时点履行的履约义务。然后,在履行了单项履约义务即客户取得相关商品控制权时分别确认收入。

满足下列条件之一的,属于在某一时段内履行的履约义务:

(1)客户在企业履约的同时即取得并消耗企业履约所带来的经济利益。企业在履约过程中是持续地向客户转移该服务的控制权的,该履约义务属于在某一时段内履行的履约义务,企业应当在提供该服务的期间内确认收入。

(2)客户能够控制企业履约过程中在建的商品。企业在履约过程中创建的商品包括在产品、在建工程、尚未完成的研发项目、正在进行的服务等,如果客户在企业创建该商品的过程中就能够控制这些商品,应当认为企业提供该商品的履约义务属于在某一时段内履行的履约义务。

(3)企业履约过程中所产出的商品具有不可替代用途,且该企业在整个合同期间内有权就累计至今已完成的履约部分收取款项。

属于在某一时段内履行的履约义务,相关收入应当在该履约义务履行的期间内确认,企业应当选取恰当的方法来确定履约进度。当一项履约义务属于在某一时点履行的履约义务,企业应当在客户取得相关商品控制权时点确认收入,且应综合分析控制权转移的迹象,判断其转移时点。

需要说明的是,上述收入确认与计量的"五步法"模型,主要是针对复杂业务的收入的确认与计量。但是,企业大部分业务为简单业务,则有些步骤不一定存在,不需要完全按照上述步骤进行收入的确认与计量。

## 三、合同成本

**(一)合同履约成本**

企业为履行合同可能会发生各种成本,企业在确认收入的同时应当对这些成本进行分析,如果不属于存货、固定资产、无形资产等的取得成本且同时满足下列条件的,应当作为合同履约成本确认为一项资产。

（1）该成本与一份当前或预期取得的合同直接相关。包括直接人工、直接材料、制造费用或类似费用，明确由客户承担的成本以及仅因该合同而发生的其他成本。

（2）该成本增加了企业未来用于履行（或持续履行）履约义务的资源。

（3）该成本预期能够收回。

企业应当在下列支出发生时，将其计入当期损益：

（1）管理费用，除非这些费用明确由客户承担。

（2）非正常消耗的直接材料、直接人工和制造费用（或类似费用），这些支出为履行合同发生，但未反映在合同价格中。

（3）与履约义务中已履行（包括已全部履行或部分履行）部分相关的支出，即该支出与企业过去的履约活动相关。

（4）无法在尚未履行的与已履行（或已部分履行）的履约义务之间区分的相关支出。

【例12-9】大河公司与乙公司签订合同，为其信息中心提供管理服务，合同期限为5年。在向乙公司提供服务之前，大河公司设计并搭建了一个信息技术平台用于其内部使用，该信息技术平台由相关的硬件和软件组成。大河公司需要提供设计方案，将该信息技术平台与乙公司现在的信息系统对接，并进行相关测试。该平台并不会转让给乙公司，但是将用于向乙公司提供服务。大河公司为该平台的设计、购买硬件和软件以及数据中心的测试发生了成本。除此之外，大河公司专门指派两名员工，负责向乙公司提供服务。

本例中，大河公司为履行合同发生的上述成本中，购买硬件和软件的成本应当分别按照固定资产和无形资产进行会计处理；设计服务成本和信息中心的测试成本与履行该合同直接相关，并且增加了大河公司未来用于履行履约义务（即提供管理服务）的资源，如果大河公司预期该成本可通过未来提供服务收取的对价收回，则大河公司应当将这些成本确认为一项资产。大河公司向两名负责该项目的员工支付的工资费用，虽然与向乙公司提供服务有关，但是由于其并未增加企业未来用于履行履约义务的资源，因此应当于发生时计入当期损益。

按照企业会计准则规定，企业需设置"合同履约成本"科目核算企业为履行当前或预期取得的合同所发生的，不属于存货、固定资产、无形资产等的取得成本，而应当确认为一项资产的成本。该科目可按合同，分别就"服务成本""工程施工"等进行明细核算。

企业发生上述合同履约成本时，借记"合同履约成本"科目，贷记"银行存款""应付职工薪酬""原材料"等科目；对合同履约成本进行摊销时，借记"主营业务成本""其他业务成本"等科目，贷记"合同履约成本"科目。涉及增值税的，还应进行相应的处理。本科目期末借方余额，反映企业尚未结转的合同履约成本。

### （二）合同取得成本

企业为取得合同发生的增量成本预期能够收回的，应当作为合同取得成本确认为一项资产。增量成本是指企业不取得合同就不会发生的成本，如销售佣金等。为简化实务操作，该资产摊销期限不超过一年的，可以在发生时计入当期损益。企业采用该简化处理方法的，应当对所有类似合同一致采用。企业为取得合同发生的、除预期能够收回的增量成本之外的其他支出，例如，无论是否取得合同均会发生的差旅费、投标费、为准备投标资料发生的相关费用等，应当在发生时计入当期损益，除非这些支出明确由客户承担。

实务中，涉及合同取得成本的安排可能会比较复杂。例如，合同续约或合同变更时需要支付额外的佣金、企业支付的佣金金额取决于客户未来的履约情况或者取决于累计取得的合同数量或金额等，企业需要判断并对发生的合同取得成本进行恰当的会计处理。企业因现有合同续约或发生合同变更需要支付的额外佣金，也属于为取得合同发生的增量成本。

对于企业为取得合同发生的、预计能够收回的增量成本，需设置"合同取得成本"科目核算，该科目按合同进行明细核算。企业发生合同取得成本时，借记"合同取得成本"科目，贷记"银行存款""其他应付款"等科目；对合同取得成本进行摊销时，按照其相关性借记"销售费用"等科目，贷记"合同取得成本"科目。涉及增值税的，还应进行相应的处理。本科目期末借方余额，反映企业尚未结转的合同取得成本。

【例12-10】2020年12月1日，大河公司与乙公司签订合同，委托乙公司代理销售其开发的B小区商品房。该商品房的销售价格由甲方确定，大河公司根据乙公司销售成功的商品房套数向其支付佣金，佣金比例为客户购房款项的2%（不含税）。

截至2020年12月31日，乙公司成功销售B小区商品房20套，购房款总额为5 000万元，大河公司应向乙方支付佣金100万元，大河公司收到乙公司开具的增值税专用发票注明的增值税额为6万元，并取得税务机关认证。除此之外，大河公司的销售部门也指派了2名员工配合该小区的销售工作，这两名员工仅从大河公司领取固定的工资，而并不享有任何销售提成或佣金。

2020年12月31日大河公司确认应支付的销售代理佣金时账务处理如下：

| 借：合同取得成本 | 1 000 000 | |
| --- | --- | --- |
| 　　应交税费——应交增值税（进项税额） | 60 000 | |
| 　贷：应付账款或其他应付款 | | 1 060 000 |

合同取得成本应当采用与相关房屋销售的收入确认相同的基础进行摊销，计入当期损益。

### （三）与合同履约成本和合同取得成本有关的资产的摊销和减值

**1. 摊销**

对于确认为资产的合同履约成本和合同取得成本，企业应当采用与该资产相关的商品收入确认相同的基础（即在履约义务履行的时点或按照履约义务的履约进度）进行摊销，计入当期损益。

在确定与合同履约成本和合同取得成本有关的资产的摊销期限和方式时，如果该资产与一份预期将要取得的合同（如续约后的合同）相关，则在确定相关摊销期限和方式时，应当考虑该预期将要取得的合同的影响。但是，对于合同取得成本而言，如果合同续约时，企业仍需要支付与取得原合同相当的佣金，这表明取得原合同时支付的佣金与预期将要取得的合同无关，该佣金只能在原合同的期限内进行摊销。企业为合同续约仍需支付的佣金是否与原合同相当，需要根据具体情况进行判断。例如，如果两份合同的佣金按照各自合同金额的相同比例计算，通常表明这两份合同的佣金水平是相当的。企业应当根据预期向客户转让与上述资产相关的商品的时间，对资产的摊销情况进行复核并更新，以反映该预期时间的重大变化。此类变化应当作为会计估计变更进行会计处理。

**2. 减值**

合同履约成本和合同取得成本的账面价值高于下列两项的差额的，超出部分应当计提减值准备，并确认为资产减值损失：（1）企业因转让与该资产相关的商品预期能够取得的剩余对价。（2）为转让该相关商品估计将要发生的成本。估计将要发生的成本主要包括直接人工、直接材料、制造费用（或类似费用）、明确由客户承担的成本以及仅因该合同而发生的其他成本（如支付给分包商的成本）等。以前期间减值的因素之后发生变化，使得前款（1）减（2）的差额高于该资产账面价值的，应当转回原已计提的资产减值准备，并计入当期损益，但转回后的资产账面价值不应超过假定不计提减值准备情况下该资产在转回日的账面价值。

在确定合同履约成本和合同取得成本的减值损失时，企业应当首先确定其他资产减值损失；其次按照要求确定合同履约成本和合同取得成本的减值损失。企业按照金融资产减值测试相关资产组的减值情况时，应当将按照上述规定确定上述资产减值后的新账面价值计入相关资产组的账面价值。

## 四、在某一时点确认收入的账务处理

对于在某一时点履行的履约义务，企业应当在客户取得相关商品控制权时点确认收入。在判断客户是否已取得商品控制权时，企业应当考虑下列迹象：

（1）企业就该商品享有现时收款权利，即客户就该商品负有现时付款义务。如果企业就该商品享有现时的收款权利，则可能表明客户已经有能力主导该商品的使用并从中获得几乎全部的经济利益。

（2）企业已将该商品的法定所有权转移给客户，即客户已拥有该商品的法定所有权。

（3）企业已将该商品实物转移给客户，即客户已实物占有该商品。客户如果已经实物占有商品，则可能表明其有能力主导该商品的使用并从中获得其几乎全部的经济利益，或者使其他企业无法获得这些利益。

（4）企业已将该商品所有权上的主要风险和报酬转移给客户，即客户已取得该商品所有权上的主要风险和报酬。企业在判断时，不应当考虑保留了除转让商品之外产生其他履约义务的风险的情形。

（5）客户已接受该商品或服务等。

（6）其他表明客户已取得商品控制权的迹象。

需要强调的是，在上述迹象中，并没有哪一个或哪几个迹象是决定性的，企业应当根据合同条款和交易实质进行分析，综合判断其是否以及何时将商品的控制权转移给客户，从而确定收入确认的时点。此外，企业应当从客户的角度进行评估，而不应当仅考虑企业自身的看法。

### （一）一般商品销售业务的账务处理

企业销售商品，应在符合销售商品收入的确认条件时确认销售收入，并结转相关的销售成本，企业根据具体情况，借记"应收账款""应收票据""银行存款"等科目，按确定的销售收入金额，贷记"主营业务收入"等科目，按增值税专用发票上注明的增值税税额，贷记"应交税费——应交增值税（销项税额）"科目；同时，按销售商品的实际成本，借记"主营业务成本"等科目，贷记"库存商品"等科目。

【例12-11】2020年5月19日，大河公司向大地公司销售甲产品一批，按照合同约定，产品的销售价格为600 000元，增值税率13%，产品品种和质量按照合同约定的标准提供，产品已经发出，并收到了大地公司开出并承兑的 2 个月到期的商业承兑汇票。该批产品的实际成本为 400 000 元。

分析：大河公司与大地公司签订了销售合同，该项交易内容单一，价格固定，最终交易价格即为合同约定的价款，且不需要进行分摊。因此，大河公司在收到大地公司签发的商业承兑汇票，大地公司收到该商品并取得了该商品的控制权时，直接确认收入。

大河公司的账务处理如下：

借：应收票据　　　　　　　　　　　　　　　　　　　678 000
　　贷：主营业务收入　　　　　　　　　　　　　　　600 000
　　　　应交税费——应交增值税（销项税额）　　　　 78 000
借：主营业务成本　　　　　　　　　　　　　　　　　400 000
　　贷：库存商品　　　　　　　　　　　　　　　　　400 000

【例 12 - 12】2020 年 6 月 5 日，大河公司采用托收承付结算方式销售一批商品给黄河公司，开出的增值税专用发票上注明售价为 300 000 元，增值税税额为 39 000 元；商品已经发出，并已向银行办妥托收手续；该批商品的成本为 200 000 元。

分析：大河公司办妥托收手续，表明履行了规定的履约义务，按照惯例，视为黄河公司收到该商品并取得控制权，确认销售收入。

大河公司的账务处理如下：

借：应收账款　　　　　　　　　　　　　　　　　　　339 000
　　贷：主营业务收入　　　　　　　　　　　　　　　300 000
　　　　应交税费——应交增值税（销项税额）　　　　 39 000
借：主营业务成本　　　　　　　　　　　　　　　　　200 000
　　贷：库存商品　　　　　　　　　　　　　　　　　200 000

企业在商品销售后，如果能够客观的确定已经按照合同约定的标准和条件将商品的控制权转移给客户，但由于客户其他客观条件的影响，企业无法获得与之相关的经济利益，则企业不能确认收入。企业应将已经销售商品的成本转出，借记"发出商品"科目（也可以单独设置"应收退货成本"科目），贷记"库存商品"科目。

【例 12 - 13】大河公司 2020 年 4 月 1 日，采用托收承付结算方式销售一批商品给黄河公司，开出的增值税专用发票上注明售价为 100 000 元，增值税税额为 13 000 元；该批商品的成本为 70 000 元。大河公司在销售时已知黄河公司资金周转发生暂时困难，但大河公司为了减少存货积压，仍将商品销售给了黄河公司。该批商品已经发出，并已向银行办理了托收手续。

分析：大河公司在履行相关履约义务后，由于黄河公司资金周转困难，无法获得与之相关的经济利益。因此，在销售该商品时不能确认收入。大河公司在销售该批商品已经开具增值税专用发票，纳税义务已经发生。则大河公司的账务处理如下：

2020 年 4 月 1 日

发出商品时：

借：发出商品                                                70 000

    贷：库存商品                                        70 000

同时，将增值税专用发票上注明的增值税额转入应收账款：

借：应收账款——黄河公司（应收销项税额）            13 000

    贷：应交税费——应交增值税（销项税额）          13 000

注：如果销售该商品的纳税义务尚未发生，则不作该笔分录，待纳税义务发生时再作应交增值税的分录。

假如大河公司 2020 年 7 月 5 日得知黄河公司经营情况逐渐好转，黄河公司承诺近期付款，大河公司可以确认收入，相关账务处理如下：

借：应收账款——黄河公司                        100 000

    贷：主营业务收入                                  100 000

借：主营业务成本                                  70 000

    贷：发出商品                                        70 000

8 月 25 日收到款项时：

借：银行存款                                            113 000

    贷：应收账款——黄河公司                     100 000

         ——黄河公司（应收销项税额）          13 000

### （二）存在销售折扣、销售折让和销售退回的处理

**1. 销售折扣**

企业销售商品时会发生销售折扣，销售折扣一般包括现金折扣和商业折扣。

（1）现金折扣。现金折扣是指债权人为鼓励债务人在规定的期限内付款，而向债务人提供的债务扣除。现金折扣一般用符号"折扣率/付款期限，N/信用期限"表示，例如，"2/10，1/20，N/30"表示：销货方给客户的信用期为 30 天，如果客户在 10 天内付款，销货方可按商品售价给予客户 2% 的折扣；如果客户在 20 天内付款，销货方可按商品售价给予客户 1% 的折扣；如果客户在 21 天至 30 天内付款，将不能享受现金折扣。

企业赊销商品如果附有现金折扣条件，则其对价为可变对价，企业应当根据最有可能收取的对价确认收入。资产负债表日，应重新估计可能收到的对价，按其差额调整营业收入。

【例12-14】大河公司2020年4月18日与长江公司签订销售合同，合同约定大河公司在合同签订日采用赊销方式销售A产品50件，价款为100 000元，增值税税率13%，规定对货款部分的付款条件为2/30，1/60，N/90，大河公司预计长江公司能够在2020年5月18日之前付款，当日，大河公司开具了增值税专用发票，并发出商品。该批商品成本为70 000元。

大河公司应作账务处理如下：

借：应收账款——长江公司　　　　　　　　　　　　　　111 000
　　贷：主营业务收入　　　　　　　　　　　　　　　　　　98 000
　　　　应交税费——应交增值税（销项税额）　　　　　　13 000
借：主营业务成本　　　　　　　　　　　　　　　　　　　70 000
　　贷：库存商品　　　　　　　　　　　　　　　　　　　70 000

如果大河公司于2020年5月31日仍未收到长江公司支付的款项，大河公司在与长江公司沟通后，预计长江公司能够在2020年6月18日前支付款项，则大河公司需调整其营业收入1 000元。

大河公司应作账务处理如下：

借：应收账款——长江公司　　　　　　　　　　　　　　1 000
　　贷：主营业务收入　　　　　　　　　　　　　　　　　1 000

如果大河公司于2020年6月18日收到长江公司支付的款项，则大河公司应作账务处理如下：

借：银行存款　　　　　　　　　　　　　　　　　　　　112 000
　　贷：应收账款——长江公司　　　　　　　　　　　　112 000

（2）商业折扣。商业折扣是指企业为促进商品销售而给予的价格扣除，如对于购买20件以上商品的客户给予10%的折扣。企业销售商品涉及商业折扣的，应当按照扣除商业折扣后的金额确定销售商品收入金额。

思考：现金折扣和商业折扣的区别。

**2. 销售折让**

销售折让，是指企业因售出商品的质量不合格等原因而在售价给予购货方的价格减让。企业应分别不同情况进行处理：(1) 销售折让发生在销货方确认收入之前，销货方直接从原定的销售价格中扣除给予购货方的销售折让作为实际销售价格，并据以确认收入；(2) 已确认收入的售出商品发生销售折让的，通常应当在发生时冲减当期销售收入；(3) 已确认收入的销售折让属于资产负债表日后事项的，应当按照有关资产负债表日后事项的相关规定进行处理。

【例 12–15】大河公司销售给黄河公司甲产品一批，每件售价 3 000 元，增值税税率 13%。2020 年 7 月 18 日，黄河公司在验收时发现有 5 件产品存在质量问题，经双方协商，大河公司同意给予黄河公司 10% 的销售折让，并办妥相关手续，相关款项已转账退回。

大河公司账务处理如下：

借：主营业务收入　　　　　　　　　　　　　　　　　　 1 500
　　应交税费——应交增值税（销项税额）　　　　　　　　 195
　　贷：银行存款　　　　　　　　　　　　　　　　　　　　　 1 695

**3. 销售退回**

销售退回，是指企业售出的商品由于质量、品种、规格等不符合要求等原因发生的退货。企业应分别以下情况处理：(1) 如果销售退回发生在企业确认收入之前，将已记入"发出商品"等科目的商品成本转回"库存商品"科目；(2) 企业确认收入后，又发生销售退回，应冲减当期销售收入，同时冲减当期的销售成本；(3) 如企业发生的销售退回属于资产负债表日后事项的，应当按照有关资产负债表日后事项的相关规定进行会计处理。

【例 12–16】大河公司 2020 年 5 月 20 日销售 A 商品一批，增值税专用发票上注明售价为 300 000 元，增值税税额为 39 000 元；该批商品成本为 152 000 元。A 商品于 2020 年 5 月 20 日发出，购货方于 5 月 27 日付款。大河公司对该项销售确认了销售收入。2020 年 7 月 20 日，该商品出现严重质量问题，购货方将该批商品全部退回给大河公司，大河公司于退货当日支付了退货款，并按规定向购货方开具了增值税专用发票（红字）。

大河公司的账务处理如下：

① 2020 年 5 月 20 日，销售实现时：

借：应收账款　　　　　　　　　　　　　　　　　　　　 339 000
　　贷：主营业务收入　　　　　　　　　　　　　　　　　　 300 000
　　　　应交税费——应交增值税（销项税额）　　　　　　　 39 000

借：主营业务成本 152 000
　　贷：库存商品 152 000

② 2020 年 5 月 27 日，收到货款时：

借：银行存款 339 000
　　贷：应收账款 339 000

③ 2020 年 7 月 20 日，销售退回时：

借：主营业务收入 300 000
　　应交税费——应交增值税（销项税额） 39 000
　　贷：银行存款 339 000
借：库存商品 152 000
　　贷：主营业务成本 152 000

 **思考：** 销售折让和销售退回的区别。

### （三）提供服务

企业提供的服务如果属于在某一时点履约的义务，应采用与商品销售相关的方法确定收入。

## 五、在某一时段确认收入的会计处理

企业在某一时段内履行的履约义务，应当在该段时间内按照履约进度确认收入，履约进度不能合理确定的除外。企业应当采用适当的方法确定履约进度，以使其如实反映企业向客户转让商品的履约情况。企业应当考虑商品的性质，采用产出法或投入法确定恰当的履约进度，并且在确定履约进度时，应当扣除那些控制权尚未转移给客户的商品和服务。

企业确认收入及结转营业成本的计算方法如下：

各期确认的营业收入 = 预计总收入 × 履约进度 − 前期累计确认的营业收入

各期结转的营业成本 = 预计总成本 × 履约进度 − 前期累计结转的营业成本

**1. 产出法**

产出法是根据已转移给客户的商品对于客户的价值确定履约进度，主要包括按照实际测量的完工进度、评估已实现的结果、已达到的里程碑、时间进度、已完工或交付的产品等确定履约进度的方法。企业在评估是否采用产出法确定履约进度时，应当考虑所选择的产出指标是否能够如实地反映向客户转移商品的进度。

【例 12-17】2020 年 11 月 10 日,大河公司与长江公司签订一项产品安装的服务合同,不含增值税的合同收入为 200 000 元,适用增值税税率 6%。预计合同总成本为 120 000 元,安装期 4 个月,采用产出法确认收入。2020 年 11 月 10 日,大河公司预收款项 120 000 元;11 月,大河公司实际发生安装成本 50 000 元(包括材料与人工费用),月末专业测量师测算的履约进度为 30%;2020 年 12 月,大河公司实际发生安装成本 30 000 元(全部为职工薪酬),月末专业测量师测算的履约进度为 70%。

大河公司应作如下账务处理:

① 2020 年 11 月 10 日,预收款项:

| | |
|---|---|
| 借:银行存款 | 120 000 |
| 贷:预收账款 | 120 000 |

② 2020 年 11 月,实际发生服务成本:

| | |
|---|---|
| 借:合同履约成本——服务成本 | 50 000 |
| 贷:原材料、应付职工薪酬等 | 50 000 |

③ 2020 年 11 月 30 日,确认收入,并结转成本:

2020 年 11 月确认的收入 = 200 000 × 30% = 60 000(元)

2020 年 11 月应结转成本 = 120 000 × 30% = 36 000(元)

| | |
|---|---|
| 借:预收账款 | 63 600 |
| 贷:主营业务收入 | 60 000 |
| 应交税费——应交增值税(销项税额) | 3 600 |
| 借:主营业务成本 | 36 000 |
| 贷:合同履约成本——服务成本 | 36 000 |

④ 2020 年 12 月,发生服务成本:

| | |
|---|---|
| 借:合同履约成本——服务成本 | 30 000 |
| 贷:应付职工薪酬 | 30 000 |

⑤ 2020 年 12 月 31 日,确认收入,并结转成本:

2020 年 12 月确认的收入 = 200 000 × 70% - 60 000 = 80 000(元)

2020 年 12 月应结转成本 = 120 000 × 70% - 36 000 = 48 000(元)

| | |
|---|---|
| 借:预收账款 | 84 800 |
| 贷:主营业务收入 | 80 000 |
| 应交税费——应交增值税(销项税额) | 4 800 |

借:主营业务成本 48 000
　　贷:合同履约成本——服务成本 48 000

产出法是直接计量已完成的产出,一般能够客观地反映出履约进度。当产出法所需要的信息可能无法直接通过观察获得,或者为获得这些信息需要花费很高的成本时,可采用投入法。

**2. 投入法**

投入法主要是根据企业履行履约义务的投入确定履约进度,主要包括以投入的材料数量、花费的人工工时或机器工时、发生的成本和时间进度等投入指标确定履约进度。当企业从事的工作或发生的投入是在整个履约期间内平均发生时,按照直线法确认收入是合适的。

【例 12-18】2020 年 1 月 1 日,大河公司与乙公司签订一项大型设备建造工程合同,根据双方合同,该工程的造价为 6 300 万元,工程期限为 1 年半,大河公司负责工程的施工及全面管理,乙公司按照第三方工程监理公司确认的工程完工量,每半年与大河公司结算一次;预计 2021 年 6 月 30 日竣工;预计可能发生的总成本为 4 000 万元。假定该建造工程整体构成单项履约义务,并属于在某一时段履行的履约义务,大河公司采用投入法确定履约进度,增值税税率为 9%,不考虑其他相关因素。

2020 年 6 月 30 日,工程累计实际发生成本 1 500 万元,大河公司与乙公司结算合同价款 2 500 万元,大河公司实际收到价款 2 180 万元;2020 年 12 月 31 日,工程累计实际发生成本 3 000 万元,大河公司与乙公司结算合同价款 1 090 万元,大河公司实际收到价款 1 000 万元;2021 年 6 月 30 日,工程累计实际发生成本 4 100 万元,乙公司与大河公司结算了合同竣工价款 2 700 万元,并支付剩余工程款 3 300 万元。上述价款均不含增值税额。假定大河公司与乙公司结算时即发生增值税纳税义务,乙公司在实际支付工程价款的同时支付其对应的增值税款。

大河公司的账务处理为:

① 2020 年 1 月 1 日至 6 月 30 日实际发生工程成本时:

借:合同履约成本——工程施工 15 000 000
　　贷:原材料、应付职工薪酬等 15 000 000

② 2020 年 6 月 30 日,确认收入并结转成本时:

履约进度 = 15 000 000 ÷ 40 000 000 = 37.5%

合同收入 = 63 000 000 × 37.5% = 23 625 000(元)

借:合同结算——收入结转 23 625 000
　　贷:主营业务收入 23 625 000
借:主营业务成本 15 000 000
　　贷:合同履约成本——工程施工 15 000 000
借:应收账款 27 250 000
　　贷:合同结算——价款结算 25 000 000
　　　　应交税费——应交增值税（销项税额） 2 250 000
借:银行存款 21 800 000
　　贷:应收账款 21 800 000

当日,"合同结算"科目的余额为贷方137.5万元（2 500 – 2 362.5）,表明大河公司已经与客户结算但尚未履行履约义务的金额为137.5万元,由于大河公司预计该部分履约义务将在2020年内完成,因此应在资产负债表中作为合同负债列示。

③ 2020年7月1日至12月31日实际发生工程成本时:

借:合同履约成本——工程施工 15 000 000
　　贷:原材料、应付职工薪酬等 15 000 000

④ 2020年12月31日,确认收入并结转成本时:

履约进度 = 30 000 000 ÷ 40 000 000 = 75%

合同收入 = 63 000 000 × 75% – 23 625 000 = 23 625 000（元）

借:合同结算——收入结转 23 625 000
　　贷:主营业务收入 23 625 000
借:主营业务成本 15 000 000
　　贷:合同履约成本 15 000 000
借:应收账款 11 990 000
　　贷:合同结算——价款结算 11 000 000
　　　　应交税费——应交增值税（销项税额） 990 000
借:银行存款 10 900 000
　　贷:应收账款 10 900 000

当日,"合同结算"科目的余额为借方1 125万元（2 362.5 – 1 100 – 137.5）,表明大河公司已经履行履约义务但尚未与客户结算的金额为1 125万元,由于该部分金额将在2021年内结算,因此应在资产负债表中作为合同资产列示。

⑤ 2021年1月1日至6月30日实际发生工程成本时:

借：合同履约成本——工程施工 11 000 000
　　贷：原材料、应付职工薪酬等 11 000 000

⑥ 2021 年 6 月 30 日，确认收入并结转成本时：

由于当日该工程已竣工决算，其履约进度为 100%。

合同收入 = 63 000 000 - 23 625 000 - 23 625 000 = 15 750 000（元）

借：合同结算——收入结转 15 750 000
　　贷：主营业务收入 15 750 000
借：主营业务成本 11 000 000
　　贷：合同履约成本 11 000 000
借：应收账款 29 430 000
　　贷：合同结算——价款结算 27 000 000
　　　　应交税费——应交增值税（销项税额） 2 430 000
借：银行存款 35 970 000
　　贷：应收账款 35 970 000

当日，"合同结算"科目的余额为 0 元（1 125 + 1 575 - 2 700）。

对于每一项履约义务，企业只能采用一种方法来确定其履约进度，并加以运用。对于类似情况下的类似履约义务，企业应当采用相同的方法确定履约进度。

资产负债表日，企业应当在按照合同的交易价格总额乘以履约进度扣除以前会计期间累计已确认的收入后的金额，确认为当期收入。当履约进度不能合理确定时，企业已经发生的成本预计能够得到补偿的，应当按照已经发生的成本金额确认收入，直到履约进度能够合理确定为止。每一资产负债表日，企业应当对履约进度进行重新估计。当客观环境发生变化时，企业也需要重新评估履约进度是否发生变化，以确保履约进度能够反映履约情况的变化，该变化应当作为会计估计变更进行会计处理。

## 六、特定交易的会计处理

按照企业会计准则的规定，企业应当根据本企业履行履约义务与客户付款之间的关系，确认合同资产或合同负债。

（1）合同资产。合同资产是指企业已向客户转让商品而有权收取对价的权利，且该权利取决于时间流逝之外的其他因素。例如，企业向客户销售两项可明确区分的商品，企业因交付其中一项商品而有权收取一定款项，但收取该款项还取决于企业交付另一项商品的情况，企业应将该收款权确认为合同资产。其与应收款项有一定区别，应收款项是企业无条件收取合同对价的权利,该权利应当作为应收款项单独列示。二者的区别在于,应收款项代表的是无条件收取合同对价的权利,即企业仅仅随着时间的流逝即可收款,而合同资产并不是一项无条件收款权,该权利除了时间流逝之外,还取决于其他条件(如履行合同中的其他履约义务)才能收取相应的合同对价。因此,与合同资产和应收款项相关的风险是不同的,应收款项仅承担信用风险,而合同资产除信用风险之外,还可能承担其他风险,如履约风险等。

(2)合同负债。合同负债是指企业已收取客户对价而应向客户转让商品的义务。如企业在转让承诺的商品之前已收取的款项,企业可以设置"合同负债"科目核算。

### (一)主要责任人与代理人

企业应当根据其在向客户转让商品前是否拥有对该商品的控制权,来判断其从事交易时的身份是主要责任人还是代理人。

**1. 主要责任人与代理人的判断原则**

企业应当根据其承诺的性质,也就是履约义务的性质,确定其在某项交易中的身份是主要责任人还是代理人。企业承诺自行向客户提供特定商品的,其身份是主要责任人;企业承诺安排他人提供特定商品的,即为他人提供协助的,其身份是代理人。自行向客户提供特定商品可能也包含委托另一方(包括分包商)代为提供特定商品。

在确定企业承诺的性质时,企业应当首先识别向客户提供的特定商品。这里的特定商品,是指向客户提供的可明确区分的商品或可明确区分的一揽子商品,根据前述可明确区分的商品的内容,该特定的商品也包括享有由其他方提供的商品的权利。例如,旅行社销售的机票向客户提供了乘坐航班的权利,团购网站销售的餐券向客户提供了在指定餐厅用餐的权利等。

**2. 企业作为主要责任人的情况**

当存在第三方参与企业向客户提供商品时,企业向客户转让特定商品之前能够控制该商品,从而应当作为主要责任人的情形包括以下几点。

(1)企业自该第三方取得商品或其他资产控制权后,再转让给客户。

【例12-19】大河公司向客户销售某餐厅的代金券,购买了该代金券的客户可以使用该代金券在指定的餐厅用餐。该代金券一旦售出,不可退还。客户无须提前购买该代金券,只需在消费时购买即可。根据大河公司和该餐厅的协议约定,代金券在销售给客户之前,大河公司没有承诺预先自行购买该代金券。代金券的销售价格由大河公司和该餐厅共同制订,大河公司在代金券出售时有权收取代金券价格的10%作为佣金。大河公司会协助购买该代金券在餐厅用餐的客户解决与用餐有关的投诉，并对客户进行满意度调查；餐厅负责履行与该代金券有关的义务，包括对不满餐厅服务的客户进行补充等。

分析：大河公司向客户提供的特定商品为代金券，该代金券代表了客户可以在指定餐厅用餐（即享受该餐厅提供的餐饮服务）的权利。大河公司不必要也没有承诺预先自行购买该代金券，只有当客户向其购买代金券时，其才会同时向指定餐厅购买该代金券，对于大河公司而言，该权利仅在转让给客户时才产生，而在转让给客户之前并不存在，大河公司并不能随时主导该权利的使用并从中获益。因此，大河公司在将代金券销售给客户之前，并未控制该代金券，大河公司在该交易中的身份是代理人。

（2）企业能够主导该第三方代表本企业向客户提供服务。

【例12-20】大河公司与黄河公司签订合同，为其写字楼提供保洁服务，并商定了服务范围及其价格。大河公司每月按照约定的价格向黄河公司开具发票，黄河公司按照约定的日期向大河公司付款。双方签订合同后，大河公司委托服务提供商丙公司代表其向黄河公司提供该保洁服务，与其签订了合同。大河公司和丙公司商定了服务价格，双方签订的合同付款条款大致上与大河公司和黄河公司约定的付款条款一致。当丙公司按照与大河公司的合同约定提供了服务时，无论黄河公司是否向大河公司付款，大河公司都必须向丙公司付款。黄河公司无权主导丙公司提供未经大河公司同意的服务。

分析：大河公司向黄河公司提供的特定服务是写字楼的保洁服务，除此之外，大河公司并没有向黄河公司承诺任何其他的商品。根据大河公司与丙公司签订的合同，大河公司能够主导丙公司所提供的服务，包括要求丙公司代表大河公司向黄河公司提供保洁服务，相当于大河公司利用其自身资源履行了该合同。黄河公司无权主导丙公司提供未经大河公司同意的服务。因此，大河公司在丙公司向黄河公司提供保洁服务之前控制了该服务，大河公司在该交易中的身份为主要责任人。

（3）企业自该第三方取得商品控制权后，通过提供重大的服务将该商品与其他商品整合成合同约定的某组合产出转让给客户。

企业无论是主要责任人还是代理人，均应当在履约义务履行时确认收入。企业为主要责任人的，应当按照其自行向客户提供商品而有权收取的对价总额确认收入；企业为代理人的，应当按照其因安排他人向客户提供特定商品而有权收取的佣金或手续费的金额确认收入，该金额可能是按照既定的佣金金额或比例确定，也可能是按照已收或应收对价总额扣除应支付给提供该特定商品的其他方的价款后的净额确定。

**3. 需要考虑的相关事实和情况**

实务中，企业在判断其向客户转让特定商品之前是否已经拥有对该商品的控制权时，不应仅局限于合同的法律形式，而应当综合考虑所有相关事实和情况进行判断，这些事实和情况包括：

（1）企业承担向客户转让商品的主要责任。

（2）企业在转让商品之前或之后承担了该商品的存货风险。其中，存货风险主要是指存货可能发生减值、毁损或灭失等形成的损失。

（3）企业有权自主决定所交易商品的价格。

（4）其他相关事实和情况。

需要强调的是，企业在判断其是主要责任人还是代理人时，应当以该企业在特定商品转让给客户之前是否能够控制这些商品为原则。上述相关事实和情况不构成一项单独或额外的评估，只是在企业难以评估特定商品转让给客户之前是否能够控制这些商品的情况下进行相关判断。企业应当根据相关商品的性质、合同条款的约定以及其他具体情况综合进行判断。

### （二）附有销售退回条款的销售

对于附有销售退回条款的商品销售，企业应当在客户取得相关商品控制权时，按照因向客户销售商品而预期有权收取的对价金额确认收入，按照预期因销售退回将退回的金额确认负债；同时，按照预期将退回商品转让时的账面价值，扣除收回该商品预计发生的成本后的余额，确认为一项资产，按照所转让商品转让时的账面价值，扣除上述资产成本的净额结转成本。每个资产负债表日，企业应当重新预计未来销售退回的情况，如有变化，应当作为会计估计变更进行会计处理。

按照企业会计准则的规定，附有退货条件的商品销售，对估计有可能退回而未确认收入的发出商品成本，可以单独设置"应收退货成本"科目进行核算。该科目核算内容与"发出商品"科目基本相同。

（1）企业应将不会退货的已销商品确认为主营业务收入，借记"银行存款""应收账款"等科目，贷记"主营业务收入"，如果企业已经开具增值税专用发票的，同时贷记"应交税费——应交增值税（销项税额）"科目；同时结转该批商品的成本，借记"主营业务成本款"科目，贷记"库存商品"科目。

（2）将可能退货的已销商品确认为应收退货成本，借记"应收退货成本"科目，贷记"库存商品"科目。

(3) 如果企业已经收取可能退货商品的价款，应确定为预计负债，借记"银行存款"科目，贷记"预计负债"科目。

(4) 企业如果无法合理确定退货的可能性，则应当全部确认为发出商品，与退货期满时确认营业收入。

【例12-21】大河公司为增值税一般纳税企业。2020年5月20日，销售甲产品500件给长江公司，该产品单位售价600元/件，单位成本为400元/件，增值税税率13%，双方规定在30天以内可以无条件退货。大河公司已开具增值税专用发票，并收取全部价款。大河公司根据以往的经验，估计退货率为5%。2020年6月15日，长江公司退回甲产品20件，大河公司开出红字增值税专用发票，并退回相应款项。除此以外在退货期内再未发生退货。

大河公司应作如下账务处理：

① 2020年5月20日：

估计发生退货的部分不满足收入确认条件，不应确认收入。

大河公司应确认的收入 = 500 × 600 × (1 - 5%) = 285 000（元）

大河公司应确认预计负债 = 300 000 - 285 000 = 15 000（元）

大河公司确认的营业成本 = 400 × 500 × (1 - 5%) = 190 000（元）

| | |
|---|---|
| 借：银行存款 | 339 000 |
|   贷：主营业务收入 | 285 000 |
|     预计负债 | 15 000 |
|     应交税费——应交增值税（销项税额） | 39 000 |
| 借：主营业务成本 | 190 000 |
|   应收退货成本 | 10 000 |
|   贷：库存商品 | 200 000 |

② 2020年6月15日，未退货部分确认收入：

| | |
|---|---|
| 借：预计负债 | 15 000 |
|   应交税费——应交增值税（销项税额） | 1 560 |
|   贷：主营业务收入 | 3 000 |
|     银行存款 | 13 560 |
| 借：主营业务成本 | 2 000 |
|   库存商品 | 10 000 |
|   贷：应收退货成本 | 12 000 |

### (三) 具有重大融资成分的商品销售

当企业采用分期收款方式销售商品,如果收款期较长(一般 1 年以上),则说明该项销售业务具有融资性质,在满足收入确认条件的情况下应按照商品的现销价格确认收入(如果该商品不存在现销价格,则按照不含增值税的分期收款总额的现值确认收入),不含增值税的分期收款总额与确认收入的差额确认为未实现融资收益。

企业发出商品时,应根据含增值税的分期收款总额,借记"长期应收款"科目,根据该商品的现销价格或不含增值税的分期收款总额的现值,贷记"主营业务收入",根据未来应收增值税销项税额总额,贷记"应交税费——待转销项税额",按照其差额,贷记"未实现融资收益"科目。在合同约定的收款期内,应根据实际收到的款项,借记"银行存款"科目,贷记"长期应收款"科目,同时将待转销项税额确认为销项税额,借记"应交税费——待转销项税额"科目,贷记"应交税费——应交增值税(销项税额)"科目;此外,要按照实际利率法计算未实现融资收益的摊销额,确认为利息收入,借记"未实现融资收益"科目,贷记"财务费用"科目。

【例 12-22】2018 年 1 月 1 日,大河公司采用分期收款方式销售乙产品 6 件,单位售价为 1 000 000 元/件,单位成本为 700 000 元。增值税税额为 1 020 000 元。该批商品的现销价格为 5 346 000 元,实际利率为 6%,合同约定款项分 3 次于每年末收取。大河公司在各收款日收取款项,并开具增值税专用发票。

大河公司应作如下账务处理:

① 2018 年 1 月 1 日,销售商品时:

借:长期应收款　　　　　　　　　　　　　　　　7 020 000
　　贷:主营业务收入　　　　　　　　　　　　　　5 346 000
　　　　应交税费——待转销项税额　　　　　　　　1 020 000
　　　　未实现融资收益　　　　　　　　　　　　　　654 000
借:主营业务成本　　　　　　　　　　　　　　　　4 200 000
　　贷:库存商品　　　　　　　　　　　　　　　　4 200 000

不含增值税的长期应收款的账面价值 = 6 000 000 - 654 000 = 5 346 000(元)

② 2018 年 12 月 31 日收取款项时:

借:银行存款　　　　　　　　　　　　　　　　　　2 340 000
　　贷:长期应收款　　　　　　　　　　　　　　　2 340 000

| | |
|---|---|
| 借：应交税费——待转销项税额 | 340 000 |
|   贷：应交税费——应交增值税（销项税额） | 340 000 |

未实现融资收益摊销额 = 5 346 000 × 6% = 320 760（元）

| | |
|---|---|
| 借：未实现融资收益 | 320 760 |
|   贷：财务费用 | 320 760 |

不含增值税的长期应收款的账面价值 = 5 346 000 − 2 000 000 + 320 760 = 3 666 760（元）

③ 2019 年 12 月 31 日收取款项时：

| | |
|---|---|
| 借：银行存款 | 2 340 000 |
|   贷：长期应收款 | 2 340 000 |
| 借：应交税费——待转销项税额 | 340 000 |
|   贷：应交税费——应交增值税（销项税额） | 340 000 |

未实现融资收益摊销额 = 3 666 760 × 6% = 220 006（元）

| | |
|---|---|
| 借：未实现融资收益 | 220 006 |
|   贷：财务费用 | 220 006 |

不含增值税的长期应收款的账面价值 = 3 666 760 − 2 000 000 + 220 006 = 1 886 766（元）

④ 2020 年 12 月 31 日收取款项时：

| | |
|---|---|
| 借：银行存款 | 2 340 000 |
|   贷：长期应收款 | 2 340 000 |
| 借：应交税费——待转销项税额 | 340 000 |
|   贷：应交税费——应交增值税（销项税额） | 340 000 |

未实现融资收益摊销额 = 654 000 − 320 760 − 220 006 = 113 234（元）

| | |
|---|---|
| 借：未实现融资收益 | 113 234 |
|   贷：财务费用 | 113 234 |

### （四）委托代销

委托代销是指委托方和受托方签订代销合同，委托受托方向客户销售商品的一种销售方式。

在委托代销方式下，委托方企业应当评估其向受托方转让商品时受托方是否已获得对该商品的控制权，如果没有，委托方不应在此时确认收入，通常应当在受托方售出商品时确认销售商品收入。受托方企业应当根据其在向客户转让商品前是否拥有对该商品的控制权，来判断其从事交易时的身份是主要责任人还是代理人，向客户转让商品前不能够控制该商品的，受托方为代理人，应当在商品销售后，按合同约定方法计算确定的手续费确认收入。

委托方可以通过下列迹象判断一项合同安排是否实质上属于委托代销安排：

（1）受托方向最终客户出售商品之前，委托方拥有对商品的控制。

（2）委托方能够要求受托方将委托代销的商品退回或者将其销售给其他经销商。

（3）尽管受托方可能被要求向委托方支付一定金额的押金，但是其并没有承担对这些商品无条件付款的义务。

委托代销具体又可以分为视同买断方式与支付手续费方式两种。

**1. 视同买断方式**

视同买断方式是指委托方与受托方签订合同，委托方按合同价格收取代销商品的货款，商品的实际售价由受托方自行决定，实际售价与合同价格之间的差额归受托方所有的一种销售方式。

在视同买断方式下，一般可以认为委托方在向受托方交付代销商品时，商品的控制权已经转移给受托方。就受托方而言，由于已经取得了受托代销商品的控制权，因而向客户转让商品时，其身份为主要责任人，应当按照已收或应收客户对价金额确认商品销售收入。就委托方而言，应当根据受托方是否承担了对受托代销商品无条件付款的义务等迹象，判断该项合同安排是否实质上属于委托代销安排，并进行相应账务处理。

如果委托方与受托方之间的合同明确表明，受托方在取得代销商品后，无论商品是否售出、是否获利，均与委托方无关，则可以认为受托方实际上已经承担了对受托代销商品无条件付款的义务。委托方与受托方之间的代销商品交易与委托方直接向受托方销售商品没有实质区别，委托方应当于受托方取得代销商品控制权时确认销售收入。受托方取得代销商品作为商品购进处理。

**【例 12－23】** 2020 年 6 月大河公司采用视同买断方式委托长江公司销售 A 商品 100 件，合同价为 100 元/件，该商品成本为 60 元/件，增值税税率 13%。长江公司在取得代销商品后，无论是否售出、是否获利，均与大河公司无关。A 商品的实际售价由长江公司自行决定，长江公司以每件 120 元的价格将商品售出，并向大河公司开具代销清单，结清合同价款。

（1）大河公司的账务处理如下：

① 大河公司将 A 商品交付长江公司时：

借：应收账款——长江公司　　　　　　　　　　　　　　11 300
　　贷：主营业务收入　　　　　　　　　　　　　　　　　　10 000
　　　　应交税费——应交增值税（销项税额）　　　　　　　1 300
借：主营业务成本　　　　　　　　　　　　　　　　　　　6 000
　　贷：库存商品　　　　　　　　　　　　　　　　　　　　6 000

② 收到长江公司汇来的货款：

借：银行存款　　　　　　　　　　　　　　　　　　　　　11 300
　　贷：应收账款——长江公司　　　　　　　　　　　　　　11 300

（2）长江公司的账务处理如下：

① 收到代销的商品时：

借：库存商品　　　　　　　　　　　　　　　　　　　　　10 000
　　应交税费——应交增值税（进项税额）　　　　　　　　1 300
　　贷：应付账款　　　　　　　　　　　　　　　　　　　　11 300

② 实际销售商品时：

借：银行存款　　　　　　　　　　　　　　　　　　　　　13 560
　　贷：主营业务收入　　　　　　　　　　　　　　　　　　12 000
　　　　应交税费——应交增值税（销项税额）　　　　　　　1 560
借：主营业务成本　　　　　　　　　　　　　　　　　　　10 000
　　贷：库存商品　　　　　　　　　　　　　　　　　　　　10 000

③ 向大河公司支付款项时：

借：应付账款——大河公司　　　　　　　　　　　　　　11 300
　　贷：银行存款　　　　　　　　　　　　　　　　　　　　11 300

如果委托方和受托方之间的合同明确表明，在受托方将来没有将商品售出时可以将商品退回给委托方，在这种情况下，委托方在发出代销商品时，并没有转让商品的控制权，因此发出代销商品时不确认收入，在收到受托方代销清单时才确认收入。

**【例 12-24】** 2020 年 6 月大河公司采用视同买断方式委托长江公司销售 A 商品 100 件，合同价为 100 元/件，该商品成本 60 元/件，增值税税率 13%。长江公司在取得代销商品后，将来如果没有售出可以将商品退回给大河公司。A 商品的实际售价由长江公司自行决定，长江公司以每件 120 元的价格将商品全部售出，并向大河公司开具代销清单，结清合同价款。

（1）大河公司的账务处理如下：

① 大河公司将 A 商品交付长江公司时：

借：发出商品 6 000
　　贷：库存商品 6 000

② 收到长江公司代销清单时：

借：应收账款——长江公司 11 300
　　贷：主营业务收入 10 000
　　　　应交税费——应交增值税（销项税额） 1 300

借：主营业务成本 6 000
　　贷：发出商品 6 000

③ 收到长江公司汇来的货款时：

借：银行存款 11 300
　　贷：应收账款——长江公司 11 300

（2）长江公司的账务处理如下：

① 收到代销的商品时：

借：委托代销商品 10 000
　　贷：委托代销商品款 10 000

② 实际销售商品时：

借：银行存款 13 560
　　贷：主营业务收入 12 000
　　　　应交税费——应交增值税（销项税额） 1 560

借：主营业务成本 10 000
　　贷：委托代销商品 10 000

借：委托代销商品款 10 000
　　贷：应付账款——大河公司 10 000

③ 收到大河公司开来的增值税专用发票：

借：应交税费——应交增值税（进项税额） 1 300
　　贷：应付账款——大河公司 1300

④ 向大河公司支付款项时：

借：应付账款——大河公司 11 300
　　贷：银行存款 11 300

## 2. 支付手续费方式

支付手续费方式是指委托方与受托方签订合同，委托方根据代销商品的数量向受托方支付手续的一种销售方式。受托方在向客户售出商品之前，委托方拥有对商品的控制权，受托方一般应按照委托方规定的价格销售商品，不得自行改变售价，受托方在向客户售出商品之前不拥有该商品的控制权，其向客户转让商品时的身份是代理人。

委托方在向受托方交付代销商品时，没有转让该商品的控制权，不能确认收入。在发出商品时，借记"发出商品"科目或"委托代销商品"科目。贷记"库存商品"科目。当收到受托方开来的代销清单时，再根据代销清单所列的已销商品的金额确认收入，支付给受托方的手续费计入当期销售费用。

受托方在收到代销商品时，不作为商品购进处理，应设置"受托代销商品"科目核算，受托方将代销商品售出后，应根据代销商品的数量和约定的收费方式，计算应向委托方收取的手续费，确认提供代销服务收入。

【例12-25】2020年6月大河公司委托黄河公司销售A商品100件，协议价为100元/件，该商品成本为60元/件，增值税税率13%。黄河公司按每件100元的价格出售给顾客，大河公司按售价的10%向黄河公司支付手续费。黄河公司实际销售时，向客户开出一张增值税专用发票，发票上注明A商品售价10 000元，增值税税额1 300元。大河公司在收到黄河公司交来的代销清单时，向黄河公司开具一张相同金额的增值税发票。

（1）大河公司的账务处理如下：

① 大河公司将A商品交付黄河公司时：

借：发出商品　　　　　　　　　　　　　　　　　6 000
　　贷：库存商品　　　　　　　　　　　　　　　　　6 000

② 收到代销清单时：

借：应收账款——黄河公司　　　　　　　　　　　11 300
　　贷：主营业务收入　　　　　　　　　　　　　　10 000
　　　　应交税费——应交增值税（销项税额）　　　1 300
借：主营业务成本　　　　　　　　　　　　　　　6 000
　　贷：发出商品　　　　　　　　　　　　　　　　6 000
借：销售费用　　　　　　　　　　　　　　　　　1 000
　　贷：应收账款——黄河公司　　　　　　　　　　1 000

③ 收到黄河公司汇来的货款净额10 300元（11 300 - 1 000）：

| 借：银行存款 | 10 300 | |
|---|---|---|
| 贷：应收账款——黄河公司 | | 10 300 |

（2）黄河公司的账务处理如下：

① 收到代销的商品时：

| 借：受托代销商品 | 10 000 | |
|---|---|---|
| 贷：受托代销商品款 | | 10 000 |

② 实际销售商品时：

| 借：银行存款 | 11 300 | |
|---|---|---|
| 贷：应付账款 | | 10 000 |
| 应交税费——应交增值税（销项税额） | | 1 300 |
| 借：应交税费——应交增值税（进项税额） | 1 300 | |
| 贷：应付账款——大河公司 | | 1 300 |
| 借：受托代销商品款 | 10 000 | |
| 贷：受托代销商品 | | 10 000 |

③ 向大河公司支付款项并计算代销手续费时：

| 借：应付账款——大河公司 | 11 300 | |
|---|---|---|
| 贷：银行存款 | | 10 300 |
| 主营业务收入（或其他业务收入） | | 1 000 |

### （五）附有售后回购条件的商品销售

售后回购是指企业销售商品的同时承诺或有权选择日后再将该商品（包括相同或几乎相同的商品，或以该商品作为组成部分的商品）购回的销售方式。一般而言，售后回购通常有三种形式：一是企业和客户约定企业有义务回购该商品，即存在远期安排；二是企业有权回购该商品，即企业有回购选择权；三是当客户要求时，企业有义务回购该商品，即客户拥有回购选择权。不同类型的售后回购交易，会计处理也不同。

企业因存在与客户的远期安排而负有回购义务或企业享有回购权利的，表明客户在销售时点并未取得相关商品控制权，企业应当作为租赁交易或融资交易进行相应的会计处理。

（1）回购价格低于原售价时，应当视为租赁交易，按照《企业会计准则第 21 号——租赁》的相关规定进行会计处理。例如，A 公司向 B 公司销售一台设备，销售价格为 100 万元，同时双方约定 3 年之后，A 公司将以 60 万元的价格回购该设备。假定不考虑货币时间价值等其他因素影响。根据合同有关 A 公司在两年后回购该设备的确定,B 公司并未取得该设备的控制权。不考虑货币时间价值等影响,该交易的实质是 B 公司支付了 40 万元（100 - 60）的对价取得了该设备 3 年的使用权。因此,A 公司应当将该交易作为租赁交易进行会计处理。

(2) 回购价格不低于原售价的,应当视为融资交易,在收到客户款项时确认金融负债,并将该款项和回购价格的差额在回购期间内确认为利息费用等。企业到期未行使回购权利的,应当在该回购权利到期时终止确认金融负债,同时确认收入。

企业在销售商品时,应根据收取的全部价款借记"银行存款"等科目；根据收入的不含增值税的价款,贷记"其他应付款"科目；根据应交的增值税,贷记"应交税费——应交增值税（销项税额）"科目。同时,根据发出商品的成本,借记"发出商品"科目,贷记"库存商品"科目。

企业回购商品的价格大于销售商品的价格的差额,实质上属于商品回购期内支付的利息费用,应在回购期内分期平均确认为利息支出,每期确认利息支出时,借记"财务费用"科目,贷记"其他应付款"科目。

企业回购商品时,应根据回购商品不含增值税的价款,借记"其他应付款"科目,根据支付的增值税,借记"应交税费——应交增值税（进项税额）"科目,根据支付的全部价款,贷记"银行存款"等科目。同时,根据收回的商品成本,借记"库存商品"科目,贷记"发出商品"科目。

【例 12 - 26】大河公司为增值税一般纳税企业。2020 年 4 月 1 日向大地公司销售甲产品 20 件,每件不含税售价为 40 000 元,增值税税率 13%,单位成本为 30 000 元,大河公司按照合同规定发出甲产品,并开具增值税专用发票,全部款项均已收到。根据销售合同约定,大河公司于 2020 年 11 月 30 日,按照每件 44 000 元的价格回购此产品。

大河公司应作如下账务处理：

① 2020 年 4 月 1 日,销售甲产品,由于存在回购条款,大地公司不能取得该商品的控制权,因此不确认收入,账务处理如下：

借：银行存款　　　　　　　　　　　　　　　　　904 000
　　贷：其他应付款　　　　　　　　　　　　　　800 000
　　　　应交税费——应交增值税（销项税额）　　104 000
借：发出商品　　　　　　　　　　　　　　　　　600 000
　　贷：库存商品　　　　　　　　　　　　　　　600 000

② 2020 年 4 月至 11 月每月末计提利息费用时：

2020年4月1日至11月30日的利息支出=（44 000-40 000）×20=80 000（元）

借：财务费用 10 000
　　贷：其他应付款 10 000

③ 2020年11月30日，回购甲产品时：

借：其他应付款 880 000
　　应交税费——应交增值税（进项税额） 114 400
　　贷：银行存款 994 400

借：库存商品 600 000
　　贷：发出商品 600 000

### （六）以旧换新的商品销售

企业在销售商品的同时收购旧商品，则收购的旧商品确认为企业存货。

（1）如果收购旧商品的价款为该商品的公允价值，收购旧商品支付的价款不得冲减收入，计入存货成本。企业收购旧商品的价款直接抵减新商品价款时，应根据新商品的价款扣除旧商品收购价款后的净额，借记"银行存款"等科目；根据收购旧商品的收购价款，借记"原材料"等科目；根据新商品的销售价格，贷记"主营业务收入"科目；根据应缴纳的增值税，贷记"应交税费——应交增值税（销项税额）"科目。

（2）如果收购旧商品的价款超过其公允价值，差额属于新商品交易价格的调整，收购的旧商品应按照其公允价值入账，差额调整销售新商品产生的收入。

**【例12-27】** 2020年6月24日，大河公司销售A商品60件，价款为60 000元，增值税额7 800元，该批商品成本为36 000元，大河公司开具增值税专用发票。大河公司在销售A商品的同时收购旧商品50件，收购价款5 000元，直接抵扣A商品的销售价款，实际收到价款62 800元。收购的旧商品作为原材料验收入库。

① 如果该旧商品的公允价值为5 000元，大河公司应作账务处理如下：

借：银行存款 62 800
　　原材料 5 000
　　贷：主营业务收入 60 000
　　　　应交税费——应交增值税（销项税额） 7 800

借：主营业务成本 36 000
　　贷：库存商品 36 000

② 如果该旧商品的公允价值为3 000元，大河公司应作账务处理如下：

借：银行存款　　　　　　　　　　　　　　　　　　　62 800
　　原材料　　　　　　　　　　　　　　　　　　　　 3 000
　　贷：主营业务收入　　　　　　　　　　　　　　　58 000
　　　　应交税费——应交增值税（销项税额）　　　 7 800
借：主营业务成本　　　　　　　　　　　　　　　　　36 000
　　贷：库存商品　　　　　　　　　　　　　　　　　36 000

### （七）附有质量保证条款的销售

附有质量保证条款的销售是指企业在向客户销售商品时，根据合同约定、法律规定或本企业以往的习惯做法等，可能会为所销售的商品提供质量保证，这些质量保证的性质可能因行业或者客户而不同。其中，有一些质量保证是为了向客户保证所销售的商品符合既定标准，即保证类质量保证；而另一些质量保证则是在向客户保证所销售的商品符合既定标准之外提供了一项单独的服务，即服务类质量保证。

企业应当对其所提供的质量保证的性质进行分析，对于客户能够选择单独购买质量保证的，表明该质量保证构成单项履约义务；对于客户虽然不能选择单独购买质量保证，但是如果该质量保证在向客户保证所销售的商品符合既定标准之外提供了一项单独服务的，也应当作为单项履约义务。

作为单项履约义务的质量保证应当按相关规定进行会计处理，并将部分交易价格分摊至该项履约义务。对于不能作为单项履约义务的质量保证，企业应当按照《企业会计准则第 13 号——或有事项》的规定进行会计处理。

企业在评估一项质量保证是否在向客户保证所销售的商品符合既定标准之外提供了一项单独的服务时，应当考虑的因素包括：

（1）该质量保证是否为法定要求。当法律要求企业提供质量保证时，该法律规定通常表明企业承诺提供的质量保证不是单项履约义务。

（2）质量保证期限。企业提供质量保证的期限越长，越有可能表明企业向客户提供了保证商品符合既定标准之外的服务。因此，企业承诺提供的质量保证越有可能构成单项履约义务。

（3）企业承诺履行任务的性质。如果企业必须履行某些特定的任务以保证所销售的商品符合既定标准（如企业负责运输被客户退回的瑕疵商品），则这些特定的任务可能不构成单项履约义务。

【例 12-28】2020 年 5 月 10 日，大河公司与长江公司签订了销售 B 生产设备的合同。合同售价为 30 000 000 元，增值税税额 3 900 000 元。合同约定，大河公司为其销售的生产设备提供两年的产品质量保证，承诺在产品质量保证期内若出现质量问题或与之相关的其他属于正常范围内的问题，大河公司提供免费的维修与调换服务。长江公司在收到设备并验收无误后，支付了全部合同价款。同时，大河公司还承诺为长江公司免费提供 2 个月的员工操作培训服务。假设该操作培训的单独售价为 1 000 000 元。

分析：大河公司向长江公司提供的产品质量保证服务，是为了向客户保证所销售的商品符合既定标准，不构成单项履约义务。

大河公司向长江公司提供的免费 2 个月的员工操作培训服务，属于向客户提供的保证所销售的商品符合既定标准之外的额外服务，并且该服务与所销售的产品可以明确区分，应当作为单项履约义务。因此，该合同存在两项单项履约义务。

大河公司应作如下账务处理：

① 销售 B 生产设备时：

B 生产设备的交易价格 = 30 000 000 × 30 000 000 ÷ (30 000 000 + 1 000 000)

= 29 032 258（元）

员工操作培训服务的交易价格 = 1 000 000 × 30 000 000 ÷ (30 000 000 + 1 000 000)

= 967 742（元）

| | |
|---|---|
| 借：银行存款 | 33 900 000 |
|   贷：主营业务收入 | 29 032 258 |
|     合同负债 | 967 742 |
|     应交税费——应交增值税（销项税额） | 3 900 000 |

② 提供免费员工操作培训服务时：

| | |
|---|---|
| 借：合同负债 | 967 742 |
|   贷：主营业务收入 | 967 742 |

### （八）附有客户额外购买选择权的销售

企业在销售商品的同时，会向客户授予选择权，允许客户可以据此免费或者以折扣价格购买额外的商品。企业向客户授予的额外购买选择权的形式包括销售激励、客户奖励积分、未来购买商品的折扣券以及合同续约选择权等。

对于附有客户额外购买选择权的销售，企业应当评估该选择权是否向客户提供了一项重大权利。如果客户只有在订立了一项合同的前提下才取得额外购买选择权，并且客户行使该选择权购买额外商品时，能够享受到超过该地区或该市场中其他同类客户所能够享有的折扣，则通常认为该选择权向客户提供了一项重大权利。

该选择权向客户提供了重大权利的，应当作为单项履约义务。在这种情况下，客户在该合同下支付的价款实际上购买了两项单独的商品：一是客户在该合同下原本购买的商品；二是客户可以免费或者以折扣价格购买额外商品的权利。企业应当将交易价格在这两项商品之间进行分摊，其中，分摊至后者的交易价格与未来的商品相关，因此，企业应当在客户未来行使该选择权取得相关商品的控制权时，或者在该选择权失效时确认为收入。在考虑授予客户的该项权利是否重大时，应根据其金额和性质进行综合判断。

客户额外购买选择权的单独售价无法直接观察的，企业应当综合考虑客户行使和不行使该选择权所能获得的折扣的差异以及客户行使该选择权的可能性等全部相关信息后，予以合理估计。

【例12-29】2020年11月11日，大河公司以100元的价格向客户销售A商品，购买该商品的客户可得到一张40%的折扣券，客户可以在未来的30天内使用该折扣券购买大河公司原价不超过100元的任一商品。同时，大河公司计划推出季节性促销活动，在未来30天内针对所有产品均提供10%的折扣。上述两项优惠不能叠加使用。根据历史经验，大河公司预计有80%的客户会使用该折扣券，额外购买的商品的价格平均为50元。上述金额均不包含增值税，且假定不考虑相关税费影响。

分析：购买A商品的客户能够取得40%的折扣券，其远高于所有客户均能享有的10%的折扣，因此，大河公司认为该折扣券向客户提供了重大权利，应当作为单项履约义务。

考虑客户使用该折扣券的可能性以及额外购买的金额，大河公司估计该折扣券的单独售价 = 50 × 80% × (40% − 10%) = 12（元）。

大河公司按照A商品和折扣券单独售价的相对比例对交易价格进行分摊：

A商品分摊的交易价格 = 100 × 100 ÷ (100 + 12) = 89（元）

折扣券选择权分摊的交易价格 = 12 × 100 ÷ (100 + 12) = 11（元）

大河公司在销售A商品时的账务处理如下：

借：银行存款　　　　　　　　　　　　　　　　　　　100
　　贷：主营业务收入　　　　　　　　　　　　　　　　　89
　　　　合同负债　　　　　　　　　　　　　　　　　　　11

【例12-30】2020年11月，大河公司为了促进商品销售，推行奖励积分计划。根据该计划，客户在大河公司每消费10元可获得1个积分，每1积分从次月开始在购物时可以抵减1元。积分于2020年12月31日前有效，过期作废。截至2020年10月31

日，客户共消费 6 000 000 元，可获得 600 000 个积分，根据历史经验，大河公司估计该积分的兑换率为 90%。2020 年 11 月，客户使用积分 240 000 分。截至 2020 年 12 月 31 日，客户累计使用积分 490 000 分。上述金额均不包含增值税，且假定不考虑相关税费的影响。

分析：大河公司认为其授予客户的积分为客户提供了一项重大权利，应当作为单项履约义务。

① 2020 年 10 月，大河公司销售商品并授予客户积分。

客户购买商品的单独售价 = 6 000 000（元）

考虑积分的兑换率，大河公司估计积分的单独售价 = 1 × 600 000 × 90% = 540 000（元）

大河公司按照商品和积分单独售价的相对比例对交易价格进行分摊：

商品分摊的交易价格 = [6 000 000 ÷ (6 000 000 + 540 000)] × 6 000 000 = 5 504 587（元）

积分分摊的交易价格 = [540 000 ÷ (6 000 000 + 540 000)] × 6 000 000 = 495 413（元）

因此，大河公司应作账务处理如下：

借：银行存款　　　　　　　　　　　　　　　　　　　6 000 000
　　贷：主营业务收入　　　　　　　　　　　　　　　　5 504 587
　　　　合同负债　　　　　　　　　　　　　　　　　　　495 413

② 2020 年 11 月，客户使用积分。

积分应确认的收入 = 495 413 × 240 000 ÷ 540 000 = 220 184（元）

借：合同负债　　　　　　　　　　　　　　　　　　　　220 184
　　贷：主营业务收入　　　　　　　　　　　　　　　　　220 184

③ 2020 年 12 月，由于积分于 2020 年 12 月 31 日前有效，过期作废，因此，大河公司应将分摊至积分的交易价格中尚未确认收入的部分全部确认为收入。

积分应确认的收入 = 495 413 − 220 184 = 275 229（元）

借：合同负债　　　　　　　　　　　　　　　　　　　　275 229
　　贷：主营业务收入　　　　　　　　　　　　　　　　　275 229

**（九）客户未行使的权利**

企业因销售商品向客户收取的预收款，赋予了客户一项在未来从企业获得某商品的权利,并使企业承担了向客户转让商品的义务。因此,企业应当将预收的款项确认为负债,待未来履行了相关履约义务,即向客户转让相关商品时,再转为收入。

当企业预收款项无须退回,且客户可能会放弃其全部或部分合同权利时,如放弃储值卡的使用等,企业预期将有权获得与客户所放弃的合同权利相关的金额的,应当按照客户行使合同权利的模式按比例将上述金额确认为收入;否则,企业只有在客户要求其履行剩余履约义务的可能性极低时,才能将上述负债的相关余额转为收入。企业在确定其是否预期将有权获得与客户所放弃的合同权利相关的金额时,应当考虑将估计的可变对价计入交易价格的限制要求。

如果有相关法律规定,企业所收取的与客户未行使权利相关的款项须转交给其他方的(如法律规定无人认领的财产需上交政府),企业不应将其确认为收入。

【例12-31】大河公司为经营连锁蛋糕店的增值税一般纳税企业,增值税税率13%。2020年4月向某客户销售了2 000张储值卡,每张卡的面值为200元,总额为400 000元。客户可在大河公司经营的任何一家门店使用该储值卡进行消费,根据以往的历史经验,大河公司预计客户购买的储值卡中大约相当于储值卡面值的5%的部分不会被消费。截至2020年12月31日,客户使用该储值卡消费的金额为190 000元,在客户使用该储值卡消费时发生了纳税义务。

分析:大河公司预期将有权获得与客户未行使的合同权利相关的金额 = 400 000 × 5% = 20 000(元),该金额应当按照客户行使合同权利的模式按比例确认为收入。

因此,大河公司2020年销售的储值卡应当确认为收入的金额为:

[190 000 + 20 000 × 190 000 ÷ (400 000 - 20 000)] ÷ (1 + 13%) = 176 991(元)

大河公司应作账务处理如下:

① 2020年4月,销售储值卡时:

| | |
|---|---|
| 借:银行存款 | 400 000 |
| 　　贷:预收账款(或合同负债) | 353 982 |
| 　　　　应交税费——待转销项税额 | 46 018 |

② 2020年12月31日,根据储值卡实际消费金额确认收入:

| | |
|---|---|
| 借:预收账款(或合同负债) | 176 991 |
| 　　应交税费——待转销项税额 | 23 009 |
| 　　贷:主营业务收入 | 176 991 |
| 　　　　应交税费——应交增值税(销项税额) | 23 009 |

### (十) 授予知识产权许可

授予知识产权许可，是指企业授予客户对企业拥有的知识产权享有相应权利。常见的知识产权包括软件和技术、影视和音乐等的版权、特许经营权以及专利权、商标权和其他版权等。

企业向客户授予知识产权许可的，应当评估该知识产权许可是否构成单项履约义务。对于构成单项履约义务的，应当进一步确定其是在某一时段内履行的履约义务还是在某一时点履行的履约义务。

**1. 授予知识产权许可是否构成单项履约义务**

企业向客户授予知识产权许可时，可能也会同时销售商品，在这种情况下，企业应当评估授予客户的知识产权许可是否可与所售商品明确区分，即该知识产权许可是否构成单项履约义务，并进行相应的会计处理。授予客户的知识产权许可不构成单项履约义务的，企业应当将该知识产权许可和所售商品一起作为单项履约义务进行会计处理。

**2. 授予知识产权许可属于在某一时段履行的履约义务**

授予客户的知识产权许可构成单项履约义务，同时满足下列三项条件的，应当作为在某一时段内履行的履约义务确认相关收入；否则，应当作为在某一时点履行的履约义务确认相关收入：

(1) 合同要求或客户能够合理预期企业将从事对该项知识产权有重大影响的活动。

(2) 该活动对客户将产生有利或不利影响。

(3) 该活动不会导致向客户转让某项商品。

**3. 授予知识产权许可属于在某一时点履行的履约义务**

授予知识产权许可不属于在某一时段内履行的履约义务的，应当作为在某一时点履行的履约义务，在履行该履约义务时确认收入。在客户能够使用某项知识产权许可并开始从中获利之前，企业不能对此类知识产权许可确认收入。

例如，企业授权客户在一定期间内使用软件，但是，在企业向客户提供该软件的密钥之前，客户都无法使用该软件，因此，企业在向客户提供该密钥之前虽然已经得到授权，但也不应确认收入。

【**例12－32**】大河公司为一家具有较大影响力的餐饮公司。2019年11月10日，大河公司向东方公司授予经营其餐饮服务的特许权。双方的合同约定，大河公司向东方公司提供餐饮店面装修、人员培训、广告宣传等初始服务，收取特许权初始费用250 000元；餐饮店开始营业后，大河公司向东方公司提供经营指导等后续服务，并于每年12

月 31 日向东方公司收取当年营业额的 5% 作为特许权使用费。合同签订日，东方公司以银行存款向大河公司支付特许权初始费用。2019 年 12 月 1 日，大河公司开始提供初始服务，当月发生初始服务成本 200 000 元。2020 年 1 月 1 日，东方公司经营的餐饮店正式开始营业。2020 年东方公司营业额为 1 000 000 元，大河公司提供后续经营指导发生服务成本 28 000 元；2021 年东方公司营业额为 1 500 000 元，大河公司发生后续服务成本 30 000 元。假定相关款项都以银行存款支付。

分析：大河公司与东方公司签订的合同中包括提供初始服务与后续服务两个单项履约义务，而且都属于某一时段履行的履约义务。其中，提供初始服务属于固定对价，提供后续服务属于可变对价。

大河公司应作如下账务处理：

① 2019 年 11 月 10 日，收到特许权初始使用费。

借：银行存款　　　　　　　　　　　　　　　　　　250 000
　　贷：合同负债　　　　　　　　　　　　　　　　　　250 000

② 2019 年 12 月，发生初始服务成本。

借：合同履约成本——服务成本　　　　　　　　　　200 000
　　贷：银行存款等　　　　　　　　　　　　　　　　200 000

③ 2019 年 12 月 31 日，确认初始服务收入。

借：合同负债　　　　　　　　　　　　　　　　　　250 000
　　贷：主营业务收入　　　　　　　　　　　　　　　250 000
借：主营业务成本　　　　　　　　　　　　　　　　200 000
　　贷：合同履约成本——服务成本　　　　　　　　　200 000

④ 2020 年发生后续服务成本。

借：合同履约成本——服务成本　　　　　　　　　　28 000
　　贷：银行存款等　　　　　　　　　　　　　　　　28 000

⑤ 2020 年 12 月 31 日，确认提供后续服务收入。

特许权使用费收入 = 1 000 000 × 5% = 50 000（元）

借：银行存款　　　　　　　　　　　　　　　　　　50 000
　　贷：主营业务收入　　　　　　　　　　　　　　　50 000
借：主营业务成本　　　　　　　　　　　　　　　　28 000
　　贷：合同履约成本——服务成本　　　　　　　　　28 000

⑥ 2021 年发生后续服务成本。

| 借：合同履约成本——服务成本 | 30 000 | |
| --- | --- | --- |
| 贷：银行存款等 | | 30 000 |

⑦ 2021年12月31日，确认提供后续服务收入。

特许权使用费收入 = 1 500 000 × 5% = 75 000（元）

| 借：银行存款 | 75 000 | |
| --- | --- | --- |
| 贷：主营业务收入 | | 75 000 |
| 借：主营业务成本 | 30 000 | |
| 贷：合同履约成本——服务成本 | | 30 000 |

## 第二节 费　　用

### 一、费用的概述

#### （一）费用的含义与特性

费用是企业在日常活动中发生的、会导致所有者权益减少的与向投资者分配利润无关的经济利益的总流出。

费用包括企业日常活动所产生的经济利益的总流出，主要指企业为取得营业收入进行产品销售、提供服务等营业活动所发生的企业货币资金的流出，具体包括成本费用和期间费用。成本费用包括主营业务成本、其他业务成本、税金及附加等。期间费用是指企业日常活动发生的不能计入特定核算成本对象的成本，而应计入发生当期损益的费用。费用具有以下几个特点。

**1. 费用是企业在日常活动中形成的**

费用必须是企业在其日常活动中形成的，应与非日常活动的损失相区分。

**2. 费用会导致企业所有者权益的减少**

费用既可能表现为资产的减少，如减少银行存款、库存商品等；也可能表现为负债的增加，如增加应付职工薪酬、应交税费等。根据"资产 – 负债 = 所有者权益"的会计等式，费用一定会导致企业所有者权益的减少。企业经营管理中的某些支出并不减少企业的所有者权益也就不构成费用。例如，企业以银行存款偿还一项负债，只是一项资产和一项负债的等额减少，对所有者权益没有影响，因此不构成企业的费用。

**3. 费用导致的经济利益总流出与向所有者分配利润无关**

费用的发生应当会导致经济利益的流出，其表现形式包括现金或者现金等价物的流出，存货、固定资产和无形资产等的流出或者消耗等。企业向所有者分配利润或股利也会导致经济利益的流出，但其属于企业利润分配的内容，是所有者权益的直接抵减项目，不应确认为费用。

费用有狭义和广义之分。广义的费用泛指企业各种日常活动发生的所有耗费，狭义的费用仅指与本期营业收入相配比的那部分耗费。

### （二）费用的分类

费用可以分为成本费用和期间费用。其中，成本费用是指所销售商品或提供服务等过程中发生的成本费用。其中营业成本按照其所销售商品或提供服务在企业日常活动中所处的地位分为主营业务成本和其他业务成本。期间费用包括管理费用、销售费用和财务费用。

## 二、成本费用

### （一）营业成本

营业成本是指企业销售商品、提供服务等的成本，是与企业的营业收入直接相关的、已经确定了归属期和归属对象的各种直接费用。主要包括主营业务成本和其他业务成本。

**1. 主营业务成本**

主营业务成本是指企业销售商品、提供服务等经常性活动所发生的成本。企业一般在确认销售商品、提供服务等主营业务收入时或在月末将已销售商品、已提供服务的成本转入主营业务成本。其按照主营业务的种类进行明细核算。

**2. 其他业务成本**

其他业务成本是指企业确认的除主营业务活动以外的其他经营活动所发生的支出。其他业务成本包括销售材料的成本等。

企业销售产品、商品和提供服务发生的营业成本，是由生产经营成本形成的。工业企业产品生产成本（也称制造成本）的构成主要包括：

（1）直接材料，是指构成产品实体或有助于产品形成的各种原料及主要材料、辅助材料、燃料、备品备件、外购半成品或其他直接材料。

（2）直接工资，是指从事产品生产人员的工资、奖金、津贴和补贴。

（3）其他直接支出，是指直接从事产品生产人员的职工福利费。

（4）制造费用，是指企业各生产单位为组织和管理生产发生的各种费用。

## （二）税金及附加

税金及附加是指应由营业收入补偿的各种税金及附加费，主要包括消费税、城市维护建设税、教育费附加、房产税、车船税、印花税等。

## 三、期间费用

期间费用是指企业日常活动发生的不能计入特定核算对象的成本，而应计入发生当期损益的费用。期间费用包括销售费用、管理费用和财务费用。

期间费用是企业日常活动发生的经济利益的流出。之所以不计入特定的成本核算对象，主要是因为期间费用是企业为组织和管理整个经营活动所发生的费用，与可以确定特定成本核算对象的材料采购、产成品生产等没有直接关系，因而不计入有关核算对象的成本，而是直接计入当期损益。

### （一）管理费用

管理费用是指企业为组织和管理生产经营活动而发生的各种费用，包括企业在筹建期间发生的开办费；董事会和行政管理部门在企业的经营管理中发生的，以及应由企业统一负担的公司经费（包括行政管理部门职工工资及福利费、物料消耗、低值易耗品摊销、办公费和差旅费等）；行政管理部门负担的工会经费、董事会费（包括董事会成员津贴、会议费和差旅费等）、聘请中介机构费、咨询费（含顾问费）、诉讼费、业务招待费、技术转让费、矿产资源补偿费、研究费用、排污费，等等。企业生产车间（部门）和行政管理部门等发生的固定资产修理费用等后续支出，也作为管理费用核算。

企业发生的管理费用，在"管理费用"科目核算。期末，"管理费用"科目的余额结转"本年利润"科目后无余额。

【例12-33】大河公司2020年12月发生如下管理费用：

① 计提固定资产折旧费52 000元：

| | |
|---|---:|
| 借：管理费用 | 52 000 |
|     贷：累计折旧 | 52 000 |

② 以银行存款支付管理部门固定资产修理费1 500元：

| | |
|---|---:|
| 借：管理费用 | 1 500 |
|     贷：银行存款 | 1 500 |

③ 无形资产摊销 2 000 元：

借：管理费用　　　　　　　　　　　　　　　　　　　　2 000

　　贷：累计摊销　　　　　　　　　　　　　　　　　　　　2 000

④ 用银行存款支付业务招待费 800 元：

借：管理费用　　　　　　　　　　　　　　　　　　　　　800

　　贷：银行存款　　　　　　　　　　　　　　　　　　　　800

⑤ 应付行政管理部门人员工资及福利费 84 560 元：

借：管理费用　　　　　　　　　　　　　　　　　　　　84 560

　　贷：应付职工薪酬　　　　　　　　　　　　　　　　　84 560

⑥ 企业行政管理部门人员报销差旅费 12 000 元：

借：管理费用　　　　　　　　　　　　　　　　　　　　12 000

　　贷：银行存款　　　　　　　　　　　　　　　　　　　12 000

### （二）销售费用

销售费用是指企业在销售商品和材料、提供劳务过程中发生的各项费用，包括企业在销售商品过程中发生的保险费、包装费、展览费和广告费、商品维修费、预计产品质量保证损失、运输费、装卸费等以及为销售本企业商品而专设的销售机构（含销售网点、售后服务网点等）的职工薪酬、业务费、折旧费等经营费用。企业发生的与专设销售机构相关的固定资产修理费用等后续支出也属于销售费用。

销售费用是与企业销售商品有关的费用，但不包括销售商品本身的成本和劳务成本。

企业应通过"销售费用"科目，核算销售费用的发生和结转情况。该科目的借方登记企业所发生的各项销售费用，贷方登记期末结转入本年利润的销售费用，结转后该科目应无余额。该科目应按销售费用的费用项目进行明细核算。

【例 12 - 34】大河公司 2020 年 12 月根据发生的销售费用，相关账务处理如下：

① 应付销售人员工资 23 500 元：

借：销售费用　　　　　　　　　　　　　　　　　　　　23 500

　　贷：应付职工薪酬　　　　　　　　　　　　　　　　　23 500

② 用银行存款支付广告费 500 000 元：

借：销售费用　　　　　　　　　　　　　　　　　　　 500 000

　　贷：银行存款　　　　　　　　　　　　　　　　　　 500 000

### (三) 财务费用

财务费用是指企业为筹集生产经营所需资金等而发生的筹资费用，包括利息支出（减利息收入）、汇兑损益以及相关的手续费等。

企业应通过"财务费用"科目，核算财务费用的发生和结转情况。企业发生财务费用时，应借记"财务费用"科目，贷记有关科目。企业取得的利息收入，其数额与利息支出相比一般较小，在我国未单列科目进行核算，应抵减利息支出，借记"银行存款"等科目，贷记"财务费用"科目。期末，"财务费用"科目的余额结转到"本年利润"科目后无余额。

**【例 12 - 35】** 大河公司 2020 年 12 月根据发生的财务费用，相关账务处理如下：

① 收到银行存款利息 3 000 元：

借：银行存款　　　　　　　　　　　　　　　　　　　　　3 000
　　贷：财务费用　　　　　　　　　　　　　　　　　　　　　3 000

② 计提短期借款利息费用 20 000 元：

借：财务费用　　　　　　　　　　　　　　　　　　　　　20 000
　　贷：应付利息　　　　　　　　　　　　　　　　　　　　　20 000

## 第三节　利　　润

### 一、利润及其构成

利润是指企业在一定会计期间的经营成果。利润包括收入减去费用后的净额、直接计入当期利润的利得和损失等。未计入当期利润的利得和损失扣除所得税影响后的净额计入其他综合收益项目。净利润与其他综合收益的合计金额为企业综合收益总额。利得是指由企业非日常活动所形成的、会导致所有者权益增加的、与所有者投入资本无关的经济利益的净流入。损失是指由企业非日常活动所发生的、会导致所有者权益减少的、与向所有者分配利润无关的经济利益的净流出。

### (一) 营业利润

营业利润是企业利润的主要来源，用公式表示如下：

营业利润 = 营业收入(主营业务收入和其他业务收入) - 营业成本(主营业务成本和

其他业务成本) – 税金及附加 – 销售费用 – 管理费用 – 研发费用 – 财务费用 – 资产减值损失 – 信用减值损失 + 其他收益 + 投资收益( – 损失) ± 公允价值变动损益 + 资产处置收益( – 损失)

其中：

营业收入是指企业经营业务所确认的收入总额，包括主营业务收入和其他业务收入。

营业成本是指企业经营业务所发生的实际成本总额，包括主营业务成本和其他业务成本。

税金及附加是指企业经营业务应负担的各项税金及附加，如消费税、城市维护建设税、资源税、土地增值税、教育费附加、房产税、城镇土地使用税、车船税和印花税等。

研发费用是指企业进行研究与开发过程中发生的费用化支出，以及计入管理费用的自行开发无形资产的摊销。

资产减值损失是指企业计提各项资产减值准备所形成的损失。

信用减值损失是指企业计提的各项金融工具信用减值准备所确认的信用损失。

其他收益是指企业计入其他收益的政府补助，以及其他与日常活动相关且计入其他收益的项目。

投资收益（ – 损失）是指企业以各种方式对外投资所取得的收益（或发生的损失）。

公允价值变动收益（ – 损失）是指以公允价值计量其变动计入当期损益的金融资产和以公允价值进行计量的投资性房地产等公允价值变动形成的损益。

资产处置损益是指企业出售划分为持有待售的非流动资产（金融工具、长期股权投资和投资性房地产除外）或处置组（子公司和业务除外）时确认的处置利得或损失，以及处置未划分为持有待售的固定资产、在建工程、生产性生物资产及无形资产而产生的处置利得或损失。

### (二) 利润总额

利润总额 = 营业利润 + 营业外收入 – 营业外支出

其中：

营业外收入是指企业发生的与其日常活动无直接关系的各项利得。

营业外支出是指企业发生的与其日常活动无直接关系的各项损失。

### (三) 净利润

净利润 = 利润总额 - 所得税费用

其中，所得税费用是指企业确认的应从当期利润总额中扣除的所得税费用。

## 二、营业外收入与营业外支出

### (一) 营业外收入

营业外收入是指企业发生的与日常经营活动无直接关系的各种利得。营业外收入并不是由企业经营资金耗费所产生的，不需要企业付出代价，实际上是一种纯收入，不可能也不需要与有关费用进行配比。因此，在会计核算上，应当严格区分营业外收入与营业收入的界限。营业外收入主要包括非流动资产毁损报废收益、非货币性资产交换利得、政府补助、盘盈利得、捐赠利得等。

其中：

非流动资产毁损报废收益是指因自然灾害等发生的毁损、已丧失使用功能而报废的非流动资产所产生的清理收益。

盘盈利得是指企业对于现金清查盘点中盘盈的现金，报经批准后计入营业外收入的金额。

政府补助是指企业从政府无偿取得的与企业日常活动无关的政府补助。

捐赠利得是指企业接受捐赠产生的利得。

营业外收入应当按照实际发生的金额进行核算。发生营业外收入时，直接增加企业的利润总额。

【例12-36】2020年12月5日，大河公司将固定资产报废清理的净收益120 000元，结转营业外收入。

借：固定资产清理　　　　　　　　　　　　　　　　　120 000
　　贷：营业外收入——非流动资产毁损报废收益　　　　　120 000

【例12-37】2020年12月31日，大河公司在现金清查时发现现金长款300元，按管理权限报经批准后转为企业营业外收入。

发现盘盈时：

借：库存现金　　　　　　　　　　　　　　　　　　　300
　　贷：待处理财产损溢　　　　　　　　　　　　　　　　300

报经批准后：

借：待处理财产损溢 300
　　贷：营业外收入 300

### (二) 营业外支出

营业外支出是指企业发生的与日常活动无直接关系的各项损失。主要包括非流动资产毁损报废损失、非货币性资产交换损失、公益性捐赠支出、非常损失、罚款支出等。

非流动资产毁损报废损失是指因自然灾害等发生的毁损、已丧失使用功能而报废的非流动资产所产生的清理损失。

公益性捐赠支出是指企业对外进行公益性捐赠发生的支出。

非常损失是指企业对于因客观因素（如自然灾害等）造成的损失，在扣除保险公司赔偿后计入营业外支出的净损失。

营业外支出应当按照实际发生的金额进行核算。发生营业外支出时，在相对应的会计期间，应当冲减企业当期的利润总额。

**【例 12 - 38】** 2020 年 2 月 5 日，大河公司以银行存款支付税款滞纳金 20 000 元。

借：营业外支出 20 000
　　贷：银行存款 20 000

营业外收入和营业外支出应当分别核算。在具体核算时，一般不得以营业外支出直接冲减营业外收入，即企业在会计核算时，应当区别营业外收入和营业外支出进行核算。由于营业外收入和营业外支出所包括的项目互不相关，企业还应当分别营业外收入的各项目和营业外支出的各项目设置明细科目，进行明细核算。本年度营业外收入和营业外支出的累积余额，在期末时转入本年利润。

 **思考**：企业发生的利得或损失都计入营业外收入或支出吗？

### 三、所得税费用

企业会计准则和所得税税法是基于不同目的、遵循不同原则分别制定的，二者在资产与负债的计量标准、收入与费用的确认原则等诸多方面存在着一定的不一致，导致企业一定会计期间按照企业会计准则的要求确认的会计利润往往不等于按税法规定计算的应纳税所得额，二者之间会产生一定的差异。

## （一）会计利润与应纳税所得额之间的差异

会计利润是指企业根据会计准则的要求，采用一定的会计程序与方法确定的所得税前利润总额。其目的是向财务报告的使用者提供关于企业经营成果的会计信息，为其决策提供相关、可靠的依据。

应纳税所得额是指企业按照所得税法的要求，以一定期间应税收入扣减税法准予抵扣的项目后计算的应税所得。其目的是为企业进行纳税申报和国家税务机关对企业的经营所得征税提供依据。

由于会计利润与应纳税所得额的确定依据与目的不同，二者之间会存在一定的差异。这种差异按其性质可以分为永久性差异和暂时性差异两个类型。

**1. 永久性差异**

永久性差异是指某一会计期间，由于会计准则和税法在计算收益、费用或损失时的口径不同所产生的税前会计利润与应纳税所得额之间的差异。该差异在本期产生，不会在以后期间转回。例如，企业购买国债取得的利息收入，在会计核算时作为投资收益，计入当期利润表，但根据税法的规定，不属于应税收入，不计入应纳税所得额。

**2. 暂时性差异**

暂时性差异是指资产、负债的账面价值与其计税基础不同产生的差异，该差异的存在将影响未来期间的应纳税所得额，该差异发生于某一会计期间，但在以后一期或若干期内能够转回。

## （二）资产负债表债务法

**1. 资产负债表债务法的含义**

如果会计利润与应纳税所得额之间只存在永久性差异，则根据确定的应纳税所得额和适用的税率计算当期应交所得税，并确认所得税费用。但如果还存在暂时性差异，则所得税会计的处理方法有应付税款法和纳税影响会计法。

纳税影响会计法是指企业确认暂时性差异对所得税的影响金额，按照当期应交所得税和暂时性差异对所得税影响金额的合计确认所得税费用的方法。采用纳税影响会计法进行会计处理，暂时性差异对所得税的影响金额需要递延和分配到以后各期，即采用跨期摊配的方法逐渐确认和依次转回暂时性差异对所得税的影响金额。在采用纳税影响会计法进行所得税的会计处理时，按照税率变动时是否需要对已入账的递延所得税项目进行调整又可以分为递延法和债务法。

在债务法下,按照确定暂时性差异对未来所得税影响的目的不同,又分为利润表债务法和资产负债表债务法。我国现行企业会计准则只允许采用资产负债表债务法进行所得税的核算。

资产负债表债务法是基于资产负债表中所列示的资产、负债的账面价值和计税经济含义的基础上,分析按照会计原则列报的账面价值与税法规定的差异,并就有关差异确定相关所得税影响的会计方法。其除了能够反映企业已经持有的资产、负债及其变动对当期利润影响外,还能够反映有关资产、负债对未来期间的所得税影响,在所得税核算领域贯彻了资产负债观。

**2. 资产负债表债务法的基本核算程序**

在采用资产负债表债务法核算所得税的情况下,企业一般应于每一资产负债表日进行所得税的核算。企业合并等特殊交易或事项发生时,在确认因交易或事项取得的资产、负债时即应同时确认相关的所得税影响。企业进行所得税核算一般应遵循以下程序:

(1) 按照相关会计准则规定确定资产负债表中除递延所得税资产和递延所得税负债以外的其他资产和负债项目的账面价值。资产、负债的账面价值,是指企业按照相关会计准则的规定进行核算后在资产负债表中列示的金额。

(2) 按照会计准则中对于资产和负债计税基础的确定方法,以适用的税收法规为基础,确定资产负债表中有关资产、负债项目的计税基础。

(3) 比较资产、负债的账面价值与其计税基础,对于两者之间存在差异的,分析其性质,除准则中规定的特殊情况外,分别应纳税暂时性差异与可抵扣暂时性差异,确定资产负债表日递延所得税负债和递延所得税资产的应有金额,并与期初递延所得税资产和递延所得税负债的余额相比,确定当期应予进一步确认的递延所得税资产和递延所得税负债金额或应予转销的金额,作为递延所得税。

(4) 就企业当期发生的交易或事项,按照适用的税法规定计算确定当期应纳税所得额,将应纳税所得额与适用的所得税税率计算的结果确认为当期应交所得税,作为当期所得税。

(5) 确定利润表中的所得税费用。利润表中的所得税费用包括当期所得税(当期应交所得税)和递延所得税两个组成部分,企业在计算确定了当期所得税和递延所得税后,两者之和(或之差),是利润表中的所得税费用。

### (三）资产、负债的计税基础

企业在确定资产、负债的计税基础时，应严格遵循税收法规中对于资产的税务处理以及可税前扣除的费用等的规定进行。

**1. 资产的计税基础**

资产的计税基础，是指企业收回资产账面价值过程中，计算应纳税所得额时按照税法规定可以自应税经济利益中抵扣的金额，即某一项资产在未来期间计税时按照税法规定可以税前扣除的总金额。

资产在初始确认时，其计税基础一般为取得成本，即企业为取得某项资产支付的成本在未来期间准予税前扣除。在资产持续持有的过程中，其计税基础是指资产的取得成本减去以前期间按照税法规定已经税前扣除的金额后的余额，如固定资产、无形资产等长期资产在某一资产负债表日的计税基础是指其成本扣除按照税法规定已在以前期间税前扣除的累计折旧额或累计摊销额后的金额。

（1）固定资产。企业以各种方式取得的固定资产，初始确认时按照会计准则规定确定的入账价值基本上是被税法认可的，即取得时其账面价值一般等于计税基础。固定资产在持有期间进行后续计量时，由于会计与税法规定就折旧方法、折旧年限以及固定资产减值准备的提取等处理的不同，可能造成固定资产的账面价值与计税基础的差异。

例如，某企业于2019年末以650万元购入一项生产用固定资产，按照该项固定资产的预计使用情况，该企业在会计核算时估计其使用寿命为5年。计税时，按照适用税法规定，其最低折旧年限为10年，该企业计税时按照10年计算确定可税前扣除的折旧额。假定会计与税法规定均按年限平均法计提折旧，净残值均为零，该资产未发生减值。则2020年12月31日该项固定资产的账面价值为520万元（650－650÷5）；而该固定资产在2020年12月31日的计税基础为585万元（650－650÷10），二者之间产生65万元的差额，在未来期间会减少企业的应纳税所得额。

（2）无形资产。除内部研究开发形成的无形资产以外，其他方式取得的无形资产，初始确认时按照会计准则规定确定的入账价值与按照税法规定确定的计税基础之间一般不存在差异。无形资产的差异主要产生于内部研究开发形成的无形资产以及使用寿命不确定的无形资产。

① 企业内部研究开发形成的无形资产，其成本为开发阶段符合资本化条件以后至达到预定用途前发生的支出，除此之外，研究开发过程中发生的其他支出应予费用化计入损益；税法规定，自行开发的无形资产，以开发过程中该资产符合资本化条件后至达到

预定用途前发生的支出为计税基础。另外，对于研究开发费用的加计扣除，税法中规定企业为开发新技术、新产品、新工艺发生的研究开发费用，未形成无形资产计入当期损益的，在按照规定据实扣除的基础上，按照研究开发费用的50%加计扣除；形成无形资产的，按照无形资产成本的150%摊销。因此，对于开发新技术、新产品、新工艺发生的研发支出，在形成无形资产时，该项无形资产的计税基础应当在会计确定的基础上加计50%确定，由此产生了内部研究开发形成的无形资产在初始确认时账面价值与计税基础的差异。

例如，2020年1月1日，大河公司开发的一项新的技术达到预定用途，作为无形资产入账。该无形资产开发阶段符合资本化条件的支出700万元，确认为该资产的初始入账成本，并从2020年1月1日起按月进行摊销。

该项无形资产内部研究开发活动形成的无形资产在初始确认时的账面价值和计税基础如下：

账面价值 = 700（万元）

计税基础 = 700 × (1 + 50%) = 1 050（万元）

该项自行研发的无形资产符合税法加计扣除的规定，其初始确认的账面价值小于计税基础350万元，将于未来期间减少企业的应纳税所得额。

② 无形资产在后续计量时，会计与税法的差异主要产生于是否需要摊销、摊销方法和年限的差异及无形资产减值准备的提取。

对于使用寿命不确定的无形资产，会计处理时不予摊销，但计税时按照税法规定确定的摊销额允许税前扣除，造成该类无形资产账面价值与计税基础的差异。

在对无形资产计提减值准备的情况下，因税法规定计提的无形资产减值准备在转变为实质性损失前不允许税前扣除，即在提取无形资产减值准备的期间，无形资产的计税基础不会随减值准备的提取发生变化，从而造成无形资产的账面价值与计税基础的差异。

(3) 以公允价值进行后续计量的资产。税法规定，企业以公允价值计量的金融资产、金融负债以及投资性房地产等，持有期间公允价值的变动不计入应纳税所得额，在实际处置或结算时，处置取得的价款扣除其历史成本后的差额应计入处置或结算期间的应纳税所得额。按照该规定，以公允价值计量的金融资产在持有期间市价的波动在计税时不予考虑，有关金融资产在某一会计期末的计税基础为其取得成本，从而造成在公允价值变动的情况下，对以公允价值计量的金融资产账面价值与计税基础之间的差异。

(4) 其他计提了资产减值准备的各项资产。有关资产计提了减值准备后，其账面价值会随之下降，而税法规定资产在发生实质性损失之前，预计的减值损失不允许税前扣除，即其计税基础不会因减值准备的提取而变化，造成在计提资产减值准备以后，资产的账面价值与计税基础之间的差异。

**2. 负债的计税基础**

负债的计税基础，是指负债的账面价值减去未来期间计算应纳税所得额时按照税法规定可予抵扣的金额。

用公式表示为：

负债的计税基础＝账面价值－未来期间按照税法规定可予税前扣除的金额

负债的确认与偿还一般不会影响企业的损益，也不会影响其应纳税所得额，未来期间计算应纳税所得额时按照税法规定可予抵扣的金额为零，计税基础一般就等于账面价值。但是，某些情况下，负债的确认可能会影响企业的损益，进而影响不同期间的应纳税所得额，使得其计税基础与账面价值之间产生差额。

(1) 企业因销售商品、提供售后服务等原因确认的预计负债。按照或有事项准则规定，企业对于预计提供售后服务将发生的支出在满足有关确认条件时，销售当期即应确认为费用，同时确认预计负债。如果税法规定，与销售产品相关的支出应于实际发生时税前扣除。因该类事项产生的预计负债在期末的计税基础则为零，即其账面价值与未来期间可税前扣除的金额之间的差额。

其他交易或事项中确认的预计负债，应按照税法规定的计税原则确定其计税基础。某些情况下，因有些事项确认的预计负债，税法规定其支出无论是否实际发生均不允许税前扣除，即未来期间按照税法规定可予抵扣的金额为零，账面价值等于计税基础。

(2) 预收账款。企业预收客户的款项，因不符合收入确认条件，会计上将其确认为负债。税法中对于收入的确认原则一般与会计规定相同，即会计上未确认收入时，计税时一般不计入应纳税所得额，因此，预收款项形成的负债，其计税基础一般情况下等于账面价值。

如果某些因不符合会计准则规定的收入确认条件，未确认为收入的预收款项，按照税法规定应计入当期应纳税所得额，则该预收款项在未来期间确认为收入时，就不再需要计算缴纳所得税，即在未来期间可全额税前扣除。因此，在该预收款项产生期间，其计税基础为零。

例如，大河公司于2020年12月15日预收某客户款项300万元，因不符合收入确认条件而作为预收账款入账。假定按照税法规定，该款项应计入取得当期应纳税所得额计算缴纳所得税,则在2020年12月31日,预收账款的账面价值为300万元,而其计税基础为其账面价值300万元与未来期间计算应纳税所得额时税法规定可予抵扣的金额300万元之间的差额,即为零。该项预收账款的账面价值与计税基础之间产生了300万元的差额,该差额将于未来期间减少企业的应纳税所得额。

(3)应付职工薪酬。会计准则规定,企业为获得职工提供的服务给予的各种形式的报酬以及其他相关支出均应作为企业的成本费用,在未支付之前确认为负债。税法中对于合理的职工薪酬基本允许税前扣除,但税法中如果规定了税前扣除标准的,按照会计准则规定计入成本费用支出的金额超过规定标准部分,应进行纳税调整。因超过部分在发生当期不允许税前扣除,在以后期间也不允许税前扣除,即该部分差额对未来期间计税不产生影响,所产生应付职工薪酬负债的账面价值等于计税基础。如企业发生的职工福利费支出,按照税法规定,不超过工资薪金总额14%的部分准予税前扣除。企业为职工支付的商业保险费,税法规定不得税前扣除。

例如,大河公司2020年12月应支付的工资薪金为400万元,应支付的职工福利费为70万元。这两项职工薪酬在2020年12月31日均为实际支付,形成资产负债表中的应付职工薪酬。按照税法规定,计入当期成本费用的工资薪金均可予税前扣除,职工福利费可予税前扣除的金额为56万元(400×14%)。职工福利费大于允许税前扣除的金额14万元不允许税前扣除,并且在以后期间也不得从税前扣除,即应付职工薪酬未来期间允许扣除的金额为零。应付职工薪酬的计税基础等于账面价值为470万元。

(4)其他负债。其他负债如企业应交的罚款和滞纳金等,在尚未支付之前按照会计规定确认为费用,同时作为负债反映。税法规定,罚款和滞纳金不能税前扣除,即该部分费用无论是在发生当期还是在以后期间均不允许税前扣除,其计税基础为账面价值减去未来期间计税时可予税前扣除的金额零之间的差额,即计税基础等于账面价值。其他交易或事项产生的负债,其计税基础的确定应当遵从适用税法的相关规定。

### (四) 暂时性差异

暂时性差异是指资产、负债的账面价值与其计税基础不同产生的差额。因资产、负债的账面价值与其计税基础不同,产生了在未来收回资产或清偿负债的期间内,应纳税所得额增加或减少并导致未来期间应交所得税增加或减少的情况,形成企业的资产或负债,在有关暂时性差异发生当期,符合确认条件的情况下,应当确认相关的递延所得税负债或递延所得税资产。

根据暂时性差异对未来期间应纳税所得额的影响,分为应纳税暂时性差异和可抵扣暂时性差异。

**1. 应纳税暂时性差异**

应纳税暂时性差异，是指在确定未来收回资产或清偿负债期间的应纳税所得额时，将导致产生应税金额的暂时性差异，即该暂时性差异在未来期间转回时，将会增加转回期间的应纳税所得额和应交所得税金额，并在其产生当期应当确认相关的递延所得税负债。应纳税暂时性差异通常产生于以下两种情况。

（1）资产的账面价值大于其计税基础。资产的账面价值代表的是企业在持续使用及最终出售该项资产时将取得的经济利益的总额，而计税基础代表的是资产在未来期间可予税前扣除的总金额。资产的账面价值大于其计税基础，该项资产未来期间产生的经济利益不能全部税前抵扣，两者之间的差额需要缴纳所得税，从而产生应纳税暂时性差异。例如，一项资产的账面价值为 400 万元，计税基础如为 280 万元，两者之间的差额会造成未来期间应纳税所得额和应交所得税的增加，在其产生当期，应确认相关的递延所得税负债。

（2）负债的账面价值小于其计税基础。负债的账面价值为企业预计在未来期间清偿该项负债时的经济利益流出，而其计税基础代表的是账面价值在扣除税法规定未来期间允许税前扣除的金额之后的差额。负债的账面价值与其计税基础不同产生的暂时性差异，实质上是税法规定就该项负债在未来期间可以税前扣除的金额（即与该项负债相关的费用支出在未来期间可予税前扣除的金额）。负债的账面价值小于其计税基础，则意味着就该项负债在未来期间可以税前抵扣的金额为负数，即应在未来期间应纳税所得额的基础上增加未来期间的应纳税所得额和应交所得税金额，产生应纳税暂时性差异，应确认相关的递延所得税负债。

**2. 可抵扣暂时性差异**

可抵扣暂时性差异是指在确定未来收回资产或清偿负债期间的应纳税所得额时，将导致产生可抵扣金额的暂时性差异。该差异在未来期间转回时会减少转回期间的应纳税所得额，减少未来期间的应交所得税。在可抵扣暂时性差异产生当期，符合确认条件时，应当确认相关的递延所得税资产。可抵扣暂时性差异一般产生于以下两种情况。

（1）资产的账面价值小于其计税基础。资产的账面价值小于其计税基础，意味着资产在未来期间产生的经济利益少，按照税法规定允许税前扣除的金额多，两者之间的差额可以减少企业在未来期间的应纳税所得额并减少应交所得税，符合有关条件时，应当确认相关的递延所得税资产。例如，一项资产的账面价值为 500 万元，计税基础为 650 万元，则企业在未来期间就该项资产可以在其自身取得经济利益的基础上多扣除 150 万元，未来期间应纳税所得额会减少，应交所得税也会减少，形成可抵扣暂时性差异。

（2）负债的账面价值大于其计税基础，负债产生的暂时性差异实质上是税法规定就该项负债可以在未来期间税前扣除的金额。即：

负债产生的暂时性差异

＝账面价值－计税基础

＝账面价值－（账面价值－未来期间计税时按照税法规定可予税前扣除的金额）

＝未来期间计税时按照税法规定可予税前扣除的金额

负债的账面价值大于其计税基础，意味着未来期间按照税法规定与负债相关的全部或部分支出可以自未来应税经济利益中扣除，减少未来期间的应纳税所得额和应交所得税。符合有关确认条件时，应确认相关的递延所得税资产。

**3. 特殊项目产生的暂时性差异**

（1）未作为资产、负债确认的项目产生的暂时性差异。某些交易或事项发生以后，因为不符合资产、负债确认条件而未体现为资产负债表中的资产或负债，但按照税法规定能够确定其计税基础的，其账面价值零与计税基础之间的差异也构成暂时性差异。如企业发生的符合条件的广告费和业务宣传费支出，除另有规定外，不超过当年销售收入15%的部分准予扣除；超过部分准予在以后纳税年度结转扣除。该类费用在发生时按照会计准则规定计入当期损益，不形成资产负债表中的资产，但按照税法规定可以确定其计税基础的，两者之间的差异也形成暂时性差异。

（2）可抵扣亏损及税款抵减产生的暂时性差异。按照税法规定可以结转以后年度的未弥补亏损及税款抵减，虽不是因资产、负债的账面价值与计税基础不同产生的，但与可抵扣暂时性差异具有同样的作用，均能够减少未来期间的应纳税所得额，进而减少未来期间的应交所得税，会计处理上视同可抵扣暂时性差异，在符合条件的情况下，应确认与其相关的递延所得税资产。

**（五）递延所得税资产与负债的确认与计量**

企业在计算确定了应纳税暂时性差异与可抵扣暂时性差异后，应当按照所得税会计准则规定的原则确认相关的递延所得税负债以及递延所得税资产。

**1. 递延所得税负债的确认与计量**

（1）递延所得税负债的确认。

①递延所得税负债的确认原则。除所得税准则中明确规定可不确认递延所得税负债的情况以外，企业对于所有的应纳税暂时性差异均应确认相关的递延所得税负债。除与

直接计入所有者权益的交易或事项以及企业合并中取得资产、负债相关的以外,在确认递延所得税负债的同时,应增加利润表中的所得税费用。与应纳税暂时性差异相关的递延所得税负债的确认,体现了会计上的谨慎性原则,即企业进行会计核算时不应高估资产、不应低估负债。

【例12-39】2020年11月15日,大河公司购入A公司股票划分为以公允价值计量其变动计入当期损益的金融资产,初始入账成本为500 000元。2020年12月31日,大河公司仍持有该股票,公允价值为590 000元。2021年5月28日,大河公司以600 000元的价格将该股票全部出售。假设大河公司除该金融资产产生会计与税收的差异外,不存在其他纳税调整事项,大河公司适用的所得税税率为25%。

大河公司在各资产负债表日确认递延所得税负债的账务处理如下:

a. 2020年12月31日:

该金融资产的账面价值=590 000(元)

该金融资产的计税基础=500 000(元)

该金融资产账面价值大于计税基础的差额为90 000元,属于应纳税暂时性差异。

大河公司因此应确认的递延所得税负债=90 000×25%=22 500(元)

借:所得税费用　　　　　　　　　　　　　　　　　　22 500

　　贷:递延所得税负债　　　　　　　　　　　　　　　　22 500

b. 2021年12月31日:

大河公司出售该金融资产时确认的收益=10 000(元)

2021年度计税时,因该金融资产应确定的应纳税所得额=600 000-500 000=100 000(元)。

上述二者之间的差额90 000元,为大河公司2020年度产生的应纳税暂时性差异在2021年度全部转回所增加的本年应纳税所得额,并相应增加了2021年度应交所得税22 500元(90 000×25%)。大河公司2020年度产生的应纳税暂时性差异在2021年度全部转回。

2021年资产负债表日,大河公司应作如下账务处理:

借:递延所得税负债　　　　　　　　　　　　　　　　22 500

　　贷:所得税费用　　　　　　　　　　　　　　　　　　22 500

【例12-40】大河公司2016年12月1日购买一全新的固定资产,原值150 000元,预计使用年限为5年,预计净残值为0,采用直线法计提折旧。按照税法规定允许采用双倍余额递减法计提折旧,且税法规定的残值和使用年限与会计上的完全相同。所得税税率25%，且不存在除折旧以外的其他任何会计与税法的差异，且大河公司未对该固定资产计提减值准备。

A. 确定2016年至2021年各年末该固定资产的账面价值与计税基础，如表12-2所示。

表12-2　　　　　　　各年末的账面价值与计税基础　　　　　　单位：元

| 项目 | 2016年 | 2017年 | 2018年 | 2019年 | 2020年 | 2021年 |
|---|---|---|---|---|---|---|
| 固定资产原值 | 150 000 | 150 000 | 150 000 | 150 000 | 150 000 | 150 000 |
| 减：累计折旧（会计） |  | 30 000 | 60 000 | 90 000 | 120 000 | 150 000 |
| 减：减值准备 |  | 0 | 0 | 0 | 0 | 0 |
| ①固定资产账面价值 |  | 120 000 | 90 000 | 60 000 | 30 000 | 0 |
| 固定资产原值 | 150 000 | 150 000 | 150 000 | 150 000 | 150 000 | 150 000 |
| 减：累计折旧（税法） |  | 60 000 | 96 000 | 117 600 | 133 800 | 150 000 |
| ②计税基础 |  | 90 000 | 54 000 | 32 400 | 16 200 | 0 |

B. 确定2016年至2021年各年末账面价值与计税基础之间的暂时性差异，如表12-3所示。

表12-3　　　　　　　各年末的暂时性差异与递延所得税　　　　　　单位：元

| 项目 | 2016年 | 2017年 | 2018年 | 2019年 | 2020年 | 2021年 |
|---|---|---|---|---|---|---|
| ① 固定资产账面价值 | 0 | 120 000 | 90 000 | 60 000 | 30 000 | 0 |
| ② 计税基础 | 0 | 90 000 | 54 000 | 32 400 | 16 200 | 0 |
| ③ 暂时性差异 | 0 | 30 000 | 36 000 | 27 600 | 13 800 | 0 |
| 所得税税率 | 25% | 25% | 25% | 25% | 25% | 25% |
| ④ 递延所得税负债余额 | 0 | 7 500 | 9 000 | 6 900 | 3 450 | 0 |

C. 大河公司在每个资产负债表日应作如下处理：

a. 2017年资产负债表日：

该固定资产账面价值 = 120 000（元）

该固定资产计税基础 = 90 000（元）

账面价值大于计税基础形成的暂时性差异为应纳税暂时性差异，大河公司应确认的递延所得税负债余额为：（120 000 - 90 000）×25% = 7 500（元），而递延所得税负债期初余额为0元，大河公司当期应确认的递延所得税负债为：7 500 - 0 = 7 500（元）。

借：所得税费用　　　　　　　　　　　　　　　　　　　　7 500
　　贷：递延所得税负债　　　　　　　　　　　　　　　　　　　7 500

b. 2018 年资产负债表日：

该固定资产账面价值 = 90 000（元）

该固定资产计税基础 = 54 000（元）

账面价值大于计税基础形成的暂时性差异为应纳税暂时性差异，大河公司应确认的递延所得税负债余额为：(90 000 - 54 000) × 25% = 9 000（元），而递延所得税负债期初余额为 7 500 元，大河公司当期应确认的递延所得税负债为：9 000 - 7 500 = 1 500（元）。

借：所得税费用　　　　　　　　　　　　　　　　　　　　1 500
　　贷：递延所得税负债　　　　　　　　　　　　　　　　　　　1 500

c. 2019 年资产负债表日：

该固定资产账面价值 = 60 000（元）

该固定资产计税基础 = 32 400（元）

账面价值大于计税基础形成的暂时性差异为应纳税暂时性差异，大河公司应确认的递延所得税负债余额为：(60 000 - 32 400) × 25% = 6 900（元），而递延所得税负债期初余额为 9 000 元，大河公司当期应转回已确认的递延所得税负债为：6 900 - 9 000 = - 2 100（元）。

借：递延所得税负债　　　　　　　　　　　　　　　　　　　2 100
　　贷：所得税费用　　　　　　　　　　　　　　　　　　　　　2 100

d. 2020 年资产负债表日：

该固定资产账面价值 = 30 000（元）

该固定资产计税基础 = 16 200（元）

账面价值大于计税基础形成的暂时性差异为应纳税暂时性差异，大河公司应确认的递延所得税负债余额为：(30 000 - 16 200) × 25% = 3 450（元），而递延所得税负债期初余额为 6 900 元，大河公司当期应转回已确认的递延所得税负债为：3 450 - 6 900 = - 3 450（元）。

借：递延所得税负债　　　　　　　　　　　　　　　　　　　3 450
　　贷：所得税费用　　　　　　　　　　　　　　　　　　　　　3 450

e. 2021 年资产负债表日：

该固定资产账面价值 = 0（元）

该固定资产计税基础 = 0（元）

账面价值等于计税基础，两者之间不存在暂时性差异，大河公司应确认的递延所得税负债余额为 0 元，而递延所得税负债期初余额为 3 450 元，大河公司当期应全额转回已确认的递延所得税负债 3 450 元。

借：递延所得税负债　　　　　　　　　　　　　　　　　　　　3 450
　　贷：所得税费用　　　　　　　　　　　　　　　　　　　　　3 450

② 确认递延所得税负债的特殊情况。有些情况下，虽然资产、负债的账面价值与其计税基础不同，产生了应纳税暂时性差异，但出于各方面考虑，所得税准则中规定不确认相应的递延所得税负债，主要包括：

A. 商誉的初始确认。同一控制的企业合并中，企业合并成本大于合并中取得的被购买方可辨认净资产公允价值的份额，按照会计准则规定应确认为商誉。因会计与税收的划分标准不同，会计上作为非同一控制下的企业合并，但按照税法规定计税时作为免税合并的情况下，商誉的计税基础为零，其账面价值与计税基础形成应纳税暂时性差异，准则中规定不确认与其相关的递延所得税负债。

B. 除企业合并以外的其他交易或事项中，如果该项交易或事项发生时既不影响会计利润，也不影响应纳税所得额，则所产生的资产、负债的初始确认金额与其计税基础不同，形成应纳税暂时性差异的，交易或事项发生时不确认相应的递延所得税负债。该规定主要是考虑由于交易发生时既不影响会计利润，也不影响应纳税所得额，确认递延所得税负债的直接结果是增加有关资产的账面价值或是降低所确认负债的账面价值，使得资产、负债在初始确认时，违背历史成本原则，影响会计信息的可靠性。

C. 与子公司、联营企业、合营企业投资等相关的应纳税暂时性差异，一般应确认相应的递延所得税负债，但同时满足以下两个条件的除外：一是投资企业能够控制暂时性差异转回的时间；二是该暂时性差异在可预见的未来很可能不会转回。满足上述条件时，投资企业可以运用自身的影响力决定暂时性差异的转回，如果不希望其转回，则在可预见的未来期间，该项暂时性差异即不会转回，对未来期间计税不产生影响，从而无须确认相应的递延所得税负债。

对于采用权益法核算的长期股权投资，其账面价值与计税基础产生的有关暂时性差异是否应确认相关的所得税影响，应当考虑该项投资的持有意图。

如果企业拟长期持有，则因初始投资成本的调整产生的暂时性差异预计未来期间不会转回，对未来期间没有所得税影响；因确认投资损益产生的暂时性差异，如果在未来期间逐期分回现金股利或利润时免税（我国税法规定，居民企业间的股息、红利免税）

也不存在对未来期间的所得税影响；因确认应享有被投资单位其他权益变动而产生的暂时性差异，在长期持有的情况下预计未来期间也不会转回。因此，在准备长期持有的情况下，对于采用权益法核算的长期股权投资账面价值与计税基础之间的差异，投资企业一般不确认相关的所得税影响。

如果投资企业改变持有意图拟对外出售的情况下，按照税法规定，企业在转让或者处置投资资产时，投资资产的成本准予扣除。在持有意图由长期持有转变为拟近期出售的情况下，因长期股权投资的账面价值与计税基础不同产生的有关暂时性差异，均应确认相关的所得税影响。

（2）递延所得税负债的计量。资产负债表日，对于递延所得税负债，应当根据适用税法规定，按照预期收回该资产或清偿该负债期间的适用税率计量，即递延所得税负债应以相关应纳税暂时性差异转回期间按照税法规定适用的所得税税率计量。无论应纳税暂时性差异的转回期间如何，相关的递延所得税负债不要求折现。

**2. 递延所得税资产的确认与计量**

（1）递延所得税资产的确认。

① 确认的一般原则。递延所得税资产产生于可抵扣暂时性差异。确认因可抵扣暂时性差异产生的递延所得税资产应以未来期间可能取得的应纳税所得额为限。在可抵扣暂时性差异预期转回的未来期间内，企业无法产生足够的应纳税所得额用以利用可抵扣暂时性差异的影响，使得与可抵扣暂时性差异相关的经济利益无法实现的，不应确认递延所得税资产；企业有明确的证据表明其于可抵扣暂时性差异转回的未来期间能够产生足够的应纳税所得额，进而利用可抵扣暂时性差异的，则应以可能取得的应纳税所得额为限，确认相关的递延所得税资产。

在判断企业于可抵扣暂时性差异转回的未来期间是否能够产生足够的应纳税所得额时，应考虑企业在未来期间通过正常的生产经营活动能够实现的应纳税所得额以及以前期间产生的应纳税暂时性差异在未来期间转回时将增加的应纳税所得额。

a. 对与子公司、联营企业、合营企业的投资相关的可抵扣暂时性差异，同时满足下列条件的，应当确认相关的递延所得税资产：一是暂时性差异在可预见的未来很可能转回；二是未来很可能获得用来抵扣可抵扣暂时性差异的应纳税所得额。对联营企业和合营企业等的投资产生的可抵扣暂时性差异，主要产生于权益法下被投资单位发生亏损时，投资企业按照持股比例确认应予承担的部分相应减少长期股权投资的账面价值，但税法规定长期股权投资的成本在持有期间不发生变化，造成长期股权投资的账面价值小于其计税基础，产生可抵扣暂时性差异。投资企业对有关投资计提减值准备的情况下，也会产生可抵扣暂时性差异。

b. 对于按照税法规定可以结转以后年度的未弥补亏损和税款抵减，应视同可抵扣暂时性差异处理。在有关的亏损或税款抵减金额得到税务部门的认可或预计能够得到税务部门的认可且预计可利用未弥补亏损或税款抵减的未来期间内能够取得足够的应纳税所得额时，除准则中规定不予确认的情况外，应当以很可能取得的应纳税所得额为限，确认相应的递延所得税资产，同时减少确认当期的所得税费用。

② 不确认递延所得税资产的情况。某些情况下，企业发生的某项交易或事项不属于企业合并，并且交易发生时既不影响会计利润，也不影响应纳税所得额，且该项交易中产生的资产、负债的初始确认金额与其计税基础不同，产生可抵扣暂时性差异的，所得税准则中规定在交易或事项发生时不确认相应的递延所得税资产。

(2) 递延所得税资产的计量。企业确认递延所得税资产时，应当以预期收回该资产期间的适用所得税税率为基础计算确定。无论相关的可抵扣暂时性差异转回期间如何，递延所得税资产均不要求折现。企业在确认了递延所得税资产以后，资产负债表日，应当对递延所得税资产的账面价值进行复核。如果未来期间很可能无法取得足够的应纳税所得额用以利用可抵扣暂时性差异带来的利益，应当减记递延所得税资产的账面价值。减记的递延所得税资产，除原确认时计入所有者权益的，其减记金额亦应计入所有者权益外，其他的情况均应增加当期的所得税费用。因无法取得足够的应纳税所得额利用可抵扣暂时性差异减记递延所得税资产账面价值的，以后期间根据新的环境和情况判断能够产生足够的应纳税所得额利用可抵扣暂时性差异，使得递延所得税资产包含的经济利益能够实现的，应相应恢复递延所得税资产的账面价值。

另外，无论是递延所得税资产还是递延所得税负债的计量，均应考虑资产负债表日企业预期收回资产或清偿负债方式的所得税影响，在计量递延所得税资产和递延所得税负债时，应当采用与收回资产或清偿债务的预期方式相一致的税率和计税基础。例如，企业持有的某项固定资产，一般情况下是为企业的正常生产经营活动提供必要的生产条件，但在某一时点上，企业决定将该固定资产对外出售，实现其为企业带来的未来经济利益，且假定税法规定长期资产处置时适用的所得税税率与一般情况不同的，则企业在计量因该资产产生的应纳税暂时性差异或可抵扣暂时性差异的所得税影响时，应考虑该资产带来的经济利益预期实现方式的影响。

**3. 特殊交易或事项中涉及递延所得税的确认和计量**

(1) 与直接计入所有者权益的交易或事项相关的所得税与当期及以前期间直接计入

所有者权益的交易或事项相关的当期所得税及递延所得税应当计入所有者权益。直接计入所有者权益的交易或事项主要有：会计政策变更采用追溯调整法或对前期差错更正采用追溯重述法调整期初留存收益、以公允价值计量且其变动计入其他综合收益的金融资产公允价值的变动金额、同时包含负债及权益成分的金融工具在初始确认时计入所有者权益、自用房地产转为采用公允价值模式计量的投资性房地产时公允价值大于原账面价值的差额计入其他综合收益等。

（2）与企业合并相关的递延所得税在企业合并中，购买方取得的可抵扣暂时性差异，比如，购买日取得的被购买方在以前期间发生的未弥补亏损等可抵扣暂时性差异，按照税法规定可以用于抵减以后年度应纳税所得额，但在购买日不符合递延所得税资产确认条件而不予以确认。购买日后 12 个月内，如取得新的或进一步的信息表明购买日的相关情况已经存在，预期被购买方在购买日可抵扣暂时性差异带来的经济利益能够实现的，应当确认相关的递延所得税资产，同时减少商誉，商誉不足冲减的，差额部分确认为当期损益；除上述情况以外，确认与企业合并相关的递延所得税资产，应当计入当期损益。

（3）与股份支付相关的当期及递延所得税。与股份支付相关的支出在按照会计准则规定确认为成本费用时，其相关的所得税影响应区别于税法的规定进行处理：如果税法规定与股份支付相关的支出不允许税前扣除，则不形成暂时性差异；如果税法规定与股份支付相关的支出允许税前扣除，在按照会计准则规定确认成本费用的期间内，企业应当根据会计期末取得的信息估计可税前扣除的金额计算确定其计税基础及由此产生的暂时性差异，符合确认条件的情况下，应当确认相关的递延所得税。

**4. 适用税率变化对已确认递延所得税资产和递延所得税负债的影响**

因税收法规的变化，导致企业在某一会计期间适用的所得税税率发生变化的，企业应对已确认的递延所得税资产和递延所得税负债按照新的税率进行重新计量。递延所得税资产和递延所得税负债的金额代表的是有关可抵扣暂时性差异或应纳税暂时性差异于未来期间转回时，导致企业应交所得税金额的减少或增加的情况。适用税率变动的情况下，应对原已确认的递延所得税资产及递延所得税负债的金额进行调整，反映税率变化带来的影响。

直接计入所有者权益的交易或事项产生的递延所得税资产及递延所得税负债，其调整金额应计入所有者权益。其他情况下因税率变化产生的调整金额应确认为税率变化当期的所得税费用（或收益）。

## （六）所得税费用的确认与计量

### 1. 应交所得税

应交所得税是指企业按照税法规定计算确定的针对当期发生的交易和事项，应缴纳给税务部门的所得税金额，即当期应交所得税。

企业应交所得税的计算公式为：

应交所得税 = 应纳税所得额 × 所得税税率

应纳税所得额是在企业税前会计利润（即利润总额）的基础上调整确定的，计算公式为：

应纳税所得额 = 税前会计利润 + 纳税调整增加额 − 纳税调整减少额

具体表现为：

应纳税所得额 = 会计利润

+ 计入利润表但不允许税前扣除的费用

± 计入利润表的费用与可予税前抵扣的费用之间的差额

± 计入利润表的收入与计入应纳税所得额的收入之间的差额

− 计入利润表但不计入应纳税所得额的收入

± 其他需要调整的因素

**【例 12-41】** 大河公司 2020 年度利润总额（税前会计利润）为 28 120 000 元，所得税税率为 25%。大河公司全年实际发放的工资、薪金为 4 000 000 元、职工福利费 600 000 元，工会经费 100 000 元，职工教育经费 250 000 元；经查，大河公司当年营业外支出中有 120 000 元为税收滞纳金，投资收益中有本年实现的国债利息收入 300 000 元。除此以外，无其他纳税调整事项。

企业所得税法规定，企业发生的合理的工资、薪金支出准予据实扣除，企业发生的福利费支出，不超过工资、薪金总额 14% 的部分准予扣除；企业拨缴的工会经费，不超过工资、薪金总额 2% 的部分准予扣除；除国务院财政、税收主管部门另有规定外，企业发生的职工教育经费支出，不超过工资、薪金总额 8% 的部分准予扣除，超过部分准予结转以后纳税年度。

分析：按照企业所得税法规定，大河公司计算应纳税所得额时，准予扣除的相关项目的金额如下：

准予扣除的工资、薪金 = 4 000 000（元）

准予扣除的职工福利费 = 4 000 000 × 14% = 560 000（元）

准予扣除的工会经费 = 4 000 000 × 2% = 80 000（元）

准予扣除的职工教育经费 = 4 000 000 × 8% = 320 000（元）

所以，大河公司当期所得税计算如下：

纳税调整增加额 = (600 000 − 560 000) + (100 000 − 80 000) + 120 000 = 180 000（元）

纳税调整减少额 = 300 000（元）

应纳税所得额 = 28 120 000 + 180 000 − 300 000 = 28 000 000（元）

当期应交所得税额 = 28 000 000 × 25% = 7 000 000（元）

**2. 递延所得税**

递延所得税是指按照企业会计准则的规定应当计入当期利润表的递延所得税费用（或收益），其金额为当期应予确认的递延所得税负债减去当期应予确认的递延所得税资产的差额。

具体计算为：

递延所得税 = （递延所得税负债的期末余额 − 递延所得税负债期初余额）
　　　　　　 − （递延所得税资产的期末余额 − 递延所得税资产期初余额）

其中：期末递延所得税负债 = 期末应纳税暂时性差异 × 适用税率

　　　期末递延所得税资产 = 期末可抵扣暂时性差异 × 适用税率

递延所得税负债的期末余额减去递延所得税负债期初余额，为当期应予确认的递延所得税负债。递延所得税资产的期末余额减去递延所得税资产期初余额，为当期应予确认的递延所得税资产。当期应予确认的递延所得税负债与当期应予确认的递延所得税资产之间的差额，为当期应予确认的递延所得税。

由于递延所得税是企业应当计入当期利润表的递延所得税费用（或收益），因此，在计算递延所得税时，不应当包括直接计入所有者权益的交易或事项产生的递延所得税负债和递延所得税资产以及企业合并中产生的递延所得税负债和递延所得税资产。

**3. 所得税费用的账务处理**

企业根据企业会计准则的规定，计算确定的当期所得税与递延所得税之和，即为从当期利润总额中扣除的所得税费用。

所得税费用 = 当期所得税 + 递延所得税

企业应通过"所得税费用"科目，核算企业所得税费用的确认及其结转情况。期末，应将"所得税费用"科目的余额转入"本年利润"科目，借记"本年利润"科目，贷记"所得税费用"科目。结转后"所得税费用"科目应无余额。

**【例 12-42】** 承〖例 12-41〗2020 年，大河公司递延所得税负债年初余额为 500 000 元，年末余额为 700 000 元,递延所得税资产年初余额为 350 000 元,年末余额为 250 000 元。

大河公司所得税费用计算如下:

递延所得税 =(700 000 – 500 000)–(250 000 – 350 000)= 300 000(元)

所得税费用 = 当期应交所得税 + 递延所得税 = 7 000 000 + 300 000 = 7 300 000(元)

大河公司的账务处理如下:

借:所得税费用　　　　　　　　　　　　　　7 300 000
　　贷:应交税费——应交所得税　　　　　　　　　7 000 000
　　　　递延所得税负债　　　　　　　　　　　　　　200 000
　　　　递延所得税资产　　　　　　　　　　　　　　100 000

## 四、本年利润的结转

### (一)结转本年利润的方法

会计期末结转本年利润的方法有表结法和账结法两种。

**1. 表结法**

表结法下,各损益类科目每月末只需结计出本月发生额和月末累计余额,不结转到"本年利润"科目,只有在年末时才将全年累计余额结转入"本年利润"科目。但每月末要将损益类科目的本月发生额合计数填入利润表的本月数栏,同时将本月末累计余额填入利润表的本年累计数栏,通过利润表计算反映各期的利润(或亏损)。表结法下,年中损益类科目无须结转入"本年利润"科目,从而减少转账环节和工作量,同时并不影响利润表的编制及有关损益指标的利用。

**2. 账结法**

账结法下,每月月末均需编制转账凭证,将在账上结计出的各损益类科目的余额结转入"本年利润"科目。结转后"本年利润"科目的本月合计数反映当月实现的利润或发生的亏损,"本年利润"科目的本年累计数反映本年累计实现的利润或发生的亏损。账结法在各月均可通过"本年利润"科目提供当月及本年累计的利润(或亏损)额,但增加了转账环节和工作量。

### (二)本年利润结转的账务处理

企业应设置"本年利润"科目,核算企业本年度内实现的净利润(或净亏损)。期末结转利润时,应将"主营业务收入""营业外收入""投资收益"等科目的期末余额转入"本年利润"科目的贷方;将"主营业务成本""税金及附加""销售费用""管理费用""财务费用""营业外支出""所得税费用"等科目的期末余额分别转入"本年利润"科目的借方。转账后,"本年利润"科目如为贷方余额,反映本年度自年初开始累计实现的净利润;如为借方余额,反映本年度自年初开始累计发生的净亏损。

年度终了,应将"本年利润"科目的全部累计余额,转入"利润分配"科目,如为净利润,借记"本年利润"科目,贷记"利润分配"科目;如为净亏损,作相反会计分录。年度结账后,"本年利润"科目无余额。

【例12-43】大河公司2020年末各损益类科目余额如表12-4所示。

表12-4　　　　　　　　　　损益类科目余额表　　　　　　　　单位:元

| 科目名称 | 借方发生额 | 贷方发生额 |
| --- | --- | --- |
| 主营业务收入 |  | 3 000 000 |
| 投资收益 |  | 50 000 |
| 营业外收入 |  | 15 000 |
| 主营业务成本 | 1 750 000 |  |
| 税金及附加 | 10 000 |  |
| 销售费用 | 523 500 |  |
| 管理费用 | 160 000 |  |
| 财务费用 | 17 000 |  |
| 营业外支出 | 5 000 |  |
| 所得税费用 | 60 000 |  |
| 合计 | 2 525 500 | 3 065 000 |

大河公司应作如下账务处理:

① 年末结转本年收入:

| 借:主营业务收入 | 3 000 000 |
| --- | --- |
| 　　投资收益 | 50 000 |
| 　　营业外收入 | 15 000 |
| 　贷:本年利润 | 3 065 000 |

② 年末结转本年成本、费用:

| 借:本年利润 | 2 525 500 |
| --- | --- |

| 贷：主营业务成本 | 1 750 000 |
| --- | --- |
| 税金及附加 | 10 000 |
| 销售费用 | 523 500 |
| 管理费用 | 160 000 |
| 财务费用 | 17 000 |
| 营业外支出 | 5 000 |
| 所得税费用 | 60 000 |

结转本年利润以后,"本年利润"科目贷方发生额为 3 065 000 元,借方发生额为 2 525 500 元,贷方余额为 539 500 元,即 2020 年净利润总额为 539 500 元。

## 第四节 利润的分配

### 一、利润分配概述

企业取得的净利润,应当按规定进行分配。利润的分配过程和结果,不仅关系到所有者的合法权益是否得到保护,而且还关系到企业能否长期、稳定的发展。企业本年实现的净利润加上年初未分配利润为企业可供分配的利润。

### 二、利润分配的账务处理

企业税后利润分配的内容主要包括弥补以前年度亏损、提取盈余公积和向股东分配股利等。

#### (一) 弥补以前年度亏损

企业所得税法规定,企业某年度发生的亏损,在其后 5 年内可以用税前利润弥补,连续 5 年尚未弥补的亏损,从第 6 年开始,只能用税后利润弥补。如果税后利润还不够弥补亏损,则可以用发生亏损以前提取的盈余公积来弥补。用盈余公积弥补亏损时,应借记"盈余公积"科目,贷记"利润分配——盈余公积补亏"科目。

#### (二) 提取盈余公积

企业的税后利润在弥补了以前年度亏损以后,如果还有剩余,应按一定比例计提盈余公积,借记"利润分配——提取法定盈余公积""利润分配——提取任意盈余公积"

科目，贷记"盈余公积——法定盈余公积""盈余公积——任意盈余公积"科目。

【例12-44】大河公司2020年实现净利润为6 000 000元，以前年度未发生亏损，分别按当年净利润的10%和5%提取法定盈余公积和任意盈余公积。大河公司的账务处理如下：

借：利润分配——提取法定盈余公积　　　　　　　　　　　　600 000
　　　　　　——提取任意盈余公积　　　　　　　　　　　　300 000
　　贷：盈余公积——法定盈余公积　　　　　　　　　　　　600 000
　　　　　　　　——任意盈余公积　　　　　　　　　　　　300 000

### （三）向股东分配股利

企业当年的税后利润扣除弥补以前年度亏损和提取盈余公积以后的数额，再加上年初未分配利润，即为当年可以向股东分配利润的限额。企业可以在此限额内，决定向股东分配利润的具体数额。

股利按其分派的形式，可以分为现金股利和股票股利。

**1. 现金股利**

现金股利是指公司以货币资金支付给股东的股利。公司分派现金股利，应由股东大会做出决议，由董事会正式宣告。已宣告分派的现金股利，自宣告之日起，即为公司的一项流动负债，应借记"利润分配——应付现金股利"科目，贷记"应付股利"科目。公司实际分派现金股利时，应借记"应付股利"，贷记"银行存款"等科目。

【例12-45】2020年末大河公司宣告分派现金股利2 000 000元，大河公司的账务处理如下：

借：利润分配——应付现金股利　　　　　　　　　　　　　2 000 000
　　贷：应付股利　　　　　　　　　　　　　　　　　　　　2 000 000

**2. 股票股利**

股票股利是指公司以增发股票的形式向股东支付的股利。公司分派股票股利，不影响公司的资产和负债，也不影响公司的所有者权益总额，只是所有者权益的结构将发生变化。

公司分派股票股利，实质上是将原来归股东所共有的一部分留存收益，划归每一个股东名下。在净收益不变的情况下，分派股票股利后，每股的收益率会有所下降，每股的市场价格也会有所下降。从股份有限公司的角度看，分派股票股利不必支付现金，有助于公司积累资金，以扩大再生产。

企业按股东大会批准的应分配股票股利，在办理增资手续后，借记"利润分配——

转作股本的股利"科目,贷记"股本"科目。

年度终了,企业应将全年实现的净利润,自"本年利润"科目转入"利润分配"科目,借记"本年利润"科目,贷记"利润分配——未分配利润"科目,如为净亏损,作相反的会计分录;同时,将"利润分配"科目下的其他明细科目的余额转入"利润分配——未分配利润"科目。结转后,除"未分配利润"明细科目外,"利润分配"科目的其他明细科目应无余额。

"利润分配"科目年末余额,反映企业历年积存的未分配利润(或未弥补亏损)。

【例12-46】承【例12-44】【例12-45】大河公司的账务处理如下:

① 结转本年利润:

借:本年利润　　　　　　　　　　　　　　　　　6 000 000
　　贷:利润分配——未分配利润　　　　　　　　　　　6 000 000

② 结转利润分配科目中的明细科目:

借:利润分配——未分配利润　　　　　　　　　　　2 900 000
　　贷:利润分配——提取法定盈余公积　　　　　　　　600 000
　　　　　　　　——提取任意盈余公积　　　　　　　　300 000
　　　　　　　　——应付现金股利　　　　　　　　　2 000 000

 思考:企业发放现金股利和股票股利对所有者权益的影响有何不同?

 **思考题**

1. 简述营业收入的确认条件。
2. 简述营业收入的确认时间。
3. 简述确定交易价格应当考虑的因素。
4. 简述营业收入确认计量的步骤。
5. 具有重大融资成分的商品销售如何确认收入?
6. 附有售后回购条件的商品销售如何确认收入?
7. 附有客户额外购买选择权的销售如何确认收入?
8. 简述资产负债表债务法的基本核算程序。
9. 如何确认所得税费用?
10. 简述利润分配的程序。

# 第十三章

# 财务报告

> **学习目标：**
> 1. 了解财务报告的概念、作用、种类和列报要求。
> 2. 了解资产负债表、利润表、现金流量表、所有者权益变动表的概念和作用。
> 3. 了解附注的概念和基本内容。
> 4. 熟悉资产负债表、利润表的基本原理。
> 5. 熟悉现金流量表的分类和编制方法。
> 6. 掌握资产负债表、利润表、现金流量表、所有者权益变动表的编制。

案例导读：

根据《中华人民共和国会计法》的规定，各单位必须根据实际发生的经济业务事项进行会计核算，填制会计凭证，登记会计账簿，编制财务会计报告。有关法律、行政法规规定会计报表、会计报表附注和财务情况说明书须经注册会计师审计的，注册会计师及其所在的会计师事务所出具的审计报告应当随同财务会计报告一并提供。

根据《中华人民共和国公司法》第一百六十四条规定，公司应当在每一会计年度终了时编制财务会计报告，并依法经会计师事务所审计。财务会计报告应当依照法律、行政法规和国务院财政部门的规定制作。

根据《中华人民共和国证券法》规定，上市公司和公司债券上市交易的公司，应当在每一会计年度结束之日起四个月内，向国务院证券监督管理机构和证券交易所报送年度报告，并予公告。

请同学们思考：

(1) 企业（公司）为什么要编制财务报告？
(2) 财务报告包括哪些内容？
(3) 财务报表包括哪些内容？
(4) 如何编制财务报表？

通过本章的学习，你将会找到答案。

# 第一节 财务报告概述

## 一、财务报告的作用

财务报告也称为财务会计报告，是提供会计信息的一种重要手段。财务报告是指企业对外提供的，以日常会计核算资料为主要依据，反映企业某一特定日期财务状况和某一会计期间经营成果、现金流量的文件。在企业日常的会计核算中，企业所发生的各项经济业务都已按照一定的会计程序，在有关的账簿中进行全面、连续、分类、汇总的记录和计算。企业在一定日期的财务状况和一定时期内的经营成果，在日常会计记录里已经得到反映。但是，这些日常核算资料数量太多，而且比较分散，不能集中、概括地反映企业的财务状况和经营成果。企业的管理者、投资者、债权人和财政、税务等部门以及其他与企业有利害关系的单位和个人，不能直接使用这些比较分散的会计记录，来分析评价企业的财务状况和经营成果，据以做出正确的决策。因此，有必要定期地将日常会计核算资料加以分类调整、汇总，按照一定的形式编制财务报告，总括、综合地反映企业的经济活动过程和结果，为有关方面进行管理和决策提供所需的会计信息。

企业编制财务报告，对于改善企业外部有关方面的经济决策环境和加强企业内部经营管理，具有重要作用。具体说来，财务报告的作用，主要表现在以下几个方面。

(1) 企业的投资者（包括潜在的投资者）和债权人（包括潜在的债权人），为了进行正确的投资决策和信贷决策，需要利用财务报告了解有关企业经营成果、财务状况及现金流动情况的会计信息。

(2) 企业管理当局为了考核和分析财务成本计划或预算的完成情况，总结经济工作的成绩和存在的问题，评价经济效益，需要利用财务报告掌握本企业有关财务状况、经营成果和现金流动情况的会计信息。

(3) 国家有关部门为了加强宏观经济管理，需要各单位提供财务报告资料，以便通过汇总分析，了解和掌握各部门、各地区经济计划（预算）完成情况，各种财经法律制度的执行情况，并针对存在的问题，及时运用经济杠杆和其他手段，调控经济活动，优化资源配置。

## 二、财务报告的构成

财务报告分为年度、半年度、季度和月度财务报告。月度、季度财务报告是指月度和季度终了提供的财务报告；半年度财务报告是指在每个会计年度的前6个月结束后对外提供的财务报告；年度财务报告是指年度终了对外提供的财务报告。半年度、季度和月度财务报告统称为中期财务报告。

企业的财务报告包括财务报表和其他应当在财务报告中披露的相关信息及资料。财务报表包括资产负债表、利润表、现金流量表、所有者权益变动表和附注。附注是对报表正文信息的补充说明，它提供与财务报表所反映的信息相关的其他财务信息，使财务报告使用者通过阅读财务报表及其相关的附注，为其决策获得更充分的信息。在我国，企业对外提供的财务报告的内容、财务报表的种类和格式、财务报表附注的主要内容等，由国家统一的会计制度规定；企业内部管理需要的财务报表由企业自行规定。

## 三、财务报表的列报要求

企业在编制财务报表时，除应做到数字真实、计算准确、内容完整、报送及时等基础工作要求外，还应重点关注以下内容。

### （一）以持续经营为编制基础

在编制财务报表的过程中，企业管理层应当对企业持续经营的能力进行评价，需要考虑的因素包括市场经营风险、企业目前或长期的盈利能力、偿债能力、财务弹性以及企业管理层改变经营政策的意向等。评价后对企业持续经营的能力产生严重怀疑的，应当在附注中披露导致对持续经营能力产生重大怀疑的重要的不确定因素。

企业处于非持续经营状态时，应当采用其他基础编制财务报表，如破产企业的资产应当采用可变现净值计量、负债应当按照其预计的结算金额计量等。在非持续经营情况下，企业应当在附注中声明财务报表未以持续经营为基础列报，披露未以持续经营为编制基础的原因以及所采用的编制基础。

### （二）以重要性选择报表项目

关于项目在财务报表中是单独列报还是合并列报，应当依据重要性原则来判断。具体而言：

（1）性质或功能不同的项目，一般应当在财务报表中单独列报，但是不具有重要性的项目可以合并列报。例如，存货和固定资产在性质上和功能上都有本质差别，必须分别在资产负债表中单独列报。

（2）性质和功能类似的项目，一般可以合并列报，但是对具有重要性的类别应该单独列报。例如，原材料、低值易耗品等项目在性质上类似，均通过生产过程形成企业的产品存货，因此可以合并列报，合并之后统称为"存货"并进行单独列报。

重要性是判断项目是否单独列报的重要标准。企业在进行重要性判断时，应当根据所处环境，从项目的性质和金额大小两方面予以判断：一方面，应当考虑该项目的性质是否属于企业日常活动、是否对企业的财务状况和经营成果具有较大影响等因素；另一方面，判断项目金额大小的重要性，应当通过单项金额占资产总额、负债总额、所有者权益总额、营业收入总额、净利润总额等直接相关项目金额的比重加以确定。

### （三）财务报表项目具有可比性

可比性是会计信息的一项重要质量要求，目的是使同一企业不同期间或同一期间不同企业的财务报表相互可比。为此，财务报表项目的列报应当在各个会计期间保持一致，不得随意变更，这一要求不仅只针对财务报表中的项目名称，还包括财务报表项目的分类、排列顺序等方面。在以下特殊情况下，财务报表项目的列报是可以改变的：（1）会计准则要求改变；（2）企业经营业务的性质发生重大变化后，变更财务报表项目的列报能够提供更可靠、更相关的会计信息。

企业在列报当期财务报表时，至少应当提供所列报告项目上一可比会计期间的比较数据，以及与理解当期财务报表相关的说明，目的是向报表使用者提供对比数据，提高信息在会计期间的可比性，以反映企业财务状况、经营成果和现金流量的发展趋势，提高报表使用者的判断与决策能力。在财务报表项目确需发生变更的情况下，企业应当对上期比较数据按照当期的列报要求进行调整，并在附注中披露调整的原因和性质，以及调整的各项目金额。但是，在某些情况下，对上期比较数据进行调整若是不切实可行的，则应当在附注中披露不能调整的原因。

### （四）财务报表项目金额间的相互抵销

财务报表项目应当以总额列报，资产和负债、收入和费用不能相互抵销，即不得以净额列报，但企业会计准则另有规定的除外。例如，企业欠客户的应付款不得与其他客户欠本企业的应收款相抵销，如果相互抵销就掩盖了交易的实质。

下列两种情况不属于抵销，可以以净额列示：（1）资产计提的减值准备，实质上意味着资产的价值确实发生了减损，资产项目应当按扣除减值准备后的净额列示，这样才能反映资产当时的真实价值，并不属于上面所述的抵销。（2）非日常活动并非企业主要的业务，且具有偶然性，从重要性来讲，非日常活动产生的损益以收入和费用抵销后的净额列示，对公允反映企业财务状况和经营成果影响不大，抵销后反而更能有利于报表使用者的理解。因此，非日常活动产生的损益应当以同一交易形成的收入扣减费用后的净额列示，并不属于抵销。例如，非流动资产处置形成的利得和损失，应按处置收入扣除该资产的账面金额和相关销售费用后的余额列示。

**（五）企业应当在财务报表的显著位置披露的信息**

（1）编报企业的名称，如企业名称在所属当期发生了变更的，应当明确标明；
（2）资产负债表日或财务报表涵盖的会计期间；
（3）货币名称和单位；
（4）财务报表是合并财务报表的，应当予以标明。

**（六）企业至少应当编制年度财务报表**

在年度财务报表涵盖的期间短于一年的情况下，应当披露年度财务报表的实际涵盖期间及其短于一年的原因。

## 第二节　资产负债表

### 一、资产负债表的作用

资产负债表是反映企业某一特定日期财务状况的报表，也称财务状况表。例如，公历每年12月31日的财务状况，它反映的就是该日的情况。

资产负债表是根据资产、负债、所有者权益三个基本要素的相互关系，按照一定的分类标准和程序排列而成的。资产负债表所提供的资料，既为企业管理决策所必需，又对与企业有利害关系的集团和个人极为重要。具体来讲，资产负债表主要有以下几个方面的作用。

（1）反映了企业拥有和控制的经济资源及其构成情况。资产负债表把企业的资产按经济性质和用途分成流动资产、长期投资、固定资产、无形资产及其他资产，它们是企业开展生产经营的物质条件，代表企业未来的经济利益，对报表使用者分析企业的偿债能力、营运能力有重要的作用。

（2）反映了企业权益资本的构成情况。权益资本即负债与所有者权益的总和。负债是某一特定日期所承担的债务，按不同的性质分为流动负债和非流动负债两大类，它们代表了未来经济利益的流出，这些信息对于分析企业的偿债能力和预测未来的现金流量有重要的参考价值。所有者权益是某一特定日期投资人对企业净资产的所有权，它包括股本、资本公积、盈余公积和未分配利润，这些信息有助于分析企业的筹资能力、资本的保值与增值状况。

（3）反映企业财务结构的优劣和负债经营的合理程度。财务结构是资产负债表右边所有内容的组合结构，最基本的为流动负债与非流动负债和所有者权益的比例结构，即短期资金与长期资金的构成情况。短期资金即流动负债，由于偿还时间短，不能偿还的风险大，但流动负债的筹资成本低；相反，非流动负债和所有者权益偿还期限长（所有者权益是永久性使用的资金），不能偿还的风险小，但是它们筹资成本较高。因此，报表使用者应在盈利能力与风险之间作出选择。关于负债经营的合理程度，主要用流动比率、速动比率、资产负债率等指标来衡量。

## 二、资产负债表的内容和格式

资产负债表是按照规定的项目顺序，对企业某一特定日期的资产、负债、所有者权益加以适当排列而成的，其基本内容包括：

（1）资产类项目。资产类项目按变现能力的强弱，分为流动资产和非流动资产两大类。

**流动资产项目包括**：货币资金、交易性金融资产、应收票据、应收账款、预付账款、应收股利、应收利息、其他应收款及存货等。

**非流动资产项目包括**：可供出售金融资产、持有至到期投资、投资性房地产、长期股权投资、长期应收款、固定资产、无形资产和其他非流动资产等。

（2）负债类项目。负债类项目按偿还时间的长短，分为流动负债和非流动负债。

**流动负债项目包括**：短期借款、交易性金融负债、应付票据、应付账款、预收账款、应付职工薪酬、应交税费、应付利息、应付股利、其他应付款等。

**非流动负债项目包括**：长期借款、应付债券、长期应付款、专项应付款等。

（3）所有者权益类项目。所有者权益项目按形成来源的不同，可分为实收资本（或股本)、资本公积、其他综合收益、盈余公积和未分配利润。

关于资产负债表的格式,目前国际上流行的主要有账户式和报告式两种,我国企业会计准则规定,资产负债表的格式一律采用账户式结构。

账户式资产负债表又称横式资产负债表,它是根据"资产=负债+所有者权益"会计恒等式,按照账户的形式列示各类项目,即资产类项目排列在表的左方;负债类和所有者权益类项目排列在表的右方,并使资产负债表的左右两方数额保持平衡。

根据企业会计准则的规定,企业需要提供比较资产负债表,以便报表使用者通过比较不同时点资产负债表的数据,掌握企业财务状况的变动情况及发展趋势。所以,资产负债表还就各项目再分为"年初余额"和"期末余额"两栏分别填列。其格式如表13-1所示。

表 13-1　　　　　　　　　　　　　资产负债表

编制单位:大河公司　　　　　　　2020年12月31日　　　　　　　　　　　　单位:元

| 资产 | 年初余额 | 期末余额 | 负债和所有者权益 | 年初余额 | 期末余额 |
|---|---|---|---|---|---|
| 流动资产: | | | 流动负债: | | |
| 货币资金 | 1 406 300 | 788 276 | 短期借款 | 300 000 | 50 000 |
| 交易性金融资产 | 15 000 | 0 | 交易性金融负债 | 0 | 0 |
| 衍生金融资产 | 0 | 0 | 衍生金融负债 | 0 | 0 |
| 应收票据 | 246 000 | 46 000 | 应付票据 | 200 000 | 100 000 |
| 应收账款 | 299 100 | 598 200 | 应付账款 | 953 800 | 953 800 |
| 预付款项 | 100 000 | 100 000 | 预收账款 | 0 | 0 |
| 其他应收款 | 5 000 | 5 000 | 合同负债 | 0 | 0 |
| 存货 | 2 580 000 | 2 484 700 | 应付职工薪酬 | 110 000 | 180 000 |
| 合同资产 | 0 | 0 | 应交税费 | 36 600 | 56 151 |
| 持有待售资产 | 0 | 0 | 其他应付款 | 51 000 | 233 202.5 |
| 一年内到期的非流动资产 | 0 | 0 | 持有待售负债 | 0 | 0 |
| 其他流动资产 | 100 000 | 100 000 | 一年内到期的非流动负债 | 1 000 000 | 0 |
| 流动资产合计 | 4 751 400 | 4 122 176 | 其他流动负债 | 0 | 0 |
| 非流动资产: | | | 流动负债合计 | 2 651 400 | 1 573 153.5 |
| 债权投资 | 0 | 0 | 非流动负债: | | |
| 其他债权投资 | 0 | 0 | 长期借款 | 600 000 | 1 000 000 |
| 长期应收款 | 0 | 0 | 应付债券 | 0 | 0 |
| 长期股权投资 | 250 000 | 250 000 | 租赁负债 | 0 | 0 |

续表

| 资产 | 年初余额 | 期末余额 | 负债和所有者权益 | 年初余额 | 期末余额 |
|---|---|---|---|---|---|
| 其他权益工具投资 | 0 | 0 | 长期应付款 | 0 | 0 |
| 其他非流动金融资产 | 0 | 0 | 预计负债 | 0 | 0 |
| 投资性房地产 | 0 | 0 | 递延收益 | 0 | 0 |
| 固定资产 | 1 100 000 | 2 230 000 | 递延所得税负债 | 0 | 0 |
| 在建工程 | 1 500 000 | 628 000 | 其他非流动负债 | 0 | 0 |
| 生产性生物资产 | 0 | 0 | 非流动负债合计 | 600 000 | 1 000 000 |
| 油气资产 | 0 | 0 | 负债合计 | 3 251 400 | 2 573 153.5 |
| 使用权资产 | 0 | 0 | 所有者权益（股东权益） | | |
| 无形资产 | 600 000 | 540 000 | 实收资本（或股本） | 5 000 000 | 5 000 000 |
| 开发支出 | 0 | 0 | 其他权益工具 | 0 | 0 |
| 商誉 | 0 | 0 | 资本公积 | 0 | 0 |
| 长期待摊费用 | 200 000 | 200 000 | 减：库存股 | 0 | 0 |
| 递延所得税资产 | 0 | 0 | 其他综合收益 | 0 | 0 |
| 其他非流动资产 | 0 | 0 | 盈余公积 | 100 000 | 127 022.5 |
| 非流动资产合计 | 3 650 000 | 3 848 000 | 未分配利润 | 50 000 | 270 000 |
| | | | 所有者权益（或股东权益）合计 | 5 150 000 | 5 397 022.5 |
| 资产总计 | 8 401 400 | 7 970 176 | 负债和所有者权益总计 | 8 401 400 | 7 970 176 |

## 三、资产负债表的列报方法

### （一）资产负债表各项目的列报方法

（1）"货币资金"项目，反映企业库存现金、银行结算户存款、外埠存款、银行汇票存款、银行本票存款、信用卡存款、信用证保证金存款等的合计数。本项目应根据"库存现金""银行存款""其他货币资金"科目期末余额的合计数填列。

（2）"交易性金融资产"项目，反映资产负债表日企业分类为以公允价值计量且其变动计入当期损益的金融资产，以及企业持有的指定为以公允价值计量且其变动计入当期损益的金融资产的期末账面价值。该项目应根据"交易性金融资产"科目的相关明细科目的期末余额分析填列。自资产负债表日起超过一年到期且预期持有超过一年的以公允价值计量且其变动计入当期损益的非流动金融资产的期末账面价值，在"其他非流动金融资产"项目反映。

（3）"衍生金融资产"项目，反映衍生金融工具的资产价值。本项目应根据"衍生金融资产"科目的期末余额填列。

（4）"应收票据"项目，反映资产负债表日以摊余成本计量的、企业因销售商品、提供服务等收到的商业汇票，包括银行承兑汇票和商业承兑汇票。该项目应根据"应收票据"科目的期末余额，减去"坏账准备"科目中相关坏账准备期末余额后的金额分析填列。

（5）"应收账款"项目，反映资产负债表日以摊余成本计量的、企业因销售商品、提供服务等经营活动应收取的款项。该项目应根据"应收账款"科目的期末余额，减去"坏账准备"科目中相关坏账准备期末余额后的金额分析填列。

（6）"预付款项"项目，反映企业按照购货合同规定预付给供应单位的款项等。本项目应根据"预付账款"和"应付账款"科目所属各明细科目的期末借方余额合计数，减去"坏账准备"科目中有关预付款项计提的坏账准备期末余额后的金额填列。如"预付账款"科目所属各明细科目期末有贷方余额，应在资产负债表"应付账款"项目内填列。

（7）"其他应收款"项目，反映企业除应收票据、应收账款、预付账款等经营活动以外的其他各种应收、暂付的款项。本项目应根据"其他应收款""应收股利""应收利息"科目的期末余额，减去"坏账准备"科目中相关坏账准备期末余额后的金额分析填列。

（8）"存货"项目，反映企业期末在库、在途和在加工中的各种存货的成本或可变现净值。本项目应根据"在途物资""材料采购""原材料""库存商品""周转材料""委托加工物资""生产成本"等科目的期末余额合计数，减去"存货跌价准备"科目期末余额后的金额填列。材料采用计划成本核算的，还应按加或减材料成本差异后的金额填列。

（9）"合同资产"项目，反映企业已向客户转让商品而有权收取对价的权利（该权利取决于时间流逝之外的其他因素）的价值。本项目应根据"合同资产"科目及相关明细科目的期末余额填列。

（10）"持有待售资产"项目，反映资产负债表日划分持有待售类别的非流动资产及被划分为持有待售类别的处置组中的流动资产和非流动资产的期末账面价值。本项目应根据"持有待售资产"科目的期末余额，减去"持有待售资产减值准备"科目余额后的金额填列。

(11)"一年内到期的非流动资产"项目,通常反映预计自资产负债表日起一年内变现的非流动资产。对于按照相关会计准则采用折旧(或摊销、折耗)方法进行后续计量的固定资产、使用权资产、无形资产和长期待摊费用等非流动资产,折旧(或摊销、折耗)年限(或期限)只剩一年或不足一年的,或预计在一年内(含一年)进行折旧(或摊销、折耗)的部分,不得归类为流动资产,仍在各该非流动资产项目中填列,不转入"一年内到期的非流动资产"项目。

(12)"其他流动资产"项目,反映企业除货币资金、交易性金融资产、应收票据及应收账款、存货等流动资产以外的其他流动资产。本项目应根据有关科目的期末余额填列。

(13)"债权投资"项目,反映资产负债表日企业以摊余成本计量的长期债权投资的期末账面价值。该项目应根据"债权投资"科目的相关明细科目期末余额,减去"债权投资减值准备"科目中相关减值准备的期末余额后的金额分析填列。自资产负债表日起一年内到期的长期债权投资的期末账面价值,在"一年内到期的非流动资产"项目反映。企业购入的以摊余成本计量的一年内到期的债权投资的期末账面价值,在"其他流动资产"项目反映。

(14)"其他债权投资"项目,反映资产负债表日企业分类为以公允价值计量且其变动计入其他综合收益的长期债权投资的期末账面价值。该项目应根据"其他债权投资"科目的相关明细科目的期末余额分析填列。自资产负债表日起一年内到期的长期债权投资的期末账面价值,在"一年内到期的非流动资产"项目反映。企业购入的以公允价值计量且其变动计入其他综合收益的一年内到期的债权投资的期末账面价值,在"其他流动资产"项目反映。

(15)"长期应收款"项目,反映企业融资租赁产生的应收款项、采用延期收款具有融资性质的销售商品和提供劳务等产生的长期应收款项等。本项目应根据"长期应收款"科目的期末余额,减去相应的"未实现融资收益"科目和"坏账准备"科目所属相关明细科目期末余额后的金额填列。

(16)"长期股权投资"项目,反映企业持有的对子公司、联营企业和合营企业的长期股权投资。本项目应根据"长期股权投资"科目的期末余额,减去"长期股权投资减值准备"科目期末余额后的金额填列。

(17)"其他权益工具投资"项目,反映资产负债表日企业指定为以公允价值计量且其变动计入其他综合收益的非交易性权益工具投资的期末账面价值。该项目应根据"其他权益工具投资"科目的期末余额填列。

(18)"其他非流动金融资产"项目,反映企业自资产负债表日起超过一年到期且预期持有超过一年的以公允价值计量且其变动计入当期损益的非流动金融资产的期末账面价值。本项目应根据"交易性金融资产"的发生额分析填列。

(19)"投资性房地产"项目,反映企业持有的投资性房地产。企业采用成本模式计量投资性房地产的,本项目应根据"投资性房地产"科目的期末余额,减去"投资性房地产累计折旧(或摊销)"和"投资性房地产减值准备"科目期末余额后的金额填列。企业采用公允价值模式计量投资性房地产的,本项目应根据"投资性房地产"科目的期末余额填列。

(20)"固定资产"项目,反映资产负债表日企业固定资产的期末账面价值和企业尚未清理完毕的固定资产清理净损益。该项目应根据"固定资产"科目的期末余额,减去"累计折旧"和"固定资产减值准备"科目的期末余额后的金额,以及"固定资产清理"科目的期末余额填列。

(21)"在建工程"项目,反映资产负债表日企业尚未达到预定可使用状态的在建工程的期末账面价值和企业为在建工程准备的各种物资的期末账面价值。该项目应根据"在建工程"科目的期末余额,减去"在建工程减值准备"科目的期末余额后的金额,以及"工程物资"科目的期末余额,减去"工程物资减值准备"科目的期末余额后的金额填列。

(22)"生产性生物资产"项目,反映企业持有的生产性生物资产。本项目应根据"生产性生物资产"科目的期末余额,减去"生产性生物资产累计折旧"和"生产性生物资产减值准备"科目期末余额后的金额填列。

(23)"油气资产"项目,反映企业持有的矿区权益和油气井及相关设施的原价减去累计折耗与累计减值准备后的净额。本项目应根据"油气资产"科目的期末余额,减去"累计折耗"科目期末余额和相应减值准备后的金额填列。

(24)"使用权资产"项目,反映资产负债表日承租人企业持有的使用权资产的期末账面价值。该项目应根据"使用权资产"科目的期末余额,减去"使用权资产累计折旧"和"使用权资产减值准备"科目的期末余额后的金额填列。

(25)"无形资产"项目,反映企业持有的无形资产,包括专利权、非专利技术、商标权、著作权、土地使用权等。本项目应根据"无形资产"科目的期末余额,减去"累计摊销"和"无形资产减值准备"科目期末余额后的金额填列。

(26)"开发支出"项目,反映企业开发无形资产过程中能够资本化形成无形资产成本的支出部分。本项目应根据"研发支出"科目中所属的"资本化支出"明细科目的期末余额填列。

（27）"商誉"项目，反映企业在合并中形成的商誉的价值。本项目应根据"商誉"科目的期末余额，减去相应减值准备后的金额填列。

（28）"长期待摊费用"项目，反映企业已经发生但应由本期和以后各期负担的分摊期限在一年以上的各项费用。长期待摊费用中在一年内（含一年）摊销的部分，在资产负债表"一年内到期的非流动资产"项目填列。本项目应根据"长期待摊费用"科目的期末余额减去将于一年内（含一年）摊销的数额后的金额填列。

（29）"递延所得税资产"项目，反映企业确认的可抵扣暂时性差异产生的递延所得税资产。本项目应根据"递延所得税资产"科目的期末余额填列。

（30）"其他非流动资产"项目，反映企业除长期股权投资、固定资产、在建工程、工程物资、无形资产等资产以外的其他非流动资产。本项目应根据有关科目的期末余额填列。

（31）"短期借款"项目，反映企业向银行或其他金融机构等借入的期限在一年以下（含一年）的各种借款。本项目应根据"短期借款"科目的期末余额填列。

（32）"交易性金融负债"项目，反映资产负债表日企业承担的交易性金融负债，以及企业持有的指定为以公允价值计量且其变动计入当期损益的金融负债的期末账面价值。该项目应根据"交易性金融负债"科目的相关明细科目的期末余额填列。

（33）"衍生金融负债"项目，反映衍生金融工具的负债价值。本项目根据"衍生金融负债"科目的期末余额填列。

（34）"应付票据"项目，反映资产负债表日以摊余成本计量的、企业因购买材料、商品和接受服务等开出、承兑的商业汇票，包括银行承兑汇票和商业承兑汇票。该项目应根据"应付票据"科目的期末余额填列。

（35）"应付账款"项目，反映资产负债表日以摊余成本计量的、企业因购买材料、商品和接受服务等经营活动应支付的款项。该项目应根据"应付账款"和"预付账款"科目所属的相关明细科目的期末贷方余额合计数填列。

（36）"预收款项"项目，反映企业按照销货合同规定预收购买单位的款项。本项目应根据"预收账款"和"应收账款"科目所属各明细科目的期末贷方余额合计数填列。

（37）"合同负债"项目，反映企业已收客户对价而应向客户转让商品的义务的价值。本项目应根据"合同负债"科目的期末余额填列。

（38）"应付职工薪酬"项目，反映企业根据有关规定应付给职工的工资、职工福利、社会保险费、住房公积金、工会经费、职工教育经费、非货币性福利、辞退福利等各种薪酬。

(39)"应交税费"项目,反映企业按照税法规定计算应缴纳的各种税费,包括增值税、消费税、所得税、资源税、土地增值税、城市维护建设税、房产税、城镇土地使用税、车船税、教育费附加等。本项目应根据"应交税费"科目的期末贷方余额填列。如"应交税费"科目期末为借方余额,应以"-"号填列。

(40)"其他应付款"项目,应根据"应付利息""应付股利"和"其他应付款"科目的期末余额合计数填列。其中的"应付利息"仅反映相关金融工具已到期应支付但于资产负债表日尚未支付的利息。基于实际利率法计提的金融工具的利息应包含在相应金融工具的账面余额中。

(41)"持有待售负债"项目,反映资产负债表日处置组中与划分为持有待售类别的资产直接相关的负债的期末账面价值。该项目应根据"持有待售负债"科目的期末余额填列。

(42)"一年内到期的非流动负债"项目,反映企业非流动负债中将于资产负债表日后一年内到期部分的金额,如将于一年内偿还的长期借款。本项目应根据有关科目的期末余额分析填列。

(43)"其他流动负债"项目,反映企业除短期借款、交易性金融负债、应付票据及应付账款、应付职工薪酬、应交税费等流动负债以外的其他流动负债。本项目应根据有关科目的期末余额填列。

(44)"长期借款"项目,反映企业向银行或其他金融机构借入的期限在一年以上(不含一年)的各项借款。本项目应根据"长期借款"科目的期末余额分析填列。

(45)"应付债券"项目,反映企业为筹集长期资金而发行的债券本金和利息。本项目应根据"应付债券"科目的期末余额分析填列。

(46)"租赁负债"项目,反映资产负债表日承租人企业尚未支付的租赁付款额的期末账面价值。该项目应根据"租赁负债"科目的期末余额填列。自资产负债表日起一年内到期应予以清偿的租赁负债的期末账面价值,在"一年内到期的非流动负债"项目反映。

(47)"长期应付款"项目,反映资产负债表日企业除长期借款和应付债券以外的其他各种长期应付款项的期末账面价值。该项目应根据"长期应付款"科目的期末余额,减去相关的"未确认融资费用"科目的期末余额后的金额,以及"专项应付款"科目的期末余额填列。

(48)"预计负债"项目,反映企业确认的对外提供担保、未决诉讼、产品质量保证、重组义务、亏损合同等预计负债。本项目应根据"预计负债"科目的期末余额填列。

(49)"递延收益"项目中摊销期限只剩一年或不足一年的,或预计在一年内(含一年)进行摊销的部分,不得归类为流动负债,仍在该项目中填列,不转入"一年内到期的非流动负债"项目。

(50)"递延所得税负债"项目,反映企业确认的应纳税暂时性差异产生的所得税负债。本项目应根据"递延所得税负债"科目的期末余额填列。

(51)"其他非流动负债"项目,反映企业除长期借款、应付债券等负债以外的其他非流动负债。本项目应根据有关科目的期末余额减去将于一年内(含一年)到期偿还数后的余额填列。非流动负债各项目中将于一年内(含一年)到期的非流动负债,应在"一年内到期的非流动负债"项目内单独反映。

(52)"实收资本(或股本)"项目,反映企业各投资者实际投入的资本(或股本)总额。本项目应根据"实收资本"(或"股本")科目的期末余额填列。

(53)"其他权益工具"项目,反映企业发行的除普通股以外的归类为权益工具的优先股、永续债的价值。本项目应根据"其他权益工具"科目的期末余额填列。"其他权益工具"项目下设的"优先股"和"永续债"两个项目,分别反映企业发行的分类为权益工具的优先股和永续债的账面价值。

(54)"资本公积"项目,反映企业资本公积的期末余额。本项目应根据"资本公积"科目的期末余额填列。

(55)"库存股"项目,反映企业持有尚未转让或注销的本公司股份金额。本项目应根据"库存股"科目的期末余额填列。

(56)"其他综合收益"项目,是指企业根据其他会计准则规定未在当期损益中确认的各项利得和损失。本项目应根据"其他综合收益"科目的期末余额填列。

(57)"盈余公积"项目,反映企业盈余公积的期末余额。本项目应根据"盈余公积"科目的期末余额填列。

(58)"未分配利润"项目,反映企业尚未分配的利润。本项目应根据"本年利润"科目和"利润分配"科目的余额计算填列。未弥补的亏损在本项目内以"-"号填列。

## (二)年初余额栏的列报方法

资产负债表"年初余额"栏内各项数字,应根据上年资产负债表"期末余额"栏内所列数字填列。如果上年度资产负债表规定的各项目的名称和内容与本年度不一致,应对上年末资产负债表各项目的名称和数字按照本年度的规定进行调整,填入表中"年初余额"栏内。

### (三) 期末余额栏的列报方法

资产负债表"期末余额"栏内各项数字，一般应根据资产、负债和所有者权益科目的期末余额来填列。但是，为了如实地反映企业的财务状况，更好地满足报表使用者的需要，资产负债表的某些项目需要根据总账科目和明细科目的记录分析、计算后填列。具体有以下几种方式。

**1. 根据总账科目余额填列**

资产负债表中的有些项目，可直接根据有关总账科目的余额填列，如"交易性金融资产""短期借款""应付职工薪酬"等项目；有些项目则需要根据几个总账科目的期末余额计算填列，如"货币资金"项目，需根据"库存现金""银行存款""其他货币资金"三个总账科目的期末余额的合计数填列。

**2. 根据有关明细科目余额计算填列**

例如，"预收账款"项目，应根据"应收账款""预收账款"总账科目所属明细科目的贷方余额之和计算填列；"应付账款"项目，应根据"应付账款""预付账款"总账科目所属明细科目的贷方余额之和计算填列。

**3. 根据总账科目和明细科目余额分析计算填列**

例如，"长期借款"项目，需要根据"长期借款"总账科目余额扣除"长期借款"科目所属的明细科目中将在一年内到期且企业不能自主地将清偿义务展期的长期借款后的金额计算填列。

**4. 根据有关科目余额减去其备抵科目余额后的净额填列**

例如，"长期股权投资"项目，应当根据"长期股权投资"科目的期末余额减去"长期股权投资减值准备"备抵科目余额后的净额填列；"固定资产"项目，应当根据"固定资产"科目的期末余额减去"累计折旧""固定资产减值准备"备抵科目余额后的净额填列；"无形资产"项目，应当根据"无形资产"科目的期末余额减去"累计摊销""无形资产减值准备"备抵科目余额后的净额填列等。

**5. 综合运用上述填列方法分析填列**

例如，"存货"项目，需要根据"原材料""库存商品""委托加工物资""周转材料""材料采购""材料成本差异""在途物资""发出商品""商品进销差价""生产成本"等总账科目期末余额的分析汇总数，再减去"存货跌价准备"科目余额后的净额填列。再如，"划分为持有待售的资产"项目根据持有待售的固定资产、无形资产及长期股权投资，再加上持有待售处置组中的资产金额填列的。

## 第三节 利润表

### 一、利润表的作用

利润表是反映企业在一定会计期间的经营成果的会计报表。例如，企业某年的利润表反映的就是该年1月1日至12月31日的经营成果。利润表主要有以下几个方面的作用。

**1. 为企业外部投资者以及信贷者做投资决策及贷款决策提供依据**

通过利润表，可以计算利润的绝对值指标，也可以计算投资报酬率以及净资产收益率等相对值指标，并通过前后两个时期以及同一时期不同行业或企业的同类指标的比较分析，了解该企业的获利水平、利润增减变化趋势，据此决定是否投资、是否追加投资及是否改变投资方向。

**2. 为企业内部管理层的经营决策提供依据**

利润表综合地反映营业收入、营业成本以及期间费用等，披露利润组成的各大要素，通过比较分析利润的增减变化，可以寻求其根本原因，以便在价格、品种、成本、费用及其他方面揭露矛盾，找出差距，明确今后的工作重点，以便做出正确的决策。

**3. 为企业内部业绩考核提供重要的依据**

企业一定时期的利润总额集中反映了各部门工作的结果，它既是制订各部门工作计划的参考，又是考核各部门计划执行结果的重要依据。利润表内所提供的相关数据可以用来评判各部门的工作业绩，以便企业做出正确的奖罚决策。

### 二、利润表的格式

利润表的表首，应标明企业和该表的名称。表的名称下面标明编制的期间。由于利润表反映企业某一期间的经营成果，因而其时间只能标明为"某年某月份"或"某年某月某日"至"某年某月某日"或"某年某月某日结束的会计年度"。

为了提供与报表使用者的经营决策相关的信息，收入和费用在利润表中有不同的列示方法，因而利润表的本体部分可以有单步式和多步式两种格式。单步式利润表是将当期所有的收入列在一起，然后将所有的费用列在一起，两者相减得出当期净损益。多步式利润表是通过对当期的收入、费用、支出项目按性质加以归类，按利润形成的主要环节列示一些中间性利润指标，分步计算当期净损益。

多步式利润表是常用的格式，它将企业日常经营活动过程中发生的收入和费用项目与在该过程外发生的收入与费用分开。划分这一界限的标准,主要是看一个项目是否关系到评价企业未来产生现金和现金等价物的能力,或者说,依据一个项目来预测价值。那些偶然发生的收入与费用项目,则不能作为预测的依据。例如,企业变卖固定资产就属于偶然事项,不可能经常反复发生。将这类偶然事项产生的损益分列出来,显然有助于提升利润表信息的预测价值。

适当划分企业的收入和费用项目,并以不同方式在利润表上将收入与费用项目组合起来,还可以提供各种各样的有关企业经营成果的指标。

在多步式利润表上,净利润是分若干个步骤计算出来的,一般可以分为以下几步。

第一步:计算营业利润。

营业利润 = 营业收入(主营业务收入和其他业务收入) - 营业成本(主营业务成本和其他业务成本) - 税金及附加 - 销售费用 - 管理费用 - 研发费用 - 财务费用 - 资产减值损失 - 信用减值损失 + 其他收益 + 投资收益( - 损失) + 净敞口套期收益 ± 公允价值变动损益 + 资产处置收益( - 损失)

第二步:计算利润总额。

利润总额 = 营业利润 + 营业外收入 - 营业外支出

第三步:计算净利润。

净利润 = 利润总额 - 所得税费用

普通股或潜在普通股已公开交易的企业,以及正处在公开发行普通股或潜在普通股过程中的企业,还应当在利润表中列示每股收益信息。

采用多步式利润表,便于同类型企业之间的比较,也便于前后各期利润表上相应项目之间的比较,更有利于预测企业今后的盈利能力。多步式利润表的格式如表 13 - 2 所示。

表 13 - 2　　　　　　　　　　　利润表

编制单位:大河公司　　　　　2020 年度　　　　　　　　　　单位:元

| 项　目 | 上年实际(略) | 本年实际 |
|---|---|---|
| 一、营业收入 | | 1 250 000 |
| 　减:营业成本 | | 750 000 |
| 　　　税金及附加 | | 2 000 |
| 　　　销售费用 | | 20 000 |
| 　　　管理费用 | | 147 100 |
| 　　　研发费用 | | |
| 　　　财务费用 | | 41 500 |
| 　其中:利息费用 | | |
| 　　　利息收入 | | |

续表

| 项　目 | 上年实际（略） | 本年实际 |
|---|---|---|
| 资产减值损失 | | |
| 信用减值损失 | | 900 |
| 加：其他收益 | | 0 |
| 投资收益（损失以"-"号填列） | | 31 500 |
| 其中：对联营企业和合营企业的投资收益 | | |
| 净敞口套期收益 | | |
| 公允价值变动收益（损失以"-"号填列） | | |
| 资产处置收益（损失以"-"号填列） | | 50 000 |
| 二、营业利润（亏损以"-"号填列） | | 370 000 |
| 加：营业外收入 | | |
| 减：营业外支出 | | 19 700 |
| 三、利润总额（亏损总额以"-"号填列） | | 350 300 |
| 减：所得税费用 | | 80 075 |
| 四、净利润（净亏损以"-"号填列） | | 270 225 |
| （一）持续经营净利润（净亏损以"-"号填列） | | |
| （二）终止经营净利润（净亏损以"-"号填列） | | |
| 五、其他综合收益的税后净额： | | （略） |
| （一）以后不能重分类进损益的其他综合收益 | | （略） |
| 1. 重新计量设定受益计划变动额 | | |
| 2. 权益法下不能转损益的其他综合收益 | | |
| 3. 其他权益工具投资公允价值变动 | | |
| 4. 企业自身信用风险公允价值变动 | | |
| …… | | |
| （二）以后将重分类进损益的其他综合收益 | | （略） |
| 1. 权益法下可转损益的其他综合收益 | | |
| 2. 其他债权投资公允价值变动 | | |
| 3. 金融资产重分类计入其他综合收益的金额 | | |
| 4. 其他债权投资信用减值准备 | | |
| 5. 现金流量套期储备 | | |
| 6. 外币财务报表折算差额 | | |
| …… | | |
| 六、综合收益 | | （略） |
| 七、每股收益： | | （略） |
| （一）基本每股收益 | | （略） |
| （二）稀释每股收益 | | （略） |

## 三、利润表的列报方法

### (一) 利润表各项目的列报

(1) "营业收入"项目,反映企业经营主要业务和其他业务所确认的收入总额。本项目应根据"主营业务收入"和"其他业务收入"科目的发生额分析填列。

(2) "营业成本"项目,反映企业经营主要业务和其他业务所发生的成本总额。本项目应根据"主营业务成本"和"其他业务成本"科目的发生额分析填列。

(3) "税金及附加"项目,反映企业经营业务应负担的消费税、城市维护建设税、资源税、土地增值税、教育费附加、房产税、城镇土地使用税、车船税和印花税等。本项目应根据"税金及附加"科目的发生额分析填列。

(4) "销售费用"项目,反映企业在销售商品过程中发生的包装费、广告费等费用和为销售本企业商品而专设的销售机构的职工薪酬、业务费等经营费用。本项目应根据"销售费用"科目的发生额分析填列。

(5) "管理费用"项目,反映企业为组织和管理生产经营发生的管理费用。本项目应根据"管理费用"科目的发生额分析填列。

(6) "研发费用"项目,反映企业进行研究与开发过程中发生的费用化支出,以及计入管理费用的自行开发无形资产的摊销。该项目应根据"管理费用"科目下的"研究费用"明细科目的发生额,以及"管理费用"科目下的"无形资产摊销"明细科目的发生额分析填列。

(7) "财务费用"项目,反映企业筹集生产经营所需资金等而发生的筹资费用。本项目应根据"财务费用"科目的发生额分析填列;"财务费用"项目下的"利息费用"项目,反映企业为筹集生产经营所需资金等而发生的应予费用化的利息支出。该项目应根据"财务费用"科目的相关明细科目的发生额分析填列,以正数反映。"财务费用"项目下的"利息收入"项目,反映企业按照相关会计准则确认的应冲减财务费用的利息收入。该项目应根据"财务费用"科目的相关明细科目的发生额分析填列,以负数反映。

(8) "资产减值损失"项目,反映企业各项资产发生的减值损失。本项目应根据"资产减值损失"科目的发生额分析填列。

(9) "信用减值损失"项目,反映企业按照《企业会计准则第22号——金融工具确认和计量》的要求计提的各项金融工具信用减值准备所确认的信用损失。该项目应根据"信用减值损失"科目的发生额分析填列。

（10）"其他收益"项目，反映计入其他收益的政府补助，以及其他与日常活动相关且计入其他收益的项目。该项目应根据"其他收益"科目的发生额分析填列。企业作为个人所得税的扣缴义务人，根据《中华人民共和国个人所得税法》收到的扣缴税款手续费，应作为其他与日常活动相关的收益在该项目中填列。

（11）"投资收益"项目，反映企业以各种方式对外投资所取得的收益。本项目应根据"投资收益"科目的发生额分析填列。如为投资损失，本项目以"－"号填列。

（12）"净敞口套期收益"项目，反映净敞口套期下被套期项目累计公允价值变动转入当期损益的金额或现金流量套期储备转入当期损益的金额。该项目应根据"净敞口套期损益"科目的发生额分析填列。如为套期损失，以"－"号填列。

（13）"公允价值变动收益"项目，反映企业应当计入当期损益的资产或负债的公允价值变动收益。本项目应根据"公允价值变动损益"科目的发生额分析填列。如为净损失，本项目以"－"号填列。

（14）"资产处置收益"项目，反映企业出售划分为持有待售的非流动资产（金融工具、长期股权投资和投资性房地产除外）或处置组（子公司和业务除外）时确认的处置利得或损失，以及处置未划分为持有待售的固定资产、在建工程、生产性生物资产及无形资产而产生的处置利得或损失。债务重组中因处置非流动资产（金融工具、长期股权投资和投资性房地产除外）产生的利得或损失和非货币性资产交换中换出非流动资产（金融工具、长期股权投资和投资性房地产除外）产生的利得或损失也包括在本项目内。该项目应根据"资产处置损益"科目的发生额分析填列。如为处置损失，以"－"号填列。

（15）"营业利润"项目，反映企业实现的营业利润。如为亏损，本项目以"－"号填列。

（16）"营业外收入"项目，反映企业发生的除营业利润以外的收益，主要包括与企业日常活动无关的政府补助、盘盈利得、捐赠利得（企业接受股东或股东的子公司直接或间接的捐赠，经济实质属于股东对企业的资本性投入的除外）等。该项目应根据"营业外收入"科目的发生额分析填列。

（17）"营业外支出"项目，反映企业发生的除营业利润以外的支出，主要包括公益性捐赠支出、非常损失、盘亏损失、非流动资产毁损报废损失等。该项目应根据"营业外支出"科目的发生额分析填列。非流动资产毁损报废损失通常包括因自然灾害发生毁损、已丧失使用功能等原因而报废清理产生的损失。企业在不同交易中形成的非流动资产毁损报废利得和损失不得相互抵销，应分别在"营业外收入"项目和"营业外支出"项目进行填列。

（18）"利润总额"项目，反映企业实现的利润。如为亏损，本项目以"-"号填列。

（19）"所得税费用"项目，反映企业应从当期利润总额中扣除的所得税费用。本项目应根据"所得税费用"科目的发生额分析填列。

（20）"净利润"项目，反映企业实现的净利润。如为亏损，本项目以"-"号填列。

（21）"（一）持续经营净利润"和"（二）终止经营净利润"项目，分别反映净利润中与持续经营相关的净利润和与终止经营相关的净利润；如为净亏损，以"-"号填列。这两个项目应按照《企业会计准则第42号——持有待售的非流动资产、处置组和终止经营》的相关规定分别列报。

（22）"其他综合收益的税后净额"项目，反映企业根据其他会计准则规定未在当期损益中确认的各项利得和损失扣除所得税影响后的净额的合计数。本项目应根据"其他综合收益"科目及其所属的有关明细科目的本期发生额分析填列。

（23）"其他权益工具投资公允价值变动"项目，反映企业指定为以公允价值计量且其变动计入其他综合收益的非交易性权益工具投资发生的公允价值变动。该项目应根据"其他综合收益"科目的相关明细科目的发生额分析填列。

（24）"企业自身信用风险公允价值变动"项目，反映企业指定为以公允价值计量且其变动计入当期损益的金融负债，由企业自身信用风险变动引起的公允价值变动而计入其他综合收益的金额。该项目应根据"其他综合收益"科目的相关明细科目的发生额分析填列。

（25）"其他债权投资公允价值变动"项目，反映企业分类为以公允价值计量且其变动计入其他综合收益的债权投资发生的公允价值变动。企业将一项以公允价值计量且其变动计入其他综合收益的金融资产重分类为以摊余成本计量的金融资产，或重分类为以公允价值计量且其变动计入当期损益的金融资产时，之前计入其他综合收益的累计利得或损失从其他综合收益中转出的金额作为该项目的减项。该项目应根据"其他综合收益"科目下的相关明细科目的发生额分析填列。

（26）"金融资产重分类计入其他综合收益的金额"项目，反映企业将一项以摊余成本计量的金融资产重分类为以公允价值计量且其变动计入其他综合收益的金融资产时，计入其他综合收益的原账面价值与公允价值之间的差额。该项目应根据"其他综合收益"科目下的相关明细科目的发生额分析填列。

（27）"其他债权投资信用减值准备"项目，反映企业按照《企业会计准则第22号——金融工具确认和计量》分类为以公允价值计量且其变动计入其他综合收益的金融资产的损失准备。该项目应根据"其他综合收益"科目下的"信用减值准备"明细科目的发生额分析填列。

（28）"现金流量套期储备"项目，反映企业套期工具产生的利得或损失中属于套期有效的部分。该项目应根据"其他综合收益"科目下的"套期储备"明细科目的发生额分析填列。

（29）"综合收益总额"项目，反映企业在某一期间除与所有者以其所有者身份进行的交易之外的其他交易或事项所引起的所有者权益变动。

"综合收益总额"项目反映净利润和其他综合收益税后净额的合计金额。

（30）"基本每股收益"项目，只考虑当期实际发行在外的普通股股份，按照归属于普通股股东的当期净利润除以当期实际发行在外普通股的加权平均数计算确定。

在计算基本每股收益时，分子为归属于普通股股东的当期净利润，即企业当期实现的可供普通股股东分配的净利润或应由普通股股东分担的净亏损金额。发生亏损的企业，每股收益以负数列示。

在计算基本每股收益时，分母为当期发行在外普通股的算术加权平均数，即期初发行在外普通股股数根据当期新发行或回购的普通股股数与相应时间权数的乘积进行调整后的股数。其中，作为权数的已发行时间、报告期时间和已回购时间通常按天数计算，在不影响计算结果合理性的前提下，也可以采用简化的计算方法，如按月数计算。公司库存股不属于发行在外的普通股，且无权参与利润分配，应当在计算分母时扣除。

（31）"稀释每股收益"项目，是以基本每股收益为基础，假设企业所有发行在外的稀释性潜在普通股均已转换为普通股，从而分别调整归属于普通股股东的当期净利润以及发行在外普通股的加权平均数计算而得的每股收益。

潜在普通股是指赋予其持有者在报告期或以后期间享有普通股权利的一种金融工具或其他合同。目前，我国企业发行的潜在普通股主要有可转换公司债券、认股权证、股份期权等。

稀释性潜在普通股是指假设当期转换为普通股会减少每股收益的潜在普通股。对于亏损企业而言，稀释性潜在普通股是指假设当期转换为普通股会增加每股亏损金额的潜在普通股。计算稀释每股收益时只考虑稀释性潜在普通股的影响，不考虑不具有稀释性的潜在普通股。

## (二) 上期金额栏的列报方法

利润表"上期金额"栏内各项数字，应根据上年该期利润表"本期金额"栏内所列数字填列。如果上年该期利润表规定的各个项目的名称和内容同本期不相一致，应对上年该期利润表各项目的名称和数字按本期的规定进行调整，填入利润表"上期金额"栏内。

## (三) 本期金额栏

利润表"本期金额"栏内各项数字一般应根据损益类科目的发生额分析填列。

# 第四节 资产负债表与利润表编制举例

【例 13-1】

## (一) 资料

(1) 人河公司为增值税一般纳税人，适用的增值税税率为 13%，所得税税率为 25%，原材料按计划成本法核算。其 2020 年 1 月 1 日有关科目的余额如表 13-3 所示。

表 13-3　　　　　　　　　　　科目余额表　　　　　　　　　　单位：元

| 科目名称 | 借方余额 | 科目名称 | 贷方余额 |
| --- | --- | --- | --- |
| 库存现金 | 2 000 | 短期借款 | 300 000 |
| 银行存款 | 1 280 000 | 应付票据 | 200 000 |
| 其他货币资金 | 124 300 | 应付账款 | 953 800 |
| 交易性金融资产 | 15 000 | 其他应付款 | 50 000 |
| 应收票据 | 246 000 | 应付利息 | 1 000 |
| 应收账款 | 300 000 | 应付职工薪酬 | 110 000 |
| 坏账准备 | -900 | 应交税费 | 36 600 |
| 预付账款 | 100 000 | 长期借款 | 1 600 000 |
| 其他应收款 | 5 000 | 其中：一年内到期的非流动负债 | 1 000 000 |
| 材料采购 | 225 000 | 股本 | 5 000 000 |
| 原材料 | 550 000 | 盈余公积 | 100 000 |
| 包装物 | 38 050 | 利润分配 | |
| 低值易耗品 | 50 000 | （未分配利润） | 50 000 |

续表

| 科目名称 | 借方余额 | 科目名称 | 贷方余额 |
|---|---|---|---|
| 库存商品 | 1 680 000 | | |
| 材料成本差异 | 36 950 | | |
| 其他流动资产 | 100 000 | | |
| 长期股权投资 | 250 000 | | |
| 固定资产 | 1 600 000 | | |
| 累计折旧 | -500 000 | | |
| 在建工程 | 1 500 000 | | |
| 无形资产 | 800 000 | | |
| 累计摊销 | -200 000 | | |
| 长期待摊费用 | 200 000 | | |
| 合　计 | 8 401 400 | 合　计 | 8 401 400 |

（2）大河公司2020年发生的经济业务如下：

① 收到银行通知，用银行存款支付到期的商业承兑汇票100 000元。

② 购入原材料一批，用银行存款支付货款150 000元，以及购入材料支付的增值税额为19 500元，款项已付，材料未到。

③ 收到原材料一批，实际成本100 000元，计划成本95 000元，材料已验收入库，货款已于上月支付。

④ 用银行汇票支付采购材料价款，公司收到开户银行转来银行汇票多余款收账通知，通知上填写的多余款226元，购入材料及运费99 800元，支付的增值税额12 974元，原材料已验收入库，该批原材料计划成本100 000元。

⑤ 销售产品一批，销售价款300 000元（不含应收取的增值税），该批产品实际成本180 000元，产品已发出，货款未收到。

⑥ 公司将交易性金融资产15 000元出售，收到本金15 000元，投资收益1 500元，均存入银行。

⑦ 购入不需安装的生产设备一台，价款100 000元，增值税13 000元，以银行存款支付，设备已投入使用。

⑧ 购入一批工程物资用于建造生产线，价款150 000元，增值税19 500元，已用银行存款支付。

⑨ 建造生产线领用工程物资120 000元。

⑩ 建造生产线应负担的工资200 000元，职工福利费28 000元及长期借款利息150 000元。

⑪ 生产线达到预定可使用状态并交付生产使用，成本为 1 400 000 元。

⑫ 基本生产车间 1 台机床报废，原价 200 000 元，已提折旧 180 000 元，残值收入 300 元，增值税 39 元，已存入银行。该项固定资产清理完毕。

⑬ 从银行借入 3 年期借款 400 000 元，借款已入银行账户，该项借款用于购建固定资产。

⑭ 销售产品一批，销售价款 700 000 元，应收的增值税额 91 000 元，销售产品的实际成本 420 000 元，货款银行已收妥。

⑮ 公司将要到期的一张面值为 200 000 元无息商业汇票，连同解讫通知和进账单交银行办理转账。收到银行盖章退回的进账单一联。款项银行已收妥。

⑯ 收到被投资单位分配的利润 30 000 元，已存入银行（大河公司采用成本法核算，被投资单位所得税税率为 25%）。

⑰ 公司出售一台不需用设备，收到价款 300 000 元，增值税 39 000 元，该设备原价 400 000 元，已计提折旧 150 000 元。该项设备已由购入单位运走。

⑱ 归还短期借款本金 250 000 元、利息 12 500 元（已计提）。

⑲ 通过银行转账支付职工工资 500 000 元。其中包括支付给在建工程人员的工资 200 000 元。

⑳ 分配应支付的职工工资 300 000 元。其中，生产人员 275 000 元，车间管理人员 10 000 元，行政管理部门人员 15 000 元。

㉑ 提取职工福利费 42 000 元，其中生产工人福利费 38 500 元，车间管理人员福利费 1 400 元，行政管理部门福利费 2 100 元。

㉒ 提取应计入本期损益的借款利息共 21 500 元。其中，短期借款利息 11 500 元，长期借款利息 10 000 元。

㉓ 基本生产领用原材料，计划成本 700 000 元；领用低值易耗品，计划成本 50 000 元，采用一次摊销法摊销。

㉔ 结转领用原材料和低值易耗品应分摊的材料成本差异。材料成本差异率为 5‰。

㉕ 摊销无形资产 60 000 元。

㉖ 计提固定资产折旧 100 000 元。其中，计入生产车间固定资产折旧 80 000 元，企业管理部门固定资产折旧 20 000 元。

㉗ 收到应收账款 39 000 元，存入银行，按应收账款余额的 3‰ 计提坏账准备（假定税法规定允许税前扣除）。

㉘ 用银行存款支付产品展览费 10 000 元。

㉙ 计算并结转本期完工产品成本。没有期初在产品，本期生产的产品全部完工入库。

㉚ 用银行存款支付广告费10 000元。

㉛ 公司采用商业汇票结算方式销售产品一批，价款250 000元，增值税税额为32 500元，收到282 500元的商业汇票一张，产品实际成本150 000元。

㉜ 公司将上述商业汇票到银行办理贴现，贴现息为20 000元（不附追索权）。

㉝ 通过银行转账支付财产保险费50 000元。

㉞ 公司本期产品销售应缴纳的城市维护建设税为2 000元。

㉟ 用银行存款缴纳增值税100 000元、城市维护建设税2 000元。

㊱ 将各损益类科目结转至本年利润。

㊲ 计算并结转应交所得税80 075元。

㊳ 提取盈余公积金27 022.5元，应付股利23 202.5元。

㊴ 将利润分配各明细科目的余额转入"未分配利润"明细科目，结转本年利润。

㊵ 偿还长期借款1 000 000元。

㊶ 用银行存款缴纳所得税97 089元。

## （二）根据上述资料编制会计分录

| | | |
|---|---|---|
| ① 借：应付票据 | 100 000 | |
|   贷：银行存款 | | 100 000 |
| ② 借：材料采购 | 150 000 | |
|   应交税费——应交增值税（进项税额） | 19 500 | |
|   贷：银行存款 | | 169 500 |
| ③ 借：原材料 | 95 000 | |
|   材料成本差异 | 5 000 | |
|   贷：材料采购 | | 100 000 |
| ④ 借：材料采购 | 99 800 | |
|   银行存款 | 226 | |
|   应交税费——应交增值税（进项税额） | 12 974 | |
|   贷：其他货币资金 | | 113 000 |
|  借：原材料 | 100 000 | |
|   贷：材料采购 | | 99 800 |
|     材料成本差异 | | 200 |

⑤ 借：应收账款 339 000
    贷：主营业务收入 300 000
        应交税费——应交增值税（销项税额） 39 000
  借：主营业务成本 180 000
    贷：库存商品 180 000
⑥ 借：银行存款 16 500
    贷：交易性金融资产 15 000
        投资收益 1 500
⑦ 借：固定资产 100 000
    应交税费——应交增值税（进项税额） 13 000
    贷：银行存款 113 000
⑧ 借：工程物资 150 000
    应交税费——应交增值税（进项税额） 19 500
    贷：银行存款 169 500
⑨ 借：在建工程 120 000
    贷：工程物资 120 000
⑩ 借：在建工程 378 000
    贷：应付职工薪酬——工资 200 000
              ——职工福利费 28 000
        应付利息 150 000
⑪ 借：固定资产 1 400 000
    贷：在建工程 1 400 000
⑫ 借：固定资产清理 20 000
    累计折旧 180 000
    贷：固定资产 200 000
  借：银行存款 339
    贷：固定资产清理 300
        应交税费——应交增值税（销项税额） 39
  借：营业外支出——处置固定资产损失 19 700
    贷：固定资产清理 19 700

⑬ 借：银行存款　　　　　　　　　　　　　　　　　　　　400 000
　　　贷：长期借款　　　　　　　　　　　　　　　　　　　400 000
⑭ 借：银行存款　　　　　　　　　　　　　　　　　　　　791 000
　　　贷：主营业务收入　　　　　　　　　　　　　　　　　700 000
　　　　　应交税费——应交增值税（销项税额）　　　　　　91 000
　　借：主营业务成本　　　　　　　　　　　　　　　　　　420 000
　　　贷：库存商品　　　　　　　　　　　　　　　　　　　420 000
⑮ 借：银行存款　　　　　　　　　　　　　　　　　　　　200 000
　　　贷：应收票据　　　　　　　　　　　　　　　　　　　200 000
⑯ 借：银行存款　　　　　　　　　　　　　　　　　　　　30 000
　　　贷：投资收益　　　　　　　　　　　　　　　　　　　30 000
⑰ 借：固定资产清理　　　　　　　　　　　　　　　　　　250 000
　　　累计折旧　　　　　　　　　　　　　　　　　　　　150 000
　　　贷：固定资产　　　　　　　　　　　　　　　　　　　400 000
　　借：银行存款　　　　　　　　　　　　　　　　　　　　339 000
　　　贷：固定资产清理　　　　　　　　　　　　　　　　　300 000
　　　　　应交税费——应交增值税（销项税额）　　　　　　39 000
　　借：固定资产清理　　　　　　　　　　　　　　　　　　50 000
　　　贷：资产处置损益　　　　　　　　　　　　　　　　　50 000
⑱ 借：短期借款　　　　　　　　　　　　　　　　　　　　250 000
　　　应付利息　　　　　　　　　　　　　　　　　　　　12 500
　　　贷：银行存款　　　　　　　　　　　　　　　　　　　262 500
⑲ 借：应付职工薪酬——工资　　　　　　　　　　　　　　500 000
　　　贷：银行存款　　　　　　　　　　　　　　　　　　　500 000
⑳ 借：生产成本　　　　　　　　　　　　　　　　　　　　275 000
　　　制造费用　　　　　　　　　　　　　　　　　　　　10 000
　　　管理费用　　　　　　　　　　　　　　　　　　　　15 000
　　　贷：应付职工薪酬——工资　　　　　　　　　　　　　300 000
㉑ 借：生产成本　　　　　　　　　　　　　　　　　　　　38 500
　　　制造费用　　　　　　　　　　　　　　　　　　　　1 400
　　　管理费用　　　　　　　　　　　　　　　　　　　　2 100

　　　　　贷：应付职工薪酬——职工福利费　　　　　　　　　　42 000

㉒ 借：财务费用　　　　　　　　　　　　　　　　　　　　　21 500
　　　　　贷：应付利息　　　　　　　　　　　　　　　　　　　21 500

㉓ 借：生产成本　　　　　　　　　　　　　　　　　　　　　700 000
　　　　　贷：原材料　　　　　　　　　　　　　　　　　　　　700 000
　　借：制造费用　　　　　　　　　　　　　　　　　　　　　 50 000
　　　　　贷：低值易耗品　　　　　　　　　　　　　　　　　　50 000

㉔ 当期领用原材料和低值易耗品，应分摊的材料成本差异为：
　　原材料应分摊的材料成本差异 = 700 000 × 5% = 35 000（元）
　　低值易耗品应分摊的材料成本差异 = 50 000 × 5% = 2 500（元）
　　借：生产成本　　　　　　　　　　　　　　　　　　　　　 35 000
　　　　制造费用　　　　　　　　　　　　　　　　　　　　　　2 500
　　　　　贷：材料成本差异　　　　　　　　　　　　　　　　　37 500

㉕ 借：管理费用　　　　　　　　　　　　　　　　　　　　　 60 000
　　　　　贷：累计摊销　　　　　　　　　　　　　　　　　　　60 000

㉖ 借：制造费用——折旧费　　　　　　　　　　　　　　　　 80 000
　　　　管理费用——折旧费　　　　　　　　　　　　　　　　 20 000
　　　　　贷：累计折旧　　　　　　　　　　　　　　　　　　 100 000

㉗ 借：银行存款　　　　　　　　　　　　　　　　　　　　　 39 000
　　　　　贷：应收账款　　　　　　　　　　　　　　　　　　　39 000
　　借：信用减值损失　　　　　　　　　　　　　　　　　　　　　900
　　　　　贷：坏账准备　　　　　　　　　　　　　　　　　　　　　900

㉘ 借：销售费用——展览费　　　　　　　　　　　　　　　　 10 000
　　　　　贷：银行存款　　　　　　　　　　　　　　　　　　　10 000

㉙ 借：生产成本　　　　　　　　　　　　　　　　　　　　　143 900
　　　　　贷：制造费用　　　　　　　　　　　　　　　　　　 143 900
　　借：库存商品　　　　　　　　　　　　　　　　　　　　1 192 400
　　　　　贷：生产成本　　　　　　　　　　　　　　　　　 1 192 400

㉚ 借：销售费用——广告费　　　　　　　　　　　　　　　　 10 000
　　　　　贷：银行存款　　　　　　　　　　　　　　　　　　　10 000

㉛ 借：应收票据　　　　　　　　　　　　　　　　　　　　　282 500

| | | |
|---|---|---|
| 贷：主营业务收入 | | 250 000 |
| 　　　应交税费——应交增值税（销项税额） | | 32 500 |
| 借：主营业务成本 | 150 000 | |
| 　　贷：库存商品 | | 150 000 |

㉜ 借：财务费用　　　　　　　　　　　　　　20 000
　　　银行存款　　　　　　　　　　　　　　262 500
　　　贷：应收票据　　　　　　　　　　　　　　　282 500

㉝ 借：管理费用　　　　　　　　　　　　　　50 000
　　　贷：银行存款　　　　　　　　　　　　　　　50 000

㉞ 借：税金及附加　　　　　　　　　　　　　　2 000
　　　贷：应交税费——应交城市维护建设税　　　　2 000

㉟ 借：应交税费——应交增值税（已交税金）　100 000
　　　　　　　——应交城市维护建设税　　　　　2 000
　　　贷：银行存款　　　　　　　　　　　　　　102 000

㊱ 借：主营业务收入　　　　　　　　　　　1 250 000
　　　资产处置损益　　　　　　　　　　　　50 000
　　　投资收益　　　　　　　　　　　　　　31 500
　　　贷：本年利润　　　　　　　　　　　　　1 331 500

借：本年利润　　　　　　　　　　　　　　981 200
　　贷：主营业务成本　　　　　　　　　　　　750 000
　　　　税金及附加　　　　　　　　　　　　　2 000
　　　　销售费用　　　　　　　　　　　　　20 000
　　　　管理费用　　　　　　　　　　　　　147 100
　　　　财务费用　　　　　　　　　　　　　41 500
　　　　营业外支出　　　　　　　　　　　　19 700
　　　　信用减值损失　　　　　　　　　　　　900

㊲ 本年应交所得税 =（350 300 - 30 000）× 25% = 80 075（元）

注：30 000元为从被投资单位分得的利润，已在被投资单位按25%的税率缴纳了所得税，故在大河公司计算所得税时扣除。

借：所得税费用　　　　　　　　　　　　　80 075
　　贷：应交税费——应交所得税　　　　　　　　80 075

借：本年利润 80 075
　　贷：所得税费用 80 075

㊳ 本年应提盈余公积金 = 270 225 × 10% = 27 022.5（元）

借：利润分配——提取盈余公积金 27 022.5
　　　　　　——应付现金股利 23 202.5
　　贷：盈余公积 27 022.5
　　　　应付股利 23 202.5

㊴ 借：本年利润 270 225
　　贷：利润分配——未分配利润 270 225

借：利润分配——未分配利润 50 225
　　贷：利润分配——提取盈余公积金 27 022.5
　　　　　　　　——应付现金股利 23 202.5

㊵ 借：长期借款 1 000 000
　　贷：银行存款 1 000 000

㊶ 借：应交税费——应交所得税 97 089
　　贷：银行存款 97 089

根据上述资料，有关2020年12月31日的科目余额表如表13-4所示。

表13-4　　　　　　　　　　　科目余额表　　　　　　　　　　单位：元

| 科目名称 | 借方余额 | 科目名称 | 贷方余额 |
| --- | --- | --- | --- |
| 库存现金 | 2 000 | 短期借款 | 50 000 |
| 银行存款 | 774 976 | 应付票据 | 100 000 |
| 其他货币资金 | 11 300 | 应付账款 | 953 800 |
| 交易性金融资产 | 0 | 应付职工薪酬 | 180 000 |
| 应收票据 | 46 000 | 应交税费 | 56 151 |
| 应收账款 | 600 000 | 应付利息 | 160 000 |
| 坏账准备 | -1 800 | 应付股利 | 23 202.5 |
| 预付账款 | 100 000 | 其他应付款 | 50 000 |
| 其他应收款 | 5 000 | 长期借款 | 1 000 000 |
| 材料采购 | 275 000 | 其中：一年内到期的非流动负债 | 0 |
| 原材料 | 45 000 | 股本 | 5 000 000 |
| 包装物 | 38 050 | 盈余公积 | 127 022.5 |

续表

| 科目名称 | 借方余额 | 科目名称 | 贷方余额 |
|---|---|---|---|
| 低值易耗品 | 0 | 利润分配 | |
| 库存商品 | 2 122 400 | （未分配利润） | 270 000 |
| 材料成本差异 | 4 250 | | |
| 其他流动资产 | 100 000 | | |
| 长期股权投资 | 250 000 | | |
| 固定资产 | 2 500 000 | | |
| 累计折旧 | -270 000 | | |
| 工程物资 | 30 000 | | |
| 在建工程 | 598 000 | | |
| 无形资产 | 800 000 | | |
| 累计摊销 | -260 000 | | |
| 长期待摊费用 | 200 000 | | |
| 合　计 | 8 012 196 | 合　计 | 8 012 196 |

**（三）根据上述资料，编制利润表和资产负债表**

大河公司 2020 年 12 月 31 日的资产负债表见表 13-1，大河公司 2020 年度的利润表见表 13-2。

## 第五节　现金流量表

### 一、现金流量表的作用

现金流量表是反映企业一定会计期间现金及现金等价物流入和流出的报表。企业的财务目标主要有两个：一是获取利润，二是维持偿债能力。获取利润是指通过企业的经营活动从而增加企业所有者的权益，也就是使企业所有者获得最满意的投资报酬率；而维持偿债能力是指保证企业在债务到期时，具有支付到期债务的能力。企业的报表使用者需要了解企业的获利能力与偿债能力，还需要了解导致企业偿债能力发生变动的原因；企业盈利与偿债能力有何联系，经营活动对企业的现金流量有何影响；企业在本会计期内发生了哪些理财活动（筹资活动与投资活动），它们对企业的现金流量有何影响。

资产负债表反映某一特定日期的财务状况，说明某一特定日期资产和权益变动的结果，可以显示企业是否具有偿债能力，但它不能反映财务状况的变动。虽然通过两个或几个特定日期的资产负债表比较，能够在一定程度上反映企业财务状况的变动，但不能说明变动的原因。

利润表能够反映企业本期经营活动的成果，可用于衡量企业在获取利润方面是否获得成功，但它不能说明企业从经营活动中获得了多少可供周转使用的现金；它能够说明本期筹资活动和投资活动的损益，但不能说明筹资活动与投资活动提供或运用了多少现金。至于那些不涉及损益问题的重要理财业务，利润表根本不予反映。

可见，资产负债表和利润表虽然具有重要的作用，能够为报表使用者提供有用的会计信息，但它们还不能满足报表使用者的需要。现金流量表可以弥补这两种财务报表的不足。具体来讲，现金流量表主要有以下几个方面作用。

（1）现金流量表可以提供企业的现金流量信息，从而对企业整体财务状况做出客观评价。在市场经济条件下，竞争异常激烈，企业要想站稳脚跟，不但要想方设法把自身的产品销售出去，更重要的是要及时收回销货款，以便以后的经营活动能够顺利开展。除了经营活动以外，企业所从事的投资和筹资活动同样影响着现金流量，从而影响财务状况。如果企业进行投资，而没能取得相应的现金回报，就会对企业的财务状况（如流动性、偿债能力）产生不良影响。从企业的现金流量情况看，可以大致判断其经营周转是否顺畅。

（2）通过现金流量表可以对企业的支付能力和偿债能力，以及企业对外部资金的需求情况做出较为可靠的判断。评估企业是否具有这些能力，最直接有效的方法是分析现金流量。现金流量表披露的经营活动净现金流入本质上代表了企业自我创造现金的能力，尽管企业取得现金还可以通过对外筹资的途径，但债务本金的偿还最终取决于经营活动的净现金流入。因此，经营活动的净现金流入占总来源的比例越高，企业的财务基础越稳固，支付能力和偿债能力才越强，现金流量表有助于达到这一目的。

（3）通过现金流量，不但可以了解企业当前的财务状况，还可以预测企业未来的发展情况。如果现金流量表中各部分现金流量结构合理，现金流入和流出无重大异常波动，一般来说企业的财务状况基本良好。而且企业最常见的失败原因、症状也可在现金流量表中得到反映，例如，从投资活动流出的现金、筹资活动流入的现金和筹资活动流出的现金中，可以分析企业是否过度扩大经营规模；通过比较当期净利润与当期净现金流量，可以看出非现金流动资产吸收利润的情况，评价企业产生净现金流量的能力是否偏低。

（4）现金流量表便于报表使用者评估报告期内与现金有关和无关的投资及筹资活动。现金流量表除披露经营活动的现金流量、投资及筹资活动的现金流量外，在全部资金概念下，还披露与现金无关的投资及筹资活动，这对报表使用者制定合理的投资与信贷决策、评估企业未来的现金流量同样具有重要意义。

## 二、现金流量表的编制基础

现金流量表是以现金为基础编制的。编制现金流量表，首先应明确"现金"的含义，根据我国《企业会计准则第31号——现金流量表》的规定，现金流量表所指的现金是广义的现金概念，它包括库存现金、可以随时用于支付的存款以及现金等价物。具体包括：

（1）库存现金。库存现金是指企业持有的可随时用于支付的现金限额，即与会计核算中"库存现金"科目所包括的内容一致。

（2）银行存款。银行存款是指企业存放在金融企业中随时可以用于支付的存款，即与会计核算中"银行存款"科目所包括的内容基本一致。但如果存在金融企业的款项不能随时用于支付，例如不能随时支取的定期存款，不作为现金流量表中的现金，但提前通知金融企业便可支取的定期存款，则应包括在现金流量表中的现金范围中。

（3）其他货币资金。其他货币资金是指企业存放在金融企业具有特定用途的资金，如外埠存款、银行汇票存款、银行本票存款、信用证保证金存款、信用卡存款等。

（4）现金等价物。现金等价物，是指企业持有的期限短、流动性强、易于转换为已知金额现金、价值变动风险很小的投资。其中，"期限短"一般是指从购买日起3个月内到期，如3个月到期的或清偿的国库券、可转让定期存单、商业本票及银行承兑汇票等。

现金等价物虽然不是现金，但其支付能力与现金的差别不大，可视为现金。例如，企业为保证支付能力，持有必要的现金，为了不使现金闲置，可以购买短期债券，在需要现金时，随时可以变现。

现金等价物的定义本身，包含了判断一项投资是否属于现金等价物的四个条件，即：①期限短；②流动性强；③易于转换为已知金额的现金；④价值变动风险很小。其中，期限短、流动性强，强调了变现能力，而易于转换为已知金额的现金、价值变动风险很小，则强调了支付能力的大小。权益性投资变现的金额通常不确定，因而不属于现金等价物。

## 三、现金流量的分类

编制现金流量表的目的，是为财务报表使用者提供企业一定会计期间内有关现金流入和流出的信息。企业在一定时期内的现金流入和流出是由企业的各种业务活动产生的，如购买商品支付价款、销售商品收到现金、支付职工工资等。首先要对企业的业务活动进行合理的分类，并据此对现金流量进行适当分类。我国《企业会计准则第31号——现金流量表》将企业的业务活动按其发生的性质分为经营活动、投资活动与筹资活动，为了在现金流量表中反映企业在一定时期内现金净流量变动的原因，相应地将企业一定期间内产生的现金流量归为以下三类。

### （一）经营活动产生的现金流量

经营活动是指企业投资活动和筹资活动以外的所有交易及事项，包括销售商品或提供劳务、经营性租赁、购买货物、接受劳务、制造产品、广告宣传、缴纳税款等。

### （二）投资活动产生的现金流量

投资活动是指企业长期资产的购建和不包括在现金等价物范围内的投资及其处置活动。

### （三）筹资活动产生的现金流量

筹资活动是指导致企业资本及债务规模和构成发生变化的活动，包括吸收投资、发行股票、分配利润等。

对于企业日常活动之外的，不经常发生的特殊项目，如自然灾害损失、保险赔款、捐赠等，应当归并到现金流量表的相关类别中，并单独反映。

现金流量表的具体格式如表13-5所示。

**表 13-5　　　　　　　　　　现金流量表**

编制单位：大河公司　　　　　2020年度　　　　　　　　　　单位：元

| 项目 | 金额 |
| --- | --- |
| 一、经营活动产生的现金流量 | |
| 销售商品、提供劳务收到的现金 | 1 292 500 |
| 收到的税费返还 | |
| 收到的其他与经营活动有关的现金 | |
| 现金流入小计 | 1 292 500 |

续表

| 项目 | 金额 |
|---|---|
| 购买商品、接受劳务支付的现金 | 382 274 |
| 支付给职工以及为职工支付的现金 | 300 000 |
| 支付的各项税费 | 199 089 |
| 支付的其他与经营活动有关的现金 | 70 000 |
| 现金流出小计 | 951 363 |
| 经营活动产生的现金流量净额 | 341 137 |
| 二、投资活动产生的现金流量 | |
| 收回投资所收到的现金 | 16 500 |
| 取得投资收益所收到的现金 | 30 000 |
| 处置固定资产、无形资产和其他长期资产所收回的现金净额 | 339 339 |
| 收到的其他与投资活动有关的现金 | 0 |
| 现金流入小计 | 385 839 |
| 购建固定资产、无形资产和其他长期资产所支付的现金 | 482 500 |
| 投资所支付的现金 | 0 |
| 支付的其他与投资活动有关的现金 | 0 |
| 现金流出小计 | 482 500 |
| 投资活动产生的现金流量净额 | -96 661 |
| 三、筹资活动产生的现金流量 | |
| 吸收投资所收到的现金 | 0 |
| 借款所收到的现金 | 400 000 |
| 收到的其他与筹资活动有关的现金 | 0 |
| 现金流入小计 | 400 000 |
| 偿还债务所支付的现金 | 1 250 000 |
| 分配股利、利润和偿付利息支付的现金 | 12 500 |
| 支付的其他与筹资活动有关的现金 | 0 |
| 现金流出小计 | 1 262 500 |
| 筹资活动产生的现金流量净额 | -862 500 |
| 四、汇率变动对现金的影响 | 0 |
| 五、现金及现金等价物净增加额 | -618 024 |
| 补充资料 | 金额 |
| 1. 将净利润调节为经营活动现金流量 | |
| 净利润 | 270 225 |

续表

| 项目 | 金额 |
|---|---|
| 加：资产减值准备 | 900 |
| 固定资产折旧、油气资产折耗、生产性生物资产折旧 | 100 000 |
| 无形资产摊销 | 60 000 |
| 长期待摊费用摊销 | 0 |
| 处置固定资产、无形资产和其他长期资产的损失（减：收益） | -50 000 |
| 固定资产报废损失 | 19 700 |
| 公允价值变动损失 | 0 |
| 财务费用 | 21 500 |
| 投资损失（减：收益） | -31 500 |
| 存货的减少（减：增加） | 95 300 |
| 经营性应收项目的减少（减：增加） | -100 000 |
| 经营性应付项目的增加（减：减少） | -44 988 |
| 其他 | 0 |
| 经营活动产生的现金流量净额 | 341 137 |
| 2. 不涉及现金收支的投资和筹资活动 | |
| 债务转为资本 | 0 |
| 一年内到期的可转换公司债券 | 0 |
| 融资租入固定资产 | 0 |
| 3. 现金及现金等价物净增加情况 | |
| 现金的期末余额 | 788 276 |
| 减：现金的期初余额 | 1 406 300 |
| 加：现金等价物的期末余额 | 0 |
| 减：现金等价物的期初余额 | 0 |
| 现金及现金等价物净增加额 | -618 024 |

## 四、现金流量表的编制方法

### （一）经营活动产生的现金流量

经营活动产生的现金流量是一项重要的指标，它可以说明企业在不动用从外部筹得资金的情况下，通过经营活动产生的现金流量是否足以偿还负债、支付股利和对外投资。经营活动产生的现金流量通常可以采用直接法和间接法两种方法反映。

直接法是通过现金收入和现金支出的主要类别来反映企业经营活动产生的现金流量。采用直接法编制经营活动的现金流量时，一般以利润表中的营业收入为起算点，调整与经营活动有关的项目的增减变动，然后计算出经营活动的现金流量。

间接法是以本期净利润为起算点，调整不涉及现金的收入、费用、营业外收支等有关项目的增减变动，据此计算出经营活动产生的现金流量。

采用直接法提供的信息有助于评价企业未来的现金流量。国际会计准则鼓励企业采用直接法编制现金流量表。在我国，现金流量表也以直接法编制，但在现金流量表的补充资料中还按照间接法反映经营活动现金流量的情况。

下面以直接法说明经营活动产生的现金流量的主要内容及填列方法。

**1. "销售商品、提供劳务收到的现金"项目**

"销售商品、提供劳务收到的现金"项目，反映企业销售商品、提供劳务实际收到的现金（含销售收入和应向购买者收取的增值税额），包括本期销售商品、提供劳务收到的现金，以及前期销售和前期提供劳务本期收到的现金及本期预收的账款，扣除本期退回本期销售的商品和前期销售本期退回的商品支付的现金。企业销售材料和代购供销业务收到的现金，也在本项目反映。本项目可以根据"库存现金""银行存款""应收票据""应收账款""预收账款""主营业务收入""其他业务收入"科目的记录分析填列。

销售商品、提供劳务收到的现金 = 营业收入 + 应交税费（应交增值税——销项税额）+（应收账款期初数 − 应收账款期末数）+（应收票据期初数 − 应收票据期末数）+（预收账款期末数 − 预收账款期初数）− 当期计提的坏账准备 − 支付的应收票据贴现利息

**【例13 – 2】** 大河公司本期销售一批商品，开出的增值税专用发票上注明的销售价款为 2 800 000 元，增值税销项税额为 364 000 元，以银行存款收讫；应收票据期初余额为 270 000 元，期末余额为 60 000 元；应收账款期初余额为 1 000 000 元，期末余额为 400 000 元；年度内核销的坏账损失为 20 000 元。另外，本期因商品质量问题发生退货，支付银行存款 30 000 元，货款已通过银行转账支付。

本期销售商品、提供劳务收到的现金计算如下：

| | |
|---|---:|
| 本期销售商品收到的现金 | 3 164 000 |
| 加：本期收到前期的应收票据（270 000 − 60 000） | 210 000 |
| 本期收到前期的应收账款（1 000 000 − 400 000 − 20 000） | 580 000 |
| 减：本期因销售退回支付的现金 | 30 000 |
| 本期销售商品、提供劳务收到的现金 | 3 924 000 |

## 2. "收到的税费返还"项目

"收到的税费返还"项目,反映企业收到返还的各项税费,如收到的增值税、消费税、所得税、教育费附加返还等。

## 3. "收到的其他与经营活动有关的现金"项目

"收到的其他与经营活动有关的现金"项目,反映企业除上述各项目外,收到的其他与经营活动有关的现金,如罚款收入、经营租赁固定资产收到的现金、投资性房地产收到的租金收入、流动资产损失中由个人赔偿的现金收入、除税费返还外的其他政府补助收入等。其他与经营活动有关的现金,根据"库存现金""银行存款""管理费用""销售费用"等科目的记录分析填列。

## 4. "购买商品、接受劳务支付的现金"项目

"购买商品、接受劳务支付的现金"项目,反映企业购买商品、接受劳务实际支付的现金,包括本期购入商品、接受劳务支付的现金(包括增值税进项税额),以及本期支付前期购入商品、接受劳务的支付款项。本期发生的购货退回收到的现金应从本项目内扣除。本项目可以根据"库存现金""银行存款""应付票据""应付账款""预付账款""主营业务成本""其他业务成本"等科目的记录分析填列。

购买商品、接受劳务支付的现金 = 营业成本 + 应交税费(应交增值税——进项税额) + (存货期末数 - 存货期初数) + (应付账款期初数 - 应付账款期末数) + (应付票据期初数 - 应付票据期末数) + (预付账款期末数 - 预付账款期初数) - 当期列入生产成本、制造费用的职工薪酬 - 当期列入生产成本、制造费用的折旧费和修理费

【例13-3】大河公司本期购买原材料,收到的增值税专用发票上注明的材料价款为150 000元,增值税进项税额为19 500元,款项已通过银行转账支付;本期支付应付票据100 000元;购买工程用物资150 000元,货款已通过银行转账支付。

本期购买商品、接受劳务支付的现金计算如下:

| | |
|---|---:|
| 本期购买原材料支付的价款 | 169 500 |
| 加:本期支付的应付票据 | 100 000 |
| 本期购买商品、接受劳务支付的现金 | 269 500 |

## 5. "支付给职工以及为职工支付的现金"项目

"支付给职工以及为职工支付的现金"项目,反映企业实际支付给职工及为职工支付的现金,包括本期实际支付给职工的工资、奖金、各项津贴和补贴等,以及为职工支付的其他费用。不包括支付的离退休人员的各项费用和支付给在建工程人员的工资等。企业支付给离退休人员的各项费用,包括支付的统筹退休金以及未参加统筹的退休人员

的费用，在"支付的其他与经营活动有关的现金"项目中反映；支付的在建工程的工资，在"购建固定资产、无形资产和其他长期资产所支付的现金"项目反映。

企业为职工支付的养老、失业等社会保险基金、补充养老保险、住房公积金、支付给职工的困难补助、企业为职工缴纳的商业保险金，以及企业支付给职工或为职工支付的其他福利费用，应按职工的工作性质和服务对象，分别在本项目和"购建固定资产、无形资产和其他长期资产所支付的现金"项目反映。

本项目可以根据"库存现金""银行存款""应付职工薪酬"等科目的记录分析填列。

**6. "支付的各项税费"项目**

"支付的各项税费"项目，反映企业按规定支付的各种税费，包括企业本期发生并支付的税费，以及本期支付以前各期发生的税费和本期预交的税费，包括所得税、增值税、消费税、印花税、房产税、土地增值税、车船税、教育费附加等，但不包括计入固定资产价值、实际支付的耕地占用税，也不包括本期退回的增值税、所得税（本期退回的增值税、所得税在"收到的税费返还"项目反映）。本项目可以根据"应交税费""库存现金""银行存款"等科目分析填列。

【例13-4】大河公司本期向税务机关缴纳增值税34 000元；本期发生的所得税3 100 000元已全部缴纳；企业期初未交所得税280 000元；期末未交所得税120 000元。假定企业期初、期末不存在递延所得税资产和递延所得税负债。

本期支付的各项税费计算如下：

| | |
|---|---:|
| 本期支付的增值税额 | 34 000 |
| 加：本期发生并缴纳的所得税额 | 3 100 000 |
| 前期发生本期缴纳的所得税额（280 000 - 120 000） | 160 000 |
| 本期支付的各项税费 | 3 294 000 |

**7. "支付的其他与经营活动有关的现金"项目**

"支付的其他与经营活动有关的现金"项目，反映企业除上述各项目外，支付的其他与经营活动有关的现金流出，如罚款支出、支付的差旅费、业务招待费现金支付、支付的保险费、经营租赁支付的现金以及捐赠现金支出等。其他现金流出如价值较大的，应单列项目反映。

## （二）投资活动产生的现金流量

现金流量表中的投资活动包括非现金等物价的债权性投资和权益性投资的购买与处

置、固定资产的购建与处置、无形资产的购建与处置等。通过单独反映投资活动产生的现金流量,可以了解为获得未来收益和现金流量导致资源转出的程度,以及以前资源转出带来的现金流入的信息。投资活动现金流量各项目的内容如下:

**1. "收回投资所收到的现金"项目**

"收回投资所收到的现金"项目,反映企业出售、转让或到期收回除现金等价物以外的交易性金融资产、持有至到期投资、可供出售金融资产、长期股权投资而收到的现金,不包括持有至到期投资收回的利息及收回的非现金资产。本项目可以根据"交易性金融资产""持有至到期投资""可供出售金融资产""长期股权投资""库存现金""银行存款"等科目的记录分析填列。

【例13-5】大河公司出售某项长期股权投资,收回的全部投资金额为480 000元;出售某项持有至到期投资,收回的全部投资金额为410 000元,其中60 000元是债券利息。

本期收回投资所收到的现金计算如下:

| | |
|---|---:|
| 收回长期股权投资金额 | 480 000 |
| 加:收回持有至到期投资本金 (410 000 - 60 000) | 350 000 |
| 本期收回投资所收到的现金 | 830 000 |

**2. "取得投资收益所收到的现金"项目**

"取得投资收益所收到的现金"项目,反映企业因股权性投资及债权性投资而取得的现金股利、利息,以及从子公司、联营企业和合营企业分回利润而收到的现金。本项目可以根据"应收股利""应收利息""投资收益""库存现金""银行存款"等科目的记录分析填列。

【例13-6】大河公司期初长期股权投资余额2 000 000元,其中1 500 000元投资于联营企业A企业,占其股本的25%,采用权益法核算,另外200 000元和300 000元分别投资于B企业和C企业,各占接受投资企业总股本的5%和10%,作为可供出售金融资产核算;当年A企业盈利2 000 000元,分配现金股利800 000元,B企业亏损没有分配股利,C企业盈利600 000元,分配现金股利200 000元。企业已如数收到现金股利。

本期取得投资收益收到的现金计算如下:

| | |
|---|---:|
| 取得A企业实际分回的投资收益 (800 000 × 25%) | 200 000 |
| 加:取得B企业实际分回的投资收益 | 0 |
| 取得C企业实际分回的投资收益 (200 000 × 10%) | 20 000 |
| 本期取得投资收益收到的现金 | 220 000 |

### 3. "处置固定资产、无形资产和其他长期资产而收到的现金净额"项目

"处置固定资产、无形资产和其他长期资产而收到的现金净额"项目，反映企业处置固定资产、无形资产和其他长期资产所取得的现金，扣除为处置这些资产而支付的有关费用后的净额。处置固定资产、无形资产和其他长期资产所收到的现金，与处置活动支付的现金，两者在时间上比较接近，以净额反映更能准确反映处置活动对现金流量的影响。由于自然灾害等原因所造成的固定资产等长期资产报废、毁损而收到的保险赔偿收入，在本项目中反映。如处置固定资产、无形资产和其他长期资产所收回的现金净额为负数，则应作为投资活动产生的现金流量，在"支付的其他与投资活动有关的现金"项目中反映。本项目可以根据"固定资产清理""库存现金""银行存款"等科目的记录分析填列。

【例13-7】大河公司出售一台不需用设备，收到价款30 000元，该设备原价40 000元，已计提折旧15 000元。支付该项设备拆卸费用200元，运输费用80元，设备已由购入单位运走。

本期处置固定资产、无形资产和其他长期资产所收回的现金净额计算如下：

| | |
|---|---|
| 本期出售固定资产收到的现金 | 30 000 |
| 减：支付出售固定资产的清理费用 | 280 |
| 本期处置固定资产、无形资产和其他长期资产所收回的现金净额 | 29 720 |

### 4. "处置子公司及其他营业单位收到的现金净额"项目

"处置子公司及其他营业单位收到的现金净额"项目，反映企业处置子公司及其他营业单位所取得的现金减去子公司或其他营业单位持有的现金和现金等价物以及相关处置费用后的净额。本项目可以根据有关科目的记录分析填列。

### 5. "收到的其他与投资活动有关的现金"项目

"收到的其他与投资活动有关的现金"项目，反映企业除了上述各项以外，收到的其他与投资活动有关的现金流入。其他现金流入如价值较大的，应单列项目反映。

### 6. "购建固定资产、无形资产和其他长期资产所支付的现金"项目

"购建固定资产、无形资产和其他长期资产所支付的现金"项目，反映企业购买、建造固定资产，取得无形资产和其他长期资产所支付的现金，不包括为购建固定资产而发生的借款利息资本化的部分，以及融资租入固定资产支付的租赁费；借款利息和融资租入固定资产支付的租赁费在筹资活动产生的现金流量中单独反映。企业以分期付款方式购建的固定资产，其首次付款支付的现金作为投资活动的现金流出，以后各期支付的现金作为筹资活动的现金流出。本项目可以根据"固定资产""在建工程""工程物资"

"无形资产""库存现金""银行存款"等科目的记录分析填列。

**【例 13-8】** 大河公司购入房屋一幢，价款 1 850 000 元，通过银行转账 1 800 000 元，其他价款用公司产品抵偿。为在建厂房购进建筑材料一批，价值为 160 000 元，价款已通过银行转账支付。

本期购建固定资产、无形资产和其他长期资产支付的现金计算如下：

| | |
|---|---:|
| 购买房屋支付的现金 | 1 800 000 |
| 加：为在建工程购买材料支付的现金 | 160 000 |
| 本期购建固定资产、无形资产和其他长期资产支付的现金 | 1 960 000 |

**7. "投资所支付的现金"项目**

"投资所支付的现金"项目，反映企业进行权益性投资和债权投资支付的现金，包括企业取得的除现金等价物以外的交易性金融资产、债权投资、其他权益工具投资、其他债权投资、长期股权投资（不包括子公司投资）支付的现金，以及支付的佣金、手续费等附加费用。

企业购买股票和债券时，实际支付的价款中包含的已宣告而尚未领取的现金股利或已到期尚未领取的债券利息，应列在投资活动中的"支付其他与投资活动有关的现金"项目反映。收回购买股票和债券支付的已宣告而尚未领取的现金股利或已到期尚未领取的债券利息，应列在投资活动的"收到其他与投资活动有关的现金"项目中反映。

本项目可以根据"交易性金融资产""债权投资""其他权益工具投资""其他债权投资""长期股权投资""库存现金""银行存款"等科目的记录分析填列。

**【例 13-9】** 大河公司以银行存款 2 000 000 元投资于 A 企业的股票。此外，购买中国工商银行发行的金融债券，面值总额 200 000 元，票面利率 8%，实际支付金额为 204 000 元。

本期投资所支付的现金计算如下：

| | |
|---|---:|
| 投资于 A 企业的现金总额 | 2 000 000 |
| 投资于中国工商银行金融债券的现金总额 | 204 000 |
| 本期投资所支付的现金 | 2 204 000 |

**8. "支付的其他与投资活动有关的现金"项目**

"支付的其他与投资活动有关的现金"项目，反映企业除了上述各项以外，支付的其他与投资活动有关的现金流量。其他现金流出如价值较大的，应单列项目反映。

**9. "取得子公司及其他营业单位支付的现金净额"项目**

"取得子公司及其他营业单位支付的现金净额"项目，反映企业取得子公司及其他营业单位购买出价中以现金支付的部分，减去子公司或其他营业单位持有的现金和现金等价物后的净额。本项目可以根据有关科目的记录分析填列。

### （三）筹资活动产生的现金流量

现金流量表需要单独反映筹资活动产生的现金流量，通过现金流量表中反映的筹资活动的现金流量，可以帮助投资者和债权人预计对企业现金流量的要求权，以及获得前期现金流入而付出的代价。筹资活动现金流量各项目的内容如下：

**1. "吸收投资所收到的现金"项目**

"吸收投资所收到的现金"项目，反映企业收到的投资者投入的现金，包括以发行股票筹集的资金实际收到款项净额（发行收入减去支付的佣金等发行费用后的净额）。由企业直接支付的审计咨询等费用，在"支付其他与筹资活动有关的现金"项目中反映，不从本项目内扣除。

**2. "借款所收到的现金"项目**

"借款所收到的现金"项目，反映企业举借各种短期、长期借款所收到的现金。

**3. "收到的其他与筹资活动有关的现金"项目**

"收到的其他与筹资活动有关的现金"项目，除上述各项目外，还反映企业收到的其他与筹资活动有关的现金流入，如接受现金捐赠等。其他现金流入如价值较大的，应单列项目反映。

**4. "偿还债务所支付的现金"项目**

"偿还债务所支付的现金"项目，反映企业以现金偿还债务的本金，包括偿还金融企业的借款本金、偿还债券本金等。企业偿还的借款利息、债券利息，在"分配股利、利润和偿还利息所支付的现金"项目反映，不包括在本项目内。

**5. "分配股利、利润和偿还利息所支付的现金"项目**

"分配股利、利润和偿还利息所支付的现金"项目，反映企业实际支付的现金股利、利润，以及支付给其他投资的利息。

**6. "支付的其他与筹资活动有关的现金"项目**

"支付的其他与筹资活动有关的现金"项目，除了上述各项外，还反映企业支付的其他与筹资活动有关的现金流出，如捐赠现金支出等。其他现金流出如价值较大的，单独列项目反映。

### （四）补充资料项目

补充资料中的"将净利润调节为经营活动的现金流量"，实际上是以间接法编制的经营活动的现金流量。间接法是以净利润为出发点，净利润是利润表上反映的数字，在利润表中反映的净利润是按权责发生制确定的，其中有些收入、费用项目并没有实际发生现金流入和流出，通过对这些项目的调整，即可将净利润调节为经营活动现金流量。采取间接法将净利润调节为经营活动的现金流量时，需要调整的项目可分为四大类：一是实际没有支付现金的费用；二是实际没有收到现金的收益；三是不属于经营活动的损益；四是经营性应收应付项目的增减变动。"将净利润调节为经营活动的现金流量"各项目的填列方法如下：

**1. 资产减值准备**

这里所指的资产减值准备包括坏账准备、存货跌价准备、投资性房地产减值准备、长期股权投资减值准备、持有至到期投资减值准备、固定资产减值准备、在建工程减值准备、工程物资减值准备、生物性资产减值准备、无形资产减值准备、商誉减值准备等。企业计提的各项资产减值准备，包括在利润表中属于利润的减除项目，但没有发生现金流出。所以，在将净利润调节为经营活动现金流量时，需要加回。本项目可根据"资产减值损失"科目的记录分析填列。

**2. 固定资产折旧、油气资产折耗、生产性生物资产折旧**

企业计提的固定资产折旧，有的包括在管理费用中，有的包括在制造费用中。计入管理费用中的部分，作为期间费用在计算净利润时从中扣除，但没有发生现金流出，在将净利润调节为经营活动现金流量时，需要予以加回。计入制造费用中的已经变现的部分，在计算净利润时通过销售成本予以扣除，但没有发生现金流出；计入制造费用中的没有变现的部分，既不涉及现金收支，也不影响企业当期净利润。由于在调节存货时已经从中扣除，在此处将净利润调节为经营活动现金流量时，需要予以加回。同理，企业计提的油气资产折耗、生产性生物资产折旧，也需要予以加回。本项目可根据"累计折旧""累计折耗""生产性生物资产折旧"科目的贷方发生额分析填列。

**3. 无形资产摊销和长期待摊费用摊销**

企业对使用寿命有限的无形资产计提摊销时，计入管理费用或制造费用。长期待摊费摊销时，有的计入管理费用、有的计入销售费用、有的计入制造费用。计入管理费用等期间费用和计入制造费用中的已变现的部分，在计算净利润时已从中扣除，但没有发生现金流出；计入制造费用中的没有变现的部分，在调节存货时已经从中扣除，但不涉及现金收支，所以，在此处将净利润调节为经营活动现金流量时，需要予以加回。这个项目可根据"累计摊销""长期待摊费用"科目的贷方发生额分析填列。

**4. 处置固定资产、无形资产和其他长期资产的损失（减：收益）**

企业处置固定资产、无形资产和其他长期资产发生的损益，属于投资活动产生的损益，不属于经营活动产生的损益，所以，在将净利润调节为经营活动现金流量时，需要予以剔除。如为损失，在将净利润调节为经营活动现金流量时，应当加回；如为收益，在将净利润调节为经营活动现金流量时，应当扣除。本项目可根据"营业外收入""营业外支出"等科目所属有关明细科目的记录分析填列。

**5. 固定资产报废损失**

企业发生的固定资产报废损失，属于投资活动产生的损益，不属于经营活动产生的损益，所以，在将净利润调节为经营活动现金流量时，需要予以剔除。如为净损失，在将净利润调节为经营活动现金流量时，应当加回；如为净收益，在将净利润调节为经营活动现金流量时，应当扣除。本项目可根据"营业外支出""营业外收入"等科目所属有关明细科目的记录分析填列。

**6. 公允价值变动损失**

公允价值变动损失反映企业交易性金融资产、投资性房地产等公允价值变动形成的应计入当期损益的利得或损失。企业发生的公允价值变动损失，通常与企业的投资活动或筹资活动有关，而且并不影响企业当期的现金流量。为此，应当将其从净利润中剔除。本项目可以根据"公允价值变动损益"科目的发生额分析填列。如为持有损失，在将净利润调节为经营活动现金流量时，应当加回；如为持有利得，在将净利润调节为经营活动现金流量时，应当扣除。

**7. 财务费用**

企业发生的财务费用中不属于经营活动的部分，应当在将净利润调节为经营活动现金流量时将其加回。本项目可根据"财务费用"科目的本期借方发生额分析填列；如为收益，以"－"号填列。

**8. 投资损失（减：收益）**

企业发生的投资损失，属于投资活动产生的损失，不属于经营活动产生的损失，所以，在将净利润调节为经营活动现金流量时，需要予以剔除。如为净损失，在将净利润调节为经营活动现金流量时，应当加回；如为净收益，在将净利润调节为经营活动现金流量时，应当扣除。本项目可根据利润表中"投资收益"项目的数字填列；如为投资收益，以"－"号填列。

**9. 递延所得税资产减少（减：增加）**

递延所得税资产减少使计入所得税费用的金额大于当期应交的所得税金额，其差额没有发生现金流出，但在计算净利润时已经扣除，在将净利润调节为经营活动现金流量时，应当加回。递延所得税资产增加使计入所得税费用的金额小于当期应交的所得税金额，二者之间的差额并没有发生现金流入，但在计算净利润时已经包括在内，在将净利润调节为经营活动现金流量时，应当扣除。本项目可以根据资产负债表"递延所得税资产"项目期初、期末余额分析填列。

**10. 递延所得税负债增加（减：减少）**

递延所得税负债增加使计入所得税费用的金额大于当期应交的所得税金额，其差额没有发生现金流出，但在计算净利润时已经扣除，在将净利润调节为经营活动现金流量时，应当加回。如果递延所得税负债减少使计入当期所得税费用的金额小于当期应交的所得税金额，其差额并没有发生现金流入，但在计算净利润时已经包括在内，在将净利润调节为经营活动现金流量时，应当扣除。本项目可以根据资产负债表"递延所得税负债"项目期初、期末余额分析填列。

**11. 存货的减少（减：增加）**

期末存货比期初存货减少，说明本期生产经营过程耗用的存货有一部分是期初的存货，耗用这部分存货并没有发生现金流出，但在计算净利润时已经扣除，所以，在将净利润调节为经营活动现金流量时，应当加回。期末存货比期初存货增加，说明当期购入的存货除耗用外，还剩余了一部分，这部分存货也发生了现金流出，但在计算净利润时没有包括在内，所以，在将净利润调节为经营活动现金流量时，需要扣除。当然，存货的增减变化过程还涉及应付项目，这一因素在"经营性应付项目的增加（减：减少）"中考虑。本项目可根据资产负债表中"存货"项目的期初数、期末数之间的差额填列；期末数大于期初数的差额，以"-"号填列。如果存货的增减变化过程属于投资活动，如在建工程领用存货，应当将这一因素剔除。

**12. 经营性应收项目的减少（减：增加）**

经营性应收项目包括应收票据、应收账款、预付账款、长期应收款和其他应收款中与经营活动有关的部分，以及应收的增值税销项税额等。经营性应收项目期末余额小于经营性应收项目期初余额，说明本期收回的现金大于利润表中所确认的销售收入，所以，在将净利润调节为经营活动现金流量时，需要加回。经营性应收项目期末余额大于经营性应收项目期初余额，说明本期销售收入中有一部分没有收回现金，但是，在计算净利润时这部分销售收入已包括在内，所以，在将净利润调节为经营活动现金流量时，需要扣除。本项目应当根据有关科目的期初、期末余额分析填列；如为增加，以"-"号填列。

### 13. 经营性应付项目的增加（减：减少）

经营性应付项目包括应付票据、应付账款、预收账款、应付职工薪酬、应交税费、应付利息、长期应付款、其他应付款中与经营活动有关的部分，以及应付的增值税进项税额等。经营性应付项目期末余额大于经营性应付项目期初余额，说明本期购入的存货中有一部分没有支付现金，但是，在计算净利润时却通过销售成本包括在内，在将净利润调节为经营活动现金流量时，需要加回；经营性应付项目期末余额小于经营性应付项目期初余额，说明本期支付的现金大于利润表中所确认的销售成本，在将净利润调节为经营活动产生的现金流量时，需要扣除。本项目应当根据有关科目的期初、期末余额分析填列；如为减少，以"－"号填列。

补充材料中的"不涉及现金收支的投资和筹资活动"，反映企业一定期间内影响资产或负债但不形成该期现金收支的所有投资和筹资活动的信息。这些投资和筹资活动虽然不涉及现金收支，但对于以后各期的现金流量有重大影响。如融资租入设备，记入"长期应付款"科目，当期并不支付设备款及租金，但以后各期必须为此支付现金，从而在一定期间内形成了一项固定的现金支出。不涉及现金收支的投资和筹资活动各项目的填列方法如下：

（1）"债务转为资本"项目，反映企业本期转为资本的债务金额。

（2）"一年内到期的可转换公司债券"项目，反映企业一年内到期的可转换公司债券的金额。

（3）"融资租入固定资产"项目，反映企业本期融资租入固定资产记入"长期应付款"科目的金额。

## 五、现金流量表的编制程序

在具体编制现金流量表时，可以采用工作底稿法或T形账户法编制，也可以直接根据有关科目记录分析填列。

### （一）工作底稿法

采用工作底稿法编制现金流量表，是以工作底稿为手段，以利润表和资产负债表数据为基础，对每一项目进行分析并编制调整分录，从而编制出现金流量表。在直接法下，整个工作底稿纵向分成三段：第一段是资产负债表项目，其中又分为借方项目和贷方项目两部分；第二段是利润表项目；第三段是现金流量表项目。工作底稿横向分为五栏，在资产负债表部分，第一栏是项目栏，填列资产负债表各项目名称；第二栏是期初数，用来填列资产负债表项目的期初数；第三栏是调整分录的借方；第四栏是调整分录的贷方；第五栏是期末数，用来填列资产负债表项目的期末数。在利润表和现金流量表部分，第一栏也是项目栏，用来填列利润表和现金流量表项目名称；第二栏空置不填；第三栏、第四栏分别是调整分录的借方和贷方；第五栏是本期数，利润表部分这一栏数字应与本期利润表数字核对相符，现金流量表部分这一栏的数字可直接用来编制正式的现金流量表。工作底稿法的程序是：

第一步，将资产负债表的期初数和期末数过入工作底稿的期初数栏和期末数栏。

第二步，对当期业务进行分析并编制调整分录。调整分录大体有这样几类：第一类涉及利润表中的收入、成本和费用项目以及资产负债表中的资产、负债及所有者权益项目，通过调整，将权责发生制下的收入费用转换为现金基础；第二类是涉及资产负债表和现金流量表中的投资、筹资项目，反映投资和筹资活动的现金流量；第三类是涉及利润表和现金流量表中的投资和筹资项目，目的是将利润表中有关投资和筹资方面的收入和费用列入现金流量表投资、筹资现金流量中去。此外，还有一些调整分录并不涉及现金收支，只是为了核对资产负债表项目的期末数变动。

在调整分录中，有关现金和现金等价物的事项，并不直接借记或贷记现金，而是分别记入"经营活动产生的现金流量""投资活动产生的现金流量""筹资活动产生的现金流量"有关项目，借记表明现金流入，贷记表明现金流出。

第三步，将调整分录过入工作底稿中的相应部分。

第四步，核对调整分录，借贷合计应当相等，资产负债表项目期初数加减调整分录中的借贷金额以后，应当等于期末数。

第五步，根据工作底稿中的现金流量表项目部分编制正式的现金流量表。

### （二）T形账户法

T形账户法是以T形账户为手段，以利润表和资产负债表数据为基础，对每一个项目进行分析并编制调整分录，从而编制现金流量表。采用T形账户法编制现金流量表的程序如下：

第一步，为所有的非现金项目（包括资产负债表项目和利润表项目）分别开设T形账户，并将各自的期末期初变动数过入各该科目。

第二步，开设一个大的"现金及现金等价物"T形账户，每边分为经营活动、投资活动和筹资活动三个部分，左边记现金流入，右边记现金流出。与其他账户一样，过入期末期初变动数。

第三步，以利润表项目为基础，结合资产负债表分析每一个非现金项目的增减变动,并据此编制调整分录。

第四步,将调整分录过入各T形账户,并进行核对,该账户借贷相抵后的余额与原先过入的期末期初变动数应当一致。

第五步,根据大的"现金及现金等价物"T形账户编制正式现金流量表。

### (三)分析填列法

分析填列法是直接根据资产负债表、利润表和有关会计科目明细账的记录,分析计算出现金流量表各项目的金额,并据以编制现金流量表的一种方法。

## 六、现金流量表编制举例

【例13-10】承〖例13-1〗资料和表13-1、表13-2,大河公司编制2020年度的现金流量表。

(1)现金流量表各项目金额如下：

① 销售商品、提供劳务收到的现金

＝1 250 000×(1＋13%)＋(299 100－598 200)＋(246 000－46 000)－900－20 000

＝1 292 500(元)

② 购买商品、接受劳务支付的现金

＝750 000＋32 474＋(2 484 700－2 580 000)＋(953 800－953 800)＋(200 000－100 000)＋(100 000－100 000)－324 900－80 000＝382 274(元)

③ 支付给职工以及为职工支付的现金＝300 000(元)

④ 支付的各项税费＝100 000＋2 000＋97 089＝199 089(元)

⑤ 支付的其他与经营活动有关的现金＝10 000＋10 000＋50 000＝70 000(元)

⑥ 收回投资所收到的现金＝15 000＋1 500＝16 500(元)

⑦ 取得投资收益所收到的现金＝30 000(元)

⑧ 处置固定资产、无形资产和其他长期资产而收到的现金净额＝339＋339 000

＝339 339(元)

⑨ 购建固定资产、无形资产和其他长期资产所支付的现金＝113 000＋169 500＋200 000＝482 500(元)

⑩ 借款所收到的现金＝400 000(元)

⑪ 偿还债务所支付的现金＝250 000＋1 000 000＝1 250 000(元)

⑫ 分配股利、利润和偿还利息所支付的现金＝12 500(元)

（2）将净利润调节为经营活动现金流量各项目的计算如下：

① 资产减值准备 = 900（元）

② 固定资产折旧 = 80 000 + 20 000 = 100 000（元）

③ 无形资产摊销 = 60 000（元）

④ 处置固定资产、无形资产和其他长期资产的损失（减：收益）= -50 000（元）

⑤ 固定资产报废损失 = 19 700（元）

⑥ 财务费用 = 41 500 - 20 000 = 21 500（元）

⑦ 投资损失（减：收益）= -31 500（元）

⑧ 存货的减少（减：增加）= 2 580 000 - 2 484 700 = 95 300（元）

⑨ 经营性应收项目的减少（减：增加）=（300 000 - 600 000）+（246 000 - 46 000）= -100 000（元）

⑩ 经营性应付项目的增加（减：减少）=（953 800 - 953 800）+（100 000 - 200 000）+［(180 000 - 110 000) - 28 000］+［(56 151 - 36 600) - (39 000 + 39 - 13 000 - 19 500)］= -44 988（元）

（3）根据上述数据，编制现金流量表，见表13-5。

# 第六节　所有者权益变动表

## 一、所有者权益变动表的作用

所有者权益变动表是指反映构成所有者权益各组成部分当期增减变动情况的报表。所有者权益变动表应当全面反映一定时期所有者权益变动的情况，不仅包括所有者权益总量的增减变动，还包括所有者权益增减变动的重要结构性信息，特别是要反映直接计入所有者权益的利得和损失，让报表使用者准确理解所有者权益增减变动的根源。

所有者权益变动表在一定程度上体现了企业综合收益。综合收益是指企业在某一期间与所有者之外的其他方面进行交易或发生其他事项所引起净资产变动。综合收益的构成包括两部分：净利润和直接计入所有者权益的利得和损失。其中，前者是企业已实现并已确认的收益，后者是企业未实现但根据会计准则的规定已确认的收益。用公式表示如下：

综合收益 = 净利润 + 直接计入所有者权益的利得和损失

其中：净利润 = 收入 - 费用 + 直接计入当期损益的利得和损失

在所有者权益变动表中，净利润和直接计入所有者权益的利得与损失均单列项目反映,体现了企业综合收益的构成。

## 二、所有者权益变动表的格式和编制方法

### (一) 所有者权益变动表的格式

为了清楚地表明构成所有者权益的各组成部分当期的增减变动情况,所有者权益变动表应以矩阵的形式列示。一方面,列示导致所有者权益变动的交易或事项,改变了以往仅仅按照所有者权益的各组成部分反映所有者权益变动情况,而是按所有者权益变动的来源对一定时期所有者权益变动情况进行全面反映;另一方面,按照所有者权益各组成部分(包括实收资本、资本公积、盈余公积、未分配利润和库存股)及其总额列示交易或事项对所有者权益的影响。

根据《企业会计准则第30号——财务报表列报》的规定,企业需要提供比较所有者权益变动表,因此,所有者权益变动表还就各项目再分为"本年金额"和"上年金额"两栏分别填列。

### (二) 所有者权益变动表的编制方法

**1. 所有者权益变动表各项目的填列说明**

(1) "上年年末余额"项目,反映企业上年资产负债表中实收资本(或股本)、资本公积、盈余公积、未分配利润的年末余额。

(2) "会计政策变更"和"前期差错更正"项目,分别反映企业采用追溯调整法处理的会计政策变更的累积影响金额和采用追溯重述法处理的会计差错更正的累积影响金额。

为了体现会计政策变更和前期差错更正的影响,企业应当在上期期末所有者权益余额的基础上进行调整得出本期期初所有者权益,根据"盈余公积""利润分配""以前年度损益调整"等科目的发生额分析填列。

(3) "本年增减变动额"项目分别反映如下内容:

① "综合收益总额"项目,反映企业在某一期间除与所有者以其所有者身份进行交易之外的其他交易或事项所引起的所有者权益变动,其金额为净利润和其他综合收益扣除所得税影响后净额相加后的合计金额。

② "所有者投入和减少资本"项目,反映企业当年所有者投入的资本和减少的资本。其中:"所有者投入的普通股"项目,反映企业接受投资者投入形成的实收资本(或股本)和资本溢价或股本溢价,并对应列在"实收资本"(或"股本")和"资本

公积"栏；"其他权益工具持有者投入资本"项目，反映持有的优先股、永续债等转入的股份，并对应列在"其他权益工具"栏；"股份支付计入所有者权益的金额"项目，反映企业处于等待期中的权益结算的股份支付当年计入资本公积的金额，并对应列在"资本公积"栏。

③"利润分配"下各项目，反映当年对所有者（或股东）分配的利润（或股利）金额和按照规定提取的盈余公积金额，并对应列在"未分配利润"和"盈余公积"栏。其中："提取盈余公积"项目，反映企业按照规定提取的盈余公积；"对所有者（或股东）的分配"项目，反映对所有者（或股东）分配的利润（或股利）金额。

④"所有者权益内部结转"下各项目，反映不影响当年所有者权益总额的所有者权益各组成部分之间当年的增减变动，包括资本公积转增资本（或股本）、盈余公积转增资本（或股本）、盈余公积弥补亏损等项金额。为了全面反映所有者权益各组成部分的增减变动情况，所有者权益内部结转也是所有者权益变动表的重要组成部分，主要指不影响所有者权益总额、所有者权益的各组成部分当期的增减变动。其中："资本公积转增资本（或股本）"项目，反映企业以资本公积转增资本或股本的金额。"盈余公积转增资本（或股本）"项目，反映企业以盈余公积转增资本或股本的金额。"盈余公积弥补亏损"项目，反映企业以盈余公积弥补亏损的金额。"其他综合收益结转留存收益"行项目，主要反映：a. 企业指定为以公允价值计量且其变动计入其他综合收益的非交易性权益工具投资终止确认时，之前计入其他综合收益的累计利得或损失从其他综合收益中转入留存收益的金额；b. 企业指定为以公允价值计量且其变动计入当期损益的金融负债终止确认时，之前由企业自身信用风险变动引起而计入其他综合收益的累计利得或损失从其他综合收益中转入留存收益的金额等。该项目应根据"其他综合收益"科目的相关明细科目的发生额分析填列。

**2. 上年金额栏的编制方法**

所有者权益变动表"上年金额"栏内各项数字，应根据上年度所有者权益变动表"本年金额"栏内所列数字填列。如果上年度所有者权益变动表规定的各个项目的名称和内容同本年度不相一致，应对上年度所有者权益变动表各项目的名称和数字按本年度的规定进行调整，填入所有者权益变动表"上年金额"栏内。

**3. 本年金额栏的编制方法**

所有者权益变动表"本年金额"栏内各项数字一般应根据"实收资本（或股本）""资本公积""其他综合收益""盈余公积""利润分配""库存股""以前年度损益调整"等科目的发生额分析填列。

企业的净利润及其分配情况作为所有者权益变动的组成部分，不需要单独设置利润分配表列示。

### 三、所有者权益变动表编制举例

【例 13-11】承〖例 13-1〗资料，大河公司编制 2020 年度的所有者权益变动表，如表 13-6 所示。

表 13-6　　所有者权益变动表
编制单位：大河公司　　2020 年度　　单位：元

| 项目 | 本年金额 | | | | | | | | 上年金额 | | | | | | | |
|---|---|---|---|---|---|---|---|---|---|---|---|---|---|---|---|---|
| | 实收资本（或股本） | 其他权益工具 | 资本公积 | 减：库存股 | 其他综合收益 | 盈余公积 | 未分配利润 | 所有者权益合计 | 实收资本（或股本） | 其他权益工具 | 资本公积 | 减：库存股 | 其他综合收益 | 盈余公积 | 未分配利润 | 所有者权益合计 |
| 一、上年年末余额 | 5 000 000 | 0 | | 0 | | 100 000 | 50 000 | 5 150 000 | | | | | | | | |
| 加：会计政策变更 | | | | | | | | | | | | | | | | |
| 前期差错更正 | | | | | | | | | | | | | | | | |
| 其他 | | | | | | | | | | | | | | | | |
| 二、本年年初余额 | 5 000 000 | 0 | | 0 | | 100 000 | 50 000 | 5 150 000 | | | | | | | | |
| 三、本年增减变动金额（减少以"-"填列） | | | | | | | | | | | | | | | | |
| （一）综合收益总额 | | | | | | | 270 225 | 270 225 | | | | | | | | |
| （二）所有者投入和减少资本 | | | | | | | | | | | | | | | | |
| 1. 所有者投入的普通股 | | | | | | | | | | | | | | | | |
| 2. 其他权益工具持有者投入资本 | | | | | | | | | | | | | | | | |

续表

| 项目 | 本年金额 ||||||| 上年金额 |||||||
|---|---|---|---|---|---|---|---|---|---|---|---|---|---|---|
| | 实收资本（或股本） | 其他权益工具 | 资本公积 | 减：库存股 | 其他综合收益 | 盈余公积 | 未分配利润 | 所有者权益合计 | 实收资本（或股本） | 其他权益工具 | 资本公积 | 减：库存股 | 其他综合收益 | 盈余公积 | 未分配利润 | 所有者权益合计 |
| 3. 股份支付计入所有者权益的金额 | | | | | | | | | | | | | | | | |
| 4. 其他 | | | | | | | | | | | | | | | | |
| （三）利润分配 | | | | | | | | | | | | | | | | |
| 1. 提取盈余公积 | | | | | | 27 022.5 | −27 022.5 | 0 | | | | | | | | |
| 2. 对所有者（或股东)的分配 | | | | | | | −23 202.5 | −23 202.5 | | | | | | | | |
| 3. 其他 | | | | | | | | | | | | | | | | |
| （四）所有者权益内部结转 | | | | | | | | | | | | | | | | |
| 1. 资本公积转赠资本（或股本） | | | | | | | | | | | | | | | | |
| 2. 盈余公积转赠资本（或股本） | | | | | | | | | | | | | | | | |
| 3. 盈余公积弥补亏损 | | | | | | | | | | | | | | | | |
| 4. 设定受益计划变动额结账留存收益 | | | | | | | | | | | | | | | | |
| 5. 其他综合收益结账留存收益 | | | | | | | | | | | | | | | | |
| 6. 其他 | | | | | | | | | | | | | | | | |
| 四、本年年末余额 | 5 000 000 | 0 | | 0 | | 127 022.5 | 270 000 | 5 397 022.5 | | | | | | | | |

## 第七节 附 注

完整的财务报告应包括财务报表以及作为财务报表组成部分的有关附注。财务报表通过一定的格式、一定的项目内容，反映企业的财务状况、经营业绩和现金流量。由于财务报表格式中所规定的项目内容较为固定，只能提供有限的信息；同时，列入财务报表的各项信息都必须符合会计要素的定义和确认标准。因此，财务报表本身能反映的财务信息受到一定的限制。为报表使用者提供完整的会计信息，需要对财务报表的内容加以注释和说明。

### 一、附注概述

#### （一）附注的概念和作用

附注是财务报表不可或缺的组成部分，是对资产负债表、利润表、现金流量表和所有者权益变动表等报表中列示项目的文字描述或明细资料，以及对未能在这些报表中列示项目的说明等。

财务报表中的数字是经过分类与汇总后的结果，是对企业发生的经济业务的高度简化和浓缩的数字，如果没有形成这些数字所使用的会计政策、理解这些数字所必需的披露，财务报表就不可能充分发挥效用。因此，附注与资产负债表、利润表、现金流量表、所有者权益变动表等报表具有同等的重要性，是财务报表的重要组成部分。报表使用者了解企业的财务状况、经营成果和现金流量，应当全面阅读附注。财务报表附注的作用主要体现着以下几方面：

（1）突出财务报表信息的重要性。财务报表中所含有的数量信息已比较全面，但内容繁多，报表用户可能抓不住重点，对其中的重要信息了解得可能不够全面详细。通过注释，可将财务报表中的重要数据进一步予以分解、说明，有助于报表用户了解哪些是重要的信息，应当引起注意，并在决策中有所考虑。

（2）提高报表内信息的可比性。财务报表通常依据会计准则编制而成，会计准则在许多方面规定了多种会计处理方法，并允许企业根据本行业特点及其所处的经济环境选择能最恰当、公允地反映财务状况和经营成果的会计原则、程序及方法，结果导致不同行业或同一行业各企业所提供的会计信息产生较大的差异。此外，为使财务报表编制所采用的方法具有一贯性，使产生的信息具有可比性，会计准则要求企业慎重选择其所采用的会计原则、程序和方法，不得随意变更，但这并不意味着这些原则、程序和方法在确定后就绝对不能变更。只要新的经济环境表明，采用另一种会计原则、程序和方法，能更为恰当地反映企业的经济情况，那么改变原来的会计原则、程序和方法就是合理的。这种改变会影响信息的可比性，因而，在财务报告中用适当的方式通过注释来说明企业所采用的会计方法及其变更，有助于提高财务报表的可比性。

（3）增加报表内信息的可理解性。企业财务报表的使用者为数颇多，其知识结构必然有异，信息需求及侧重点各不相同，仅有财务报表肯定不能满足所有报表用户的需要。对表中数据进行解释，将一个抽象的数据分解成若干个具体项目，并说明产生各个项目的会计方法，有助于报表用户理解财务报表中的信息。

### （二）附注披露的基本要求

（1）附注披露的信息应是定量、定性信息的结合，从而能从量和质两个角度对企业经济事项完整的进行反映，也才能满足信息使用者的决策需求。

（2）附注应当按照一定的结构进行系统合理的安排和分类，有顺序地披露信息。由于附注的内容繁多，因此更应按逻辑顺序排列，分类披露，条理清晰，具有一定的组织结构，以便于使用者理解和掌握，也更好地实现财务报表的可比性。

（3）附注相关信息应当与资产负债表、利润表、现金流量表和所有者权益变动表等报表中列示的项目相互参照，以有助于使用者联系相关联的信息，并由此从整体上更好地理解财务报表。

## 二、附注披露的内容

我国《企业会计准则》规定，附注应当按照如下顺序披露下列内容：企业的基本情况、财务报表的编制基础、遵循企业会计准则的声明、重要会计政策和会计估计、会计政策和会计估计变更以及差错更正的说明、重要报表项目的说明、其他需要说明的重要事项。

### （一）企业的基本情况

（1）企业注册地、组织形式和总部地址。

（2）企业的业务性质和主要经营活动。

（3）母公司以及集团最终母公司的名称。

（4）财务报告的批准报出者和财务报告批准报出日。

## （二）财务报表的编制基础

企业应当说明编制财务报告的基础依据，如是持续经营还是非持续经营。

## （三）遵循企业会计准则的声明

企业应当明确说明编制的财务报表符合企业会计准则的要求，真实、公允地反映企业的财务状况、经营成果和现金流量等有关信息。以此明确企业编制财务报表所依据的制度基础。

如果企业编制的财务报表只是部分地遵循了企业会计准则，附注中不得做出这种表述。

## （四）重要会计政策和会计估计

企业应当披露采用的重要会计政策和会计估计，不重要的会计政策和会计估计可以不披露。

## （五）会计政策和会计估计变更以及差错更正的说明

### 1. 会计政策变更的说明

会计政策变更，是指企业对相同的交易或事项由原来采用的会计政策改用另一会计政策的行为。在附注中应披露如下会计政策变更的有关事项：

（1）会计政策变更的性质、内容和原因。包括对会计政策变更的简要阐述、变更的日期、变更前采用的会计政策和变更后所采用的新会计政策及会计政策变更的原因。

（2）当期和各个列报前期财务报表中受影响的项目名称和调整金额。包括采用追溯调整法时，计算出的会计政策变更的累积影响数；当期和各个列报前期财务报表中需要调整的净损益及其影响金额，以及其他需要调整的项目名称和调整金额。

（3）无法进行追溯调整的，说明该事实和原因以及开始应用变更后的会计政策的时点、具体应用情况。包括无法进行追溯调整的事实、确定会计政策变更对列报前期影响数不切实可行的原因、在当期期初确定会计政策变更对以前各期累积影响数不切实可行的原因、开始应用新会计政策的时点和具体应用情况。

需要注意的是，在以后期间的财务报表中，不需要重复披露在以前期间的附注中已披露的会计政策变更的信息。

**2. 会计估计变更的说明**

企业应当在附注中披露与会计估计变更有关的下列信息：

(1) 会计估计变更的内容和原因，包括变更的内容、变更的日期以及会计估计变更的原因。

(2) 会计估计变更对当期和未来期间的影响数，包括会计估计变更对当期和未来期间损益的影响金额，以及对其他各项目的影响金额。

(3) 会计估计变更的影响数不能确定的，披露这一事实和原因。

**3. 差错更正的说明**

为了保证经营活动的正常进行，企业应当建立健全内部稽核制度，保证会计资料的真实、合法和完整。但是，在日常的会计核算中也可能由于各种原因造成会计差错，如抄写差错、可能对事实的疏忽和误解以及对会计政策的误用。企业发现会计差错时，应当根据差错的性质及时纠正。

前期差错应在财务报表附注中披露如下事项：

(1) 前期差错的性质。

(2) 各个列报前期财务报表中受影响的项目名称和更正金额。

(3) 无法进行追溯重述的，说明该事实和原因以及对前期差错开始进行更正的时点、具体更正情况。

在以后期间的财务报表中，不需要重复披露在以前期间的附注中已披露的前期差错更正的信息。

### （六）重要报表项目的说明

企业应当以文字和数字描述相结合，尽可能以列表形式披露重要报表项目的构成或当期增减变动情况，并与报表项目相互参照。在披露顺序上，一般应当按照资产负债表、利润表、现金流量表、所有者权益变动表的顺序及其报表项目列示的顺序。

### （七）其他需要说明的重要事项

其他需要说明的重要事项主要包括或有和承诺事项、资产负债表日后非调整事项、关联方关系及其交易等。

**1. 或有事项的披露**

(1) 预计负债的披露。企业应在附注中披露以下内容：①预计负债的种类、形成原因以及经济利益流出不确定性的说明；②各类预计负债的期初、期末余额和本期变动情况；③与预计负债有关的预期补偿金额和本期已确认的预期补偿金额。

（2）或有负债的披露。或有负债无论作为潜在义务还是现时义务，均不符合负债的确认条件，因而不予确认。但是，除非或有负债极小可能导致经济利益流出企业，否则企业应当在附注中披露有关信息，具体包括：①或有负债的种类及其形成原因，包括已贴现商业承兑汇票、未决诉讼、未决仲裁、对外提供担保等形成的或有负债；②经济利益流出不确定性的说明；③或有负债预计产生的财务影响，以及获得补偿的可能性，无法预计的，应当说明原因。

需要注意的是，在涉及未决诉讼、未决仲裁的情况下，如果披露全部或部分信息预期对企业会造成重大不利影响，企业无须披露这些信息，但应当披露该未决诉讼、未决仲裁的性质，以及没有披露这些信息的事实和原因。

（3）或有资产的披露。或有资产作为一种潜在资产，不符合资产确认的条件，因而不予确认。企业通常不应当披露或有资产，但或有资产很可能会给企业带来经济利益的，应当披露其形成的原因、预计产生的财务影响等。

**2. 资产负债表日后非调整事项**

资产负债表日后发生的非调整事项，应当在附注中披露每项重要的资产负债表日后非调整事项的性质、内容，及其对财务报告和经营成果的影响。无法做出估计的，应当说明原因。

**3. 关联方关系及其交易**

关联方关系及其交易是财务报表附注中需要披露的重要内容。关联方关系是指关联方之间的相互关系。企业在日常的业务往来过程中必然涉及诸多方面，如供应商、代理商等，在不存在关联方关系的情况下，企业间发生交易时，往往会从各自的利益出发，一般不会轻易接受不利于自身的交易条款。这种在对交易各方互相了解、自由的、不受各方之间任何关系影响的基础上商定条款而形成的交易，视为公平交易。企业对外提供的财务报告一般认为是建立在公平交易基础上的，但在存在关联方关系时，关联方之间交易可能不是建立在公平交易基础上，因为关联方之间交易时，不存在竞争性的、自由市场交易的条件，而且交易双方的关系常常以一种微妙的方式影响交易。在某些情况下，关联方之间通过虚假交易可以达到经营管理当局所需要的目的。即使关联方交易是在公平交易基础上进行的，重要关联方交易的披露也是有用的，因为它提供了未来可能再发生而且很可能以不同形式发生的交易类型的信息。我国《企业会计准则第36号——关联方披露》，规范了关联方关系及其交易在财务报告中披露的原则及方法，它提出了关联方关系的判断标准、交易类型、信息披露应包含的内容等。

（1）关联方关系的认定。在我国会计准则中，给出了判断关联方关系的标准，即"在企业财务和经营决策中，如果一方有能力直接或间接控制、共同控制另一方或对另一方施加重大影响，则将其视为关联方；如果两方或多方受一方控制，也将其视为关联方"。

从一个企业的角度出发，与其存在关联方关系的各方包括：

① 该企业的母公司，不仅包括直接或间接地控制该企业的其他企业，还包括能够对该企业实施直接或间接控制的部门、单位等。

② 该企业的子公司，包括直接或间接地被该企业控制的其他企业，也包括直接或间接地被该企业控制的单位、信托基金等。

③ 与该企业受同一母公司控制的其他企业。

④ 对该企业实施共同控制的投资方，这里的共同控制包括直接的共同控制和间接的共同控制。对企业实施直接或间接共同控制的投资方与该企业之间是关联方关系，但这些投资方之间并不能仅仅因为共同控制了一家企业而视为存在关联方关系。

⑤ 对该企业施加重大影响的投资方。这里的重大影响包括直接的重大影响和间接的重大影响。对企业实施重大影响的投资方与该企业之间是关联方关系，但这些投资方之间并不能因为对同一家企业具有重大影响而视为存在关联方关系。

⑥ 该企业的合营企业。合营企业是以共同控制为前提的，两方或多方共同控制某一企业时，该企业则为投资者的合营企业。

⑦ 该企业的联营企业。联营企业和重大影响是相联系的，如果投资者能对被投资企业施加重大影响，则该被投资企业视为投资者的联营企业。

⑧ 该企业的主要投资者个人及与其关系密切的家庭成员。主要投资者个人是指能够控制、共同控制一个企业或者对一个企业施加重大影响的个人投资者。

⑨ 该企业或其母公司的关键管理人员及其关系密切的家庭成员。关键管理人员是指有权力并负责策划、指挥和控制企业活动的人员。通常情况下，企业关键管理人员负责管理企业的日常经营活动，并且负责制订经营计划、战略目标、指挥调度生产经营活动等，主要包括董事长、董事、董事会秘书、总经理、总会计师、财务总监、主管各项事务的副总经理以及行使类似政策职能的人员等。与主要投资者个人或关键管理人员关系密切的家庭成员，是指在处理与企业的交易时可能影响个人或受该个人影响的家庭成员，如父母、配偶、兄弟、姐妹和子女等。

⑩ 该企业主要投资者个人、关键管理人员或与其关系密切的家庭成员控制、共同控制或施加重大影响的其他企业。对于这类关联方，应当根据主要投资者个人、关键管理

人员或与其关系密切的家庭成员对两家企业的实际影响力具体分析判断。

(2) 不构成关联方的情况。

① 该企业发生日常往来的资金提供者、公用事业部门、政府部门和机构，以及与该企业发生大量交易而存在经济依存关系的单个客户、供应商、特许商、经销商和代理商之间，不构成关联方关系。

② 该企业共同控制合营企业的合营者之间，通常不构成关联方关系。

③ 仅仅同受国家控制而不存在控制、共同控制或重大影响关系的企业，不构成关联方关系。

(3) 关联方交易的类型。存在关联方关系的情况下，关联方之间发生的交易为关联方交易，关联方的交易类型主要有：

① 购买或销售商品。购买或销售商品是关联方交易较常见的交易事项。例如，企业集团成员企业之间互相购买或销售商品，形成关联方交易。

② 购买或销售除商品以外的其他资产。例如，母公司出售给其子公司设备或建筑物等。

③ 提供或接受劳务。例如，A企业是B企业的联营企业，A企业专门从事设备维修服务，B企业的所有设备均由A企业负责维修，B企业每年支付设备维修费用，该维修服务构成A企业与B企业的关联方交易。

④ 担保。担保包括在借贷、买卖、货物运输、加工承揽等经济活动中，为了保障其债权实现而实行的担保等。当存在关联方关系时，一方往往为另一方提供取得借款、买卖等经济活动中所需要的担保。

⑤ 提供资金（贷款或股权投资）。例如，企业从其关联方取得资金，或权益性资金在关联方之间的增减变动等。

⑥ 租赁。关联方之间的租赁合同也是主要的交易事项。

⑦ 代理。代理主要是依据合同条款，一方可为另一方代理某些事务，如代理销售货物或代理签订合同等。

⑧ 研究与开发项目的转移。在存在关联方关系时，有时某一企业所研究与开发的项目会由于一方的要求而放弃或转移给其他企业。例如，B公司是A公司的子公司，A公司要求B公司停止对某一新产品的研究和试制，并将B公司研究的现有成果转给A公司最近购买的、研究与开发能力超过B公司的C公司继续研制，形成关联方交易。

⑨ 许可协议。当存在关联方关系时，关联方之间可能达成某项协议。允许一方使用另一方商标等，从而形成关联方之间的交易。

⑩代表企业或由企业代表另一方进行债务结算。

⑪关键管理人员薪酬。企业支付给关键管理人员的报酬，也是一项主要的关联方交易。

（4）关联方的披露。

①企业无论是否发生关联方交易，均应当在附注中披露与该企业之间存在直接控制关系的母公司和子公司有关的信息。母公司不是该企业最终控制方的，还应当披露企业集团内对该企业享有最终控制权的企业（或主体）的名称。母公司和最终控制方均不对外提供财务报表的，还应当披露母公司之上与其最相近的对外提供财务报表的母公司名称。

②企业与关联方发生关联方交易的，应当在附注中披露该关联方关系的性质、交易类型及交易要素。关联方关系的性质是指关联方与该企业的关系，即关联方是该企业的子公司、合营企业、联营企业等。交易类型通常包括购买或销售商品、购买或销售商品以外的其他资产、提供或接受劳务、担保、提供资金（贷款或股权投资）、租赁、代理、研究与开发项目的转移、许可协议、代表企业或由企业代表另一方进行债务结算等。交易要素至少应当包括：交易的金额；未结算项目的金额、条款和条件，以及有关提供或取得担保的信息；未结算应收项目坏账准备金额；定价政策。

③对外提供合并财务报表的，对于已经包括在合并范围内各企业之间的交易不予披露。合并财务报表是将集团作为一个整体来反映与其有关的财务信息，在合并财务报表中把企业集团作为一个整体看待，企业集团内的交易已不属于交易，并且已经在编制合并财务报表时予以抵销。因此，对外提供合并财务报表的，对于已经包括在合并范围内并已抵销的各企业之间的交易不予披露。

 思考题

1. 什么是财务报告？其主要作用和构成是什么？
2. 什么是资产负债表？其作用是什么？
3. 什么是利润表？其作用是什么？
4. 什么是现金流量表？其作用是什么？
5. 现金流量表中现金的含义指什么？
6. 现金流量表直接法和间接法的区别是什么？
7. 所有者权益变动表有何作用？

8. 资产负债表的"期末余额"应如何填列？

9. 采用间接法列报经营活动产生的现金流量时，需要进行调整的项目有哪几类？

10. 附注应当披露哪些内容？

# 第十四章

# 或有事项

**学习目标：**
1. 了解预计负债和或有负债的信息披露。
2. 熟悉或有事项的概念、特征和种类。
3. 掌握预计负债的概念及其计量。
4. 掌握预计负债的账务处理。

案例导读：

2020年10月28日，烟台N核电设备有限公司（以下简称烟台N核电）收到烟台市中级人民法院快递送达的《民事起诉状》等相关诉讼材料，本案系Z银行股份有限公司烟台分行（以下简称Z银行）与烟台N核电借款合同纠纷，涉及案件金额100 000 000.00元。案件基本情况：2019年6月14日，烟台N核电与Z银行股份有限公司烟台分行签订借款协议，协议金额100 000 000.00元。烟台市N集团有限公司、N核电设备股份有限公司、王某欣、东某提供保证担保，贷款期限自2019年6月18日起至2020年6月17日止。2020年因烟台N核电未能按时足额还本付息，被Z银行提起诉讼。截至2020年12月31日，企业尚未接到法院的最终判决。在咨询了公司的法律顾问后认为，败诉的可能性为70%。

请同学们思考：

企业对上述事件应如何进行账务处理？

通过本章的学习，你将会找到答案。

# 第一节 或有事项概述

## 一、或有事项的概念及其特征

企业在经营活动中有时会面临诉讼、仲裁、债务担保、产品质量保证、重组等具有较大不确定性的经济事项。这些不确定事项对企业的财务状况和经营成果可能会产生较大的影响。《企业会计准则第13号——或有事项》（以下简称或有事项准则），规范了或有事项的确认、计量和相关信息的披露，及时反映或有事项对企业潜在的财务影响，以及企业可能因此承担的风险。

根据或有事项准则的规定，或有事项是指过去的交易或者事项形成的，其结果须由某些未来事项的发生或不发生才能决定的不确定事项。常见的或有事项主要包括：未决诉讼或未决仲裁、债务担保、产品质量保证（含产品安全保证）、亏损合同、重组义务、环境污染整治、承诺等。或有事项具有以下几方面特征。

### （一）或有事项是由过去的交易或者事项形成的

或有事项作为一种不确定事项，是由企业过去的交易或者事项形成的。由过去的交易或者事项形成，是指或有事项的现存状况是过去交易或者事项引起的客观存在。

例如，未决诉讼虽然是正在进行中的诉讼，但该诉讼是企业因过去的经济行为导致起诉其他单位或被其他单位起诉，这是现存的一种状况，而不是未来将要发生的事项。

由于或有事项具有因过去的交易或者事项而形成这一特征，未来可能发生的自然灾害、交通事故、经营亏损等事项，不属于或有事项准则规范的或有事项。

### （二）或有事项的结果具有不确定性

或有事项的结果具有不确定性，是指或有事项的结果是否发生具有不确定性或者或有事项的结果预计将会发生，但发生的具体时间或金额具有不确定性。例如，有些未决诉讼，被告是否会败诉在案件审理过程中有时是难以确定的，需要根据法院判决情况加以确定。再如，某企业因生产排污治理不力并对周围环境造成污染而被起诉，如无特殊情况，该企业很可能败诉。但是，在诉讼成立时，该企业因败诉将支出多少金额，或者何时将发生这些支出，可能是难以确定的。

### （三）或有事项的结果须由未来事项决定

由未来事项决定，是指或有事项的结果只能由未来不确定事项的发生或不发生才能决定。或有事项对企业是有利影响还是不利影响，或已知是有利影响或不利影响但影响多大，在或有事项发生时是难以确定的，只能由未来不确定事项的发生或不发生才能证实。例如，企业为其他单位提供债务担保，该担保事项最终是否会要求企业履行偿还债务的连带责任，一般只能看被担保方的未来经营情况和偿债能力。如果被担保方经营情况和财务状况良好且有较好的信用，那么企业将不需要履行该连带责任。只有在被担保方到期无力还款时，企业（担保方）才承担偿还债务的连带责任。

或有事项与不确定性联系在一起，但会计处理过程中存在的不确定性并不都形成或有事项准则所规范的或有事项，企业应当按照或有事项的定义和特征进行判断。

例如，折旧的提取虽然涉及对固定资产净残值和使用寿命的估计，具有一定的不确定性，但固定资产原值是确定的，其价值最终会转移到成本或费用中也是确定的，因此折旧不是或有事项。

**思考：或有事项的特征。**

## 二、或有负债和或有资产

或有事项的结果可能会产生预计负债、或有负债或者或有资产等，其中，预计负债属于负债的范畴，一般符合负债的确认条件而应予确认。随着某些未来事项的发生或者不发生，或有负债可能转化为企业的预计负债或者消失；或有资产也有可能形成企业的资产或者消失。

### （一）或有负债

或有负债是指过去的交易或者事项形成的潜在义务，其存在须通过未来不确定事项的发生或不发生予以证实；或过去的交易或者事项形成的现时义务，履行该义务不是很可能导致经济利益流出企业或该义务的金额不能可靠计量。

或有负债涉及两类义务：一类是潜在义务，另一类是现时义务。

**1. 潜在义务**

潜在义务是指结果取决于不确定未来事项的可能义务。也就是说，潜在义务最终是否转变为现时义务,由某些未来不确定事项的发生或不发生才能决定。或有负债作为一项潜在义务,其结果如何只能由未来不确定事项的发生或不发生来证实。

**2. 现时义务**

现时义务是指企业在现行条件下已承担的义务。作为或有负债的现时义务,其特征是:该现时义务的履行不是很可能导致经济利益流出企业,或者该现时义务的金额不能可靠地计量。其中,"不是很可能导致经济利益流出企业"是指该现时义务导致经济利益流出企业的可能性不超过50%(含50%)。"金额不能可靠计量"是指该现时义务导致经济利益流出企业的"金额"难以合理预计,现时义务履行的结果具有较大的不确定性。

【例14-1】2020年6月,中华公司从银行贷款美元100万元,期限1年,由大河公司担保50%;2020年8月,大地公司通过银行贷款人民币1 000万元,期限2年,由大河公司全额担保。

2020年12月31日,中华公司由于受政策影响和内部管理不善等原因,经营效益不如以往,可能不能偿还到期美元债务;大地公司经营情况良好,预期不存在还款困难。

本例中,对中华公司而言,大河公司可能需履行连带责任;就大地公司而言,大河公司履行连带责任的可能性极小。根据或有事项准则的规定,这两项债务担保形成大河公司的或有负债,不符合预计负债的确认条件,大河公司应当在2020年12月31日的财务报表附注中披露相关债务担保的被担保单位、担保金额及财务影响等。

### (二)或有资产

或有资产是指过去的交易或者事项形成的潜在资产,其存在须通过未来不确定事项的发生或不发生予以证实。或有资产作为一种潜在资产,其结果具有较大的不确定性,只有随着经济情况的变化,通过某些未来不确定事项的发生或不发生才能证实其是否会形成企业真正的资产。例如,甲企业向法院起诉乙企业侵犯了其专利权。法院尚未对该案件进行公开审理,甲企业是否胜诉尚难判断。对于甲企业而言,将来可能胜诉而获得的赔偿属于一项或有资产,但这项或有资产是否会转化为真正的资产,要由法院的判决结果确定。如果终审判决结果是甲企业胜诉,那么这项或有资产就转化为甲企业的一项资产。如果终审判决结果是甲企业败诉,那么或有资产就消失了,更不可能形成甲企业的资产。

### (三)或有负债和或有资产转化为负债(预计负债)和资产

或有负债和或有资产不符合负债或资产的定义和确认条件,企业不应当确认或有负债和或有资产，而应当按照或有事项准则的规定进行相应的披露。

但是，影响或有负债和或有资产的多种因素处于不断变化之中，企业应当持续地对这些因素予以关注。随着时间推移和事态的进展，或有负债对应的潜在义务可能转化为现时义务，原本不是很可能导致经济利益流出的现时义务也可能被证实将很可能导致企业流出经济利益，并且现时义务的金额也能够可靠计量。在这种情况下，或有负债将转化为企业的预计负债，应当予以确认。或有资产也是一样，其对应的潜在资产最终是否能够流入企业会逐渐变得明确，如果某一时点企业基本确定能够收到这项潜在资产并且其金额能够可靠计量，则应当将其确认为企业的资产。

## 第二节　预计负债的确认和计量

### 一、预计负债的确认

基于负债的定义和确认条件，我国现行会计准则规定，与或有事项相关的义务同时满足下列条件的，应当确认为预计负债。

**1. 该义务是企业承担的现时义务**

按照负债的定义，负债的重要特征是它代表企业承担的现时义务。然而，与或有事项相关的义务既可能是现时义务也可能是潜在义务。要基于或有事项确认一项预计负债，就必须要求与或有事项相关的义务是现时义务而不是潜在义务。该义务是企业承担的现时义务，是指与或有事项相关的义务是在企业当前条件下已承担的义务，企业没有其他现实的选择，只能履行该现时义务。通常情况下，过去的事项是否导致现时义务是比较明确的，但也存在极少情况，如法律诉讼，特定事项是否已发生或这些事项是否已产生了一项现时义务可能难以确定，企业应当考虑包括资产负债表日后所有可获得的证据、专家意见等，以此确定资产负债表日是否存在现时义务。如果据此判断，资产负债表日很可能存在现时义务，且符合预计负债确认条件的，应当确认为一项预计负债；如果资产负债表日现时义务很可能不存在的，企业应披露一项或有负债，除非含有经济利益的资源流出企业的可能性极小。

**2. 履行该义务很可能导致经济利益流出企业**

按照负债的定义，负债的另一个重要特征是履行现时义务预期会导致经济利益流出企业。然而，与各种或有事项相关的现时义务导致经济利益流出企业具有不确定性，不同的或有事项其相关的现时义务导致经济利益流出企业的可能性往往有较大的差异。依据负债的确认条件，要确认一项负债，需要与现时义务有关的经济利益很可能流出企业。因此，要基于或有事项确认一项预计负债，就必须要求履行与或有事项相关的现时义务很可能导致经济利益流出企业。如果履行与或有事项相关的现时义务导致经济利益流出企业的可能性超过50%但小于或等于95%，就可以认为履行该义务很可能导致经济利益流出企业。

企业因或有事项承担了现时义务，并不说明该现时义务很可能导致经济利益流出企业。例如，2020年5月1日，甲企业与乙企业签订协议，承诺为乙企业的2年期银行借款提供全额担保。对于甲企业而言，由于担保事项而承担了一项现时义务，但这项义务的履行是否很可能导致经济利益流出企业，需依据乙企业的经营情况和财务状况等因素加以确定。假定2020年末，乙企业的财务状况恶化，且没有迹象表明可能发生好转。此种情况出现，表明乙企业很可能违约，从而甲企业履行承担的现时义务将很可能导致经济利益流出企业。

存在很多类似义务，如产品保证或类似合同，履行时要求对经济利益流出的可能性应通过总体考虑才能确定。对于某个项目而言，虽然经济利益流出的可能性较小，但包括该项目的该类义务很可能导致经济利益流出的，应当视同该项目义务很可能导致经济利益流出企业。

**3. 该义务的金额能够可靠地计量**

该义务的金额能够可靠地计量，是指与或有事项相关的现时义务的金额能够合理地估计。由于或有事项具有不确定性，因或有事项产生的现时义务的金额也具有不确定性，需要估计。对或有事项确认一项预计负债，相关现时义务的金额应当能够可靠估计。例如，甲企业（被告）涉及一桩诉讼案。根据以往的审判案例推断，甲企业很可能要败诉，相关的赔偿金额也可以估算出一个范围。这种情况下，可以认为甲企业因未决诉讼承担的现时义务的金额能够可靠地估计。

预计负债应当与应付账款、应计项目等其他负债严格区分。因为与预计负债相关的未来支出的时间或金额具有一定的不确定性。应付账款是为已收到或已提供的、并已开出发票或已与供应商达成正式协议的货物或劳务支付的负债；应计项目是为已收到或已提供但还未支付、未开出发票或未与供应商达成正式协议的货物或劳务支付的负债，尽管有时需要估计应计项目的金额或时间，但是其不确定性通常远小于预计负债。应计项目经常作为应付账款和其他应付账款的一部分进行列报，而预计负债则单独进行列报。

与或有事项相关的义务，不能同时满足上述确认条件者，通常作为或有负债。例如，或有事项导致的义务不是现时义务而是潜在义务，属于或有负债而不能确认预计负债；或有事项导致的义务虽然是现时义务，但履行该现时义务不是很可能导致经济利益流出企业或该义务的金额不能可靠计量，因而不符合负债的确认条件，不能确认为预计负债，只能作为或有负债在表外披露。

或有负债不需要在表内反映，企业应根据具体情况决定是否应当在表外披露。

由于预计负债的金额要在资产负债表内反映，因此预计负债的计量是一个很重要的问题。

## 二、预计负债的初始计量与后续计量

**1. 预计负债的初始计量**

预计负债应当按照履行相关现时义务所需支出的最佳估计数进行初始计量。此外，企业清偿预计负债所需支出还可能从第三方或其他方获得补偿。因此，预计负债的计量主要涉及两个问题：一是最佳估计数的确定；二是预期可获得补偿的处理。

（1）最佳估计数的确定。最佳估计数是在考虑当前各种信息的条件下做出的最优估计结果，具体确定时应当分别从以下两种情况考虑：

第一，所需支出存在一个连续范围，且该范围内各种结果发生的可能性相同的，最佳估计数应当按照该范围内的中间值确定，即最佳估计数应按该范围的上下限金额的平均数确定。

第二，所需支出不存在一个连续范围，或者虽然存在一个连续范围但该范围内各种结果发生的可能性不相同，则最佳估计数应按涉及的项目多少分别确定：

① 或有事项涉及单个项目的，按照最可能发生金额确定；

② 或有事项涉及多个项目的，按照各种可能结果及相关概率计算确定。

企业在确定最佳估计数时，应当综合考虑与或有事项有关的风险、不确定性和货币时间价值等因素。货币时间价值影响重大的，应当通过对相关未来现金流出进行折现后确定最佳估计数。

相关现时义务的金额通常应当等于未来应支付的金额。未来应支付金额与其现值相差较大的，如油井或核电站的弃置费用等，应当按照未来应支付金额的现值确定。企业应当考虑可能影响履行现时义务所需金额的相关未来事项，如未来技术进步、相关法规出台等。企业不应考虑预期处置相关资产的利得。

（2）预期可获得的补偿的处理。企业清偿预计负债所需支出全部或部分预期由第三方补偿的，补偿金额只有在基本确定能够收到时才能作为资产单独确认。确认的补偿金额不应当超过预计负债的账面价值。

企业预期从第三方获得的补偿，是一种潜在资产，其最终是否会转化为企业真正的资产（即企业是否能够收到这项补偿）具有较大的不确定性，企业只能在基本确定能够收到补偿时才能对其进行确认。同时，根据资产和负债不能随意抵销的原则，预期可获得的补偿在基本确定能够收到时应当确认为一项资产，而不能作为预计负债金额的扣减。

补偿金额的确认涉及两个问题：一是确认时间，补偿只有在"基本确定"能够收到时予以确认；二是确认金额，确认的金额是基本确定能够收到的金额，而且不能超过相关预计负债的账面价值。例如，A企业因或有事项确认了一项预计负债60万元，同时，因该或有事项，A企业还可从B企业获得45万元的赔偿，且这项金额基本确定能收到。在这种情况下，A企业应分别确认一项预计负债60万元和一项资产45万元。如果A企业基本确定能从B企业获得70万元的赔偿，则应分别确认一项预计负债60万元和一项资产60万元。

**2. 预计负债的后续计量**

企业应当在资产负债表日对预计负债的账面价值进行复核。有确凿证据表明该账面价值不能真实反映当前最佳估计数的，应当按照当前最佳估计数对该账面价值进行调整。

## 三、预计负债的账务处理

企业的预计负债需要在资产负债表上以单独的项目列示。为正确核算和披露因或有事项而确认的预计负债，企业应设置"预计负债"科目，并在该科目下分别就不同性质的或有事项，设置"产品质量保证""亏损合同""未决诉讼"等明细科目，进行明细核算。

**1. 产品质量保证形成的预计负债**

企业售出附有质量保证协议的产品后，如果在协议规定的保证期限内发生质量问题，则企业应负责修理或退换等，也就会发生相应的质量保证费用。因此，在这种情况下，企业销售产品或商品时实际上承担了一种质量保证义务。为了如实地反映企业的经营成果和财务状况，应于期末根据很可能发生的质量保证费用，确认为预计负债，借记"销售费用"科目，贷记"预计负债"科目。

【例14-2】大河公司为机床生产和销售企业。假定2019年"预计负债——产品质量保证"科目年末余额为12万元。2020年第一季度、第二季度、第三季度、第四季度分别销售机床 200 台、300 台、400 台和 350 台，每台售价为 5 万元。对购买其产品的消费者，大河公司作出如下承诺：机床售出后 3 年内如出现非意外事件造成的机床故障和质量问题，大河公司免费负责保修（含零部件更换）。根据以往的经验，发生的保修费一般为销售额的 1%～1.5%。假定大河公司 2020 年四个季度实际发生的维修费分别为 2 万元、20 万元、18 万元和 35 万元。

本例中，大河公司因销售机床而承担了现时义务，该义务的履行很可能导致经济利益流出大河公司，且该义务的金额能够可靠地计量。大河公司根据或有事项准则的规定在每季度末确认一项负债。有关账务处理如下：

① 第一季度发生产品质量保证费用（维修费）：

借：预计负债——产品质量保证　　　　　　　　　　　　　　20 000
　　贷：银行存款或原材料等　　　　　　　　　　　　　　　　　　20 000

第一季度末应确认的产品质量保证预计负债金额 = 200 × 5 × [(0.01 + 0.015) ÷ 2] = 12.5（万元）

借：销售费用——产品质量保证　　　　　　　　　　　　　　125 000
　　贷：预计负债——产品质量保证　　　　　　　　　　　　　　125 000

第一季度末，"预计负债——产品质量保证"科目余额为 225 000 元。

② 第二季度发生产品质量保证费用（维修费）：

借：预计负债——产品质量保证　　　　　　　　　　　　　　200 000
　　贷：银行存款或原材料等　　　　　　　　　　　　　　　　　200 000

第二季度末应确认的产品质量保证预计负债金额 = 300 × 5 × (0.01 + 0.015) ÷ 2 = 18.75（万元）

借：销售费用——产品质量保证　　　　　　　　　　　　　　187 500
　　贷：预计负债——产品质量保证　　　　　　　　　　　　　　187 500

第二季度末，"预计负债——产品质量保证"科目余额为 212 500 元。

③ 第三季度发生产品质量保证费用（维修费）：

借：预计负债——产品质量保证　　　　　　　　　　　　　　180 000
　　贷：银行存款或原材料等　　　　　　　　　　　　　　　　　180 000

第二季度末应确认的产品质量保证预计负债金额 = 400 × 5 × (0.01 + 0.015) ÷ 2 = 25（万元）

借：销售费用——产品质量保证　　　　　　　　　　　　　　250 000
　　贷：预计负债——产品质量保证　　　　　　　　　　　　　　250 000

第三季度末,"预计负债——产品质量保证"科目余额为 282 500 元。

④ 第四季度发生产品质量保证费用（维修费）：

借：预计负债——产品质量保证　　　　　　　　　　　350 000
　　贷：银行存款或原材料等　　　　　　　　　　　　　350 000

第四季度末应确认的产品质量保证预计负债金额 = 350 × 50 000 × (0.01 + 0.015) ÷ 2 = 218 750（元）

借：销售费用——产品质量保证　　　　　　　　　　　218 750
　　贷：预计负债——产品质量保证　　　　　　　　　　218 750

第四季度末,"预计负债——产品质量保证"科目余额为 151 250 元。

**2. 未决诉讼形成的预计负债**

【例 14-3】2020 年 11 月 20 日,大河公司因合同违约被长江公司起诉。2020 年 12 月 31 日,公司尚未接到法院的判决。长江公司预计,如无特殊情况很可能在诉讼中获胜,并估计将来可能获得的赔偿金额为 2 100 000 元。大河公司在咨询了公司的法律顾问后,认为最终的法律判决很可能对公司不利。假定大河公司预计将要支付诉讼费用为 2 000 000 ~ 2 400 000 元,而且这个区间的每个金额的可能性都大致相同。其中诉讼费为 30 000 元。

本例中,长江公司不应当确认或有资产,而应当在 2020 年 12 月 31 日的报表附注中披露或有资产 2 100 000 元。

大河公司应在 2020 年 12 月 31 日确认一项预计负债 220 万元 [(200 + 240) ÷ 2]，其中支付的诉讼费为 3 万元,同时在附注中进行披露。

大河公司有关账务处理如下：

借：管理费用——诉讼费　　　　　　　　　　　　　　30 000
　　营业外支出　　　　　　　　　　　　　　　　　　2 170 000
　　贷：预计负债——未决诉讼　　　　　　　　　　　2 200 000

**3. 亏损合同形成的预计负债**

企业与其他单位签订的商品销售合同、劳务合同、租赁合同等有可能成为亏损合同。亏损合同是履约成本超过预期经济利益的合同。亏损合同产生的义务满足预计负债确认条件的,应当确认为预计负债。所确认的预计负债应当反映企业退出该合同的最低净成本,即履行该合同的成本与未能履行该合同而发生的补偿成本或处罚两者之中的较低者。

企业对亏损合同进行会计处理,需要遵循以下两点原则：

(1) 如果与亏损合同相关的义务不需要支付任何补偿即可撤销，企业通常就不存在现时义务，不应确认预计负债；如果与亏损合同相关的义务不可撤销，企业将存在现时义务，同时满足该义务很可能导致经济利益流出企业且金额能够可靠计量的，应当确认预计负债。

(2) 待执行合同变为亏损合同时，合同存在标的资产的，应当对标的资产进行减值测试并按规定确认减值损失，在这种情况下，企业通常不需要确认预计负债，如果预计亏损超过该减值损失，应将超过部分确认为预计负债；合同不存在标的资产的，亏损合同相关义务满足预计负债确认条件时，应当确认预计负债。

【例 14-4】大河公司于 2020 年 12 月 10 日与丙公司签订不可撤销合同，约定在 2021 年 3 月 1 日以每件 200 元的价格向丙公司提供 A 产品 1 000 件，若不能按期交货，将对大河公司处以总价款 20% 的违约金。签订合同时 A 产品尚未开始生产，大河公司准备生产 A 产品时，原材料价格突然上涨，预计生产 A 产品的单位成本将超过合同单价。不考虑相关税费。

① 如生产 A 产品的单位成本为 210 元：

履行合同发生的损失 = 1 000 × (210 - 200) = 10 000（元）

不履行合同支付的违约金 = 1 000 × 200 × 20% = 40 000（元）

本例中，大河公司与丙公司签订了不可撤销合同，但是执行合同不可避免发生的费用超过了预期获得的经济利益，属于亏损合同。由于该合同变为亏损合同时不存在标的资产，大河公司应当按照履行合同造成的损失与违约金两者中的较低者确认一项预计负债，即应确认预计负债 10 000 元。

借：营业外支出——亏损合同损失——A 产品　　　　　　10 000
　　贷：预计负债——亏损合同损失——A 产品　　　　　　　　　10 000

待产品完工后，将已确认的预计负债冲减产品成本。

借：预计负债——亏损合同损失——A 产品　　　　　　　10 000
　　贷：库存商品——A 产品　　　　　　　　　　　　　　　　　10 000

② 若生产 A 产品的单位成本为 270 元：

履行合同发生的损失 = 1 000 × (270 - 200) = 70 000（元）

不履行合同支付的违约金 = 1 000 × 200 × 20% = 40 000（元）

应确认预计负债 40 000 元。

借：营业外支出——亏损合同损失——A 产品　　　　　　40 000
　　贷：预计负债——亏损合同损失——A 产品　　　　　　　　　40 000

支付违约金时:

借:预计负债——亏损合同损失——A产品　　　　　　　　　　40 000
　　贷:银行存款　　　　　　　　　　　　　　　　　　　　　　40 000

【例14-5】大河公司与乙公司于2020年11月签订不可撤销合同,大河公司向乙公司销售A设备50台,合同价格每台1 000 000元(不含税)。该批设备在2021年1月25日交货。至2020年末,大河公司已生产40台A设备,由于原材料价格上涨,单位成本达到1 020 000元,每销售一台A设备亏损20 000元,因此这项合同已成为亏损合同。预计其余未生产的10台A设备的单位成本与已生产的A设备的单位成本相同。则大河公司应对有标的的40台A设备计提存货跌价准备,对没有标的的10台A设备确认预计负债。不考虑相关税费。

有关账务处理如下:

① 有标的部分,合同为亏损合同,确认减值损失:

借:资产减值损失——存货跌价损失——A设备　　　　　　　800 000
　　贷:存货跌价准备——A设备(40×20 000)　　　　　　　800 000

② 无标的部分,合同为亏损合同,确认预计负债:

借:营业外支出——亏损合同损失——A设备　　　　　　　　200 000
　　贷:预计负债——亏损合同损失——A设备(10×20 000)　　200 000

③ 在产品生产出来后,将预计负债冲减成本:

借:预计负债——亏损合同损失——A设备　　　　　　　　　200 000
　　贷:库存商品——A设备　　　　　　　　　　　　　　　　200 000

## 第三节　或有事项的信息披露

### 一、预计负债的披露

在资产负债表中,因或有事项而确认的预计负债应与其他负债项目进行区别,单独反映。为了使会计报表使用者获得充分、详细的有关或有事项的信息,企业应在会计报表附注中披露以下内容:

(1) 预计负债的种类、形成原因以及经济利益流出不确定性的说明。

(2) 各类预计负债的期初、期末余额和本期变动情况。

(3) 与预计负债有关的预期补偿金额和本期已确认的预期补偿金额。

## 二、或有负债的披露

或有负债无论作为潜在义务还是现时义务，均不符合负债的确认条件，因而不予确认。但是，除非或有负债极小可能导致经济利益流出企业，否则企业应当在附注中披露有关信息，具体包括：

（1）或有负债的种类及其形成原因，包括已贴现商业承兑汇票、未决诉讼、未决仲裁、对外提供担保等形成的或有负债。

（2）经济利益流出不确定性的说明。

（3）或有负债预计产生的财务影响，以及获得补偿的可能性；无法预计的，应当说明原因。

需要注意的是，在涉及未决诉讼、未决仲裁的情况下，如果披露全部或部分信息预期会对企业造成重大不利影响的，企业无须披露这些信息，但应当披露该未决诉讼、未决仲裁的性质，以及没有披露这些信息的事实和原因。

## 三、或有资产的披露

或有资产作为一种潜在资产，不符合资产确认的条件，因而不予确认。企业通常不应当披露或有资产，但或有资产很可能将会给企业带来经济利益的，应当披露其形成的原因、预计产生的财务影响等。

**思考题**

1. 简述或有事项的概念及其特征。
2. 简述预计负债的确认条件。
3. 预计负债与或有负债有何区别？
4. 或有负债与或有资产的披露有何不同？
5. 预计负债的最佳估计数如何确定？

# 第十五章

# 会计政策、会计估计变更、会计差错更正及资产负债表日后事项

**学习目标：**
1. 了解会计政策、会计估计与会计差错的概念。
2. 了解资产负债表日后事项的内容。
3. 掌握会计政策变更与会计估计变更的概念和区别。
4. 掌握会计政策变更的追溯调整法和未来适用法。
5. 掌握重要前期差错对报表项目的调整。
6. 掌握资产负债表日后事项的调整事项的账务处理。

**案例导读：**

浙江W石化股份有限公司（以下简称公司）于2020年4月8日召开第三届董事会审议通过了《关于变更会计估计和会计政策的议案》。

一、会计政策变更

1. 2017年7月5日，财政部发布了《关于修订印发〈企业会计准则第14号——收入〉的通知》（财会〔2017〕22号）（以下简称新收入准则），根据财政部要求，在境内外同时上市的企业以及境外上市并采用国际财务报告准则或企业会计准则编制财务报表的企业，自2018年1月1日起施行；其他境内上市企业，自2020年1月1日起施行；执行企业会计准则的非上市企业，自2021年1月1日起施行。根据上述新收入准则的有关要求，公司需对原采用的相关会计政策进行相应调整。

2. 2019年9月27日，财政部发布了《关于修订印发合并财务报表格式（2019版）的通知》（财会〔2019〕16号）（以下简称修订通知），对合并财务报表格式进行了修订，要求执行企业会计准则的企业按照会计准则和修订通知的要求编制2019年度合并财务报表及以后期间的合并财务报表。根据上述修订通知的有关要求，公司应当对合并财务报表格式进行相应调整。

二、会计估计变更

结合公司产业发展及经验积累，为更加公允、客观地反映公司的财务状况和经营成果，提供更加可靠的会计信息，达到集团统一财务管理目的，公司于2019年10月更新ERP管理系统，公司拟对部分子公司的固定资产折旧计提进行会计估计变更。本次变更会计估计自董事会审议通过之日起生效。变更前后情况：子公司部分固定资产残值率由5%变为10%，子公司部分机器设备由双倍余额递减法变为年限平均法，该部分残值率和折旧方法变化的固定资产价值占2019年末合并财务报表固定资产账面价值的比例是4.69%。

请同学们思考：

会计政策变更与会计估计变更的区别是什么？应如何进行账务处理？

通过本章的学习，你将会找到答案。

# 第一节　会计政策及其变更

## 一、会计政策概述

### （一）会计政策的概念

会计政策，是指企业在会计确认、计量和报告中所采用的原则、基础和会计处理方法。

会计政策的原则，是指按照企业会计准则规定的、适合于企业会计核算所采用的具体会计原则。

会计政策的基础，是指为了将会计原则应用于交易或者事项而采用的基础，主要是计量基础（即计量属性），包括历史成本、重置成本、可变现净值、现值和公允价值等。

会计政策的会计处理方法，是指企业在会计核算中按照法律、行政法规或者国家统一的会计制度等规定采用或者选择的、适合于本企业的具体会计处理方法。

## （二）会计政策的特点

**1. 会计政策的选择性**

会计政策是在允许的会计原则、计量基础和会计处理方法中作出指定或具体选择。例如，确定发出存货的实际成本时可以在先进先出法、加权平均法或者个别计价法中进行选择。

**2. 会计政策的强制性**

在我国，会计准则和会计制度属于行政法规，会计政策所包括的具体会计原则、计量基础和具体会计处理方法由会计准则或会计制度规定，具有一定的强制性。企业必须在法规所允许的范围内选择适合本企业实际情况的会计政策。例如，在确定发出存货的实际成本时不得选择使用后进先出法，可以选择使用先进先出法、加权平均法和个别计价法。

**3. 会计政策的层次性**

会计政策包括会计原则、计量基础和会计处理方法三个层次。会计原则、计量基础和会计处理方法三者之间是一个具有逻辑性的、密不可分的整体，通过这个整体，会计政策才能得以应用和落实。

## （三）企业应就重要的会计政策进行披露

企业应当通过考虑与会计政策相关项目的性质和金额来判断会计政策是否重要，应当披露重要的会计政策，不具有重要性的会计政策可以不予披露。企业应当披露的重要会计政策包括：

（1）发出存货成本的计量，是指企业确定发出存货成本所采用的会计处理。

（2）长期股权投资的后续计量，是指企业取得长期股权投资后的会计处理。

（3）投资性房地产的后续计量，是指企业在资产负债表日对投资性房地产进行后续计量所采用的会计处理。

（4）固定资产的初始计量，是指对取得的固定资产初始成本的计量。

（5）生物资产的初始计量，是指对取得的生物资产初始成本的计量。

（6）无形资产的确认，是指对无形项目的支出是否确认为无形资产。

（7）非货币性资产交换的计量，是指非货币性资产交换事项中对换入资产成本的计量。

（8）收入的确认，是指收入确认所采用的会计原则。

(9) 合同收入与费用的确认,是指确认建造合同的收入和费用所采用的会计处理方法。

(10) 借款费用的处理,是指对借款费用是采用资本化还是采用费用化进行会计处理。

(11) 合并政策,是指编制合并财务报表所采纳的原则。

(12) 其他重要会计政策。

## 二、会计政策变更

### (一) 会计政策变更的概念

会计政策变更,是指企业对相同的交易或者事项由原来采用的会计政策改用另一会计政策的行为。一般情况下,企业采用的会计政策,在每一会计期间和前后各期应当保持一致,不得随意变更,否则势必削弱会计信息的可比性。

### (二) 允许会计政策变更的条件

在下述两种情形下,企业可以变更会计政策:

(1) 法律、行政法规或者国家统一的会计制度等要求变更。这种情况是指按照法律、行政法规以及国家统一的会计制度的规定,要求企业采用新的会计政策,则企业应当按照法律、行政法规以及国家统一的会计制度的规定改变原会计政策,按照新的会计政策执行。

(2) 会计政策变更能够提供更可靠、更相关的会计信息。如果经济环境、客观情况发生改变,企业在原采用的会计政策下所提供的会计信息已不能恰当地反映企业的财务状况、经营成果和现金流量等情况,则应改变原有会计政策,按变更后新的会计政策进行会计处理,以便对外提供更可靠、更相关的会计信息。

### (三) 不属于会计政策变更的情况

政策变更的认定直接影响会计处理方法的选择,企业应当正确认定属于会计政策变更的情形。下列两种情况不属于会计政策变更:

(1) 本期发生的交易或者事项与以前相比具有本质差别而采用新的会计政策。

(2) 对初次发生的或不重要的交易或者事项采用新的会计政策。

## 三、会计政策变更的会计处理

在不同情形下,企业可选择两种方法对发生的会计政策变更进行会计处理,这两种方法为追溯调整法和未来适用法。

### (一) 追溯调整法

追溯调整法,是指对某项交易或事项变更会计政策,视同该项交易或事项初次发生时即采用变更后的会计政策,并以此对财务报表相关项目进行调整的方法。

采用追溯调整法时,对于比较财务报表期间的会计政策变更,应调整各期间净损益各项目和财务报表其他相关项目,视同该政策在比较财务报表期间上一直采用。对于比较财务报表可比期间以前的会计政策变更的累积影响数,应调整比较财务报表最早期间的期初留存收益,财务报表其他相关项目的数字也应做相应调整。

追溯调整法通常由以下步骤构成:

第一步,计算会计政策变更的累积影响数;

第二步,编制相关项目的调整分录;

第三步,调整列报前期最早期初财务报表相关项目及其金额;

第四步,附注说明。

需要注意的是,对以前年度损益进行追溯调整或追溯重述的,应当重新计算各列报期间的每股收益。

【例15-1】大河公司与乙公司签订租赁合同,合同规定从2018年1月1日起,大河公司将一幢办公楼对外出租,租期为3年,每年租金600万元,于每年初一次性收取。大河公司对该投资性房地产采用成本模式计量,出租时办公楼的原价为10 000万元,已提折旧2 000万元,预计尚可使用年限为20年,采用年限平均法计提折旧,预计净残值为0,假定大河公司计提折旧的方法及预计使用年限符合税法规定。从2020年起,大河公司所在地有活跃的房地产交易市场,公允价值能够持续可靠取得,大河公司决定从2020年1月1日起,对该投资性房地产由成本模式改为公允价值计量模式。大河公司对外出租的办公楼2017年12月31日、2018年12月31日、2019年12月31日、2020年12月31日的公允价值分别为8 000万元、9 000万元、9 600万元、10 100万元。假定按年确认公允价值变动损益,大河公司适用的所得税税率为25%,按净利润的10%提取法定盈余公积。

根据上述资料,大河公司的账务处理如下:

（1）计算改变投资性房地产计量模式后的累积影响数，如表15-1所示：

表15-1　　　改变投资性房地产计量模式后的累积影响数计算表　　　单位：万元

| 年度 | 成本模式计量当期损益 | 公允价值模式计量当期损益 | 税前差异 | 所得税影响 | 税后差异 |
|---|---|---|---|---|---|
| 2018 | 200 | 1 600 | 1 400 | 350 | 1 050 |
| 2019 | 200 | 1 200 | 1 000 | 250 | 750 |
| 小计 | 400 | 2 800 | 2 400 | 600 | 1 800 |
| 2020 | 200 | 1 100 | 900 | 225 | 675 |
| 合计 | 600 | 3 900 | 3 300 | 825 | 2 475 |

大河公司2020年12月31日的比较财务报表列报前期最早期初为2019年1月1日。

大河公司在2018年、2019年按公允价值模式计算的税前利润分别为1 600万元（租金收入600万元＋公允价值变动损益1 000万元）和1 200万元（租金收入600万元＋公允价值变动损益600万元）；成本模式计量的税前利润均为200万元（租金收入600万元，每年计提折旧400万元），两种方法税前差异合计为2 400万元，对所得税影响为600万元，税后差异为1 800万元，即为该公司2021年1月1日由成本模式改为公允价值模式的累积影响数。

大河公司在2020年按公允价值模式计算的税前利润为1 100万元（租金收入600万元＋公允价值变动损益500万元），按成本模式计算的税前利润为200万元（租金收入600万元－当年计提折旧400万元）。两种方法税前差异的合计为900万元，对所得税影响为225万元，两者的税后差异为675万元，应调整2020年当期金额（即2021年利润表的上年数额）。

（2）编制有关项目的调整分录：

① 调整会计政策变更累积影响数。

借：投资性房地产——成本　　　　　　　　　　　　　　8 000

　　　　　　　　——公允价值变动　　　　　　　　　　2 100

　　投资性房地产累计折旧（摊销）　　3 200（2 000＋400＋400＋400）

　贷：投资性房地产　　　　　　　　　　　　　　　　10 000

　　　递延所得税负债　　　　　　　　　　　　　　　　　825

　　　利润分配——未分配利润　　　　　　　　　　　　2 475

② 调整利润分配。

借：利润分配——未分配利润　　　　　　　　　　　　　　　247.5
　　贷：盈余公积　　　　　　　　　　　　　　　　　　　　　247.5

（3）财务报表调整和重述（财务报表略）。大河公司在列报 2021 年度的财务报表时，应调整资产负债表有关项目的年初数；利润表有关项目的上年数及所有者权益变动表有关项目的上年数和本年数也应作相应调整。具体调整内容如下：

① 资产负债表项目的调整：调增投资性房地产年初余额 3 300 万元；调增递延所得税负债年初余额 825 万元；调增盈余公积年初余额 247.5 万元；调增未分配利润年初余额 2 227.5 万元。

② 利润表项目的调整：调减营业成本上年金额 400 万元，调增公允价值变动收益上年金额 500 万元，则调增利润总额上年金额 900 万元；调增所得税费用上年金额 225 万元；调增净利润上年金额 675 万元。

③ 所有者权益变动表项目的调整：调增会计政策变更项目中盈余公积上年金额 180 万元，未分配利润上年金额 1 620 万元，所有者权益合计上年金额 1 800 万元；调增会计政策变更项目中盈余公积本年金额 247.5 万元，未分配利润本年金额 2 227.5 万元，所有者权益合计本年金额 2 475 万元。

## （二）未来适用法

未来适用法，是指将变更后的会计政策应用于变更日及以后发生的交易或者事项，或者在会计估计变更当期和未来期间确认会计估计变更影响数的方法。

在未来适用法下，不需要计算会计政策变更产生的累积影响数，也无须重编以前年度的财务报表。企业会计账簿记录及财务报表上反映的金额，变更之日仍保留原有的金额，不因会计政策变更而改变以前年度的既定结果，并在现有金额的基础上再按新的会计政策进行核算。

**【例 15-2】** 乙公司原对发出存货采用先进先出法，由于公司对存货实现了信息化管理，公司决定从 2021 年 1 月 1 日起改用个别计价法。2021 年 1 月 1 日存货的价值为 2 500 元，公司当年购入存货的实际成本为 18 000 元，2021 年 12 月 31 日按个别计价法计算确定的存货价值为 4 500 元，当年销售额为 25 000 元，假设该年度其他费用为 1 200 元，所得税税率为 25%。2021 年 12 月 31 日按先进先出法计算的存货价值为 2 200 元。

乙公司由于客观情况发生变化而改变会计政策，假定对其采用未来适用法进行处理,即对存货采用个别计价法从 2021 年及以后才适用,不需要计算 2021 年 1 月 1 日以前按个别计价法计算存货应有的余额,以及对留存收益的影响金额。

计算确定会计政策变更对当期净利润的影响数如表 15-2 所示:

表 15-2　　　　　　　　　当期净利润的影响数计算表　　　　　　　　单位:元

| 项目 | 个别计价法 | 先进先出法 |
| --- | --- | --- |
| 营业收入 | 25 000 | 25 000 |
| 减:营业成本 | 16 000 | 18 300 |
| 减:其他费用 | 1 200 | 1 200 |
| 利润总额 | 7 800 | 5 500 |
| 减:所得税 | 1 950 | 1 375 |
| 净利润 | 5 850 | 4 125 |
| 差额 | 1 725 | — |

公司由于会计政策变更使当期净利润增加了 1 725 元。其中,采用个别计价法的销售成本为:

期初存货 + 购入存货实际成本 - 期末存货 = 2 500 + 18 000 - 4 500 = 16 000(元)

采用先进先出法的销售成本为:

期初存货 + 购入存货实际成本 - 期末存货 = 2 500 + 18 000 - 2 200 = 18 300(元)

### (三) 会计政策变更的会计处理方法的选择

对于会计政策变更,企业应当根据具体情况,分别采用不同的会计处理方法:

(1) 法律、行政法规或者国家统一的会计制度等要求变更的情况下,企业应当分别以下情况进行处理:

① 国家发布相关的会计处理办法,则按照国家发布的相关会计处理规定进行处理;

② 国家没有发布相关的会计处理办法,则采用追溯调整法进行会计处理。

(2) 会计政策变更能够提供更可靠、更相关的会计信息的情况下,企业应当采用追溯调整法进行会计处理,将会计政策变更累积影响数调整列报前期最早期初留存收益,其他相关项目的期初余额和列报前期披露的其他比较数据也应当做相应调整。

(3) 确定会计政策变更对列报前期影响数不切实可行的,应当从可追溯调整的最早期间期初开始应用变更后的会计政策;在当期期初确定会计政策变更对以前各期累积影响数不切实可行的，应当采用未来适用法处理。

对于以下特定前期，对某项会计政策变更应用追溯调整法或进行追溯重述以更正一项前期差错是不切实可行的：

（1）应用追溯调整法或追溯重述法的累积影响数不能确定；

（2）应用追溯调整法或追溯重述法要求对管理层在该期当时的意图做出假定；

（3）应用追溯调整法或追溯重述法要求对有关金额进行重大估计，并且不可能将提供有关交易发生时存在状况的证据和该期间财务报表批准报出时能够取得的信息与其他信息客观地加以区分。

### 四、会计政策变更的披露

企业应当在附注中披露与会计政策变更有关的下列信息：

（1）会计政策变更的性质、内容和原因。包括：对会计政策变更的简要阐述、变更的日期、变更前采用的会计政策和变更后所采用的新会计政策及会计政策变更的原因。

（2）当期和各个列报前期财务报表中受影响的项目名称和调整金额。包括：采用追溯调整法时，计算出的会计政策变更的累积影响数；当期和各个列报前期财务报表中需要调整的净损益及其影响金额，以及其他需要调整的项目名称和调整金额。

（3）无法进行追溯调整的，说明该事实和原因以及开始应用变更后的会计政策的时点、具体应用情况。包括：无法进行追溯调整的事实；确定会计政策变更对列报前期影响数不切实可行的原因；在当期期初确定会计政策变更对以前各期累积影响数不切实可行的原因；开始应用新会计政策的时点和具体应用情况。

需要注意的是，在以后期间的财务报表中，不需要重复披露在以前期间的附注中已披露的会计政策变更的信息。

## 第二节　会计估计及其变更

### 一、会计估计概述

#### （一）会计估计的概念及特点

会计估计，是指企业对结果不确定的交易或者事项以最近可利用的信息为基础所作的判断。会计估计具有如下特点：

（1）会计估计的存在是由于经济活动中内在的不确定性因素的影响。在会计核算中，企业总是力求保持会计核算的准确性，但有些经济业务本身具有不确定性。

（2）进行会计估计时，往往以最近可利用的信息或资料为基础。

（3）进行会计估计并不会削弱会计确认和计量的可靠性。

### （二）企业应就重要的会计估计进行披露

企业应就重要的会计估计进行披露，不具有重要性的会计估计可以不披露。判断会计估计是否重要，应当考虑与会计估计相关项目的性质和金额。重要的会计估计包括：

（1）存货可变现净值的确定。

（2）采用公允价值模式下的投资性房地产公允价值的确定。

（3）固定资产的预计使用寿命与净残值；固定资产的折旧方法。

（4）生物资产的预计使用寿命与净残值；各类生产性生物资产的折旧方法。

（5）使用寿命有限的无形资产的预计使用寿命与净残值。

（6）可收回金额按照资产组的公允价值减去处置费用后的净额确定的，确定公允价值减去处置费用后的净额的方法。

可收回金额按照资产组的预计未来现金流量的现值确定的，预计未来现金流量的确定。

（7）合同完工进度的确定。

（8）权益工具公允价值的确定。

（9）债务人债务重组中转让的非现金资产的公允价值、由债务转成的股份的公允价值和修改其他债务条件后债务的公允价值的确定。

债权人债务重组中受让的非现金资产的公允价值、由债权转成的股份的公允价值和修改其他债务条件后债权的公允价值的确定。

（10）预计负债初始计量的最佳估计数的确定。

（11）金融资产公允价值的确定。

（12）承租人对未确认融资费用的分摊；出租人对未实现融资收益的分配。

（13）探明矿区权益、井及相关设施的折耗方法。与油气开采活动相关的辅助设备及设施的折旧方法。

（14）非同一控制下企业合并成本的公允价值的确定。

（15）其他重要会计估计。

## 二、会计估计变更

### (一) 会计估计变更的概念

会计估计变更,是指由于资产和负债的当前状况及预期经济利益和义务发生了变化,从而对资产或负债的账面价值或者资产的定期消耗金额进行调整。

由于企业经营活动中内在的不确定因素,许多财务报表项目不能准确地计量,只能加以估计,估计过程涉及以最近可以得到的信息为基础所作的判断。但是,估计毕竟是就现有资料对未来所作的判断,随着时间的推移,如果赖以进行估计的基础发生变化,或者由于取得了新的信息、积累了更多的经验或后来的发展可能不得不对估计进行修订,但会计估计变更的依据应当真实、可靠。

### (二) 会计估计变更的情形

会计估计变更的情形包括:

(1) 赖以进行估计的基础发生了变化。企业进行会计估计,总是依赖于一定的基础。如果其所依赖的基础发生了变化,则会计估计也应相应发生变化。

(2) 取得了新的信息、积累了更多的经验。企业进行会计估计是就现有资料对未来所做的判断,随着时间的推移,企业有可能取得新的信息、积累更多的经验,在这种情况下,企业可能不得不对会计估计进行修订,即发生会计估计变更。

会计估计变更,并不意味着以前期间会计估计是错误的,只是由于情况发生变化,或者掌握了新的信息,积累了更多的经验,使得变更会计估计能够更好地反映企业的财务状况和经营成果。如果以前期间的会计估计是错误的,则属于会计差错按会计差错更正的会计处理办法进行处理。

## 三、会计政策变更与会计估计变更的划分

### (一) 会计政策变更与会计估计变更的划分基础

企业应当正确划分会计政策变更与会计估计变更,并按照不同的方法进行相关会计处理。企业应当以变更事项的会计确认、计量基础和列报项目是否发生变更作为判断该变更是会计政策变更,还是会计估计变更的划分基础。

(1) 以会计确认是否发生变更作为判断基础。《企业会计准则——基本准则》规定

了资产、负债、所有者权益、收入、费用和利润等 6 项会计要素的确认标准，是会计处理的首要环节。一般而言，对会计确认的指定或选择是会计政策，其相应的变更是会计政策变更。会计确认的变更一般会引起列报项目的变更。

（2）以计量基础是否发生变更作为判断基础。《企业会计准则——基本准则》规定了历史成本、重置成本、可变现净值、现值和公允价值等 5 项会计计量属性，是会计处理的计量基础。一般而言，对计量基础的判定或选择是会计政策，其相应的变更是会计政策变更。

（3）以列报项目是否发生变更作为判断基础。《企业会计准则第 30 号——财务报表列报》规定了财务报表项目应采用的列报原则。一般而言，对列报项目的指定或选择是会计政策，其相应的变更就是会计政策变更。

（4）根据会计确认、计量基础和列报项目所选择的、为取得与资产负债表项目有关的金额或数值（如预计使用寿命、净残值等）所采用的处理方法，不是会计政策，而是会计估计，其相应的变更就是会计估计变更。

**（二）会计政策变更与会计估计变更划分的具体方法**

企业可以采用分析并判断该事项是否涉及会计确认、计量基础选择或列报项目的变更，当至少涉及上述一项划分基础变更时，该事项是会计政策变更；不涉及上述划分基础变更时，该事项可以判断为会计估计变更。

例如，企业原先采用直线法计提固定资产折旧，根据固定资产使用的实际情况，企业决定改用年数总和法。该事项前后采用的两种计提折旧方法都是以历史成本作为计量基础，对该事项的会计确认和列报项目也未发生变更，只是固定资产折旧、固定资产净值等相关金额发生了变化。因此，该事项属于会计估计变更。

## 四、会计估计变更的会计处理

企业对会计估计变更应当采用未来适用法处理，即在会计估计变更当期及以后期间采用新的会计估计不改变以前期间的会计估计，也不调整以前期间的报告结果。

（1）会计估计变更仅影响变更当期的，其影响数应当在变更当期予以确认。

（2）既影响变更当期又影响未来期间的，其影响数应当在变更当期和未来期间予以确认。

（3）会计估计变更的影响数应计入变更当期与前期相同的项目中。为了保证不同期间的财务报表具有可比性，如果以前期间的会计估计变更的影响数计入企业日常经营活动损益，则以后期间也应计入日常经营活动损益；如果以前期间的会计估计变更的影响数计入特殊项目中，则以后期间也应计入特殊项目。

**【例 15-3】** 大河公司有一台管理用设备，原始价值为 550 000 元，预计使用寿命为 5 年，净残值为 50 000 元，自 2017 年 1 月 1 日起按直线法计提折旧。2020 年 1 月，由于新技术的发展等原因，需要对原预计使用寿命和净残值作出修正，修改后的预计使用寿命为 8 年，净残值为 5 000 元。适用所得税税率均为 25%。假定税法允许按变更后的折旧额在税前扣除。

大河公司对上述会计估计变更的处理如下：

① 不调整以前各期折旧，也不计算累积影响数；

② 变更日以后发生的经济业务改按新估计使用寿命计提折旧。

按原估计，每年折旧额为 100 000 元，已提折旧 3 年，共计 300 000 元，固定资产净值为 250 000 元，则第 4 年相关科目的年初余额如表 15-3 所示：

表 15-3　　　　　　　　　相关科目年初余额表　　　　　　　　　单位：元

| 项　目 | 金　额 |
| --- | --- |
| 固定资产 | 550 000 |
| 减：累计折旧 | 300 000 |
| 固定资产净值 | 250 000 |

改变估计使用寿命后，2020 年 1 月 1 日起每年计提的折旧费用为：

（250 000 - 5 000）÷（8 - 3）= 49 000（元）

2020 年不必对以前年度已提折旧进行调整，只需按重新预计的尚可使用寿命和净残值计算确定的年折旧费用。

编制会计分录如下：

借：管理费用　　　　　　　　　　　　　　　　　　　　　　　49 000
　　贷：累计折旧　　　　　　　　　　　　　　　　　　　　　　　49 000

企业应当正确划分会计政策变更和会计估计变更，并按不同的方法进行相关会计处理。企业通过判断会计政策变更和会计估计变更划分基础仍然难以对某项变更进行区分的，应当将其作为会计估计变更处理。

## 五、会计估计变更的披露

企业应当在附注中披露与会计估计变更有关的下列信息：

(1) 会计估计变更的内容和原因。包括变更的内容、变更日期以及为什么要对会计估计进行变更。

(2) 会计估计变更对当期和未来期间的影响数。包括会计估计变更对当期和未来期间损益的影响金额，以及对其他各项目的影响金额。

(3) 会计估计变更的影响数不能确定的，披露这一事实和原因。

## 第三节  会计差错更正

会计差错是指在会计确认、计量、记录等方面出现的错误。企业发生会计差错时，应当按下列情形根据差错的性质及时纠正：

(1) 如果属于年度资产负债表日至财务报告批准报出日之间发现的报告年度会计差错以及年度的非重大会计差错，应按照《企业会计准则第29号——资产负债表日后事项》的规定处理。

(2) 其他会计差错的更正：①本期发现的与本期相关的会计差错，应调整本期相关项目；②本期发现的前期会计差错——本节将具体展开分析。

### 一、前期差错概述

前期差错是指由于没有运用或错误运用下列两种信息，而对前期财务报表造成省略或错报：(1) 编报前期财务报表时预期能够取得并加以考虑的可靠信息；(2) 前期财务报告批准报出时能够取得的可靠信息。

前期差错通常包括计算错误、应用会计政策错误、疏忽或曲解事实、舞弊产生的影响以及固定资产盘盈等。没有运用或错误运用上述两种信息而形成前期差错的情形主要有：

(1) 计算以及账户分类错误。

(2) 采用法律、行政法规或者国家统一的会计制度等不允许的会计政策。

(3) 对事实的疏忽或曲解，以及舞弊。

(4) 在期末对应计项目与递延项目未予调整。

(5) 漏记已完成的交易。

(6) 提前确认尚未实现的收入或不确认已实现的收入。

(7) 资本性支出与收益性支出划分差错等。

需要注意的是，就会计估计的性质来说，它是个近似值，随着更多信息的获得，估计可能需要进行修正，但是会计估计变更不属于前期差错更正。

## 二、前期差错更正的会计处理

重要的前期差错是指足以影响财务报表使用者对企业财务状况、经营成果和现金流量作出正确判断的前期差错。不重要的前期差错是指不足以影响财务报表使用者对企业财务状况、经营成果和现金流量作出正确判断的会计差错。一般而言，前期差错所影响的财务报表项目的金额越大、性质越严重，其重要性水平就越高。

企业应当采用追溯重述法更正重要的前期差错，但确定前期差错累积影响数不切实可行的除外。

### （一）不重要的前期差错的会计处理

对于不重要的前期差错，企业不需调整财务报表相关项目的期初数，但应调整发现当期与前期相同的相关项目。属于影响损益的，应直接计入本期与上期相同的净损益项目；属于不影响损益的，应调整本期与前期相同的相关项目。

【例15-4】大河公司在2020年12月31日发现，2019年1月企业管理部门购入了一台价值90 000元的设备应计入固定资产，并于2019年2月1日开始计提折旧，而实际在2019年计入了当期费用。大河公司固定资产折旧采用年限平均法，该设备估计使用年限为3年，假设不考虑净残值因素。则在2020年12月31日更正此差错的会计分录为：

借：固定资产　　　　　　　　　　　　　　　　　90 000
　　贷：管理费用　　　　　　　　　　　　　　　　32 500
　　　　累计折旧　　　　　　　　　　　　　　　　57 500

假设该项差错直到2021年2月后才发现，则不需要做任何分录，因为该项差错已经抵销了。

### （二）重要的前期差错的会计处理

对于重要的前期差错，企业应当在其发现当期的财务报表中，调整前期比较数据。具体来说，企业应当在重要的前期差错发现当期的财务报表中，通过下述处理对其进行追溯更正：

（1）追溯重述差错发生期间列报的前期比较金额；

（2）如果前期差错发生在列报的最早前期之前，则追溯重述列报的最早前期的资产、负债和所有者权益相关项目的期初余额。

对于发生的重要的前期差错,如影响损益,应将其对损益的影响数调整发现当期的期初留存收益,财务报表其他相关项目的期初数也应一并调整;如不影响损益,应调整财务报表相关项目的期初数。

在编制比较财务报表时,对于比较财务报表期间的重要的前期差错,应调整该期间的净损益和其他相关项目,视同该差错在产生的当期已经更正;对于比较财务报表期间以前的重要的前期差错,应调整比较财务报表最早期间的期初留存收益,财务报表其他相关项目的数字也应一并调整。

确定前期差错影响数不切实可行的,可以从可追溯重述的最早期间开始调整留存收益的期初余额,财务报表其他相关项目的期初余额也应当一并调整,也可以采用未来适用法。当企业确定前期差错对列报的一个或者多个前期比较信息的特定期间的累积影响数不切实可行时,应当追溯重述切实可行的最早期间的资产、负债和所有者权益相关项目的期初余额(可能是当期);当企业在当期期初确定前期差错对所有前期的累积影响数不切实可行时,应当从确定前期差错影响数切实可行的最早日期开始采用未来适用法追溯重述比较信息。

【例15-5】大河公司在2020年发现,2019年公司漏记一项管理用固定资产的折旧费用200 000元,所得税申报表中未扣除该项费用。2020年适用所得税税率为25%,无其他纳税调整事项。该公司按净利润的10%提取法定盈余公积。假定税法允许调整应交所得税。

(1)分析前期差错的影响数:

2019年少计折旧费用200 000元;多计所得税费用50 000元(200 000×25%);多计净利润150 000元;多计应交税费50 000元;多提法定盈余公积15 000元(150 000×10%)。

(2)编制有关项目的调整分录:

① 补提折旧:

| | | |
|---|---|---|
| 借:以前年度损益调整 | | 200 000 |
| 贷:累计折旧 | | 200 000 |

② 调整应交所得税:

| | | |
|---|---|---|
| 借:应交税费——应交所得税 | | 50 000 |
| 贷:以前年度损益调整 | | 50 000 |

③ 将"以前年度损益调整"科目余额转入利润分配:

| | | |
|---|---|---|
| 借:利润分配——未分配利润 | | 150 000 |
| 贷:以前年度损益调整 | | 150 000 |

④ 调整利润分配有关数字：

借：盈余公积　　　　　　　　　　　　　　　　　　　　　15 000
　　贷：利润分配——未分配利润　　　　　　　　　　　　　　15 000

（3）财务报表调整和重述（财务报表略）。

大河公司在列报 2020 年财务报表时，应调整 2020 年资产负债表有关项目的年初余额、利润表有关项目及所有者权益变动表的上年金额也应进行调整。

① 资产负债表项目的调整：

调增累计折旧 200 000 元；调减应交税费 50 000 元；调减盈余公积 15 000 元；调减未分配利润 135 000 元。

② 利润表项目的调整：

调增管理费用上年金额 200 000 元；调减所得税费用上年金额 50 000 元；调减净利润上年金额 150 000 元。

③ 所有者权益变动表项目的调整：

调减前期差错更正项目中盈余公积上年金额 15 000 元，未分配利润上年金额 135 000 元，所有者权益合计上年金额 150 000 元。

## 三、前期差错更正的披露

企业应当在附注中披露与前期差错更正有关的下列信息：
（1）前期差错的性质；
（2）各个列报前期财务报表中受影响的项目名称和更正金额；
（3）无法进行追溯重述的，说明该事实和原因以及对前期差错开始进行更正的时点、具体更正情况。

在以后期间的财务报表中，不需要重复披露在以前期间的附注中已披露的前期差错更正的信息。

# 第四节　资产负债表日后事项

## 一、资产负债表日后事项概述

### （一）资产负债表日后事项的定义

资产负债表日后事项是指资产负债表日至财务报告批准报出日之间发生的有利或不

利事项。

资产负债表日是指会计年度末和会计中期期末。我国年度资产负债表日是指每年的12月31日,中期资产负债表日是指各会计中期期末。

财务报告批准报出日是指董事会或类似机构批准财务报告报出的日期,通常是指对财务报告的内容负有法律责任的单位或个人批准财务报告对外公布的日期。

有利或不利事项是指资产负债表日后事项肯定对企业财务状况和经营成果具有一定影响(既包括有利影响也包括不利影响)。如果某些事项的发生对企业并无任何影响,那么,这些事项既不是有利事项也不是不利事项,也就不属于这里所说的资产负债表日后事项。

### (二) 资产负债表日后事项涵盖的期间

资产负债表日后事项涵盖的期间是自资产负债表日次日起至财务报告批准报出日止的一段时间。对上市公司而言,这一期间内涉及几个日期,包括完成财务报告编制日、注册会计师出具审计报告日、董事会批准财务报告可以对外公布日、实际对外公布日等。具体而言,资产负债表日后事项涵盖的期间应当包括:

(1) 报告期间下一期间的第一天至董事会或类似机构批准财务报告对外公布的日期;

(2) 财务报告批准报出以后、实际报出之前又发生与资产负债表日后事项有关的事项,并由此影响财务报告对外公布日期的,应以董事会或类似机构再次批准财务报告对外公布的日期为截止日期。

如果公司管理层由此修改了财务报表,注册会计师应当根据具体情况实施必要的审计程序并针对修改后的财务报表出具新的审计报告。

### (三) 资产负债表日后事项的内容

资产负债表日后事项包括资产负债表日后调整事项(以下简称调整事项)和资产负债表日后非调整事项(以下简称非调整事项)。

**1. 调整事项**

资产负债表日后调整事项是指对资产负债表日已经存在的情况提供了新的或进一步证据的事项。

企业发生的资产负债表日后调整事项,通常包括下列各项内容:

(1) 资产负债表日后诉讼案件结案,法院判决证实了企业在资产负债表日已经存在现时义务，需要调整原先确认的与该诉讼案件相关的预计负债，或确认一项新负债；

（2）资产负债表日后取得确凿证据，表明某项资产在资产负债表日发生了减值或者需要调整该项资产原先确认的减值金额；

（3）资产负债表日后进一步确定了资产负债表日前购入资产的成本或售出资产的收入；

（4）资产负债表日后发现了财务报表舞弊或差错。

**2. 非调整事项**

资产负债表日后非调整事项是指表明资产负债表日后发生的情况的事项。非调整事项的发生不影响资产负债表日企业的财务报表数字，只说明资产负债表日后发生了某些情况。

企业发生的资产负债表日后非调整事项，通常包括下列各项：

（1）资产负债表日后发生重大诉讼、仲裁、承诺；

（2）资产负债表日后资产价格、税收政策、外汇汇率发生重大变化；

（3）资产负债表日后因自然灾害导致资产发生重大损失；

（4）资产负债表日后发行股票和债券以及其他巨额举债；

（5）资产负债表日后资本公积转增资本；

（6）资产负债表日后发生巨额亏损；

（7）资产负债表日后发生企业合并或处置子公司。

**3. 调整事项与非调整事项的区别**

资产负债表日后发生的某一事项究竟是调整事项还是非调整事项，取决于该事项表明的情况在资产负债表日或资产负债表日以前是否已经存在。若该情况在资产负债表日或之前已经存在，则属于调整事项；反之，则属于非调整事项。

## 二、资产负债表日后调整事项的处理原则

企业发生的资产负债表日后调整事项，应当调整资产负债表日的财务报表。年度资产负债表日后发生的调整事项，应具体分别以下情况进行处理：

（1）涉及损益的事项，通过"以前年度损益调整"科目核算。调整增加以前年度利润或调整减少以前年度亏损的事项，记入"以前年度损益调整"科目的贷方；调整减少以前年度利润或调整增加以前年度亏损的事项，记入"以前年度损益调整"科目的借方。

涉及损益的调整事项，如果发生在资产负债表日所属年度（即报告年度）所得税汇

算清缴前的，应调整报告年度应纳税所得额、应纳所得税税额；发生在报告年度所得税汇算清缴后的，应调整本年度（即报告年度的次年）应纳所得税税额。

由于以前年度损益调整增加的所得税费用，记入"以前年度损益调整"科目的借方，同时贷记"应交税费——应交所得税"等科目；由于以前年度损益调整减少的所得税费用，记入"以前年度损益调整"科目的贷方，同时借记"应交税费——应交所得税"等科目。

调整完成后，将"以前年度损益调整"科目的贷方或借方余额，转入"利润分配——未分配利润"科目。

（2）涉及利润分配调整的事项，直接在"利润分配——未分配利润"科目核算。

（3）不涉及损益及利润分配的事项，调整相关科目。

（4）通过上述账务处理后，还应同时调整财务报表相关项目的数字，包括：

① 资产负债表日编制的财务报表相关项目的期末数或本年发生数；

② 当期编制的财务报表相关项目的期初数或上年数；

③ 经过上述调整后，如果涉及报表附注内容的，还应当作出相应调整。

【例 15-6】大河公司因违约，于 2020 年 12 月被黄河公司告上法庭，要求大河公司赔偿 80 万元。2020 年 12 月 31 日法院尚未判决，大河公司按或有事项准则对该诉讼事项确认预计负债 50 万元。2021 年 3 月 10 日，经法院判决大河公司应赔偿黄河公司 60 万元。大河公司、黄河公司均服从判决。判决当日，大河公司向黄河公司支付赔偿款 60 万元。大河公司和黄河公司 2020 年所得税汇算清缴在 2021 年 4 月 10 日完成（假定该项预计负债产生的损失不允许税前扣除，只有在损失实际发生时才允许税前抵扣）。

本例中，2021 年 3 月 10 日的判决证实了大河、黄河两公司在资产负债表日（即 2020 年 12 月 31 日）分别存在现时赔偿义务和获赔权利，因此两公司都应将"法院判决"这一事项作为调整事项进行处理。

（1）大河公司的账务处理如下：

① 2021 年 3 月 10 日，记录支付的赔款，并调整递延所得税资产：

借：以前年度损益调整　　　　　　　　　　　　　　　　100 000
　　　贷：其他应付款　　　　　　　　　　　　　　　　　　　100 000
借：应交税费——应交所得税　　　　　　　　　　　　　25 000
　　　贷：以前年度损益调整（100 000×25%）　　　　　　　　25 000
借：应交税费——应交所得税　　　　　　　　　　　　　12 5000
　　　贷：以前年度损益调整　　　　　　　　　　　　　　　　125 000

| 借：以前年度损益调整 | 125 000 | |
|---|---|---|
| 　　贷：递延所得税资产 | | 125 000 |
| 借：预计负债 | 500 000 | |
| 　　贷：其他应付款 | | 500 000 |
| 借：其他应付款 | 600 000 | |
| 　　贷：银行存款 | | 600 000 |

② 将"以前年度损益调整"科目余额转入未分配利润：

| 借：利润分配——未分配利润 | 75 000 | |
|---|---|---|
| 　　贷：以前年度损益调整 | | 75 000 |

③ 因净利润变动，调整盈余公积：

| 借：盈余公积（75 000×10%） | 7 500 | |
|---|---|---|
| 　　贷：利润分配——未分配利润 | | 7 500 |

④ 调整报告年度财务报表（财务报表略）：

A. 资产负债表项目的年末数调整。

调减递延所得税资产 125 000 元；调减预计负债 500 000 元；调增其他应付款 600 000 元；调减应交税费 150 000 元；调减盈余公积 7 500 元；调减未分配利润 67 500 元。

B. 利润表项目的调整。

调增营业外支出 100 000 元；调减所得税费用 25 000 元。

C. 所有者权益变动表的调整。

调减净利润 75 000 元；调减提取盈余公积项目中盈余公积一栏调减 7 500 元，未分配利润一栏调增 7 500 元。

（2）黄河公司的账务处理如下：

① 2021 年 3 月 10 日，记录收到的赔款：

| 借：银行存款 | 600 000 | |
|---|---|---|
| 　　贷：以前年度损益调整 | | 600 000 |
| 借：以前年度损益调整（600 000×25%） | 150 000 | |
| 　　贷：应交税费——应交所得税 | | 150 000 |

② 将"以前年度损益调整"科目余额转入未分配利润：

| 借：以前年度损益调整 | 450 000 | |
|---|---|---|
| 　　贷：利润分配——未分配利润 | | 450 000 |

③ 因净利润增加，补提盈余公积：

借：利润分配——未分配利润　　　　　　　　　　　　　　　　　45 000
　　贷：盈余公积（450 000×10%）　　　　　　　　　　　　　　　　45 000

④ 调整报告年度财务报表（财务报表略）：

A. 资产负债表项目的年末数字调整。

调增盈余公积 45 000 元；调增未分配利润 405 000 元；调增应交税费 150 000 元。

B. 利润表项目的调整。

调增营业外收入 600 000 元；调增所得税费用 150 000 元。

C. 所有者权益变动表项目的调整。

调增净利润 450 000 元；提取盈余公积项目中盈余公积一栏调增 45 000 元，未分配利润一栏调减 45 000 元。

## 三、资产负债表后非调整事项的处理原则

资产负债表日后发生的非调整事项，是表明资产负债表日后发生的情况的事项，与资产负债表日存在状况无关，不应当调整资产负债表日的财务报表。但有的非调整事项对财务报告使用者具有重大影响，如不加以说明，将不利于财务报告使用者作出正确估计和决策，因此，应当在报表附注中披露每项重要的资产负债表日后非调整事项的性质、内容及其对财务状况和经营成果的影响。无法作出估计的，应当说明原因。资产负债表日后非调整事项的主要例子有如下几种。

### （一）资产负债表日后发生重大诉讼、仲裁、承诺

资产负债表日后发生的重大诉讼等事项，对企业影响较大，为防止误导投资者及其他财务报告使用者，应当在报表附注中进行披露。

### （二）资产负债表日后资产价格、税收政策、外汇汇率发生重大变化

资产负债表日后发生的资产价格、税收政策和外汇汇率的重大变化，虽然不会影响资产负债表日财务报表相关项目的数据，但对企业资产负债表日后期间的财务状况和经营成果有重大影响，应当在报表附注中予以披露。

### （三）资产负债表日后因自然灾害导致资产发生重大损失

自然灾害导致资产重大损失对企业资产负债表日后财务状况的影响较大，如果不加

以披露，有可能使财务报告使用者做出错误的决策，因此应作为非调整事项在报表附注中进行披露。

### （四）资产负债表日后发行股票和债券以及其他巨额举债

企业发行股票、债券以及向银行或非银行金融机构举借巨额债务都是比较重大的事项，虽然这一事项与企业资产负债表日的存在状况无关，但这一事项的披露能使财务报告使用者了解与此有关的情况及可能带来的影响，因此应当在报表附注中进行披露。

### （五）资产负债表日后资本公积转增资本

企业以资本公积转增资本将会改变企业的资本（或股本）结构，影响较大，应当在报表附注中进行披露。

### （六）资产负债表日后发生巨额亏损

企业资产负债表日后发生巨额亏损将会对企业报告期以后的财务状况和经营成果产生重大影响，应当在报表附注中及时披露该事项，以便为投资者或其他财务报告使用者做出正确决策提供信息。

### （七）资产负债表日后发生企业合并或处置子公司

企业合并或者处置子公司的行为可以影响股权结构、经营范围等方面，对企业未来的生产经营活动能产生重大影响，应当在报表附注中进行披露。

### （八）资产负债表日后，企业利润分配方案中拟分配的以及经审议批准宣告发放的股利或利润

资产负债表日后，企业制订利润分配方案，拟分配或经审议批准宣告发放股利或利润的行为，并不会导致企业在资产负债表日形成现时义务，虽然该事项的发生可导致企业负有支付股利或利润的义务，但支付义务在资产负债表日尚不存在，不应该调整资产负债表日的财务报告，因此，该事项为非调整事项。不过，该事项对企业资产负债表日后的财务状况有较大影响，可能导致现金大规模流出、企业股权结构变动等，为便于财务报告使用者更充分了解相关信息，企业需要在财务报告中适当披露该信息。

# 第十五章 会计政策、会计估计变更、会计差错更正及资产负债表日后事项

 思考题

1. 企业重要会计政策有哪些?
2. 企业重要会计估计有哪些?
3. 如何区分会计政策和会计估计?
4. 会计政策变更的会计处理方法有哪些?
5. 简述资产负债表日后事项的定义及内容。
6. 资产负债表日后事项的调整事项包括哪些?如何进行处理?
7. 资产负债表日后事项的非调整事项包括哪些?如何进行处理?

图书在版编目（CIP）数据

中级财务会计/孟永峰，王佳丽主编. —北京：经济科学出版社，2022.6
河北大学数字时代财务与会计系列教材
ISBN 978-7-5218-3629-5

Ⅰ.①中… Ⅱ.①孟…②王… Ⅲ.①财务会计-高等学校-教材 Ⅳ.①F234.4

中国版本图书馆 CIP 数据核字（2022）第 067683 号

责任编辑：宋艳波
责任校对：蒋子明
责任印制：王世伟

## 中级财务会计

孟永峰　王佳丽　主编
刘玉婷　王莉莉　副主编

经济科学出版社出版、发行　新华书店经销
社址：北京市海淀区阜成路甲 28 号　邮编：100142
总编部电话：010-88191217　发行部电话：010-88191522
网址：www.esp.com.cn
电子邮箱：esp@esp.com.cn
天猫网店：经济科学出版社旗舰店
网址：http://jjkxcbs.tmall.com
北京季蜂印刷有限公司印装
787×1092　16 开　30.25 印张　600000 字
2022 年 8 月第 1 版　2022 年 8 月第 1 次印刷
ISBN 978-7-5218-3629-5　定价：58.00 元
（图书出现印装问题，本社负责调换。电话：010-88191510）
（版权所有　侵权必究　打击盗版　举报热线：010-88191661
QQ：2242791300　营销中心电话：010-88191537
电子邮箱：dbts@esp.com.cn）